Intergenerative Verteilungswirkung beim Übergang zu einer nachgelagerten Rentenbesteuerung

Sozialökonomische Schriften

Herausgegeben von Bert Rürup

Band 25

PETER LANG
Frankfurt am Main · Berlin · Bern · Bruxelles · New York · Oxford · Wien

Alexander Meindel

Intergenerative Verteilungswirkung beim Übergang zu einer nachgelagerten Rentenbesteuerung

PETER LANG
Europäischer Verlag der Wissenschaften

Bibliografische Information Der Deutschen Bibliothek
Die Deutsche Bibliothek verzeichnet diese Publikation in der Deutschen Nationalbibliografie; detaillierte bibliografische Daten sind im Internet über <http://dnb.ddb.de> abrufbar.

Zugl.: Darmstadt, Techn. Univ., Diss., 2004

D 17
ISSN 0172-1747
ISBN 3-631-52769-1

www.peterlang.de

Inhaltsübersicht

Inhaltsverzeichnis

Abbildungsverzeichnis

Tabellenverzeichnis

Abkürzungsverzeichnis

α	Konstante (_cons)
β_n	Koeffizient
$v_i; \varepsilon_{it}$	personenspezifischer bzw. allgemeiner Fehlerterm
γ	Angebotselastizität
2. HaushStrG	Zweites Haushaltsstrukturgesetz vom 22. 12. 1981
a	Sparbetrag pro Jahr [GE]
aBL	alte Bundesländer
agefjob	Lebensalter bei Start der ersten Berufstätigkeit [Jahren]
ALV	Arbeitslosenversicherung
ASID	Alterssicherung in Deutschland, Studien im Auftrag des BMA durchgeführt von Infratest Burke Sozialforschung 1986, 1992, 1995 und 1999.
av	Beitragssatz der Arbeitslosenversicherung (Modellparameter)
B	Summe aller Beiträge (Index bezieht sich auf den bzw. die Ansatzpunkt(e) der Besteuerung) [GE]
bagp	Anrechnungspauschale des Arbeitgeberanteils (Modellparameter)
ban	Summe des Arbeitnehmeranteils der Beitragssätze zu den Sozialversicherungen (Modellparameter)
bbg_kv	Beitragsbemessungsgrenze der gesetzlichen Krankenversicherung (Modellparameter)
bbg_rv	Beitragsbemessungsgrenze der gesetzlichen Rentenversicherung (Modellparameter)
BEA	Berufseintrittsalter [Jahren]
bilzeit	schulische Ausbildungszeit [Jahren]
B_i^V	nominellen Rentenversicherungsbeiträge [GE]
BMA	Bundesministerium für Arbeit und Sozialordnung
BP	Basispunkte (100 Basispunkte = 1 Prozentpunkt)
brn	Bruttorentenniveau (Modellparameter)
bs_{kv}	Krankenversicherungsbeitragssatz [%]
bs_{pfv}	Pflegeversicherungsbeitragssatz [%]
BT-Drucks.	Bundestag-Drucksache
BVerfG	Bundesverfassungsgericht
BVerfGE	Bundesverfassungsgerichtsentscheidung
C	Konsum (Index 1: Gegenwartskonsum; Index 2 Zukunftskonsum)
dESt	Einkommensteuerdifferenz: Differenz der Einkommensteuerbelastung verschiedener Vergleichsszenarien [GE]
DM	Deutsche Mark
duek	Durchschnittseinkommen (Modellparameter)
e	Berufserfahrung [Jahren] (e: erf)
e^2	quadrierte Berufserfahrung [Jahre^2] (e^2: erfq)

ea	Ertragsanteil bei Nominalverzinsung (§ 22 Nr. 1 Satz 3 Buchst. a EStG) [%] (Modellparameter)
Ek	Einkommen [GE]
ek_b	Einkommen brutto (hier Bruttozahlbetrag der GRV) [GE]
ek_{zv}	zu versteuerndes Einkommen [GE]
ESt	Einkommensteuer [GE]
EStÄndG	Gesetz zur Änderung des Einkommensteuergesetzes
EUR	Euro
EVS	Einkommens- und Verbrauchsstichprobe
Fn.	Fußnote
g	Lohnwachstum [%] oder Grundhöchstbetrag (Modellparameter)
GE	Geldeinheiten (abstrakt oder konkret DM, bzw. EUR)
gebjahr	Geburtsjahr der Person [Kalenderjahr]
gfb	Grundfreibetrag des Einkommensteuertarifs (§ 32a Abs. 1 Nr. 1 EStG) [GE]
GKV	Gesetzliche Krankenversicherung
GRV	Gesetzliche Rentenversicherung
h.M.	herrschende Meinung
i	Inflationsrate [%]
i.V.m.	in Verbindung mit
i_ea	Zinssatz zur Berechnung des Ertragsanteils (Modellparameter)
KJ	Kalenderjahr der Beobachtung
KLG	Kindererziehungsleistungsgesetz
kv	Beitragssatz der gesetzlichen Krankenversicherung (Durchschnitt, Modellparameter)
LStDV	Lohnsteuer-Durchführungsverordnung
m	Laufvariable
m.w.N.	mit weiteren Nachweisen
mvfb	maximaler Versorgungsfreibetrag (Modellparameter)
n	Nominalzinssatz [%]
n_1	Dauer der Erwerbsphase [Jahren]
n_2	Dauer der Nacherwerbsphase; Restlebenserwartung bei Renteneintritt [Jahren]
nBL	neue Bundesländer
ng	Index für Szenarien mit nachgelagerter Besteuerung
p	Prämiensatz der Versicherung [%]
PflV	Pflegeversicherung
pfv	Beitragssatz der Pflegeversicherung (Modellparameter)
P_i	Pauschbeträge des Jahres i [GE]
PKV	Private Krankenversicherung
q	Deckungssumme der Versicherung [GE]
r	Realzinssatz [%]
rbf	Rentenbarwertfaktor
rbf	Rentenbarwertfaktor
rbf_i	Rentenbarwertfaktor der Inflation

rbf_n	Rentenbarwertfaktor der Nominalverzinsung jeweils für die angenommene Dauer der Nacherwerbszeit n_2
REA	Renteneintrittsalter [Jahren]
RFB_i	Rentenfreibetrag (neu vorgeschlagen gem. Kommissionsvorschlag) [GE]
R_i^u	unversteuerte, nominelle Rentenleistungen der Periode i [GE]
rlerw	Restlebenserwartung zum Zeitpunkt des Renteneintritts (Modellparameter)
rv	Beitragssatz der gesetzlichen Rentenversicherung (Modellparameter)
S	Ersparnis [GE]
s	schulische Ausbildungszeit [Jahren] (s: bilzeit)
sa bzw. SA_i	Sonderausgabenfreibeträge (§ 10 Abs. 3 EStG) des Jahres i [GE]
sog.	so genannt
StRefG	Steuerreformgesetz
t	Steuersatz [%]
Ü	Überschussbelastung [GE]
v	Vorwegabzug (Modellparameter)
vfbs	Versorgungsfreibetragssatz (Modellparameter)
VZ	Veranlagungszeitraum
w	Lohn [GE]
x	Menge
Y^d_t	Durchschnittseinkommen aller Sozialversicherungspflichtiger [GE]
Y_t	Einkommen in der Periode t [GE]
zfbs	Zusatzfreibetragssatz, Freibetrag welcher als Ersatz für die Freibeträge aus der Sonderausgabenregelung im Rahmen der Reform der Rentenbesteuerung eingeführt wird. Er bezieht sich nur auf den Arbeitnehmeranteil der Versicherungsbeiträge.
zvEk	zu versteuerndes Einkommen

Vorwort

Ein seit 50 Jahren bestehender Konflikt soll durch das Alterseinkünftegesetz beigelegt werden. Es sieht vor, unterschiedliche Alterseinkünfte steuerlich gleich zu behandeln. Damit soll dem Handlungsbedarf genüge getan werden, welcher vom Bundesverfassungsgericht durch das Urteil vom 06.03.2002 aufgezeigt wurde. Die unterschiedliche Besteuerung von Beamtenpensionen und gesetzlichen Renten erkannte das Gericht als unvereinbar mit dem Gleichheitsgrundsatz des Grundgesetzes.

Aufgrund seiner Komplexität verschließt sich das Thema der Rentenbesteuerung einer massenmedientauglichen, einfachen Darstellung. Durch eine verkürzte Schilderung kann jede Reformvariante bei einer kritischen Masse betroffener Wähler zu einem Skandal stilisiert werden. Seit dem ersten Urteil des Bundesverfassungsgerichtes von 1980 wurde das Problem in entsprechender Weise von den jeweils unterschiedlichen Oppositionsparteien instrumentalisiert.

Die vorliegende Arbeit stellt abseits von politischer Polemik eine klare, weitgefasste Analyse sowohl des Ausgangsproblems als auch des Reformvorschlages dar und zeigt Optimierungspotential auf.

Bei meinem Doktorvater Herrn Prof. Dr. Dr. h.c. Bert Rürup bedanke ich mich dafür, dass er mir die Möglichkeit zur Promotion gab. Des Weiteren bedanke ich mich bei Frau Prof. Dr. Susanne Sieker für das Erstellen des Zweitgutachtens.
Für die finanzielle Unterstützung durch ein Promotionsstipendium bin ich dem Forschungsnetzwerk Alterssicherung (FNA) des Verbandes Deutscher Rentenversicherungsträger (VDR) zu Dank verpflichtet. Die vom FNA ausgerichteten Graduiertenkolloquien waren mir eine wertvolle Plattform zur Präsentation von Zwischenergebnissen und zur fachlichen Diskussion meiner Ideen.

Darmstadt, im Mai 2004 — Alexander Meindel

1 Einleitung

1.1 Problemstellung

Seit fast 50 Jahren ist die Konstruktion der Ertragsanteilsbesteuerung unverändert,[1] und das, obwohl bereits vor mehr als 20 Jahren das Bundesverfassungsgericht zum ersten Mal den Gesetzgeber aufforderte, diese Regelung den in der Zwischenzeit eingetretenen Veränderungen der Altersvorsorgesysteme anzupassen.[2] Erst mit dem nunmehr dritten Urteil vom 06.03.2002 setzt das Gericht dem Gesetzgeber zum 01.01.2005 eine Frist, bis zu der eine Neuregelung des Problemkomplexes einsetzen muss.[3] Betrachtet man die Fülle an Monographien, Zeitungs- und Fachartikel zum Thema der Besteuerung von Beiträgen zu bzw. Leistungen aus Altersvorsorgesystemen stellt sich die Frage, warum noch keine Reform bis zum Gesetzgebungsverfahren vordringen konnte. Bei näherer Betrachtung eröffnet sich ein komplexes Problemfeld, das die Themengebiete Besteuerung und Altersvorsorge genauso erfasst, wie die beiden Wissenschaftsdisziplinen der Rechts- und der Wirtschaftswissenschaften. Analysiert man zusätzlich die Tagespresse, wird einem die politische Tragweite des Themenkomplexes gewahr.

Zum einen hat die demographische Zusammensetzung der Wählerschaft einen kritischen Wert erreicht; gemäß dem Basisjahr der 9. Koordinierte Bevölkerungsvorausberechnung des Statistischen Bundesamts lag 1998 das Lebensalter von ca. 37% der Wahlberechtigten über 55 Jahren, einem Alter, ab dem von einer erhöhten Aufmerksamkeit für Fragen der Altersversorgung ausgegangen werden kann. Zum anderen verschließt sich das Thema aufgrund seiner Komplexität einer massenmedientauglichen, einfachen Darstellung. Damit lässt sich das Thema durch eine verkürzte Darstellung problemlos als politisches Skandalon instrumentalisieren, um große Wählermassen zu bewegen. Plakativ kann es deshalb mit Fug und Recht politisch als ein sprichwörtlich „heißes Eisen" bezeichnen werden.

Die sehr kontrovers geführte wissenschaftliche Diskussion vermochte es bisher nicht, diesen gordischen Knoten zu zerschlagen geschweige denn, ihn zu lösen. Juristische Aspekte des Verfassungs- und Steuerrechts treffen auf volkswirtschaftliche Argumente der Verteilungs- und Fiskalpolitik. Von der Frage ob und ggf. wann und welcher Norm folgend, Steuern auf Beiträge zu bzw. Leistungen aus Alterssicherungssystemen erhoben werden dürfen oder müssen, bis hin zur Forderung eines Paradigmenwechsels von der synthetischen Einkommensteuer hin zur Konsumbesteuerung reicht das Spektrum der Diskussionsbeiträge. Theo-

---

1 Vgl. StNeurordG (1954) v. 16.12.1954, BGBl I (1954), S. 373 ff. = BStBl I S. 575 ff.

2 Vgl. BVerfGE 54, 11, S. 11 ff.

3 Vgl. BVerfGE 105, 73, S. 73 ff.; das 2. Urteil des Bundesverfassungsgerichts besagt lediglich, dass der Gesetzgeber sich aufgrund der Komplexität des Problems und den Schwierigkeiten mit der deutschen Wiedervereinigung nicht unzulässig lange Zeit gelassen hat, BVerfGE 86, 369, S. 369 ff.

retische Abhandlungen suchen nach einer grundsätzlichen Antwort, quantitative Berechnungen nach Beweisen zur Stützung theoretischer Thesen.
Die Wurzel des Problems liegt im Jahr 1954 als der Gesetzgeber die neu eingeführte Ertragsanteilsbesteuerung, die von ihrer Konstruktion her nur für private Veräußerungsrenten bestimmt war, nicht aus wirtschaftlichen wohl aber aus systematischen Gründen auf unentgeltlich erworbene Leibrenten übertrug.[4] Die Idee hinter dieser Art der Besteuerung geht von - aus bereits versteuertem Einkommen gebildetem - Vermögen aus, welches gegen Rentenzahlung aufgelöst wird. Der Ertragsanteil, wie er dem § 22 EStG zu Grunde liegt, gibt die Größe des Zinsanteils der Rentenphase an, der dem zu versteuernden Einkommen entspricht.[5] Der restliche Teil der Veräußerungsrente stellt lediglich eine Umschichtung von Vermögen in der Privatsphäre dar und bleibt damit steuerlich unberücksichtigt. Im Fall der Sozialversicherungsrente bleibt außer Betracht, ob und in welchem Umfang die Beiträge und die Zinserträge in der Erwerbsphase versteuert wurden.[6]
Die Arbeitnehmerbeiträge zur gesetzlichen Rentenversicherung werden teilweise, die Arbeitgeberbeiträge vollständig von der Steuer befreit. Damit wird bei der Sozialversicherungsrente ein Teil der Beiträge, die Zinserträge der Erwerbsphase und ein Teil der Rente von einer Steuerbelastung verschont, die Aufteilung der Belastung ist nicht auf einander abgestimmt. Der Schluss, dass diese Art der Besteuerung damit gegenüber der nachgelagerten Besteuerung wie er bei Beamten vorliegt einen (gleichheitswidrigen) Vorteil darstellt, ist jedoch voreilig.[7] Spätestens seit der Abkehr der gesetzlichen Rentenversicherung vom reinen Kapitaldeckungsverfahren 1957, ist die Konstruktion des Ertragsanteils nicht mehr mit der steuerlichen Situation konform. Dennoch wurde an dieser Konstruktion für Sozialversicherungsrenten bis heute festgehalten. Selbst als das Bundesverfassungsgericht in seinem Urteil vom 26. März 1980 dem Gesetzgeber den Auftrag gab, den aufgetretenen Veränderungen bei den Sozialversicherungsrenten, die hinsichtlich der Leistungen zu einer Annäherung der Renten an die Beamtenpensionen führte, bei der Besteuerung von Alterseinkommen Rechnung zu tragen, blieb eine Reform trotz umfangreicher Literatur sowie vieler Reformvorschläge aus.[8]
Angesichts dieser Ausgangslage wird offensichtlich, dass eine Begrenzung der vorliegenden Arbeit auf einen handhabbaren Teil unumgänglich ist. Gleichwohl muss der gewählte Teil für sich verständlich und der Bezug zu benachbarten Aspekten erkennbar bleiben.
Akzeptiert man das Leistungsfähigkeitsprinzip als zentrale Norm zur Ausgestaltung von Steuern, wie sie sowohl in der Finanz- als auch in der Steuerrechts-

---

4 Vgl. Begründung des Regierungsentwurfes Entw. StNOG (1954), BT-Drucks. (2/481), S. 86 f.
5 Für das Jahr 2002 lag dieser Anteil bei einem Renteneintrittsalter von 65 Jahren bei 27%, s. § 22 Nr. 1 Satz 3 Buchstabe a EStG.
6 Für Informationen in welchem Umfang Rentenversicherungsbeiträge versteuert werden und wurden vgl. die Abschnitte 2.2.2 und 6.3.1.
7 Vgl. Kapitel 2, Abschnitt 6.1 sowie Meindel, Alexander (2002).
8 Eine Auswahl an Publikationen kann dem Literaturverzeichnis entnommen werden.

wissenschaft formuliert herangezogen wird, kommt man bei konsequenter Umsetzung dieser Norm für die gesetzliche Rentenversicherung zur nachgelagerten Besteuerung.[9] Bei dieser Art der Besteuerung werden die Rentenversicherungsbeiträge vollständig von der Besteuerung befreit, die Rentenversicherungsleistungen im Gegenzug vollumfänglich der Besteuerung unterworfen. Da beim Status quo der Rentenbesteuerung der steuerliche Zugriff zeitlich aufgeteilt wird, ein absoluter Freibetrag in der Erwerbsphase steht einem relativen Freibetrag in der Nacherwerbsphase gegenüber, wird eine Umstellung vom Status quo zur nachgelagerte Besteuerung mit erheblichen intertemporalen Lastverschiebungen einhergehen. Aufgrund der einkommensabhängigen Freibeträge in der Erwerbsphase beim Status quo, in Zusammenhang mit einem progressiven Einkommensteuertarif, lassen sich für unterschiedliche Einkommensgruppen auch intragenerative Lastverschiebungen erklären. Die individuelle Belastung hängt vom jeweiligen Lebenseinkommensverlauf ab. Will man der Forderung nach horizontaler und vertikaler Gleichmäßigkeit der Steuerbelastung, nach Übergangsgerechtigkeit und nach Vermeidung von Doppelbesteuerung Rechnung tragen, ist eine Analyse der Verteilungswirkung unumgänglich.[10] Dies umso mehr, da zwischen zwei Zuständen, dem Status quo und dem Zustand mit nachgelagerter Besteuerung nicht digital umgeschaltet werden kann, sondern ein dem Vertrauensschutz genügender, kontinuierlicher Übergang konstruiert werden muss. Dieser Übergang führt zwangsläufig zu intergenerativen Lastverschiebungen, da jede Generation in unterschiedlichen Lebensphasen und damit in unterschiedlichen Einkommenssituationen von einer Umstellung betroffen ist.
Die dritte Altenberichtskommission weist auf die bereits lang andauernde Diskussion zur Rentenbesteuerung hin, wobei sie einen Mangel an differenzierten Verteilungsanalysen konstatiert. Lediglich die Untersuchungen von Schmähl et al. (1980)[11], Schmähl (1983)[12] und Müller und Bork (1998)[13] werden als Ausnahme angegeben.[14] Der geringe Umfang, den Inzidenzanalysen bisher in der Literatur eingenommen haben, überrascht bei der Fülle der Literatur, die zum Thema der Rentenbesteuerung insgesamt vorliegt.[15] Dies ist umso erstaunlicher, da eine genaue Betrachtung der Verteilungswirkung von Autoren oft als abschließende Forderung formuliert wird, wenn es um die konkrete Umsetzung geht.[16]
Die vorhandenen Untersuchungen, welche die Verteilungswirkung der Besteuerung der Beiträge zu und Leistung aus Alterssicherungssystemen betrachten,

---

9 Vgl. zur umfassenden und weiterführenden Argumentation die Abschnitte 3.2.1 und 4.3.2.
10 Zum Gerechtigkeitsbegriff vgl. Kapitel 4.3.1.
11 Vgl. Schmähl, Winfried u.a. (1980).
12 Vgl. Schmähl, Winfried (1983).
13 Vgl. Müller, Klaus/ Bork, Christhart (1998).
14 Vgl. BT-Drucks. (14/5130), S. 209 Deshalb wurden für den Altenbericht ebenfalls Simulationsrechnungen durchgeführt, s. Fachinger, Uwe (2001b). Weitere Autoren die Querschnittsanalysen durchführten sind bspw. Klanberg, Frank (1982), Petersen, Hans-Georg (1982).
15 Vgl. ausführlicher hierzu Abschnitt 5.1.
16 Vgl. Wagner, Franz W./ Wiegard, Wolfgang (2001), S. 46 ebenso Ruland, Franz (2001), S. 38 u. 39.

beschränken sich fast ausnahmslos auf Querschnittsanalysen und betrachten somit die Erwerbsphase isoliert von der Nacherwerbsphase. Die unterschiedlichen Generationen werden aus dem intertemporalen Zusammenhang herausgelöst betrachtet. Diese Einschränkung wird i.d.R. von den Autoren als nachteilig empfunden.[17] Dem ist beizupflichten, da gerade die intertemporalen Aspekte der aktuellen Rentenbesteuerung diese so schwer handhabbar machen. Erst wenn sowohl die Beiträge zur als auch die Leistungen aus der gesetzlichen Rentenversicherung mit der jeweiligen Steuerbelastung über dem Lebensverlauf betrachtet wird, lassen sich Aussagen über Verteilungswirkungen treffen, sowie ein Vergleich verschiedener Gruppen bewerkstelligen.[18]
Im weiteren Verlauf wird zur sprachlichen Vereinfachung unter dem Begriff der Rentenbesteuerung sowohl die steuerliche Belastung der Beiträge zu als auch der Leistungen aus dem Versorgungssystem der gesetzlichen Rentenversicherung subsumiert.

1.2 Aufbau der Arbeit

Die vorliegende Arbeit gliedert sich in 7 Kapitel. Nach der Einleitung in Kapitel 1 wird in Kapitel 2 der Status quo der Rentenbesteuerung näher analysiert und die kritischen Aspekte herausgearbeitet, welche den Ausgangspunkt der Reformdiskussion darlegen. In Kapitel 3 bzw. 4 folgen die theoretischen Ausführungen zum Thema der Rentenbesteuerung aus juristischer bzw. volkswirtschaftlicher Sicht. Diese Ausführungen münden in einer Konfrontation der theoretischen Argumente mit den Gegebenheiten im Status quo, woraus sich aus beiden Blickwinkeln der Reformbedarf ableitet. Darüber hinaus wird sowohl aus juristischer wie aus volkswirtschaftlicher Sicht das Reformziel der nachgelagerten Rentenbesteuerung abgeleitet.
In Kapitel 5 wird ein Modell konzipiert, welches zur Analyse und zur Quantifizierung von Verteilungswirkungen notwendig ist. Durch Definition von Vergleichsszenarien und Maßzahlen kann darüber hinaus auch das Auftreten und das Ausmaß der Doppelbesteuerung überprüft werden. Die Ausführungen dieses Kapitels sind folglich empirischer und technischer Natur.
Die Ergebnisse der umfangreichen Modellrechnungen werden in Kapitel 6 dargestellt. Drei Hauptaspekte werden dabei betrachtet. Erstens wird der „Casus Belli" der juristischen Auseinandersetzung der Rentenbesteuerung untersucht, wonach Beamte – so die These – im Rahmen der Pensionsbesteuerung gleichheitswidrig stärker belastet werden, als Sozialversicherungsrentner. Zweitens wird der Reformvorschlag der Sachverständigenkommission zur Neuordnung der steuerrechtlichen Behandlung von Altersvorsorgeaufwendungen und Altersbezügen hinsichtlich der Aspekte der Doppelbesteuerung und der Verteilungswirkung untersucht. Diesem Reformvorschlag wird dann drittens eine Reformvariante ge-

---

17 Vgl. Klanberg, Frank (1982), S. 426; Müller, Klaus/ Bork, Christhart (1998), S. 236.

18 Klanberg kommt deshalb zu dem Schluss, dass sinnvolle Normen für die Besteuerung von Renten und Pensionen „nur durch einen Vergleich relevanter Lebenseinkommen ableitbar" sind. Klanberg, Frank (1992), S. 195.

genübergestellt, bei der kritische Punkte des Kommissionsvorschlages entschärft werden. Die Arbeit schließt mit der Zusammenfassung in Kapitel 7.

Abbildung 1-1: Aufbau der Arbeit

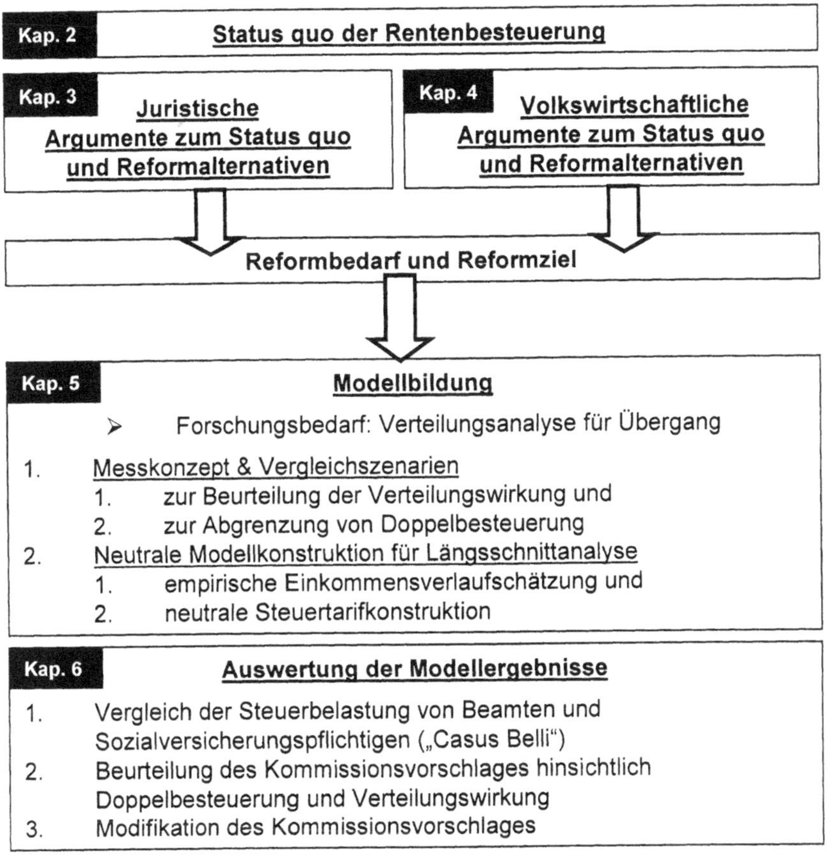

Quelle: eigene Darstellung

2 Status quo der Rentenbesteuerung

Das nachfolgende Kapitel gibt im ersten Abschnitt einen Überblick über die Einkünfte im Alter und grenzt diese gegen den enger gefassten Begriff der Alterseinkommen ab. Er schließt mit einer begründeten Abgrenzung des in dieser Arbeit verwendeten Untersuchungsgegenstandes.
Der zweite Abschnitt fasst die aktuellen Modalitäten der Besteuerung von Alterseinkommen zusammen. Da der Ausgangspunkt des Rechtsstreits vor dem Bundesverfassungsgericht die unterschiedliche Besteuerung von sozialversicherungspflichtigen Arbeitnehmern und Beamten war, werden beide Personengruppen in die Betrachtung miteinbezogen, wobei sowohl die Erwerbs- als auch die Nacherwerbsphase betrachtet wird.

Abbildung 2-1: Übersicht Kapitel 2

2.1 **Untersuchungsgegenstandes**
Einkommen im Alter versus Alterseinkommen

2.2 **Status quo der Rentenbesteuerung**

	Erwerbsphase	Nacherwerbsphase
Sozialversicherungspflichtiger Arbeitnehmer		
Beamter		

Quelle: eigene Darstellung

2.1 Einkommen im Alter

2.1.1 Definition der Einkommensbegriffe

Die Untersuchung der Wirkungen der Besteuerung von Einkommen im Alter erfordert zunächst einen Überblick über das Steuerobjekt. Grundsätzlich soll in dieser Arbeit der steuerrechtliche Einkommensbegriff gelten, der durch § 2 EStG kodifiziert wird. Dabei wird davon ausgegangen, dass gemäß der ökonomischen Sichtweise die Summe der Einkünfte das Einkommen bildet. Einkünfte werden nach Maßgabe der Interpretation der Markteinkommenstheorie des deutschen Steuerrechtes konkretisiert.[19]

19 Für eine juristisch tiefergehende Begriffsbestimmung vgl. Tipke, Klaus/ Lang, Joachim (1998), § 9 Rz. 40 ff.

Das Markteinkommen umfasst das erwirtschaftete, am Markt realisierte Einkommen. Die Markteinkommenstheorie steht zwischen den beiden Extrema der Reinvermögenszugangstheorie und der Quellentheorie. Da beide Konzepte im deutschen Einkommensteuerrecht verwirklicht sind, für Gewinneinkünfte die Reinvermögenszugangstheorie, für die Überschusseinkünfte die Quellentheorie, wird in der Literatur diesbezüglich auch vom Dualismus der Einkünfteermittlung gesprochen.[20]

Hinsichtlich einer Eingrenzung des Untersuchungsgegenstandes bieten sich unterschiedliche Differenzierungskriterien an, zum einen das Alter des Steuerdestinatars, zum anderen die Einkunftsquelle. Verwendet man das Alter des Einkommensbeziehers zur Präzisierung des Untersuchungsfeldes, stellt sich die Frage, ab welchem Alter die Untersuchung einsetzen soll. Geht man von der Regelaltersgrenze der gesetzlichen Rentenversicherung aus, so läge die Grenze bei 65 Lebensjahren. Allerdings wird diese Grenze aufgrund von Ausnahmeregelungen nicht der Realität gerecht, da beispielsweise die Sozialversicherungsrente wegen Alters auch schon vor dem 65. Lebensjahr gezahlt werden kann. Unter den Beziehern von Sozialversicherungsrenten lag 1999 der Anteil der Personen, die zwischen 55 und 64 Jahren alt waren, bei 23%, unter den Beziehern von Beamtenpensionen lag dieser Anteil bei 35%.[21] Unter bestimmten Umständen kann bereits ab einem Alter von 60 Jahren Altersrente für Schwerbehinderte, Berufs- oder Erwerbsunfähige gezahlt werden, ebenso Altersrente wegen Arbeitslosigkeit, nach Altersteilzeitarbeit oder eine Altersrente für Frauen.[22]

Ein weiteres Problem im Rahmen der Altersabgrenzung stellt sich bei den empirischen Daten von Personengemeinschaften. Wenn ein Ehepartner die Altersgrenze überschreitet, der andere sie aber unterschreitet, gilt dann das Haushaltseinkommen als Einkommen im Alter oder wird nur die Hälfte als Einkommen im Alter gesehen oder muss es gemäß den tatsächlichen Gegebenheiten anteilig betrachtet und zugeordnet werden? Bei empirischen Untersuchungen wurde die Frage der Abgrenzung nach dem Lebensalter unterschiedlich beantwortet.[23]

Wenn im folgenden von „Einkommen im Alter" gesprochen wird, soll darunter die Summe aller Einkünfte verstanden werden, die in der Nacherwerbsphase bezogen werden. Damit werden auch solche Einkünfte darunter subsumiert, die nicht ausschließlich in der Nacherwerbsphase bezogen werden. Eine allgemeine Altersgrenze wird für diese Arbeit nicht festgelegt, da der Untersuchungsgegenstand und Kern dieser Arbeit enger gefasst werden wird und in den existierenden empirischen Analysen diese Frage nicht einheitlich gehandhabt wurde. Deshalb wird bei den erwähnten empirischen Daten auf die zu Grunde gelegte Definition hingewiesen.

---

20 Zur Diskussion über Probleme des Dualismus vgl. Tipke, Klaus/ Lang, Joachim (1998), § 9 Rz. 50 und Rz. 181 ff.

21 Vgl. BMA (Hrsg.) (2001b), Tabellen 1001 und 2001 für die GRV, die Tabellen 1023 und 2023 für Beamtenpensionen.

22 Vgl. §§ 35-42 SGB VI.

23 Vgl. Abschnitt 2.1.2 zu den empirischen Aspekten.

Die zweite Möglichkeit der Differenzierung besteht darin, nur solche Einkünfte zusammenzufassen, die ausschließlich in der Nacherwerbsphase bezogen werden können; für diese Einkommensabgrenzung wird im weiteren der Begriff „Alterseinkommen" verwendet.

Alterseinkommen stellen die Summe all derjenigen Einkünfte dar, die ausschließlich in der Nacherwerbsphase bezogen werden können und mit der Lebenszeit eines oder mehrerer Berechtigter verknüpfte, regelmäßig wiederkehrende Leistungen darstellen.[24] Folglich fallen in der Hauptsache die Sozialversicherungsrenten, die Beamtenpensionen, die Betriebsrenten bei entsprechender Ausgestaltung sowie die Leistungen der öffentlichen Zusatzversorgungssysteme und der berufsständigen Versorgungswerke darunter.[25]

Nach dieser Abgrenzung gehören Vermögenseinkommen nicht zu den Alterseinkommen. Zwar bieten sie allgemein eine Sicherheit und damit Unabhängigkeit von Erwerbseinkünften, aber sie sind nicht notwendigerweise auf die Nacherwerbsphase beschränkt und stellen auch keine Zahlungen auf Lebenszeit dar.

2.1.2 Empirischer Befund

2.1.2.1 Datenlage

Anfang der siebziger Jahre stellten die Mikrozensen nahezu die einzige Datenquelle dar. Diese gaben hauptsächlich über die Art und die Anzahl der Alterseinkommen Auskunft, repräsentative Angaben über deren Höhe auf Personen oder Haushaltsebene standen nicht zur Verfügung.[26]

Die Transfer-Enquête-Kommission formulierte dazu in ihrem Zwischenbericht, in dem sie über die Einkommenslage privater Haushalte denen Renten- und Pensionseinkommen zufließen berichtet: „Eine mit der Gesamtrechnung konsistente Darstellung der personellen Einkommensverteilung ist noch im Aufbau."[27] Trotz der schlechten Datenlage sah die Kommission in Renten und Pensionen in Millionen von Fällen die Haupteinkommensquelle.[28] Die Datenlage wurde durch die Einkommens- und Verbrauchsstichproben (EVS) des Statistischen Bundesamtes etwas verbessert, allerdings sind diese nicht spezifisch auf die Ermittlung von Alterseinkommen konzipiert.[29] Der Detaillierungsgrad hinsichtlich unterschiedlicher Quellen der Alterseinkommen lässt nur eingeschränkt Analysen zu. Für den speziellen Aspekt der Besteuerung von Alterseinkommen müssten die Primärdaten speziell diesbezüglich ausgewertet werden.

Um zukünftigen Herausforderungen bei der Alterssicherung gerecht werden zu können, wurde die Nachfrage nach qualitativ hochwertigen Daten seitens der Politik wie der Wissenschaft größer. Diesen Bedarf nahm das Bundesministerium

---

24 Vgl. Gabler Wirtschafts-Lexikon (1993), Schlagworte: Einkommensteuer und Lohnsteuer - Versicherungen.

25 Vgl. Rürup, Bert (2000a).

26 Vgl. Kortmann (1988), S. 7; ebenso Hirvonen, Petri (1993), S. 70.

27 Transfer-Enquête-Kommission (1979), S. 49. Ansätze für den Aufbau konsistenter Datenbasen finden sich laut Kommission u.a. bei Kortmann (1978), S. 193 f.

28 Vgl. Transfer-Enquête-Kommission (1979), S. 49.

29 Vgl. Kortmann (1988), S. 7-8.

für Arbeit und Sozialordnung zum Anlass, eine Untersuchung an Infratest Burke Sozialforschung GmbH in Auftrag zu geben und „... folgte damit einer Empfehlung der von der Bundesregierung 1981 eingesetzten Sachverständigenkommission Altersicherungssysteme, ‚die Informationen über die Gesamtheit der Alterssicherungssysteme ebenso wie die Unterrichtung der Öffentlichkeit und der Politik über die für die Alterssicherung bedeutsamen Umstände wesentlich zu verbessern'."[30]
Infratest begann 1982 mit der Lebenslagen-Erhebung die Berichterstattung zur Einkommenssituation älterer Menschen, die 1986, 1992, 1995 und 1999 mit vier Folgeuntersuchungen zum Thema „Alterssicherung in Deutschland" (ASID) fortgeführt wurde.[31] Ziel der Studien war „... eine möglichst intensive Berichterstattung über Art, Höhe, Verteilung und Determinanten der Einkommen älterer Menschen auf der Personen- und Haushaltebene."[32] Damit sollten sie die Lücke „... zwischen den detaillierten fall- und leistungsbezogenen Daten der Rentenversicherungsträger und den repräsentativen, aber nicht so differenzierten Ergebnissen des Mikrozensus und der Einkommens- und Verbrauchsstichproben ..."[33] schließen.
Mit den Daten der ASID-Studie kann ein Überblick allgemein über die Art und Zusammensetzung sowohl der Einkommen im Alter als auch der Alterseinkommen gegeben werden. Die Wirkung der Besteuerung kann bei den ASID-Daten allerdings nur im Rahmen der dort verwendeten Modellberechnungen analysiert werden, unter deren Zuhilfenahme die Nettoeinkommen aus den erfragten Bruttoeinkommen ermittelt wurden.[34] Damit spiegeln die Nettoeinkommen dieser Studien keine empirischen Beobachtungswerte wider und können empirische Erhebungen auch nicht vollständig ersetzen. Außerdem bilden die Zahlen lediglich die Situation zu den bestimmten Erhebungszeitpunkten ab.[35] Bei den Daten der EVS wurden zwar Brutto- wie Nettoeinkommen erhoben, da sie hinsichtlich der Quellen insbesondere bei Alterseinkommen nicht sehr detailliert sind, eignen sie sich für tiefergehende Analysen der Besteuerung von Alterseinkommen jedoch nur begrenzt. Im folgenden wird in der Hauptsache auf die Daten der ASID-Studie

---

30 Kortmann (1988), S. 9 mit Zitat von Bundesministerium für Arbeit und Sozialordnung (Hrsg.) (1983), S. 177.

31 Vgl. Klebula, Detlef/ Semran, Peter (1997), S. 5; für eine ausführlichere Beschreibung der Rahmenbedingungen der ersten Untersuchung, insbesondere deren Einbettung in die Arbeiten des Sonderforschungsbereiches 3 „Mikroanalytische Grundlagen der Gesellschaftspolitik" der Universitäten Frankfurt und Mannheim siehe Hirvonen, Petri (1993), S. 70 ff.

32 BMA (Hrsg.) (1992), S. 9.

33 Klebula, Detlef/ Semran, Peter (1997), S. 5.

34 Vgl. ASID (1995) Methodenbericht, S. 28ff.; kritisch zu diesem Vorgehen Klanberg, Frank (1992), S. 178 f.

35 Im Rahmen des Forschungsprojektes von Infratest wurde auch eine umfangreiche Quellendokumentation zur Alterssicherung erstellt. Siehe hierzu Rappel, Hans-Peter/ Kortmann, Klaus/ Schneekloth, Ulrich (1992).

des Erhebungsjahres 1999 sowie die EVS-Daten des Erhebungsjahres 1998 zurückgegriffen.[36]

2.1.2.2 Zusammensetzung des Einkommens im Alter

Betrachtet man in
Tabelle 2-1 die Zusammensetzung des Gesamteinkommens bei Personen ab 65 Jahren aus dem Jahr 1999, zeigt sich, dass im Durchschnitt über alle Personen Alterssicherungsleistungen bei Westhaushalten zu 81% und bei Osthaushalten zu 93% zum Gesamteinkommen beitragen. Diese Leistungen teilen sich zwischen eigenen bzw. abgeleiteten Alterssicherungsleistungen des Ehepartners im Verhältnis von 45 zu 36 Prozentpunkten im Westen und von 53 zu 40 Prozentpunkten im Osten auf. Während im Osten die Erwerbs- bzw. die Vermögenseinkommen lediglich jeweils 2% des Bruttoeinkommens im Alter ausmachen, liegen diese beiden Einkommenskomponenten in Westdeutschland mit 5% bzw. 10% deutlich höher. Mit zunehmendem Einkommen nimmt die relative Bedeutung der Alterssicherungsleistungen bei den Westhaushalten deutlich ab. Das Gesamteinkommen von Personen im obersten Einkommensquintil im Westen besteht nur noch zu 67% aus Alterssicherungsleistung, dafür steigt die Bedeutung von Erwerbseinkommen von durchschnittlich 5% bei dieser Einkommensgruppe auf 10% bzw. von Vermögenseinkommen von durchschnittlich 10% auf 19%.
Im Osten liegt von den „anderen" Einkünften lediglich das Erwerbseinkommen des obersten Einkommensquintils mit 7% deutlich über dem Durchschnittswert von 2% dieser Bundesländer. Vermögenseinkommen, die im Durchschnitt aller Osthaushalten nur 2% zum Gesamteinkommen beisteuern, tragen auch im obersten Einkommensquintil mit 4% nur geringfügig mehr zum Einkommen im Alter bei. Vergleicht man die Quintile der West- mit denjenigen der Osteinkommen, wird die größere Streuung bei den Westeinkommen deutlich. Das unterste bzw. oberste Quintil liegt mit 1.625 DM bzw. 6.802 DM deutlich außerhalb der Einkommensspanne der Osteinkommen, die für das unterste bzw. oberste Quintil bei 2.068 DM bzw. bei 4.217 DM liegt.

36 Vgl. zur ASID-Studie 1999 insbesondere die Zusammenfassung BMA (Hrsg.) (2001a), sowie den Alterssicherungsbericht der Bundesregierung BT-Drucks. (14/7640), sowie zur Einkommens- und Verbrauchsstichprobe die Daten im Statistischen Jahrbuch, StatJahrb. (2000).

Tabelle 2-1: Aufteilung des Gesamteinkommens in Einkommenskomponenten - Personen ab 65 Jahren (ohne Heimbewohner) 1999 –

			Einkommensgruppen (Quintile)				
Einkommenskomponenten	DM	gesamt (1)	1	2	3	4	5
Alte Bundesländer							
Alterssicherungsleistungen insgesamt	2.861	81%	87%	92%	91%	89%	67%
davon							
Alterssicherungsleistungen 1 (2)	1.584	45%	48%	47%	47%	49%	40%
Alterssicherungsleistungen 2 (3)	1.276	36%	39%	45%	44%	40%	27%
Andere Einkünfte insgesamt	658	19%	12%	8%	9%	11%	33%
davon							
Erwerbseinkommen	170	5%	1%	1%	2%	2%	10%
Vermögenseinkommen (4)	346	10%	3%	3%	4%	6%	19%
Sonstige Einkünfte	142	4%	8%	4%	3%	3%	4%
Brutto-Gesamteinkommen 100%		100%	100%	100%	100%	100%	100%
Brutto-Gesamteinkommen 100% = ... [DM]	3.518		1.625	2.415	3.009	3.753	6.802
Abzüge für Steuern und Sozialabgaben (5)	-417	-12%	-7%	-7%	-8%	-9%	-18%
Netto-Gesamteinkommen [%]		88%	93%	93%	92%	91%	82%
Netto-Gesamteinkommen ... [DM]	3.102		1.510	2.243	2.779	3.416	5.570
Neue Bundesländer							
Alterssicherungsleistungen insgesamt	2.832	93%	97%	97%	96%	96%	87%
davon							
Alterssicherungsleistungen 1 (2)	1.618	53%	60%	54%	53%	53%	51%
Alterssicherungsleistungen 2 (3)	1.214	40%	37%	43%	43%	43%	36%
Andere Einkünfte insgesamt	197	7%	3%	3%	4%	5%	14%
davon							
Erwerbseinkommen	66	2%	0%	1%	0%	1%	7%
Vermögenseinkommen (4)	63	2%	1%	1%	2%	2%	4%
Sonstige Einkünfte	68	2%	2%	1%	2%	2%	3%
Brutto-Gesamteinkommen 100%		100%	100%	100%	100%	100%	100%
Brutto-Gesamteinkommen 100% = ... [DM]	3.029		2.068	2.591	2.952	3.324	4.217
Abzüge für Steuern und Sozialabgaben (5)	-238	-8%	-8%	-8%	-8%	-8%	-9%
Netto-Gesamteinkommen [%]		92%	92%	92%	92%	92%	91%
Netto-Gesamteinkommen ... [DM]	2.791		1.912	2.393	2.729	3.073	3.853

(1) In % des Brutto-Gesamteinkommens.
(2) Alterssicherungsleistungen aufgrund eigener Ansprüche, ohne reine KLG-Leistungen.
(3) Alterssicherungsleistungen aus Ansprüchen des Ehepartners oder des verstorbenen Ehepartners.
(4) Einkünfte aus Vermietung und Verpachtung sowie Zinseinkommen.
(5) Berechnungsmethoden vgl. Infratest Burke Sozialforschung, Methodenbericht, S. 28 ff.
Quelle: BT-Drucks. (14/7640), S. 193, 210; eigene, erweiterte Darstellung.

Abbildung 2-2 visualisiert die breiter gestreuten Einkommen bei den Ehepaaren aus den alten Bundesländern im Vergleich zur relativ steilen Verteilung der Einkommen bei den Ehepaaren aus den neuen Ländern. Der Vergleich der Kurven der Brutto- mit derjenigen der Nettoeinkommensverteilung veranschaulicht die Wirkung der progressiven Einkommensteuer, die zu einem höheren Maximalwert sowie einer Linksverschiebung der Verteilung führt.

Abbildung 2-2: Schichtung des Brutto- und Nettogesamteinkommens - Personen ab 65 Jahren (ohne Heimbewohner) 1999 -

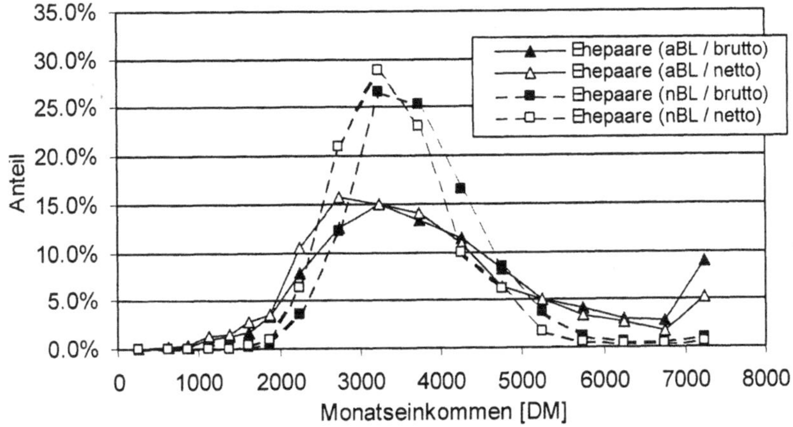

Quelle: Daten aus BT-Drucks. (14/7640) S. 195 und S. 197; eigene Darstellung

Die durchschnittliche Einkommensteuerbelastung liegt bei 12% im Westen bzw. bei 8% im Osten. Die höhere Belastung bei den West-Haushalten geht in der Hauptsache auf die hohen Einkommen zurück. Im obersten Einkommensquintil liegt die Belastung im Westen bei 18% im Gegensatz zu 9% im Osten.[37] Dieser Unterschied bei den Einkommen und damit auch bei der Einkommensteuerbelastung dürfte z.T. darauf zurückzuführen sein, dass neben den höheren sonstigen Einkünften auch die Alterssicherungsleistungen in Westdeutschland nicht nur höher ausfallen, sondern sie sich auch anders zusammensetzen. So ist der Anteil der Beamtenpensionen in den neuen Ländern verschwindend gering im Vergleich zu einem historisch gewachsenen Anteil in den alten Bundesländern.[38] Da Pensionen bis auf einen Freibetrag vollständig zu versteuern sind, im Gegensatz zu Sozialversicherungsrenten, die nur mit ihrem Ertragsanteil zu versteuern sind, führt dieser strukturelle Unterschied unweigerlich zu einer höheren Belastung im Westen.

Abbildung 2-3 zeigt die Zusammensetzung der Haushaltseinkommen der Einkommens- und Verbrauchsstichprobe (EVS) von 1998, die eine ähnliche Struktur bei der Aufteilung ergibt, wie sie von der ASID-Studie 1999 ausgewiesen wird.

---

37 Vgl. Tabelle 2-1.

38 Vgl. Absatz 2.1.2.3

Abbildung 2-3: Zusammensetzung der Einkommen im Alter 1. Halbjahr 1998

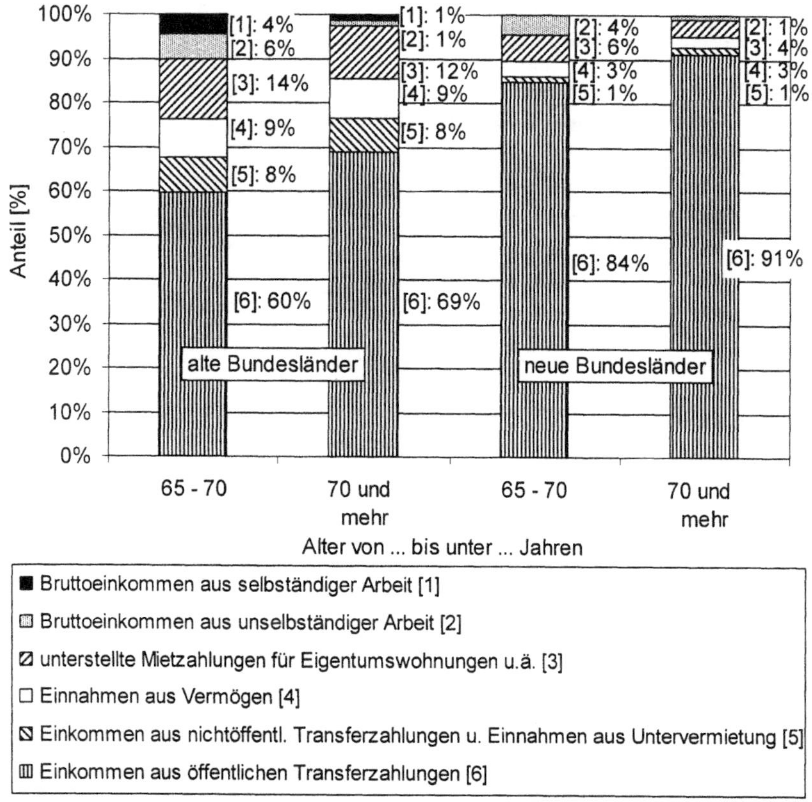

Quelle: StatJahrb. (2000) Tabelle 21.2.1 Ergebnisse der Einkommens- und Verbrauchsstichprobe 1998; erweiternde Berechnung, eigene Darstellung (Abweichungen von 100% sind rundungsbedingt).

Da bei den Einnahmen aus Vermögen bei der EVS von 1998 die unterstellten Mietzahlungen für Eigentumswohnungen enthalten sind, verbreitert sich die Bezugsbasis im Vergleich zu den Daten der ASID-Studie. Dadurch werden die Anteile der Vermögenseinkommen geringer ausgewiesen, als das bei enggefasster Basis der Fall wäre. Außerdem muss für einen Vergleich mit der Aufstellung in Tabelle 2-1 berücksichtigt werden, dass bei den Einkommen aus öffentlichen Transferzahlungen betriebliche und private Altersvorsorgeleistungen fehlen. Für eine bessere Vergleichbarkeit wurden die unterstellten Mietzahlungen aus den Einnahmen aus Vermögen herausgerechnet und getrennt ausgewiesen, wodurch die Ähnlichkeit in der Einkommensaufteilung zwischen den Daten der ASID-Studie von 1999 und den Daten der EVS von 1998 besser sichtbar wird.

In den alten Bundesländern resultierten für das 1. Halbjahr 1998 für 65- bis 69-Jährige bzw. 70- Jährige und ältere 60% bzw. 69% des Haushaltseinkommens aus öffentlichen Transferzahlungen, aus nichtöffentlichen Transferzahlungen jeweils 8% und jeweils 9% aus Vermögen. In den neuen Bundesländern dominieren mit 84% bzw. 91% des Haushaltseinkommens die öffentlichen Transferzahlungen deutlich die Zusammensetzung des Haushaltseinkommens. Die Einnahmen aus Vermögen liegen jeweils bei 3%.

Tabelle 2-2: Aufteilung des Einkommens im Alter im 1. Halbjahr 1998

	Alte Bundesländer		Neue Bundesländer	
Alter von ... bis unter ... Jahren	65 - 70	70 und mehr	65 - 70	70 und mehr
Bruttoeinkommen aus unselbständiger Arbeit	6%	1%	4%	1%
Bruttoeinkommen aus selbständiger Arbeit	4%	1%	0%	0%
Einnahmen aus Vermögen	22%	21%	9%	6%
Einkommen aus nichtöffentl. Transferzahlungen u. Einnahmen aus Untervermietung	8%	8%	1%	1%
Einkommen aus öffentlichen Transferzahlungen	60%	69%	84%	91%
darunter:				
Bruttorenten der gesetzlichen Rentenversicherungen	*42%*	*50%*	*79%*	*87%*
Öffentliche Pensionen	*12%*	*12%*	*0%*	*0%*
sonstige öffentliche Transferzahlungen	*6%*	*6%*	*5%*	*3%*
Haushaltsbruttoeinkommen	**100%**	**100%**	**100%**	**100%**

Quelle: StatJahrb. (2000) Tabelle 21.2.1 Ergebnisse der Einkommens- und Verbrauchsstichprobe 1998; erweiternde Berechnung, eigene Darstellung.

Bezogen auf das Bruttogesamteinkommen des Haushalts, resultiert – wie Tabelle 2-2 zeigt – in den alten Bundesländern immerhin noch knapp 42% bei den 65- bis 69-Jährigen und ca. 50% bei den Haushalten mit einem Haushaltsvorstand von 70 Jahren oder darüber aus der gesetzlichen Sozialversicherungsrente. In den neuen Bundesländern fällt dieser Vergleich stärker zugunsten der Einkommen aus der gesetzlichen Rentenversicherung aus, mit ca. 84% in der Altersklasse der 65- bis unter 70-Jährigen bzw. 91% bei den 70-Jährigen und älteren. Dies liegt zum einen daran, dass es in der ehemaligen DDR bestimmte Versorgungssysteme nicht gab,[39] zum anderen dass der Anteil der Einkommen aus Vermögen am Gesamteinkommen in den neuen

39 Beamtenversorgung, landwirtschaftliche Altershilfe, betriebliche Altersversorgung und Zusatzversorgung im öffentlichen Dienst gab es in der ehemaligen DDR nicht. S. Klebula, Detlef/ Semran, Peter (1997), Fn. S.6.

Ländern weniger als halb so groß ausfällt als in den alten Ländern, eine Tatsache, die historisch bedingt sein dürfte.
Die Nettoeinkommen der ASID-Studie (Tabelle 2-1) wurden durch Modellrechnungen aus den Bruttoeinkommen ermittelt, bei den Zahlen der Einkommen- und Verbrauchsstichproben (Tabelle 2-3) handelt es sich um statistisch erhobene Größen.

Tabelle 2-3: Haushaltseinkommen und Abgabenbelastung nach Altersgruppen - 1. Halbjahr 1998 -

Art der Einnahmen und Ausgaben [DM je Haushalt und Monat]	Haushalte insges.	Alter von ... bis unter ... Jahren					
		unter 35	35 - 45	45 - 55	55 - 65	65 - 70	70 und mehr
Haushaltsbruttoeinkommen	6262	5634	7271	8451	6627	4759	3871
- Einkommensteuer und Solidaritätszuschlag	629	668	863	1099	630	117	73
- Pflichtbeiträge zur Sozialversicherung	612	736	847	904	535	204	178
Haushaltsnettoeinkommen	5020	4229	5562	6448	5462	4438	3620
Abgabenquote	19,83%	24,94%	23,50%	23,70%	17,58%	6,75%	6,48%
Durchschnittssteuersatz	10,04%	11,86%	11,87%	13,00%	9,51%	2,46%	1,89%
Durchschnittliche Belastung durch Sozialabgaben	9,77%	13,06%	11,65%	10,70%	8,07%	4,29%	4,60%

Quelle: Daten aus StatJahrb. (2000) Tabelle 21.2.1 Ergebnisse der Einkommens- und Verbrauchsstichprobe 1998; erweiternde Berechnung, eigene Darstellung.

Bei der Gegenüberstellung der Brutto- mit den Nettoeinkommen für unterschiedliche Altersgruppen in Tabelle 2-3 zeigt sich eine signifikante Abnahme der steuerlichen Belastung ab dem Zeitpunkt, zu dem der Haupteinkommensbezieher das 65 Lebensjahr erreicht. Der Grund hierfür liegt nicht in einer Abnahme des Haushaltseinkommens in dessen Folge der Zensit eine niedrigere Durchschnittsbelastung aufgrund der progressiv ausgestalteten Einkommensbesteuerung erfährt. Vergleicht man die Haushaltseinkommen der unter 35 Jährigen mit den Einkommen der Altersklasse von 65 bis unter 70 Jahren zeigt sich, dass trotz eines geringfügig niedrigeren Nettoeinkommens bei den Jüngeren von 4.229,- DM zu 4.438,- DM bei den Älteren, die Jüngeren für dieses Nettoeinkommen mit 5.634,- DM ein deutlich höheres Bruttoeinkommen benötigen, als die Seniorenhaushalte mit 4.759,- DM. Die Durchschnittsbelastung mit Einkommensteuer liegt damit bei den Haushalten der untersten Altersklasse mit 11,86% deutlich über derjenigen der Seniorenhaushalte mit lediglich 2,46% bei nahezu gleich großem Nettoeinkommen.
Bei den Haushalten der untersten Altersklasse teilt sich die Belastung zwischen Einkommensteuer und Sozialversicherungsbeiträge nahezu paritätisch auf; 12 Prozentpunkte der 25% entfallen auf die Einkommensteuer, 13 Prozentpunkte auf Pflichtbeiträge zur Sozialversicherung. Bei der Altersklasse der 65 bis unter 70 Jährigen stellen die Sozialversicherungsbeiträge mit 4,3 Prozentpunkten von 6,75% relativ die größere Belastung dar, und das obwohl auf Haushaltsebene nur noch geringe Einkommensteile rentenversicherungspflichtig sind.

Damit wird deutlich, dass die steuerliche Belastung im Alter deutlich abnimmt, eine Tatsache, die durch die in der
Tabelle 2-1 ausgewiesene Abgabenquote nur eine Relativierung erfährt. Dort zeigt sich für das oberste Einkommensquintil in den alten Bundesländern eine mit der Erwerbsphase annähernd vergleichbare Belastung von 18%.

Tabelle 2-4: Höhe und Anteil anderer Einkünfte pro Bezieher - Personen ab 65 Jahren (ohne Heimbewohner) 1999 -

	alte Bundesländer		neue Bundesländer	
	Anteil Bezieher %	Betrag je Bezieher DM	Anteil Bezieher %	Betrag je Bezieher DM
Andere Einkünfte (brutto)				
Reine KLG-Leistung	5%	119	0%	/
Erwerbseinkommen (2)	3%	2.429	2%	1.234
Krankengeld/Pflegegeld (3)	0%	/	/	/
Kriegsopferversorgung (4)	4%	683	3%	474
Rente der gesetzl. Unfallversicherung (4)	2%	809	3%	606
Sonstige Renten (4)	1%	782	0%	/
Vermietung/Verpachtung	9%	1.223	2%	297
Zinseinkünfte	36%	306	40%	84
Wohngeld	2%	137	3%	110
Sozialhilfe (5)	2%	531	1%	517
Sonstiges (6)	5%	612	2%	216
Andere Einkünfte insgesamt (7)	51%	793	48%	221

(1) Haushaltsbezogene Einkünfte wurden bei Verheirateten beiden Ehepartnern zu gleichen Teilen zugerechnet. Das gilt für folgende Einkunftsarten:
Einkünfte aus Vermietung/Verpachtung, Zinseinkünfte, Wohngeld und Sozialhilfe.
(2) Einkünfte aus selbstständiger und/oder unselbstständiger Tätigkeit/Nebentätigkeit.
(3) Soweit von der Krankenkasse gezahlt.
(4) Eigene oder abgeleitete Renten.
(5) Laufende Hilfe zum Lebensunterhalt und/oder Hilfe in besonderen Lebenslagen; einschließlich vom Sozialamt gezahltes Pflegegeld.
(6) Zum Beispiel regelmäßige private Unterstützung, Kindergeld.
(7) Netto-Gesamteinkommen.
Quelle: BT-Drucks. (14/7640), S. 188-189, eigene Darstellung

Tabelle 2-4 veranschaulicht die Zusammenstellung der „anderen" Einkünfte. Hier wird die Heterogenität der Einkommenszusammensetzung bei Senioren, die nicht auf Alterssicherungsleistungen zurückzuführen sind, besonders deutlich. Nur ca. 3% aller Personen über 65 Jahren im Westen bzw. 2% im Osten erhalten Einkünfte aus einer Erwerbstätigkeit. Für diesen kleinen Personenkreis ergibt sich aber eine durchschnittliche Leistung aus diesem Bereich von 2.429 DM pro

Monat für Personen in den alten bzw. 1.234 DM für Personen in den neuen Ländern. Ein Gegenpol zu diesem hohen Zusatzeinkommen für eine kleine Personengruppe stellen die Zinseinkünfte dar. 36% aller Personen in den West- bzw. sogar 40% in den Osthaushalten über 65 Jahren beziehen regelmäßig Zinsen, die im Schnitt pro Bezieher jedoch 1999 lediglich 306 DM bzw. 84 DM pro Monat zum Einkommen im Alter beisteuern. Da die Angaben zu den Zinseinkünften auf Selbstauskünfte der Befragten basieren, ist von einer Untererfassung auszugehen, weshalb die Zahlen mit Vorsicht zu interpretieren sind.[40]
Zwischen diesen beiden Extremwerten liegen die Einkünfte aus Vermietung und Verpachtung. Immerhin 9% der Personen in den alten Bundesländern ab 65 Jahren bezogen 1999 entsprechende Einkünfte, die über alle Bezieher dieser Einkünfte durchschnittlich für 1.223 DM pro Monat sorgten. In den neuen Ländern spielen Einkünfte aus Vermietung und Verpachtung eine deutlich geringere Rolle. Lediglich 2% der Personen beziehen entsprechende Einkünfte, die im Schnitt 297 DM betrugen.

Insgesamt tragen andere Einkunftsquellen - außer denjenigen der Alterssicherungssysteme - bei ca. der Hälfte der Personen ab 65 Jahren in beiden Teilen Deutschlands zum Gesamteinkommen bei, wenngleich der Umfang dieser Einkommenskomponenten sehr heterogen ist.

2.1.2.3 Alterseinkommen nach Alterssicherungssystemen

Je nach beruflichem Werdegang kann sich das Alterseinkommen einer Person aus Leistungen mehrerer eigenständiger Alterssicherungssysteme zusammensetzen. Auch wenn über alle Alterssicherungssysteme gesehen die gesetzliche Rentenversicherung das am weitest verbreitete Alterssicherungssystem darstellt,[41] kann es im Einzelfall hinsichtlich seiner quantitativen Bedeutung bezogen auf die Gesamtheit der Alterseinkommen einer Person von anderen Sicherungssystemen übertroffen werden. Für die Höhe des Gesamteinkommens spielt die Kumulation von Einkunftsquellen sowohl aus dem Bereich der Alterssicherungsleistungen als auch aus dem Bereich der „anderen Einkünfte" eine wichtige Rolle. In den alten Bundesländern bezogen 1999 90% der Männer und 78% der Frauen ab 65 Jahren Einkünfte aus der gesetzlichen Rentenversicherung, in den neuen Ländern sind es sogar 99% bzw. 98%.[42] Der Anteil der Sozialversicherungsrentner liegt in den neuen Ländern deshalb so hoch, da – wie oben erläutert - es praktisch keine anderen Vorsorgesysteme in der DDR gab. Aus diesem Grund beschränkt sich die nachfolgende Darstellung über die Aufteilung der Leistungen auf die unterschiedlichen Alterssicherungssysteme in der Hauptsache auf das ehemalige Bundesgebiet, da in den neuen Ländern andere Alterssicherungs-

---

40 Auf dieses Problem wird im Alterssicherungsbericht im Zusammenhang mit der Vergleichbarkeit mit aggregierten Zahlen beispielsweise aus der Einkommens- und Verbrauchsstichprobe hingewiesen; vgl. BT-Drucks. (14/7640), S. 92 f.

41 Vgl. Bundesministerium für Arbeit und Sozialordnung (Hrsg.) (1997), S. 6; BMA (Hrsg.) (2001a), S. 10.

42 Vgl. BMA (Hrsg.) (2001a), S. 13.

leistungen als diejenigen der gesetzlichen Rentenversicherung vernachlässigbar sind.[43]
Tabelle 2-5 veranschaulicht die Tatsache, dass sich auch die Alterssicherungsleistungen oft aus mehrere Quellen zusammensetzen, wie das bei den Einkünften der Fall ist, die neben den Alterssicherungsleistungen bezogen werden.[44] In den neuen Länder zeigt sich wiederum die vorherrschende Rolle der GRV, wobei darauf hingewiesen werden muss, dass hinter den Anteilen mit zwei Einkunftsquellen ausschließlich die Konstellation von eigenständigen in Verbindung mit abgeleiteten gesetzlichen Renten verbirgt.[45]

Tabelle 2-5: Kumulation von Alterssicherungsleistungen - Personen ab 65 Jahren (ohne Heimbewohner), 1999 -

Anzahl Alterssicherungsleistungen	Alte Bundesländer			Neue Bundesländer		
	Insges.	Männer	Frauen	Insges.	Männer	Frauen
Ohne AS-Leistung	5%	2%	7%	0%	1%	0%
1 Einkunftsquelle	52%	53%	51%	66%	92%	53%
darunter nur GRV	36%	41%	32%	65%	90%	50%
2 Einkunftsquellen	39%	45%	35%	32%	7%	47%
darunter GRV (eigen & abgel.)	14%	1%	22%	32%	7%	47%
3 Einkunftsquellen	5%	-	7%	-	-	-
Summe	100%	100%	100%	100%	100%	100%

Quelle: Daten aus BT-Drucks. (14/7640), S. 82; eigene, erweiterte Darstellung.

In den alten Bundesländern beziehen ca. 50% aller Personen ab 65 Jahren Alterssicherungsleistungen aus einer einzigen Quelle, der überwiegende Teil der Leistungen wird durch die gesetzliche Rentenversicherung erbracht. Bei Personen, die aus zwei Quellen Alterssicherungsleistungen beziehen, wird deutlich, dass insbesondere bei Männern in den alten Bundesländern die zweite Säule der Altersvorsorge eine wichtige Rolle spielt. 36 Prozentpunkte der 45% gehen auf diese Fallkonstellationen zurück.[46] Der Fall, dass bei ihnen eigene mit abgeleiteten Leistungen aus der GRV zusammentreffen, ist mit 1% sehr gering. Bei den Frauen zeigt sich das umgekehrte Bild. Von den 35% gehen 22 Prozentpunke auf die Konstellation von eigenen mit abgeleiteten Leistungen aus der GRV zurück, die zweite Säule der Altersversorgung macht lediglich 8 Prozentpunkte

43 Vgl. BT-Drucks. (14/7640), S. 128.
44 Vgl. Absatz 2.1.2.2.
45 Vgl. die detaillierte Aufstellung unter BT-Drucks. (14/7640), S. 82.
46 26 Prozentpunkte entfallen auf die betriebliche Altersversorgung, 10 Prozentpunkte auf die Zusatzversorgung des öffentlichen Dienstes; vgl. die detaillierte Aufstellung unter BT-Drucks. (14/7640), S. 82.

aus.[47] Drei Alterssicherungsleistungen treten nur in den alten Bundesländern und dort nur in der Konstellationen auf, bei denen zu einer eigenständigen zwei abgeleitete Leistungen hinzutreten. Aufgrund der längeren Lebenserwartung von Frauen kommen praktisch nur diese in den Genuss einer solchen Kumulationsform, wie Tabelle 2-5 verdeutlicht.
Betrachtet man die absolute Höhe der Alterseinkommen, die sich für Haushalte mit niedrigen Renten aus der gesetzlichen Rentenversicherung ergibt, zeigt sich, dass insbesondere bei diesen Leistungsbeziehern andere Einkommensquellen für die Höhe des Gesamteinkommens entscheidend sind.[48]
Eine niedrige Sozialversicherungsrente allein lässt somit noch keinen Schluss über die gesamte Einkommenslage eines Haushaltes zu, d.h. niedrige Renten aus der gesetzlichen Rentenversicherung sind nicht notwendigerweise mit Altersarmut gleichzusetzen.

Tabelle 2-6: Zusammentreffen von Kleinstrenten mit anderen Einkommen 1999

	Alte Bundesländer	Neue Bundesländer
Durchschnittliches Nettogesamteinkommen [DM/M]		
Männer ggf. mit Ehefrau mit einer eigenen Rente unter 500 DM	3.625	(1)
Frauen ggf. mit Ehemann mit einer eigenen Rente unter 500 DM	2.538	2.030

(1) Der Alterssicherungsbericht weist für die neuen Länder keine Männer mit einer Rente unter 500 DM pro Monat aus.
Quelle: Daten aus BT-Drucks. (14/7640), S. 218 f.; 222 f.; eigene Darstellung.

So bezogen Männer bzw. Frauen in den alten Bundesländern, die Leistungen unter 500 DM pro Monat aus der GRV erhielten, ein durchschnittliches Gesamteinkommen von 3.625 DM bzw. 2.538 DM. Natürlich verbirgt sich hinter dieser Zahl für das Gesamteinkommen eine sehr ungleiche Einkommensschichtung. Männer hatten in 47% der Fälle ein Nettohaushaltseinkommen von über 3.500 DM, Frauen in 18% der Fälle. Deshalb ist auch der Umkehrschluss, niedrige Renten seien grundsätzlich mit hohen sonstigen Leistungen verbunden, genauso wenig zulässig.[49] Die gesetzlichen Rentenversicherungsträger zahlten 1999 an 95% aller Leistungsbezieher eine Rente, die bezogen auf alle Alterssicherungssysteme 76% des gesamten Leistungsvolumens ausmachte. Im Durchschnitt erhielt der Leistungsbezieher eine gesetzliche Rente aufgrund eigener Ansprüche in Höhe von 1.315 DM.[50] Dies manifestiert die führende Rolle der gesetzlichen Rentenversicherung unter den Alterssicherungssystemen.

---

47 3 Prozentpunkte entfallen auf die betriebliche Altersversorgung, 5 Prozentpunkte auf die Zusatzversorgung des öffentlichen Dienstes; vgl. die detaillierte Aufstellung unter BT-Drucks. (14/7640), S. 82.

48 Vgl. Tabelle 2-6.

49 Vgl. BT-Drucks. (14/7640), S. 218-222.

50 Vgl. Abbildung 2-4.

Abbildung 2-4: Leistungen aufgrund eigener Ansprüche nach Alterssicherungssystemen, Alte Bundesländer, Leistungsbezieher ab 65 Jahren, 1999

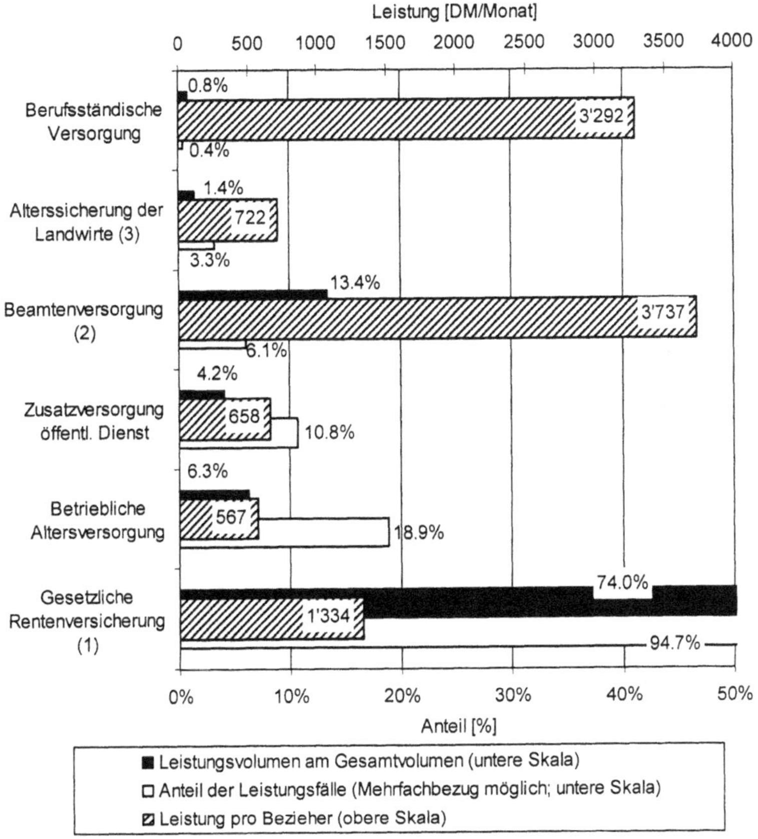

(1), (3): Nach Abzug der Kranken- und Pflegeversicherungsbeiträge bzw. zuzügl. Beitragszuschuß. GRV einschließlich KLG-Leistungen bei Frauen mit eigener GRV-Rente

(2): Zahlbetrag einschl. anteiligem 13. Monatsgehalt und vor Abzug von Kranken- und Pflegeversicherungsbeiträgen

(4): Ohne Bezieherinnen reiner KLG-Leistungen

Quelle: Datengrundlage BMA (Hrsg.) (1997c), S. 117; eigene, erweiternde Berechnungen; eigene Darstellung.

Als Versorgungssystem der ersten Säule tritt lediglich noch die Beamtenversorgung in nennenswertem Umfang in Erscheinung; mit 6% der Leistungsfälle und 11% des Leistungsvolumens zahlt dieses Versorgungssystem unter allen Systemen mit 3.310 DM den höchsten Betrag aus. Relativierend ist hier darauf hinzuweisen, dass die Beamtenversorgung ein bifunktionales System aus Regel- und Zusatzversorgung darstellt und dass der hier ausgewiesene Zahlbetrag der Beamtenpension anteilig das 13. Monatsgehalt enthält, für das es kein Äquivalent bei der gesetzlichen Rentenversicherung gibt.
Mit 6% bzw. 4% des Leistungsvolumens bei der betrieblichen Altersversorgung bzw. der Zusatzversorgung des öffentlichen Dienstes wird der additive Charakter der zweiten Säule der Altersvorsorge deutlich, die immerhin in der Summe über ein Zehntel des gesamten Leistungsvolumens aller Alterssicherungssysteme ausmacht.

Setzt man die Anzahl der Leistungsfälle ins Verhältnis zur Anzahl der Leistungsbezieher, ergeben sich pro Person im Durchschnitt in den alten Bundesländern 1,31 Leistungsfälle aus Alterssicherungssystemen, nach Geschlecht getrennt entspricht das 1,49 bzw. 1,17 Leistungen pro Mann bzw. Frau. In den neuen Bundesländern haben Fälle von Mehrfachbezug praktisch keine Bedeutung.[51]

2.1.2.4 Zusammenfassung

Abschließend lassen sich über die Einkommen im Alter folgende Punkte zusammenfassen.

- Das Einkommen im Alter umfasst eine sehr heterogene Menge an Einkünften; die Verteilung der Haushaltseinkommen ist in den neuen Bundesländern deutlich steiler, als in den alten Bundesländern.
- Einkünfte aus Alterssicherungssystemen bilden mit 81% bei den West- bzw. 93% bei den Osthaushalten im Durchschnitt den größten Teil des Einkommens. Die gesetzliche Sozialversicherungsrente ist dabei das wichtigste Vorsorgesystem in Deutschland. Ca. drei Viertel der gesamten Alterssicherungsleistungen entfielen 1999 auf dieses Sicherungssystem, wobei knapp 95% aller Leistungsbezieher davon profitierten.
- Bei den Vermögenseinkommen der älteren Bevölkerung erhält ein kleiner Teil hohe Einkünfte aus Vermietung und Verpachtung, wohingegen einem großen Teil im Durchschnitt lediglich geringe Einkünfte aus Zinserträgen zufließen.
- Aufgrund der Vielfalt bei den Vorsorgesystemen in den alten Bundesländern beziehen hier Personen im Durchschnitt aus 1,31 Quellen Alterssicherungsleistungen. Bei Männern sind dies i.d.R. Leistungen aus der betrieblichen Altersvorsorge bzw. der Zusatzversorgung des öffentlichen Dienstes, bei Frauen hauptsächlich abgeleitete Leistungen ihres Ehepartners.
- Kleine Renten fallen relativ oft mit hohen anderen Einkünften zusammen. Bei Männern bzw. Frauen in den alten Bundesländern mit eigener Rente unter 500 DM überstieg 1999 das durchschnittliche Nettogesamteinkommen des Haushalts in 47% bzw. 18% der Fälle die Marke von 3.500 DM.

---

51 Vgl. BT-Drucks. (14/7640), S. 129-130.

- Aufgrund veränderter Besteuerungsmodalitäten für gesetzliche Sozialversicherungsrenten nimmt im Durchschnitt die Einkommensteuerbelastung im Alter deutlich ab. Lediglich im obersten Einkommensquintil kann eine annähernd vergleichbare Abgabenbelastung festgestellt werden.

2.1.3 Abgrenzung des Untersuchungsgegenstandes

Fiskalische Ziele müssen, wie § 3 Abs. 1 AO u.a. besagt, nicht den Alleinzweck einer Steuer darstellen. Vielmehr kann die Erzielung von Einnahmen als Nebenzweck hinter Lenkungszielen zurücktreten.[52] Bei der normativen Frage, wie die Steuerlast auf die Bürger verteilt werden soll, haben sich zwei Prinzipien in den Finanzwissenschaften etabliert, das Äquivalenzprinzip und das Leistungsfähigkeitsprinzip. Sie stellen nach Haller die Fundamentalprinzipien der öffentlichen Abgabenerhebung dar.[53] Beide Prinzipien sind nach Brümmerhoff Konkretisierungen einer gleichmäßigen Besteuerung, welche eine notwendige Voraussetzung für eine als gerecht interpretierte Besteuerung sind. Das Prinzip der gleichmäßigen Besteuerung stellt einen Ausfluss aus dem Gleichheitssatz des Art. 3 GG dar und verlang, „...(wesensmäßig) Gleiches steuerlich gleich zu behandeln."[54]
Das Äquivalenzprinzip stellt einen Bezug zwischen einer staatlich bereitgestellten Leistung und der Steuer desjenigen her, der diese Leistung in Anspruch nimmt. Steuern, die über das Äquivalenzprinzip begründet werden, knüpfen an Steuerobjekten an, die den einzelnen Steuersubjekten zuordenbar sind und von denen sie einen individuellen Nutzen haben, bzw. bei deren Nutzung bestimmte Kosten entstehen. Gemäß dieser Interpretation haben Steuern Entgeltcharakter.[55]
Bei der Einkommensteuer dominiert der Charakter einer Zwangsabgabe, da kein direkter Sondernutzen für den Steuerträger vorliegt. Als Norm für das Ausmaß der Belastung des Steuersubjektes wird dessen Leistungsfähigkeit[56] herangezogen.
Wie oben dargestellt, setzt sich das Gesamteinkommen von Senioren bzw. Seniorenhaushalten in Deutschland i.d.R. aus mehreren Quellen zusammen. Einige Bestandteile stellen zwar eine durchaus wichtige Einkunftsquelle im Alter dar, wie beispielsweise Einnahmen aus Vermögen, allerdings sind sie nicht ausschließlich auf die Nacherwerbsphase beschränkt. Rürup reduziert Alterseinkommen auf solche Einkommensquellen, „die man **nur** in der Nacherwerbsphase bezieht"[57] [Hervorhebung d. Verf.] und subsumiert folglich „die Sozialversicherungsrenten, die Beamtenpensionen, die Betriebsrenten sowie die Leistungen der öffentlichen Zusatzversorgungssysteme und der berufsständigen Versorgungswerke"[58] darunter.

---

52 Vgl. Brümmerhoff (1996), S. 225.
53 Vgl. Haller (1981), S. 13 ff.
54 Brümmerhoff (1996), S. 238.
55 Für einen umfassenden Überblick über die Steuerverteilungstheorien siehe Brümmerhoff (1996), S. 238 ff.; Zimmermann; Henke (1994), S. 99 ff.
56 Vgl. zu weiteren Aspekten des Leistungsfähigkeitsprinzip die Abschnitte 3.2.1 und 4.3.2.
57 Rürup, Bert (2000a).
58 Rürup, Bert (2000a).

Soll die Wirkung des Steuersystems auf die wirtschaftliche Lage der älteren Bevölkerung untersucht werden, kommt man nicht umhin, die Gesamtheit aller Einkünfte in Zusammenhang mit allen Steuerregeln zu betrachten. Dies schließt auch die Betrachtung der Gesamtumstände bei der Ermittlung der individuellen Leistungsfähigkeit ein. Ein entsprechendes Vorgehen würde zwar die tatsächliche Belastungswirkung in seiner Gesamtheit abbilden, aber durch die Berücksichtigung aller individuellen Gegebenheiten die Wirkungszusammenhänge einzelner Regelungen durch die Detailvielfalt verdecken. Orientiert man sich am Leistungsfähigkeitsprinzip als zentrale Norm zur Bewertung von Steuersystemen, können Wertungen nicht auf Teilaspekte beschränkt bleiben, ein breit angelegter Untersuchungsrahmen wird notwendig.
Für die Einkommenslage im Alter findet sich ein entsprechendes Vorgehen beispielsweise bei Hirvonen, der die Einkommenslage der älteren Bevölkerung in der Bundesrepublik Deutschland untersucht[59] oder die vom Bundesministerium für Arbeit und Sozialordnung in Auftrag gegebenen ASID-Studien von 1986, 1992, 1995 und 1999.[60] In den ASID Studien aus dem Jahr 1995 bzw. 1999 wird unter den Alterseinkommen die Summe aller Einkommen zusammengefasst, die aus Alterssicherungssystemen gezahlt werden,[61] bei den Einkommen im Alter werden zusätzlich auch andere Einkunftsarten berücksichtigt, die nicht auf Personen in der Nacherwerbsphase beschränkt sind.[62]
Im Alterssicherungsbericht von 1997 wird auf die generelle Problematik der Interpretation von Durchschnittswerten im Zusammenhang mit durchschnittlichen Alterseinkommen hingewiesen. Bei jeder Durchschnittswertermittlung gehen Informationen über die Verteilung der Einzelwerte verloren, da heterogene Personengruppen unterschiedlicher Generationen mit unterschiedlichen Erwerbsbiographien zusammengefasst werden.[63] Dies ist insbesondere deshalb kritisch zu sehen, da Rentner „eine außerordentlich heterogene Bevölkerungsgruppe [sind]; das gilt auch bezüglich der Zusammensetzung der Alterseinkünfte."[64]
Bei der Untersuchung der vom Steuersystem induzierten Verteilungswirkung führt ein weitgefasster Untersuchungsrahmen zwangsläufig zu pauschalen Aussagen über die Belastungswirkung, die Zusammenhänge von Ursache und Wirkung lassen sich nur unscharf ermitteln. Die Vielfalt unterschiedlicher Einkommensbestandteile trifft auf eine Vielfalt unterschiedlicher Besteuerungssysteme für die jeweiligen Bestandteile, womit die Anzahl der Kombinationsmöglichkeiten mit dem Produkt der Varianten ansteigt. Zur Bewertung von Reformalternativen einer Steuerregelung ist eine Partialanalyse sinnvoll und notwendig.
Stöhr zielt in seiner Arbeit auf einen Reformvorschlag, der alle Alterseinkünfte einheitlich mit einem Besteuerungsmodell erfasst und dabei zu keinen „neuen

59 Hirvonen (1993).
60 Für ein Verzeichnis der Berichte und ausgewählter Publikationen zu diesen Studien vgl. BMA (Hrsg.) (2001a), S. 92 ff.
61 BMA (Hrsg.) (1997b) S. 6, sowie BMA (Hrsg.) (2001a), S. 10.
62 Vgl. BMA (Hrsg.) (1992), S. 9 zum Ziel der ASID-Studien, die Einkommen älterer Menschen zu analysieren.
63 BMA (Hrsg.) (1997c), 73f.
64 Klanberg, Frank (1992), S.184.

Unstimmigkeiten im Verhältnis zu der Besteuerung der noch Erwerbstätigen" führt.[65] Dementsprechend geht er ebenfalls auf Einkunftsarten ein, die der Sicherung des Lebensstandards im Alter dienen können, aber nicht notwendigerweise nur in der Nacherwerbsphase bezogen werden, wie beispielsweise Erträge aus langfristigen Kapital- und Vermögensbildung.[66] Damit verfolgt er das Ziel einer einheitlichen, systematischen Besteuerung von Einkommen im Alter und subsumiert deshalb unter Alterseinkünften „...alle Einkünfte (...), die Personen zufließen, die das 65. Lebensjahr vollendet haben."[67]
Scheil bezieht ebenfalls neben den üblichen Rentenarten auch „Einkünfte aus Vermietung und Verpachtung und Kapitalvermögen"[68] mit in ihre Untersuchung ein. Das Ziel ihrer Arbeit besteht in einem Vergleich der Steuerbelastungswirkung zwischen unterschiedlichen Einkünften in ausgesuchten OECD-Ländern, ein ebenfalls weit gefasster Ansatz, der die Verteilungswirkung der Rentenbesteuerung nur grob darstellen kann.[69]
Den Fragen, welche Verteilungswirkung die Alterssicherungssysteme haben, welche vom Steuersystem ausgeht und wie sich aus dem Zusammenwirken beider eine endgültige Verteilung ergibt, geht van Essen von theoretischer Seite qualitativ nach. Dabei hält er seine Analyse bis zum vorletzten Teil seiner Arbeit allgemeingültig, erst dann betrachtete er die konkrete Ausgestaltung der Sozialversicherungsrente. Andere Formen der Altersvorsorge lässt er außer Betracht.[70]
Die vorliegende Arbeit beschränkt sich auf Partialanalysen von Alterseinkommen[71] mit dem Ziel, Ursache-Wirkungs-Zusammenhänge dergestalt herauszuarbeiten, dass damit alternative Reformvorschläge für die Rentenbesteuerung bewertet werden können.
Aus zweierlei Gründen konzentrieren sich die weiteren Ausführungen in der Hauptsache auf Alterseinkommen aus der gesetzlichen Rentenversicherung. Zum einen rechtfertigt die Bedeutung der gesetzlichen Rente bei den Einkommen im Alter diese Einschränkung, zum anderen wird die Besteuerung der Sozialversicherungsrenten allgemein als größerer Fehler angesehen, im Vergleich zu Unstimmigkeiten bei Sonderregelungen bezüglich anderer Einkommen, die als Folgebegünstigungen in das Einkommensteuerrecht Einzug hielten.[72] So wird regelmäßig im Vergleich zwischen den Regelungen des Vorwegabzuges bei Beamten und der Ertragsanteilsbesteuerung bei Sozialversicherungsrenten von einem kleinen Fehler gesprochen, der als Ausgleich für den eigentlichen – großen – Fehler der Ertragsanteilsbesteuerung gedacht war. Demnach kann gefolgert werden, dass der Reformbedarf bei Sozialversicherungsrenten größer ist als bei anderen Alterseinkommen und deshalb die Schwerpunktlegung auf diesen Bereich notwendig und sinnvoll ist.

65 Stöhr (1998), S. 27 f.
66 Vgl. Stöhr (1998), S. 51 und 59.
67 Stöhr (1998), S. 29.
68 Scheil (1983), S. 5.
69 Scheil (1983), S. 90 ff.
70 vgl. Essen (1994), S. 327 ff.
71 S. Definition in Abschnitt 2.1.1.
72 Vgl. Tipke; Lang (1998-5), § 9 Rz. 601, S. 432; Birk (1990), S. 353.

Dies wird auch durch das dritte Urteil des Bundesverfassungsgerichts zum Themenkomplex der Besteuerung von Alterseinkommen bestätigt. Das Gericht lässt zwar dem Gesetzgeber einen weiten Gestaltungsspielraum, wie eine Reform konkret ausgestaltet werden kann. Gleichwohl erklärte es die aktuelle Regelung der Pensionsbesteuerung lediglich für mit der Verfassung unvereinbar, nicht für nichtig, da sich im letzteren Fall hieraus sonst eine verfassungswidrige, lückenhafte Rechtslage ergeben würde. „Wenn es zudem, wie hier, um Normen geht, deren Verfassungswidrigkeit nicht aus sich heraus folgt, sondern erst aus dem Zusammenspiel mit anderen Normen, die gleichheitswidrig anderen Personen Vergünstigungen gewähren, die den von der verfassungswidrigen Norm Betroffenen vorenthalten bleiben [...], ist auch zu berücksichtigen, dass die Nichtigkeit der nicht begünstigenden Norm den Verfassungsverstoß nicht heilen könnte."[73]
Damit ergibt sich durch das Urteil kein Zwang, die Pensionsbesteuerung zu ändern, wohl aber die Notwendigkeit, die Rentenbesteuerung so abzuwandeln, dass die Höhe des Ertragsanteils nicht mehr „unabhängig davon festgesetzt ist, in welchem Umfang dem Rentenbezug Beitragsleistungen der Versicherten aus versteuertem Einkommen vorangegangen sind."[74]
Darüber hinaus liegt gerade hier eine Lücke in der wissenschaftlichen Auseinandersetzung. Es gibt zwar bereits Untersuchungen, welche die Besteuerung aller Einkommen im Alter untersuchen und Lösungsvorschläge erarbeiten.[75] All diesen Untersuchungen ist jedoch gemein, dass eine umfassende Analyse der Verteilungswirkung fehlt. Dies liegt i.d.R. gerade daran, dass der Untersuchungsrahmen sehr weit gefasst ist, eine Analyse der Verteilungswirkungen den Rahmen der jeweiligen Arbeiten sprengen würde.
Die vorliegende Arbeit beschreibt den umgekehrten Weg, indem sie sich dem gordischen Knoten der Ertragsanteilsbesteuerung über einen eng gefassten Untersuchungsrahmen nähert. Nur so lassen sich klare Aussagen über die Zusammenhänge der Verteilungswirkungen, zwischen Ursachen und Wirkungen erzielen.[76] Je weiter der Untersuchungsrahmen gefasst wird, desto diffuser werden die Aussagen über Verteilungswirkungen und ihre Ursachen, desto schwerer wird es, Auswirkungen von Reformen abzuschätzen, geschweige denn eine Reform systematisch zu konstruieren.
Zusammenfassend lässt sich festhalten, dass bisherige Untersuchungen zwar den Gesamtrahmen der Besteuerung von Einkommen im Alter betrachtet haben, dabei aber die Verteilungswirkungen, die bei einer Umstellung mehrere Generationen unterschiedlich belasten wird, partialanalytisch nie thematisiert haben. Präzise Analysen scheiterten dabei sicher auch an den dafür notwendigen, lange nicht verfügbaren Daten oder Rechenanlagen.

---

73 BVerfGE 105, 73, 73 ff.

74 BVerfGE 105, 73, S. 110.

75 Vgl. insbes. Stöhr (1997) ; Scheil (1983) sowie die Kommissionsliteratur BMA (Hrsg.) (1983b) und BMF (Hrsg.) (1986).

76 Ein ähnliche Eingrenzung findet sich bei Krätzschmar, der allerdings die Fragen der Verteilungswirkung ausklammert. Vgl. Krätzschmar (1995) ,S.5

2.2 Status quo

Nachfolgend wird die aktuelle Regelung der Besteuerung von Beiträgen zu sowie Leistungen aus den Alterssicherungssystemen der gesetzlichen Rentenversicherung derjenigen der Beamtenversorgung gegenübergestellt. Das Analysespektrum wird für diesen Abschnitt - abweichend von der oben begründeten Abgrenzung – deshalb auf das Versorgungssystem der Beamten ausgeweitet, da die stärkere steuerliche Belastung von Beamtenpensionen im Vergleich zu Sozialversicherungsrenten Ausgangspunkt der Klage eines Ruhestandsbeamten war, die bis vor das Bundesverfassungsgericht kam. Nach den Urteilen von 1980 und 1992 wurde am 06.03.2002 vom Gericht abschließend die aktuelle Rechtslage als mit dem Grundgesetzt unvereinbar erklärt und gleichzeitig dem Gesetzgeber eine Frist bis zum 01.01.2005 gesetzt, bis zu der eine Reform einsetzen muss.[77]
Die Ursache der unterschiedlichen Belastung in der Nacherwerbsphase zwischen diesen beiden Personengruppen liegt darin, dass bei Sozialversicherungsrenten nur der Ertragsanteil steuerbare Einkünfte darstellt, bei Beamtenpensionen dagegen die Leistungen vollständig den Einkünften zugerechnet werden.
Der Ausgangspunkt für die Konstruktion des Ertragsanteils stellt die private Veräußerungsrente dar, bei der ein Vermögenswert gegen Zahlung einer Rente veräußert wird. Bei diesen Rentenzahlungen wird nur derjenige Teil als Einkommen betrachtet, der den Wert des veräußerten Vermögens übersteigt und damit die Erträge des Vermögens während der Auflösung darstellt. Vereinfacht gesagt werden nur die Zinserträge des abnehmenden Vermögens, nicht aber die Vermögensumschichtung steuerlich belastet.
Für diese Überlegung ist entscheidend, dass es sich bei dem veräußerten Vermögen um aus bereits versteuertem Einkommen gebildetem, sog. Privatvermögen, handelt. Für dieses stellt die Ertragsanteilsbesteuerung sicher, dass bei der Auflösung mit der Rückzahlungskomponente nicht erneut die gleiche Steuerquelle belastet wird, die bereits zum Zeitpunkt der Vermögensbildung belastet wurde. Damit wird eine Doppelbesteuerung vermieden bei gleichzeitiger Erfassung der steuerbaren Vermögenserträge während der Laufzeit der Veräußerungsrente.[78] In der finanzwissenschaftlichen Literatur wird zur Bestimmung des Doppelbesteuerungsverbotes die Norm des intertemporalen Korrespondenzprinzips verwendet, das besagt, dass Einkommen im Lebenszeitraum nur einmal besteuert werden soll.[79]
Überträgt man dieses Prinzip auf die gesetzliche Rentenversicherung, müsste auch hier zwischen demjenigen Teil der Rente unterschieden werden, der bereits der Besteuerung unterlegen hat und demjenigen Teil, der als Vermögensertrag

---

77 Vgl. zu den juristischen Aspekten Absatz 2.3 sowie die drei Urteile des Bundesverfassungsgerichtes: BVerfGE 54, 11, S. 11 ff.; BVerfGE 86, 369, S. 369 ff.; BVerfGE 105, 73, 73 ff.

78 Vgl. zum Aspekt der Doppelbesteuerung Tipke, Klaus/ Lang, Joachim (1998), § 3 Rz. 32 f.

79 Vgl. Zimmermann, Horst/ Henke, Klaus-Dieter (1994), S. 274. Zur Problematik der Definition und Abgrenzung des Tatbestandes der Doppelbesteuerung siehe Absatz 3.4 und 5.2.2 sowie der Kommentar von Weikard s. Bork, Christhart/ Müller, Klaus/ Weikard, Hans-Peter (1997), S.29ff.

noch unversteuert geblieben ist. Im Gegensatz zur privaten Veräußerungsrente unterlag bei der Sozialversicherungsrente allerdings nicht der ganze Teil der Beiträge der Besteuerung. Der Arbeitgeberanteil der Beiträge bleibt unversteuert, da er vom Gesetzgeber durch § 3 Nr. 62 EStG von der Steuer freigestellt wird.[80] Die Arbeitnehmerbeiträge stellen dagegen Arbeitslohn dar und werden deshalb als steuerpflichtige Einkünfte aus nichtselbständiger Arbeit eingestuft.[81] Nach Maßgabe der Grenzen der Sonderausgabenregelungen können die Arbeitnehmerbeiträge bei der Veranlagung zur Einkommensteuer geltend gemacht werden.[82] In welchem Umfang die Beiträge von der Besteuerung befreit sind, kann aufgrund der komplizierten, historisch gewachsenen Regelung des § 10 Abs. 3 EStG nur im Einzelfall bestimmt werden. Der durchschnittliche Pflichtversicherte muss ca. ein Drittel seiner Beiträge aus versteuertem Einkommen leisten.[83] Damit wird deutlich, dass die Ertragsanteilsbesteuerung aufgrund ihrer Konstruktion zu Unrecht auf die Sozialversicherungsrente übertragen wurde. Allerdings wurde dies vom Gesetzgeber explizit nicht mit der wirtschaftlichen, sondern vielmehr mit der systematischen Ähnlichkeit begründet.[84]

Da die Beiträge zur gesetzlichen Rentenversicherung also nie vollständig, aber für den durchschnittlichen Versicherten zu einem nicht unerheblichen Teil versteuert werden, kann dieser versteuerte Anteil der Rentenversicherungsbeiträge gemäß dem intertemporalen Korrespondenzprinzip nur dazu führen, dass auch nur ein Teil der gesetzlichen Rentenversicherungsleistungen der Besteuerung unterworfen wird. Will man die Steuerquelle zu 100% erfassen, muss aufgrund der aktuellen Sonderausgabenregelung der Anteil unversteuert gebliebener Rentenversicherungsbeiträge individuell ermittelt werden. „Ohne unangemessenen Verwaltungsaufwand dürfte es jedoch in derartigen Fällen ausgeschlossen sein, korrespondierend die Renten exakt steuerlich zu belasten."[85]

Im Gegensatz zu gesetzlich Rentenversicherten zahlen Beamte keine explizit ausgewiesenen Beiträge für ihre Altersversorgung, sondern – so wird z.T. argumentiert – im Vergleich zu Angestellten der Privatwirtschaft fiktive Beiträge durch Gehaltsverzicht.[86] Unabhängig davon, ob man diese Meinung befürwortet oder

---

80 Vgl. Stöhr, Thomas (1998a), S.34f insbesondere Fn. 98; eine Mindermeinung vertritt die These, dass aufgrund der Kürzungsvorschrift des Vorwegabzugs in § 10 Abs. 3 Nr. 2 EStG der Arbeitgeberanteil als versteuert angesehen werden kann; vgl. VDR (2001), S.13. Da wirtschaftlich gesehen der Anteil versteuerter Beiträge immer unter 50% bleibt, wird dieser juristischen Argumentation nicht gefolgt; vgl. Abschnitt 2.2.2, sowie Meindel, Alexander (2002), S. 10.

81 S. §§ 2 Abs. 1 Nr. 4, 19 Abs. 1 Nr. 1 EStG i.V.m. § 2 Abs. 1 LStDV.

82 Vgl. Stöhr, Thomas (1998a), S.34 ff.

83 Vgl. Abschnitt 2.2.2, sowie Meindel, Alexander (2002), S. 10.

84 Vgl. Entw. StNOG (1954), BT-Drucks. (2/481), S. 87.

85 Littmann, Konrad (1983), S. 432, sowie derselbe S. 459; gleichwohl wird in dieser Arbeit ein Modell entwickelt, das den unversteuerten Anteil der Rentenversicherungsbeiträge für unterschiedliche Einkommensgruppen lebensverlaufsabhängig approximiert.

86 Vgl. Klanberg, Frank/ Prinz, Aloys (1989), S. 298; sie weisen auf sehr divergierende internationale Ergebnisse hin, siehe auch Long, J. E. (1982), Scheipers sieht in den Ergebnissen seiner Vergleichsberechnungen eine Überkompensation der Sozialver-

nicht, kommt es bei Beamten keinesfalls zu einer steuerlichen Belastung von Vorsorgebeiträgen zu ihrer Regelalterssicherung. Damit kann auch über das intertemporale Korrespondenzprinzip kein Grund hergeleitet werden, wonach Beamtenpensionen, wie Sozialversicherungsrenten, nur teilweise zu besteuern wären. Pensionen werden nach der aktuellen Rechtslage abzüglich allgemeiner und spezieller Freibeträge vollständig versteuert.
Untersuchungen, die unter Vernachlässigung der Erwerbsphase nur auf die unterschiedliche Steuerbelastung in der Nacherwerbsphase bei gleichem Bruttoeinkommen hinweisen, versuchen damit zumindest zu suggerieren, dass dieser Unterschied nicht gerechtfertig sei; sie verkürzen damit allerdings den Vergleich unzulässig. Die Steuerbelastung der Erwerbsphase ist über das intertemporale Korrespondenzprinzip mit derjenigen der Nacherwerbsphase verbunden. Aus diesem Grund dürfen die Ausführungen der Abschnitte 2.2.1 und des Abschnitts 2.2.2 nicht isoliert voneinander gesehen werden.
Die unterschiedliche Besteuerung der Alterssicherungsleistungen von Sozialversicherungspflichtigen und Beamten stellt die notwendige Konsequenz dar, die aus den steuerlichen Unterschieden der Erwerbsphase resultiert. Burbank hält die Unterschiede in der Finanzierung der Alterssicherungssysteme von so wesentlicher Art, dass eine unterschiedliche Besteuerung gem. Art. 3 GG gefordert werden müsse.[87]
Die nachfolgende Darstellung des Status quo der Rentenbesteuerung stellt eine Einführung in das komplexe Thema dar und soll das Verständnis für die unterschiedlichen Sichtweisen fördern, sowie ein Problembewusstsein schaffen, das für die Beurteilung und Konstruktion von Reformen notwendig ist.
Festhalten lässt sich bereits, dass die aktuelle Besteuerung bei sozialversicherungspflichtigen Arbeitnehmern grundsätzlich sowohl in der Erwerbs- als auch in der Nacherwerbsphase angreift, bei Beamten hingegen nur in der Nacherwerbsphase. Nachfolgend wird zunächst die Besteuerung der Nacherwerbsphase, sozusagen der juristische „Casus Belli" aus quantitativer Sicht dargestellt, um im zweiten Schritt mit der Darstellung der Besteuerung der Erwerbsphase die erste Teilbetrachtung zu vervollständigen. Die Betrachtungen in diesem Abschnitt stützen sich auf das aktuelle Einkommensteuergesetz für den Veranlagungszeitraum 2002[88] sowie auf die Sozialversicherungsbeitragssätze des Jahres 2002.[89]

---

sicherungsfreiheit durch eine ungünstigere Gehaltsentwicklung. Scheipers, Thomas (1997), S. 188.

87 Burbank, Carsten (1991), S. 133.

88 S. EStG in der Fassung vom 16.04.1997, BGBl. I S. 821 zuletzt geändert durch Versorgungsänderungsgesetz 2001 vom 20.12.2001 (BGBl. I S. 3926). BGBl. III/FNA 611-1.

89 Die Summe der Beitragssätze der pflichtversicherten (beamteten) Arbeitnehmer von 20,65% (7,85%) teilen sich auf in 9,55% (0%) GRV, 3,25% (0%) ALV, 7% (7%) GKV (PKV) und 0,85% (0,85%) PfV. Der Beitragssatz der gesetzlichen Krankenversicherung stellt den Durchschnittssatz zu Jahresbeginn 2002 dar, von einer privaten Zusatzversicherung wird abstrahiert.

2.2.1 Besteuerung von Alterssicherungsleistungen

Das Einkommensteuerrecht ordnet die Leistungen der gesetzlichen Rentenversicherung im Rahmen der sonstigen Einkünfte nach § 22 EStG den wiederkehrenden Bezügen zu. Damit stellen sie keine Erwerbseinkünfte dar – d.h. keinen Gegenwert für eine aktive Erwerbstätigkeit - und auch keinen nachträglichen Arbeitslohn, da sie auf Beitragsleistungen und nicht auf ein ehemaliges Arbeitsverhältnis zurückgehen. Von den Rentenleistungen der gesetzlichen Rentenversicherung wird gem. § 22 Nr. 1 Satz 3 Buchst. a EStG nur der sog. Ertragsanteil zu den sonstigen Einkünften gerechnet. Dabei wird auf die Leibrente die Fiktion einer vorschüssig gezahlten Zeitrente übertragen, deren Laufzeit der mittleren Lebenserwartung zum Zeitpunkt des Renteneintritts entspricht. Der Ertragsanteil gibt das Verhältnis der Zinserträge, die sich während der fiktiven Vermögensauflösung vom Renteneintrittszeitpunkt bis zur durchschnittlichen Restlebenserwartung ergeben, zum angesparten Vermögen an. Er kann unabhängig von der Höhe des Rentenvermögens unter Annahme von Zinssatz und Rentenlaufzeit gemäß der Gleichung 2-1 ermittelt werden.[90]

Ertragsanteil (*ea*):

$$ea = \frac{n_2 - rbf}{n_2}$$

n_2 Restlebenserwartung bei Renteneintritt in Jahren[91]

rbf Rentenbarwertfaktor

Gleichung 2-1

Rentenbarwertfaktor (*rbf*) bei vorschüssiger Ratenzahlung:[92]

$$rbf = \frac{(1+i)^{n_2} - 1}{(1+i)^{n_2-1} \bullet i}$$

i Zinssatz

Gleichung 2-2

Den pauschalierten Werten des Einkommensteuergesetzes für den Veranlagungszeitpunkt 2002 liegt ein Zinssatz von 5,5% sowie die Restlebenserwartungen der Sterbetafel 1986/88 für Männer zu Grunde, dies entspricht bei vollendetem 65. Lebensjahr 13,94 Jahren.[93] Der Ertragsanteil ergibt sich für die genannten Werte dann zu 27,63%, pauschaliert gemäß der Tabelle des § 22 Nr. 1 Satz 3 Buchst. a EStG zu 27%. Nach den Vorstellungen des Gesetzgebers stellen damit für dieses Rentenzugangsalter 27% der Rente zu versteuernde Vermögenserträge der Nacherwerbsphase dar, 63% der Rente eine Umschichtung in der privaten Vermögenssphäre, die steuerlich unberücksichtigt bleibt.

---

90 Zur Berechnung des Ertragsanteils, siehe Lantau (1954), zur Pauschalierung im Einkommensteuergesetz vgl. § 22 Nr.1 Satz 3 Buchst. a EStG.

91 Der Index 2 steht für die Nacherwerbsphase, Index 1 wird später für die Erwerbsphase verwendet.

92 Es wird bei der Formel für den Rentenbarwertfaktor von konstanten Rentenzahlungen ausgegangen.

93 Zuletzt geändert durch FKPG (1993) v. 23.06.1993, BGBl I (1993), S. 944 ff.; Restlebenserwartung siehe VDR (Hrsg.) (2000a), S. 134. Zur Entwicklung der Annahmen über Zinssatz und Lebenserwartung (d.h. verwendete Sterbetafel) siehe Jansen, Rudolf (2000) in: Herrmann, Carl; Heuer, Gerhard; Raupach, Arndt (Hrsg.) (1984) S. E 18.

Die Annahmen und Fiktionen, die hinter dieser Berechnung stehen, werden in der Literatur sehr kontrovers diskutiert. Dabei führen Unterschiede bei den Grundannahmen zu unterschiedlichen Vorstellungen über den „wahren" Ertragsanteil, die divergierender nicht sein könnten.[94]
Die Ruhegehaltszahlungen an Beamte werden vom Einkommensteuerrecht als steuerpflichtiger Arbeitslohn angesehen und damit den Einkünften aus nichtselbständiger Arbeit zugeordnet.[95] Sie begründen sich auf frühere Dienstleistungen und werden aufgrund der staatlichen Versorgungszusage und nicht infolge eigener Beitragszahlungen gewährt. Da sie den Versorgungsbezügen zugeordnet werden, kommt für sie ein Versorgungsfreibetrag von 40% der Bezüge bis maximal 3.072 EUR jährlich zur Anwendung.[96]

Abbildung 2-5: Einkommensteuerbelastung unterschiedlicher Personengruppen Veranlagungszeitraum 2002

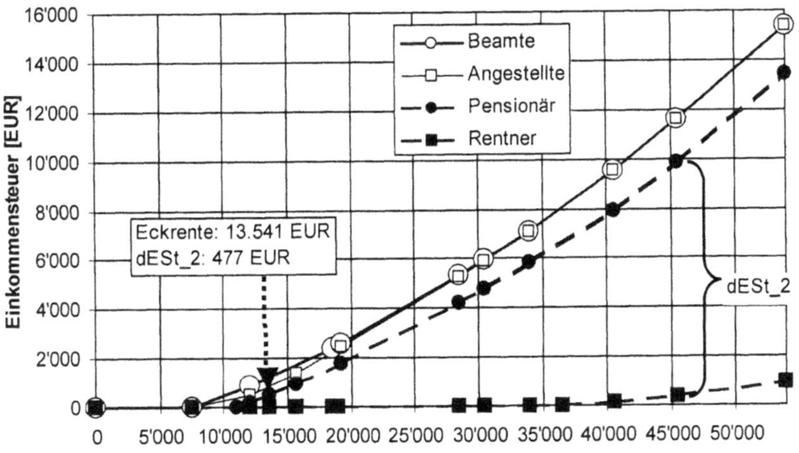

Quelle: eigene Berechnungen

In Abbildung 2-5 wird der extreme Unterschied der Steuerbelastung zwischen Sozialversicherungsrentnern und Pensionären deutlich. Der Keil (dESt_2[97]), der sich zwischen den beiden Lastkurven ergibt, resultiert aus dem relativen Freibetrag, den die Ertragsanteilsbesteuerung den Rentnern und nicht den Pensionären

94 Zur Diskussion über den Ertrag des Rentenrechtes und seiner Komponenten vgl. Richter, Wolfram F. (1987) ; Richter, Wolfram F. (2001) ; Kiesewetter, Dirk/ Niemann, Rainer (2002a) ; Kiesewetter, Dirk/ Niemann, Rainer (2002b).

95 S. § 2 Abs. 1 Nr. 4, 19 Abs. 1 EStG.

96 S. § 19 Abs. 2 EStG.

97 Der Index 2 steht für die Nacherwerbsphase, Index 1 wird später für die Erwerbsphase verwendet.

gewährt. Diesbezüglich wird oft von einem sog. Multiplikatoreffekt[98] oder einer Streckung der Progression gesprochen, da die Entlastungswirkung von absoluten Freibeträgen, die allen Steuerpflichtigen zustehen, bei Rentnern durch den Ertragsanteil verstärkt wird.
Die folgenden beiden Gleichungen veranschaulichen die Wirkungsweise dieses Multiplikatoreffektes. Bei dieser Überlegung ist entscheidend, dass das Bruttoeinkommen multipliziert mit dem Ertragsanteilssatz die Einkünfte darstellen (erster Summand), von denen dann, nach Maßgabe des Einkommensteuerrechts, alle anwendbaren Freibeträge abgezogen werden können.[99]

$$ek_{zv} = ek_b \bullet ea - [gfb + min\{(bs_{kv} + bs_{pfv}) \bullet ek_b; sa\}]$$ **Gleichung 2-3**

ea	Ertragsanteil bei Nominalverzinsung (§ 22 Nr. 1 Satz 3 Buchst. a EStG)
ek_{zv}	zu versteuerndes Einkommen
ek_b	Einkommen brutto (hier Bruttozahlbetrag der GRV)
gfb	Grundfreibetrag des Einkommensteuertarifs (§ 32a Abs. 1 Nr. 1 EStG)
bs_{kv}	Krankenversicherungsbeitragssatz
bs_{pfv}	Pflegeversicherungsbeitragssatz
sa	Sonderausgabenfreibeträge (§ 10 Abs. 3 EStG)

Das zu versteuernde Einkommen lässt sich gemäß Gleichung 2-3 für den Fall bestimmen, dass lediglich der Grundfreibetrag des Einkommensteuertarifes sowie die Sonderausgabenfreibeträge (in geschweifter Klammer) zur Anwendung kommen und von der Sozialversicherungsrente als einzige Einkunftsquelle ausgegangen wird. Soll das Bruttoeinkommen berechnet werden, das mit den verwendeten Freibeträgen gerade noch steuerfrei bleibt, muss Gleichung 2-3 zu Null gesetzt und nach ek_b aufgelöst werden. Da Rentner nur noch Kranken- und Pflegeversicherungsbeiträge zu leisten haben, liegen diese immer unter den maximal abzugsfähigen Sonderausgabenfreibeträgen von 5.069 EUR. Damit ergibt sich das Bruttoeinkommen, das überschritten werden muss, um eine Einkommensteuerbelastung zu begründen, gemäß Gleichung 2-4 zu 37.780 EUR. Leibrenten der gesetzlichen Rentenversicherung können diese Größenordnung nie erreichen, weshalb sie de facto steuerfrei bleiben.

$$ek_b = \frac{gfb}{ea - bs_{kv} - bs_{pfv}} =$$ **Gleichung 2-4**

$$= \frac{7.235 EUR}{27\% - 7\% - 0{,}85\%} = 37.780 EUR$$

98 Vgl. zur Fragwürdigkeit des Multiplikatoreffektes als Grund zur Rechtfertigung eines Reformbedarfes Abschnitt 3.1.4 sowie BVerfGE 105, 73, 122.

99 Ausdruck in eckiger Klammer, hier beschränkt auf den Grundfreibetrag und die Sonderausgabenfreibeträge.

Erst wenn zusätzliche Einkünfte in erheblichem Umfang zur Leibrente hinzutreten, kommt es bei Sozialversicherungsrentnern zu einer Steuerbelastung. Erhält ein Beamter eine Pension in Höhe von 37.780 EUR, muss er 7.024 EUR Einkommensteuer zahlen.[100] Dieser Unterschied scheint enorm, relativiert sich jedoch, wenn man von einer realistischen Rente beispielsweise in Höhe der Eckrente (13.541 EUR) ausgeht. Bei diesem Bruttoeinkommen liegt der Unterschied zwischen der Steuerlast eines Beamten mit einer entsprechenden Pension und einem Sozialversicherungsrentner bei lediglich 477 EUR.

An dieser Stelle ist darauf hinzuweisen, dass Vergleiche, welche die unterschiedliche Steuerbelastung bei gleichem Bruttoeinkommen beanstanden, implizit davon ausgehen, dass gleiche Leistungsfähigkeit bei gleichem Nominaleinkommen vorliegt. Dies widerspricht aber dem Wesen des subjektiven Leistungsfähigkeitsprinzips, das gerade den Unterschieden in der Leistungsfähigkeit Rechnung tragen will, indem für bestimmte Lasten bzw. Tatbestände unterschiedliche Freibeträge gewährt werden. D.h. das Einkommensteuerrecht sieht in gesetzlichen Renten gegenüber Pensionen gleichen Betrags unterschiedliche Leistungsfähigkeit begründet. Der bloße Vergleich der Steuerbelastung ist in dieser Situation nicht dazu geeignet, herauszufinden, ob die Größenordnung des Unterschieds gerechtfertigt ist. Auch die Erweiterung des Vergleiches auf die deutlichen Unterschiede bei der Grenzsteuerbelastung auf Zusatzeinkünfte, welche, zu den Alterssicherungsleistungen hinzutretenden, ist hier nicht zielführend. Diese Unterschiede sind einer progressiven Einkommensteuer immanent und können damit keinen Maßstab oder Indiz dafür liefern, ob die unterschiedliche Steuerbelastung der Haupteinkommen gerechtfertigt ist. Deshalb muss der Aussage widersprochen werden, es läge bei Pensionären und Sozialversicherungsrentnern mit gleichen Bruttozahlbeträgen aus Alterssicherungsleistung und gegebenenfalls anderen Zusatzeinkünften gleichsam automatisch auch gleiche steuerliche Leistungsfähigkeit vor.[101] Dieser Beweis wurde bisher noch nicht erbracht. Bewertungs- und Gestaltungskriterien für die Ertragsanteilsbesteuerung müssen aus dem System und den Normen der Rechts- und der Wirtschaftswissenschaften kommen. Werturteile dürfen sich dabei nicht auf Vergleiche von Teilaspekten beschränken, sondern müssen den Tatbestand als Ganzes betrachten.[102] Das Bundesverfassungsgericht erklärte die aktuelle Rechtslage in seinem Urteil vom 06.03.2002 auch gerade deswegen für mit dem Grundgesetzt unvereinbar, weil die Höhe des Ertragsanteils „unabhängig davon festgesetzt ist, in welchem Umfang dem Rentenbezug Beitragsleistungen der Versicherten aus versteuertem Einkommen vorangegangen sind."[103] Genau diese Argumentation spricht dafür, den Unterschie-

100 Ohne Berücksichtigung sonstiger Freibeträge außer dem Grundfreibetrag des Einkommensteuertarifes sowie den Sonderausgabenfreibeträgen.

101 Vgl. Färber, Gisela/ Renn, Sandra M. (2001), S. 30, die entsprechend argumentieren. Allgemein kritisch zu den Vergleichsstrategien siehe Bock, Klaus-Dieter (2000), S. 762; weitere Ausführungen hierzu siehe Abschnitte 3.2.1 und 4.3.2.

102 Vgl. insbesondere Abschnitt 5.1.

103 S. BVerfGE 105, 73, S. 110.

den der Steuerbelastung in der Nacherwerbsphase diejenigen der Erwerbsphase gegenüber zu stellen.

2.2.2 Besteuerung von Versicherungsbeiträgen zur Altersvorsorge

Das 6. Sozialgesetzbuch – Gesetzliche Rentenversicherung – (SGB VI) bestimmt den Kreis der Personen, die gesetzlich rentenversichert sein müssen oder können. Dabei ergibt sich Versicherungspflicht aus den §§ 1, 3 und 4 SGB VI, Versicherungsfreiheit bzw. Befreiung von der Versicherungspflicht aus § 5 bzw. § 6 SGB VI und freiwillige Versicherung aus § 7 SGB VI. Die größte Gruppe der Versicherten stellen die pflichtversicherten Arbeitnehmer dar, die gegen Entgelt oder zu ihrer Berufsausbildung beschäftigt werden.[104]
Die Höhe der Beiträge der Arbeitnehmer ergibt sich durch Multiplikation der Beitragsbemessungsgrundlage – diese entspricht regelmäßig dem Bruttoarbeitsentgelt – und dem Beitragssatz. Die Bemessungsgrundlage erfährt eine Begrenzung, die ebenso wie der Beitragssatz jährlich überprüft und ggf. angepasst wird.[105] Diese Beiträge werden grundsätzlich vom versicherungspflichtigen Arbeitnehmer und seinem Arbeitgeber paritätisch getragen.[106]
Bei der Einkommensbesteuerung wird der Arbeitgeberanteil beim Arbeitnehmer durch § 3 Nr. 62 EStG steuerbefreit, der Arbeitnehmeranteil wird als ihm zustehender Lohnanteil gesehen, weshalb die beiden Anteile unter Einkünfte aus nichtselbständiger Arbeit zu subsumieren sind und damit grundsätzlich der Einkommensbesteuerung unterliegen.[107]
Versicherungsbeiträge des Arbeitnehmers müssen grundsätzlich aus versteuertem Einkommen getragen werden, wobei sie im Rahmen der Veranlagung zur Einkommensteuer nach Maßgabe der Sonderausgabenregelung des § 10 Abs. 3 EStG einkommensteuermindernd berücksichtigt werden können.
Dabei werden die Rentenversicherungsbeiträge im Zusammenhang mit Arbeitslosen-, Kranken-, Pflege-, Unfall- und Haftpflichtversicherungen behandelt.[108] Die nachfolgende Quantifizierung geht deshalb zunächst von der Gesamtheit aller Sozialversicherungspflichtbeiträge aus. Bei der Anwendung des Sonderausgabenabzugs wird von einer gleichmäßigen Aufteilung des verfügbaren Freibetrags auf die unterschiedlichen Versicherungen ausgegangen. Eine Rangfolge beim Abzug ist im Gesetz nicht geregelt und wird deshalb an dieser Stelle auch nicht „künstlich" festgelegt.[109] Für die Krankenversicherung der Beamten wird für eine bessere Vergleichbarkeit davon ausgegangen, dass diese den gleichen Bei-

---

104 § 1 Nr. 1 SGB VI.

105 Beitragsbemessungsgrundlage: §§ 157, 161 ff. SGB VI; Beitragsbemessungsgrenze: §§ 157, 159, 160 Nr. 2 SGB VI; Beitragssatz § 158 SGB VI.

106 Vgl. § 168 Abs. 1 Nr. 1 SGB VI.

107 Vgl. §§ 2 Abs. 1 Nr. 4, 19 Abs. 1 Nr. 1 EStG i.V.m. § 2 Abs. 1 LStDV. Zur kontroversen Diskussion der Frage, der rechtlichen Konsequenzen der Zuordnung des Arbeitnehmeranteils zu den Einkünften aus nichtselbständiger Arbeit siehe Abschnitt 3.3.1.

108 Vgl. § 10 Abs. 1 Nr. 2 a EStG, die Begrenzung der Sonderausgaben regelt § 10 Abs. 3 EStG.

109 Vgl. Esser, Clemens (1997), S. 250.

tragssatz zu leisten haben, wie Sozialversicherungspflichtige. Ziel der Gegenüberstellung ist es, die unterschiedliche Wirkung der Besteuerung von Vorsorgeaufwendungen in der Beitragsphase zu verdeutlichen, weshalb die Unterschiede in den Versicherungssystemen durch die Wahl gleich hoher Beitragssätze ausgeblendet werden.

Im Rahmen der Einkommensteuerveranlagung können nachgewiesene Vorsorgeaufwendungen einkommensteuermindernd berücksichtigt werden. Dabei wird durch § 10 Abs. 3 EStG eine Obergrenze vorgegeben, die individuell bestimmt werden muss. Die historische Evolution dieser Vorschrift führte zu einem Freibetrag, der sich aus drei Komponenten zusammensetzt: aus dem Grundhöchstbetrag, dem Vorwegabzug und dem hälftigen Höchstbetrag.[110]

Ledige können als Grundhöchstbetrag 1.334 EUR und als Vorwegabzug 3.068 EUR abzüglich 16% des Arbeitslohns[111] ansetzen. Übersteigen die Vorsorgeaufwendungen die Summe dieser beiden Teilbeträge, so können 50% des Überschussbetrags maximal jedoch bis zur Hälfte des Grundhöchstbetrages (667 EUR) zusätzlich geltend gemacht werden. Für Verheiratete verdoppeln sich die oben genannten Beträge.

Tabelle 2-7: Sonderausgabenregelung für Vorsorgeaufwendungen (§ 10 Abs. 3 EStG)

Bezeichnung	Betrag	Quelle
Grundhöchstbetrag	1.334 EUR	§ 10 Abs. 3 *Nr. 1* EStG
+ Vorwegabzug	+ 3.068 EUR – 16% des Arbeitslohns	§ 10 Abs. 3 *Nr. 2* EStG
+ hälftiger Überschussbetrag	+ max. 667 EUR	§ 10 Abs. 3 *Nr. 4* EStG
= abzugsfähiger Sonderausgabenfreibetrag	max. 5.069 EUR bei SA von 5.736 EUR und einem Arbeitslohn von Null	

Die Dreiteilung der Freibetragsregelung ergeben drei Grenzen und damit vier Abschnitte für den Verlauf des abzugsfähigen Sonderausgabenfreibetrags in Abhängigkeit des Arbeitslohns, wie Abbildung 2-6 zeigt.

Bei einem Jahresbruttoeinkommen von unter 12.011 EUR werden die maximal abzugsfähigen Sonderausgaben noch nicht von den Pflichtbeiträgen zu den Sozialversicherungen erreicht. Zusätzliche Vorsorgeaufwendungen können noch bis zum einkommensabhängigen Maximalbetrag der Sonderausgaben steuermindernd geltend gemacht werden. Bei einem Einkommen von 12.110 EUR könnten

110 Vgl. zur historischen Entwicklung Treisch, Corinna (1995), S. 33; zur Größe der Teilkomponenten im zeitlichen Verlauf vgl. Stöhr, Thomas (1998a), S. 35 Fn. 102 und 103, sowie Nolde, Gernot (1997), § 10 EStG Sonderausgaben, in: Herrmann, Carl; Heuer, Gerhard; Raupach, Arndt (Hrsg.) (1984), S. E24 ff. Anm. 3.

111 Der Abzug von 16% des Arbeitslohnes soll für Selbständige einen Ausgleich für den fehlenden steuerfreien Arbeitgeberanteil darstellen. Vgl. Drescher, Jochen (2002), S. 2 m. w. N.

noch Sonderausgaben von 667 EUR steuerlich Berücksichtigung finden, wenn Vorsorgeaufwendungen in doppelter Höhe vorliegen. Liegt das Einkommen über dieser ersten Grenze, so übersteigen die Sozialversicherungsbeiträge des Arbeitnehmers die Summe aus Grundhöchstbetrag und Vorwegabzug. Alle Sozialversicherungsbeiträge, die auf Einkommensanteile über der ersten Grenze bei 12.011 EUR entfallen, müssen zur Hälfte, alle auf Einkommensanteile jenseits der zweiten Grenze bei 15.651 EUR entfallenden, müssen vollständig aus versteuertem Einkommen entrichtet werden. Damit können sonstige Vorsorgeaufwendungen nur bis zu einem Einkommen von 15.651 EUR grundsätzlich bei der Einkommensbesteuerung berücksichtigt werden und dies bei steigendem Einkommen nur mit abnehmenden Beträgen.

Abbildung 2-6: Sonderausgabenfreibetragsregelung für Vorsorgeaufwendungen (§ 10 Abs. 3 EStG)

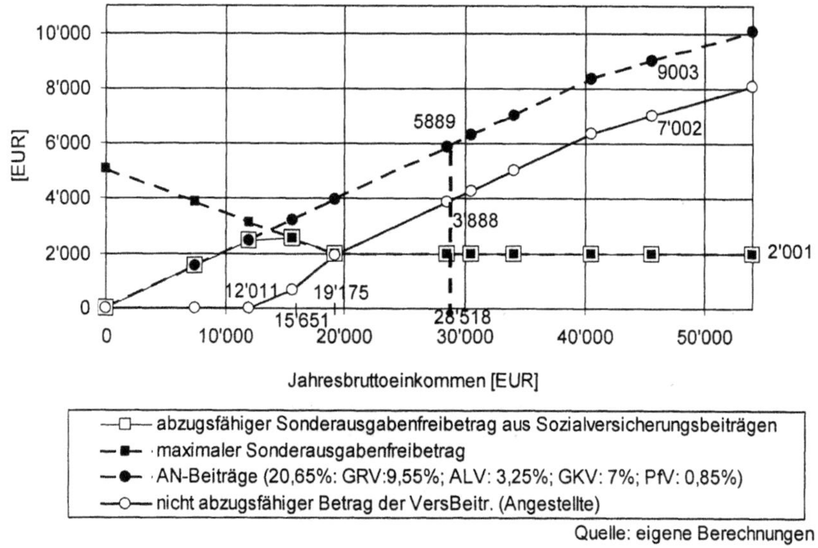

Quelle: eigene Berechnungen

Mit dem Altervermögensgesetz wurden ab dem Veranlagungszeitraum 2002 die Möglichkeiten der steuerbegünstigten privaten und beruflichen Altersvorsorge deutlich erweitert, die Regelungen des § 10 Abs. 3 EStG blieb bis auf die Währungsumstellung unverändert.[112] Die ab der ersten Grenze einsetzende hälftige Anrechenbarkeit des Überschussbetrags wird bei der zweiten auf den dann erreichten hälftigen Grundhöchstbetrag von 667 EUR begrenzt.

In § 10 Abs. 3 Nr. 2 Satz 2 wird festgelegt, dass der Vorwegabzug um 16% der Summe der Einnahmen aus nichtselbständiger Arbeit zu kürzen ist. Dadurch steigt der Betrag versteuerter Sozialversicherungsbeiträge zwischen der zweiten

112 S. Altersvermögensgesetz AVmG (2001) v. 26.06.2001, BGBl. I S. 1320 ff.

Grenze bei 15.651 EUR und der dritten Grenze bei 19.175 EUR schneller an als die Sozialversicherungsbeiträge selbst. Erst mit Erreichen der dritten Grenze, wenn der Vorwegabzug vollständig aufgezehrt wurde, verlaufen die Kurven der gesamten und der versteuerten Sozialversicherungsbeiträge parallel im Abstand des dann erreichten Minimums der Sonderausgabenfreibeträge von 2.001 EUR.
Bei der Sonderausgabenregelung für Vorsorgeaufwendungen ergänzen sich drei absolute Freibeträge, deren Größe von der individuellen Einkommenssituation und dem jeweiligen Vorsorgeverhalten abhängt. Aufgrund dieser komplexen Konstruktion kann nur im Einzelfall bestimmt werden, wie groß der Anteil der versteuerten Sozialversicherungsbeiträge ist.
Die Einkommensteuerbelastung von Angestellten und Beamten in der Erwerbsphase verläuft nahezu deckungsgleich.[113] Lediglich bei Einkommen zwischen ca. 8.000 EUR und 34.000 EUR ergeben sich kleine Differenzen, da bei der hier zu Grunde liegenden Berechnung nur die Pflichtversicherungsbeiträge als Sonderausgaben angesetzt wurden. Diese fallen bei Beamten wegen der Versicherungsfreiheit bei der Renten- und Arbeitslosenversicherung deutlich geringer aus. Der Unterschied bei der Steuerbelastung reduziert sich zu Null, sobald Beamte durch zusätzliche Vorsorgeaufwendungen ihre Sonderausgabenfreibeträge voll ausschöpfen. Beamten stehen grundsätzlich die gleichen Freibeträge wie Angestellten zu. Bei gleichem Bruttoeinkommen verbleiben ihnen aufgrund der Versicherungsfreiheit bei Renten- und Arbeitslosenversicherung deutlich länger Sonderausgabenfreibeträge für private Versorgungsaufwendungen. Die Besteuerung der Versicherungsbeiträge setzt bei ihnen bei einem Einkommen von 18.457 EUR ein. Hierbei muss erwähnt werden, dass es sich bei der Beamtenversorgung um ein bifunktionales Alterssicherungssystem handelt, das sowohl Regel- als auch betriebliche Zusatzversorgung umfasst und Beamte deshalb nur noch privat vorsorgen müssen.
Abbildung 2-7 veranschaulicht über das Einkommensspektrum bis zur Beitragsbemessungsgrenze der gesetzlichen Rentenversicherung für Angestellte und Beamte, in welchem Umfang Pflichtversicherungsbeiträge die Sonderausgabenfreibeträge des § 10 Abs. 3 EStG überschreiten. Es wird deutlich, dass die Versicherungsbeiträge der Angestellten sowohl absolut als auch relativ in einem größeren Umfang der Besteuerung unterliegen als diejenigen der Beamten.
Ein Angestellter mit dem Durchschnittsverdienst aller Sozialversicherungspflichtiger von 28.518 EUR muss 3.888 EUR seiner Versicherungsbeiträge versteuern, das sind bezogen auf die Summe aus Arbeitnehmer und Arbeitgeberbeiträgen 33%. Ein Beamter mit gleich hohem Einkommen muss lediglich 452 EUR oder 10% seiner Kranken- und Pflegeversicherungsbeiträge aus versteuertem Einkommen leisten. Bemüht man der einfacheren Argumentation halber die Fiktion von indirekten Beiträgen durch Gehaltsverzicht bei Beamten, sind die Beiträge sowohl zur Regel- als auch zur Zusatzalterssicherung zu 0% versteuert.
Die Steuerbelastung, die durch die Begrenzung der Sonderausgabenfreibeträge den Sozialversicherungsbeiträgen erwächst, nimmt insbesondere bei Sozialver-

113 Vgl. Abbildung 2-5.

sicherungspflichtigen beachtliche Größenordnungen an, was folgende Überlegung verdeutlicht. Interpretiert man die Steuerbelastung der Versicherungsbeiträge als implizite Zusatzbelastung, welche den Beiträgen zuzuschlagen ist, ergeben sich in Abhängigkeit des Jahresbruttoeinkommens für Angestellte bzw. Beamte steuerinduzierte Beitragsaufschläge gemäß Abbildung 2-8.

Abbildung 2-7: Versteuerte Versicherungsbeiträge 2002 (absolut und relativ)

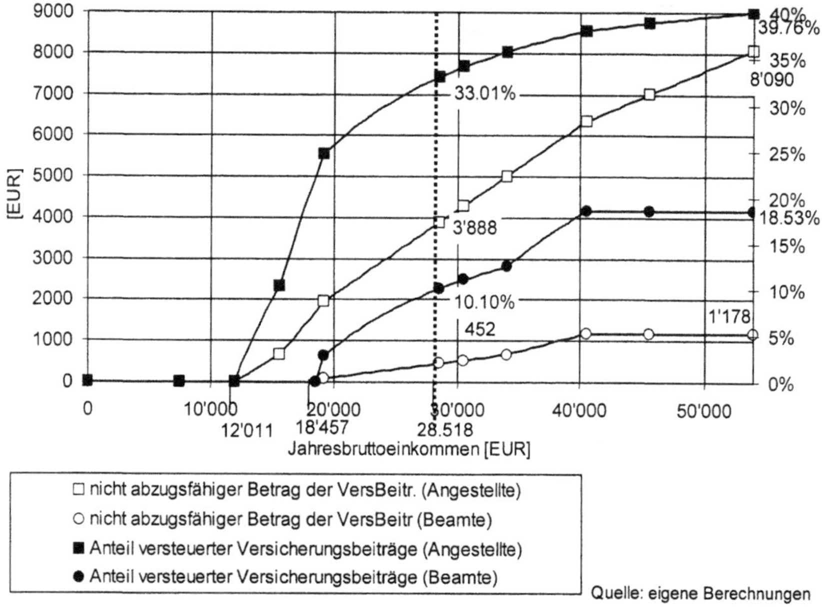

Quelle: eigene Berechnungen

Die Beitragsbelastung des Durchschnittsangestellten mit 28.518 EUR Jahresbruttoeinkommen müsste, unter Berücksichtigung der Besteuerung der Beiträge, dementsprechend um 2,51 Prozentpunkte höher ausgewiesen werden. D.h. die Belastung des Angestellten durch Sozialversicherungsbeiträge und deren Besteuerung liegt damit bei 23,61% und nicht bei 20,65%. Anders ausgedrückt käme bei diesem Gedankenexperiment - unter Vernachlässigung der Progressionswirkung des Einkommensteuertarifes für eine erste Näherung - eine nachgelagerte Besteuerung aller Sozialversicherungsbeiträge einer Beitragssatzsenkung von 2,51 Prozentpunkten gleich. Bei Beamten läge der Aufschlag bei gleichem Einkommen aufgrund der geringeren Versicherungsbeiträge und der damit verbundenen unterschiedlichen Wirkungsweise der Freibetragsregelung für Vorsorgeaufwendungen bei 0,3 Prozentpunkten.

Abbildung 2-8: Steuerinduzierter impliziter Aufschlag auf die Versicherungsbeitragssätze

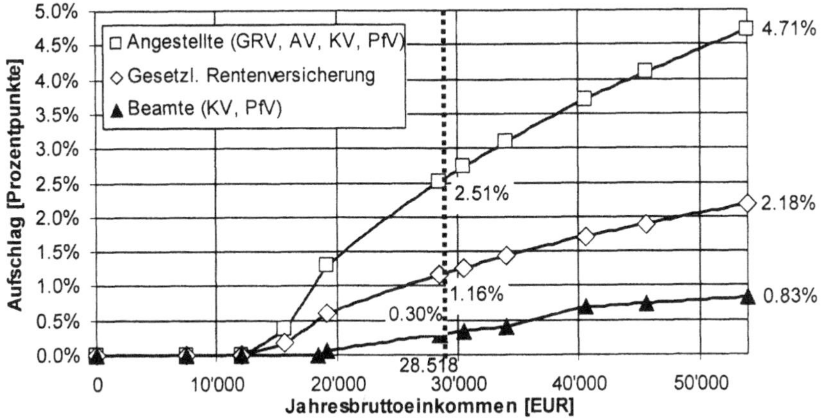

GRV: gesetzliche Rentenversicherung | AV: Arbeitslosenversicherung
KV: Krankenversicherung | PfV: Pflegeversicherung
Quelle: eigene Berechnungen

Die bisher genannten Beitragsaufschläge bezogen sich stets auf die Gesamtheit aller Versicherungsbeiträge, d.h. Beiträge zur gesetzlichen Rentenversicherung, zur Arbeitslosenversicherung, zur Krankenversicherung und zur Pflegeversicherung bei Angestellten, bei Beamten nur auf die beiden letztgenannten.

Überträgt man die Idee des impliziten Beitragsaufschlags anteilig auf die Beiträge zur gesetzlichen Rentenversicherung, ergibt sich für den durchschnittlich verdienenden Angestellten ein Aufschlag von 1,16 Prozentpunkten. Dieser Aufschlag repräsentiert 331 EUR der gesamten Einkommensteuerbelastung von 5.244 EUR, die auf die Besteuerung von Rentenversicherungsbeiträgen zurückgeht. Um diesen Betrag wäre – erneut unter Vernachlässigung der Einkommensteuerprogression – also die Einkommensteuerbelastung geringer, würden die Rentenversicherungsbeiträge vollständig von der Besteuerung befreit.

Tabelle 2-8 stellt die Abgabenbelastung der Erwerbsphase dreier Fallgruppen bei einem Einkommen in der Größe des Durchschnittseinkommens aller Sozialversicherungspflichtigen für 2002 einander gegenüber. Hier wird nun die Progressionswirkung des Einkommensteuertarifes berücksichtigt und ihre Wirkung im Vergleich zu dem oben erwähnten Betrag deutlich.[114] In der ersten bzw. zweiten Spalte wird die Belastung eines Beamten bzw. eines Angestellten im Status quo angegeben. Beamte zahlen bei gleichem Bruttoeinkommen, unter Annahme gleicher Beitragssätze für Kranken- und Pflegeversicherung, 2.239 EUR an Versicherungsbeiträgen im Vergleich zu 5.889 EUR, die von Angestell-

114 Statt der 331 EUR ergeben sich bei nachgelagerter Besteuerung mit Berücksichtigung des progressiven Einkommensteuertarifes eine Steuerentlastung des Angestellten im Vergleich zum Status quo von 872 EUR.

ten entrichtet werden müssen. Die subjektive Leistungsfähigkeit der Beamten ist also bei gleichem Jahresbruttoeinkommen um den Differenzbetrag, d.h. um die Beiträge zur Renten- und Arbeitslosenversicherung größer. Nach dem Konzept der subjektiven Leistungsfähigkeit mindern, neben den Kosten, die zur Erzielung des Einkommens aufgewendet werden müssen (objektive Leistungsfähigkeit), auch die unvermeidbaren Privatausgaben die Bemessungsgrundlage.[115] Die Beiträge zur Renten- und Arbeitslosenversicherung qualifizieren sich als unvermeidbare Ausgaben, da es sich bei ihnen um Zwangsabgaben handelt, die gerade nicht zu vermeiden sind und für Steuerzahlungen nicht zur Verfügung stehen.[116] In der Zeile 14 der Tabelle ist die Bemessungsgrundlage für Beamte und Angestellte nach dem subjektiven Nettoprinzip angegeben, die bei Beamten um 452 EUR bei Angestellten um 3.888 EUR von derjenigen der gegenwärtigen Rechtslage abweicht.[117] Diese Beträge unterliegen damit der Einkommensteuer.[118]

Tabelle 2-8: Abgabenbelastung im Status quo (2002) und bei Abzugsfähigkeit der Rentenversicherungsbeiträge

	Zeile	Beamte	Ange-stellte_0	Ange-stellte_1
Jahresbruttoeinkommen	1	**28.518**	**28.518**	**28.518**
Versicherungsbeiträge (AN-Ant.)	2			
Rentenversicherung (9,55%)	3	-	2.723	**2.723**
Arbeitslosenversicherung (3,25%)	4	-	927	927
Krankenversicherung (7%)	5	1.996	1.996	1.996
Pflegeversicherung (0,85%)	6	242	242	242
Zwischensumme	7	2.239	5.889	5.889
Freibeträge	8			
Sonderausgabenfreibetrag (§10 EStG)	9	**1.786**	**2.001**	2.001
Zusatzfreibetrag (eigens eingeführt)	10	-	-	**2.723**
Zwischensumme	11	1.786	2.001	4.724
Bemessungsgrundlage = Jahresbruttoeinkommen - Freibeträge				
gem. Status quo bzw. Modell 1: Z1-Z11	13	26.732	26.517	**23.794**
gem. subjektive Leistungsfähigkeit: Z1-Z7	14	26.279	22.629	22.629
Differenz	15	452	3.888	1.164
Einkommensteuerbetrag	16	**5.314**	**5.244**	**4.372**
Differenz zum Angestellten_0 (dESt_1)	17	**-70**	**0**	**872**
Verfügbares Einkommen: Z1-Z7-Z16	18	**20.965**	**17.385**	**18.257**

Angestellte_1: Rentenbeiträge abzugsfähig
Stand 2002, alle Angaben in EUR; Quelle: eigene Berechnung

115 Vgl. Lang in: Tipke, Klaus/ Lang, Joachim (1998), § 4 Rz. 113 ff., § 9 Rz. 42, sowie Abschnitt 2.3.

116 Vgl. Lang in: Tipke, Klaus/ Lang, Joachim (1998), § 9 Rz. 68 ff.

117 S. Zeile 15 Tabelle 2-8.

118 Vgl. auch Abbildung 2-7.

Der Angestellte im Status quo (Angestellte_0[119]) erhält zwar auf seine Sozialversicherungsbeiträge (Zeile 7) einen höheren Sonderausgabenfreibetrag (Zeile 9), dafür sind die Beiträge aber auch deutlich größer. Hier wird noch einmal an einem Einzelfall deutlich, dass bei Angestellten sowohl absolut als auch relativ Versicherungsbeiträge in einem größeren Umfang nicht mehr durch Freibeträge von der Besteuerung befreit werden.[120]

Damit liegen bei Beamten und Angestellten bei gleichem Jahresbruttoeinkommen wirtschaftlich unterschiedliche Sachverhalte vor, die trotz unterschiedlicher subjektiver Leistungsfähigkeit praktisch gleich besteuert werden.[121] An dieser Stelle wird die vertikale Steuergerechtigkeit verletzt, die für unterschiedliche Sachverhalte auch eine unterschiedliche Besteuerung verlangt.[122]

In der dritten Spalte der Tabelle 2-8 wird der gegenwärtigen Belastung, wie sie in den ersten beiden Spalten dargestellt ist, die Belastung gegenübergestellt, die ein Angestellter erfahren würde, wenn die Rentenversicherungsbeiträge von der Besteuerung befreit würden. Diese Fallgestaltung überträgt damit denjenigen Steuervorteil auf Angestellte, den Beamte im Rahmen der Regelalterssicherung haben. Die Sonderausgabenregelung wird deshalb in gleicher Art und Weise angewandt. Zudem liegt auch in der Beitragsfreiheit der Zusatzaltersversorgung sowie bei der Arbeitslosenversicherung ein Steuervorteil. Für Erstere gibt es auch im Bereich der betrieblichen Altersversorgung für Angestellte Möglichkeiten zur Steuerbefreiung, weshalb sie hier aus Gründen der Übersichtlichkeit und Klarheit der Argumentation nicht einbezogen wird; Letztere hat keinen direkten Bezug zur Besteuerung von Beiträgen zur Altersversorgung, weshalb sie bei den weiteren Überlegungen unberücksichtigt bleiben.

In der Berechnung wird dieses Szenario durch Einführung eines Zusatzfreibetrags (Zeile 10) umgesetzt. Dieser senkt die Bemessungsgrundlage (Zeile 13) um den Betrag der Rentenversicherungsbeiträge. Dadurch sinkt die Einkommensteuerbelastung im Vergleich zur Ausgangslage um 872 EUR (Zeile 17). Dieser Betrag quantifiziert gleichzeitig den Steuervorteil, den Beamte in der Erwerbsphase aufgrund der nachgelagerten Besteuerung ihrer Regelalterssicherungsleistung haben. Überträgt man dieses Vorgehen auf das Einkommensspektrum bis zur Beitragsbemessungsgrenze der gesetzlichen Rentenversicherung, ergibt sich der Einkommensteuerverlauf der Es wird deutlich, dass Beamte bei gleichem Bruttoeinkommen durch die gegenwärtige Sonderausgabenregelung in Verbindung mit der Beitragsfreiheit einen nicht unerheblichen Steuervorteil haben. Dieser liegt darin begründet, dass sie trotz höherer subjektiver Leistungsfähigkeit praktisch in gleicher Weise wie Angestellte besteuert werden. Der Keil zwischen den Steuerbelastungskurven der Beamten und der Angestellten mit äquivalenter Besteuerung der Rentenversicherungsbeiträge ist zwar deutlich

---

119 Der Angestellte im Status quo wird mit Angestellte_0 bezeichnet, der Angestellte nach Modifikation des Status quo wird mit Angestellte_1 bezeichnet.

120 Vgl. Abbildung 2-7.

121 Die um 70 EUR höhere Belastung von Beamten entfällt, wenn sie die Sonderausgabenfreibeträge voll ausschöpfen.

122 Vgl. Brümmerhoff, Dieter (1996), S. 241.

kleiner als derjenige der Nacherwerbsphase (Abbildung 2-5), dafür ist die Erwerbsphase auch deutlich länger. Hinzu kommt, dass sich der Standardrentner aufgrund seines niedrigeren Einkommens einer geringeren Progression gegenüber sieht, als der Angestellte in der Erwerbsphase. Deshalb würde der Durchschnittsversicherte, gemessen in Absolutbeträgen der Steuerzahllast für 2002, durch eine nachgelagerte Besteuerung stärker entlastet (872 EUR) als der Durchschnittsrentner belastet (477 EUR). Allerdings lässt sich aus der einfachen Gegenüberstellung dieser beiden Beträge noch keine abschließende Aussage treffen.

Wichtig ist es, die Vorteile der nachgelagerten Besteuerung in der Erwerbs- den Nachteilen in der Nacherwerbsphase über die gesamte Lebensdauer gegenüber zu stellen, unter der Annahmen, dass die Entlastungsbeträge in der Erwerbsphase angelegt und versteuert und in der Nacherwerbsphase aufgelöst werden. Meindel zeigte in einem entsprechenden Modell in einer „steady state“ -Ökonomie, dass bei Konstanz der Beitragssätze und des Einkommensteuerrechts gemäß den Gegebenheiten des Jahres 2001 die Summe der Barwerte der Steuerzahlbeträge bei einer nachgelagerten Besteuerung kleiner ist, als beim Status quo. Indem er Angestellte in gleicher Weise besteuert wie Beamte, konnte er den Beweis führen, dass im Status quo Beamte gegenüber gesetzlich rentenversicherten Angestellten bevorzugt werden und nicht umgekehrt, wie dies der Kläger vor dem Bundesverfassungsgericht behauptete.[123] Diese Aussage gilt nur im Rahmen der für das Modell getroffenen Annahmen. Hierbei dürfte insbesondere die Konstanz des Einkommensteuertarifes sowie der Beitragssätze kritisch gesehen werden, da dies zumindest in der Vergangenheit nicht gegeben war.

Abbildung 2-9: Einkommensteuerbelastung unterschiedlicher Fallgruppen

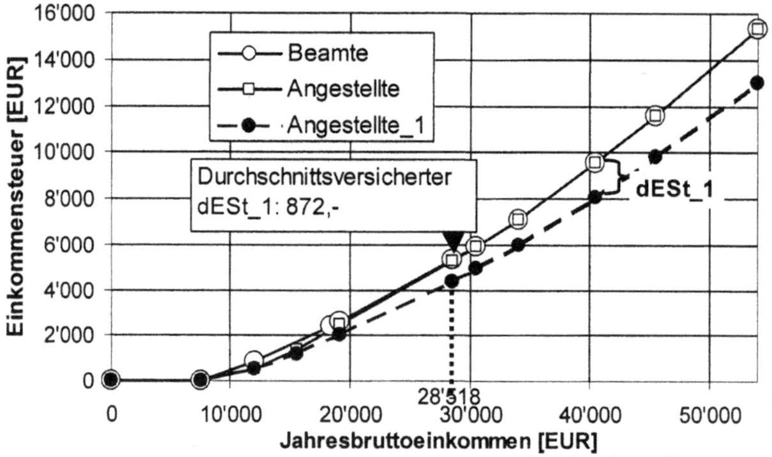

Quelle: eigene Berechnungen

2.2.3 Zusammenfassung

Angestellte müssen sowohl Teile ihrer Beiträge als auch Teile ihrer Renten grundsätzlich versteuern. Die zeitliche Aufteilung des Steuerzugriffs zwischen Erwerbs- und Nacherwerbsphase zusammen mit der Kombination eines absoluten Freibetrags in der ersten mit einem relativen Freibetrag in der zweiten Lebensphase vereiteln grundsätzlich eine intertemporal korrespondierende Besteuerung. Hinzu tritt, dass die Fiktion einer umfassend vorgelagerten Besteuerung, die hinter der Konstruktion des Ertragsanteils steht, für die Sozialversicherungsrente nicht gegeben ist.

In der Erwerbsphase werden die Arbeitgeberbeiträge von der Steuer freigestellt, die Arbeitnehmerbeiträge müssen grundsätzlich versteuert werden, wobei Teile davon aufgrund individuell zu bestimmender absoluter Freibeträge von einer Steuerbelastung ausgenommen werden. In der Nacherwerbsphase stellt nur der Ertragsanteil der Rentenzahlung Einkünfte dar, die nach Berücksichtigung aller anwendbaren Freibeträge der Besteuerung unterliegen. Die Konstruktion des Ertragsanteils basiert auf der Fiktion der privaten Veräußerungsrente, die aus versteuertem Einkommen gebildetes Vermögen gegen Rentenzahlung auflöst. Der Ertrag des Rentenrechtes entspricht den Zinserträgen der vorgegebenen Rentenlaufzeit, die gleichmäßig über diese verteilt angenommen werden. Das Verhältnis der Zinserträge zum Ausgangsvermögen ergibt den Ertragsanteil, der übrigbleibende Anteil wird von der Besteuerung ausgenommen und wirkt damit wie ein relativer Freibetrag. Diese für Veräußerungsrenten korrekte Konstruktion kann die Gegebenheiten bei der umlagefinanzierten Sozialversicherungsrente nicht adäquat abbilden, da Teile der Beiträge unversteuert geblieben sind. Bei der momentanen Regelung für pflichtversicherte Arbeitnehmer besteht quantitativ kein Zusammenhang zwischen der steuerlichen Behandlung von Vorsorgeaufwendungen und der von Alterseinkommen.[124] Dies war bereits bei der Einführung der Ertragsanteilsbesteuerung erkannt worden. In der Begründung des Entwurfes des Gesetzes zur Neuordnung von Steuern heißt es dazu: „Die Einbeziehung unentgeltlich erworbener Leibrenten in die Regelung ist zwar nicht wirtschaftlich, aber aus systematischen Gründen geboten."[125]

Versteht man das intertemporale Korrespondenzprinzip als Obergrenze der Besteuerung, ergibt sich nach Tabelle 2-9 für Angestellte, dass ein Teil des Lebenseinkommens nicht von der Steuer erfasst wird, da die Summe der versteuerten Anteile aus der Erwerbs- sowie der Nacherwerbsphase sich nicht zu 100% addieren, wie das bei Beamten der Fall ist.

---

123 Meindel, Alexander (2002), S.22; für eine juristisch präzise Formulierung der Klage, siehe BVerfGE 105, 73, 73 ff.

124 BMA (1983b), S. 162.

125 Vgl. Entw. StNOG (1954), BT-Drucks. (2/481), S. 87. Aufgrund der Abkehr vom Kapitalstockverfahren bei der gesetzlichen Rentenversicherung wird die systematische Zuordnung kritisch gesehen. Vgl. exemplarisch Littmann, Konrad (1983), S. 456 ff.

Gleichwohl stellt die zeitliche Aufteilung der Steuerbelastung, (dies gilt insbesondere für die zeitlich früher liegende, länger andauernde Belastung in der Erwerbsphase, ausgedrückt in der Summe der Barwerte der Steuerzahlbeträge über das gesamte Leben), eine größere Belastung dar, als die hundertprozentige Belastung der Beamten in der Nacherwerbsphase.[126]

Tabelle 2-9: Belastung der Beiträge zu und Leistungen aus Alterssicherungssystemen – Angestellte und Beamte –

	1. Lebensphase Erwerbsphase	2. Lebensphase Nacherwerbsphase
Angestellte (nur GRV)	max. 40%[127]	27%[128]
Beamte	0%	100%[129]

Quelle: eigene Berechnung

Die Begründung für diesen Sachverhalt wird im Verlauf dieser Arbeit geliefert.[130] Wird die Ertragsanteilsbesteuerung auf Beamtenpensionen übertragen, ohne gleichzeitig auch Gleichheit in der Erwerbsphase herzustellen, würde dies zu einer deutlichen Besserstellung der Beamten führen. Besteuerte man die gesetzlichen Renten zu 100%, ohne die entsprechenden Sozialversicherungsbeiträge von der Besteuerung freizustellen, würde ein und die selbe Einkunftsquelle doppelt erfasst. Damit wird klar, dass den deutlichen Unterschieden in der Nacherwerbsphase erhebliche Unterschiede in der Erwerbsphase vorangehen.

126 Vgl. Meindel, Alexander (2002). Wird die historische Entwicklung der Sonderausgabenregelung berücksichtigt, gilt diese Aussage in etwas abgeschwächter Form fort. Vgl. Abschnitt 6.1.

127 Der genaue Anteil kann nur für den Einzelfall bestimmt werden, Abbildung 2-5 zeigt für eine ledige Erwerbsperson den Verlauf für das Jahr 2002 als Funktion des Jahresbruttoeinkommens.

128 Bei einem Renteneintritt zum 65 Lebensjahr; s. Tabelle § 22 EStG.

129 Nach Abzug des Versorgungsfreibetrags von 40 % der Bezüge maximal 3.072 EUR.

130 Vgl. Abschnitt 4.4 insbesondere Tabelle 4-5.

3 Juristische Argumente zum Status quo und Reformalternativen

Das folgende Kapitel gibt die juristischen Argumente und Normen wider, die bei der Beurteilung des Status quo sowie zur Ausgestaltung einer möglichen Reformalternative beachtet werden müssen. Dazu werden zunächst die Urteile des Bundesverfassungsgerichtes dargelegt. Darauf aufbauend werden verfassungsrechtliche Vorgaben im Hinblick auf die Besteuerung von Vorsorgebeiträge und Versorgungsleistungen diskutiert.
Da die vorliegende Arbeit nicht rein rechtswissenschaftliche oder rechtshistorische Ziele verfolgt, wird davon Abstand genommen, auf die Evolution der rechtswissenschaftlichen Diskussion im Einzelnen einzugehen.

3.1 Rechtsprechung des Bundesverfassungsgerichts

3.1.1 Urteil vom 26.03.1980

Das Bundesverfassungsgericht entschied in seinem Urteil vom 26.03.1980[131] zum ersten Mal über den Themenkomplex der Rentenbesteuerung. Gegenstand der Klage war die unterschiedliche Besteuerung von Sozialversicherungsrenten und Beamtenpensionen.
Bei ersteren unterliegt nur der sog. Ertragsanteil gem. § 22 Nr. 1 Satz 3 Buchst. a EStG der Besteuerung wohingegen letztere gem. § 19 Abs. 1 Satz 1 Nr. 2 EStG nach Abzug eines Versorgungsfreibetrags gem. § 19 Abs. 2 EStG vollständig versteuert werden. Diese unterschiedliche Zuordnung ergab sich mit der Änderung des § 22 EStG zum 01.01.1955,[132] welche dazu führte, dass sich „bei den Renten [...] auch ein nicht durch Beiträge des Arbeitnehmers erworbenes Rentenrecht steuermindernd aus[wirkte], während dies bei ähnlich entstandenen Anwartschaftsrechten der Beamten nach § 19 EStG ausgeschlossen war."[133]
Nach Auffassung der Kläger gab es keinen sachlichen Grund für die differierende Belastung. „Da die Einkommensteuer an die Leistungsfähigkeit des Steuerpflichtigen anknüpfe, sei es nicht angängig, zwei Versorgungsempfänger mit gleich hohen Altersbezügen und gleich hohem Bedarf lediglich wegen der unterschiedlichen Rechtsgrundlage der Versorgung verschieden zu behandeln."[134] Weder in der Tatsache, dass Sozialversicherungspflichtige Rentenbeiträge zu entrichten haben, noch in der Tatsache der beschränkten Abziehbarkeit dieser Beiträge im Rahmen des Sonderausgabenabzugs sahen die Kläger einen sachlich gerechtfertigten Grund für die unterschiedliche Besteuerung der Versorgungsleistungen.[135]

---

131 S. BVerfGE 54, 11, S. 11 ff.

132 S. Entw. StNOG (1954), BT-Drucks. (2/481), S. 86 f. Zu den quantitativen Unterschieden für den VZ 2002 vgl. Abschnitt 2.2.

133 S. BVerfGE 54, 11, S. 16.

134 S. BVerfGE 54, 11, S. 20.

135 S. BVerfGE 54, 11, S. 20 f.

Das Gericht kam zu dem Schluss, dass zumindest für die Streitjahre 1969 und 1970 die unterschiedliche Belastung mit dem Gleichheitssatz (Art. 3 Abs. 1 GG) vereinbar sei. Gleichwohl gab das Gericht dem Gesetzgeber den Auftrag, den inzwischen eingetretenen Veränderungen Rechnung zu tragen.[136] Der Gleichheitssatz verlange vom Bundesverfassungsgericht nicht „zu prüfen, ob der Gesetzgeber jeweils die gerechteste und zweckmäßigste Regelung getroffen"[137] habe. Das Gericht habe lediglich zu prüfen, ob durch die bestehenden Regeln die Grenzen des gesetzgeberischen Gestaltungsspielraums überschritten werden. Dies ist dann der Fall, wenn für die vom Gesetzgeber vorgenommene Differenzierung keine sachlich einleuchtenden Gründe vorhanden sind. Die Beschränkung der Besteuerung von Sozialversicherungsrenten kann sachlich vertretbar mit den Beitragszahlungen begründet werden, welche die Sozialversicherungsrentner aus ihrem Arbeitseinkommen zu zahlen haben, so das Gericht. Dem widerspricht die Tatsache nicht, dass die Addition der gezahlten nominellen Beträge weniger als 10 % der späteren Rentenleistung ausmachen.[138]
Diese Betrachtung wird den tatsächlichen Gegebenheiten der gesetzlichen Rentenversicherung nicht gerecht, da die Zeitdauer des Versicherungsverlaufes und der jeweilige Zeitwert der Beiträge dabei unberücksichtigt bleiben. Diese Art der Quantifizierung wäre dann zulässig, wenn „ der Geldwert in der Zwischenzeit unverändert geblieben wäre. Das aber ist nicht der Fall."[139]
Die Ausgestaltung der gesetzlichen Rentenversicherung als Umlagedeckungsverfahren, bei dem lediglich die Rangstelle des Versicherten innerhalb der Versichertengemeinschaft festgestellt wird, vereitelt die Ermittlung eines selbstfinanzierten Anteils durch einfache Addition der nominellen Beiträge. Gleichwohl kann die Existenz eines selbstfinanzierten Anteils dadurch nicht gänzlich in Abrede gestellt werden.[140]
Zur Veranschaulichung des Zeitwertes der Beitragszahlungen bediente sich das Gericht einer Querschnittsbetrachtung als Anhaltspunkt und zur Gewinnung einer Größenordnung.[141] Es wies darauf hin, dass im Durchschnitt über die Jahre 1938 und 1951 bis 1976 rund 41% des Auszahlungsvolumens bei der GRV auf Arbeitnehmerbeiträge zurückgehen. Damit sei das Vermögensopfer nicht so unbedeutend, als dass es bei der Besteuerung der Sozialversicherungsrente unberücksichtigt bleiben könnte.[142] Für den Teil der Rentenzahlung, welcher auf die Arbeitnehmerbeiträge zurückzuführen ist und der damit wirtschaftlich gesehen Rückzahlungen eigenen Vermögens darstellt, trifft nach Meinung des Gerichts der Grundgedanke der Ertragsanteilsbesteuerung zu.[143] Zwar hat der Versicherte während seiner Erwerbsphase jeweils nur seine nominellen Arbeitnehmerbei-

136 S. BVerfGE 54, 11, S. 11.
137 S. BVerfGE 54, 11, S. 26.
138 S. BVerfGE 54, 11, S. 26.
139 BVerfGE 54, 11, S. 27; sowie Abschnitt 5.2.2.
140 S. BVerfGE 54, 11, S. 28 f.
141 S. BVerfGE 54, 11, S. 30.
142 S. BVerfGE 54, 11, S. 29.
143 S. BVerfGE 54, 11, S. 30; dies wurde durch das dritte Urteil bestätigt, s. BVerfGE 105, 73, S. 129 und Abschnitt 3.1.3.

träge versteuert, dennoch sind diese in das Vermögen des Versicherten gelangt.[144] Die seither eingetretene Wertsteigerung, die sich in einer im Vergleich zu der Summe der nominalen Beiträge, höheren Summe der zu erwartenden Rentenzahlungen zeigt, erfolgt in der einkommensteuerlich unbeachtlichen Vermögensebene des Berechtigten.[145] Gesetzlich Rentenversicherte werden damit gleich behandelt wie Inhaber anderer Vermögenswerte, bspw. Inhaber von Grundstücken, bei „denen ebenfalls nominelle wie reale Wertsteigerungen eines im Privatvermögen befindlichen Vermögensobjekts einkommensteuerlich nicht in Erscheinung treten."[146]
Der wesentlicher Unterschied bei Sozialversicherungspflichtigen im Vergleich mit Beamten liegt darin - so das Gericht -, dass die Arbeitnehmerbeiträge zur Rentenversicherung aus Lohn entrichtet werden, der gem. § 8 Abs. 1 EStG als zugeflossen gilt und deshalb grundsätzlich der Besteuerung unterlegen hat.[147] Da bei Beamten keine ausgewiesenen Beiträge vorliegen und selbst wenn man von fiktiven Beiträgen durch Gehaltsverzicht ausgeht, diese niemals zugeflossen und damit auch niemals der Besteuerung unterlegen haben, entfällt für sie der für die beschränkte Besteuerung der Sozialversicherungsrente maßgebliche, sachliche Grund.[148]
Da die Begünstigung durch Sonderausgabenregelung allen Personengruppen zur Verfügung stand, kann hier kein spezifischer Nachteil für Beamte gesehen werden. Das Argument, den Beamten hätten für weitere Vorsorge die Mittel gefehlt, kann mit dem Vergleich der Monatsbezüge der Angestellten im öffentlichen Dienst entgegnet werden. „Die Bruttobezüge der Angestellten lagen allenfalls nur geringfügig über den entsprechenden Bruttobezügen der Beamten."[149] Trotz dieser Unterschiede kam das Bundesverfassungsgericht zu dem Schluss, dass den seit Einführung der Ertragsanteilsbesteuerung eingetretenen Veränderungen bei der Sozialversicherungsrente bei der Besteuerung Rechnung getragen werden müsse.[150] Zu diesen Veränderungen zählte das Gericht insbesondere die nominell wie real – insbesondere seit der Rentendynamisierung ab 1957 – gestiegenen Renten, die damit „in Größenordnungen hineingewachsen sind, bei denen ohne die Regelung des § 22 Nr. 1 Buchst. a EStG in vermehrtem Umfang Steuern zu entrichten gewesen wären."[151] Bei Einführung der Ertragsanteilsbesteuerung hatte diese keine Auswirkung auf die Steuerbelastung, da die Renten nied-

144 Zur weiteren Diskussion siehe Abschnitt 3.4; gleiche Meinung Birk, Dieter (1986a) S. 138, Gegenmeinung Söhn, Hartmut (1986) S. 333.

145 S. BVerfGE 54, 11, S. 31.

146 BVerfGE 54, 11, S. 31; auf diese Überlegungen wird im Rahmen der Modellanalyse zur Quantifizierung des selbstfinanzierten, versteuerten Anteils in Abschnitt 3.4 sowie in Kapitel 5 zurückgegriffen.

147 S: BVerfGE 54, 11, S. 31; ob dies auch für die Arbeitgeberbeiträge gilt, ist ein Streitpunkt in der wissenschaftlichen Diskussion; vgl. Abschnitt 3.3.1und 3.4.

148 S. BVerfGE 54, 11, S. 31 f.

149 BVerfGE 54, 11, S. 33.

150 S. BVerfGE 54, 11, S. 34.

151 BVerfGE 54, 11, S. 36; Dieses Argument wird im weitern als „Niveauargument" bezeichnet; siehe Abschnitt 3.1.4.

riger als der Grundfreibetrag waren. Erst die eingetretenen Veränderungen hätten die Unterschiede der Besteuerungsmodalitäten in einer unterschiedlichen Steuerbelastung sichtbar werden lassen. Erst dadurch stellte sich die Frage nach der Verfassungsmäßigkeit.

Die Unterschiede in der Steuerbelastung wurden bereits in den Streitjahren 1969 und 1970 insbesondere bei Vorliegen von Zusatzeinkommen fühlbar.[152] Dessen ungeachtet sah das Gericht für die Streitjahre 1969/70 noch keine Verfassungswidrigkeit vorliegen. Gleichwohl muss der Gesetzgeber die entstandene Ungleichheiten abbauen und dabei gleichzeitig darauf achten, die Schaffung neuer Benachteiligungen zu vermeiden. Für die Beseitigung der Ungleichheiten kann er im vorliegenden Fall aus zwei Gründen Fristen in Anspruch nehmen. Zum einen handelt es sich um einen komplexen Sachverhalt, der nur mit zunehmender Erfahrung aus gröberer Typisierung allmählich gelöst werden kann. Zum anderen entstanden die Unterschiede im Rahmen einer langfristigen Entwicklung, die eine schnelle Anpassung unmöglich werden lassen.[153]

3.1.2 Urteil vom 24.06.1992

Gegenstand des zweiten Urteil des Bundesverfassungsgerichtes war in der Hauptsache die Frage, ob sich der Gesetzgeber für eine Beseitigung des Problems, die 1980 im ersten Urteil verlangt wurde, unzulässig lange Zeit gelassen habe. Das Gericht verneinte dies mit dem Hinweis auf den komplexen Sachverhalt sowie die Probleme im Zusammenhang mit der deutschen Wiedervereinigung.[154]

3.1.3 Urteil vom 06.03.2002

Im vorläufig abschließenden, dritten Urteil vom 06.03.2002[155] zur unterschiedlichen Besteuerung von Sozialversicherungsrenten und Beamtenpensionen erklärte das Bundesverfassungsgericht die aktuelle Rechtslage für unvereinbar mit dem Gleichheitssatz des Art. 3 Abs. 1 GG. Steuerliche Vergünstigungen mit nichtfiskalischen Förderungs- und Lenkungszielen erfordern – so das Gericht in seinem zweiten Leitsatz – ein Mindestmaß an zweckgerechter Ausgestaltung sowie eine bewusste Entscheidung des Gesetzgebers hierfür. Dies ist bei der Sozialversicherungsrente deshalb nicht der Fall, da die Höhe des zu versteuernden Ertragsanteils „unabhängig davon festgesetzt ist, in welchem Umfang dem Rentenbezug Beitragsleistungen der Versicherten aus versteuertem Einkommen vorangegangen sind."[156] Bei der notwendigen Reform, die bis spätestens zum 01.01.2005 einsetzen muss, hat der Gesetzgeber darauf zu achten, dass doppelte Besteuerung vermieden wird.

---

152 S. BVerfGE 54, 11, S. 37. Auf dieses Aussage – im Weiteren als „Progressionsargument" bezeichnet – wird in der Literatur verschiedentlich zurückgegriffen; siehe Abschnitt 3.1.4.

153 S. BVerfGE 54, 11, S. 37.

154 S. BVerfGE 86, 369, S. 369 ff.

155 S. BVerfGE 105, 73, 73 ff.

156 BVerfGE 105, 73, S. 110.

Das Gericht erteilte dem „Niveauargument“[157], das sich in der wissenschaftlichen Diskussion aus der Interpretation des Beschlusses des ersten Senats vom 26.03.1980 ergeben hatte, eine klare Absage. Für die verfassungsrechtliche Würdigung des Sachverhaltes sei ausschließlich die „steuerrechtsimmanente Betrachtungsweise“ von belang, Aspekte des Besoldungs- und Versorgungsrechtes lägen damit außerhalb des maßgeblichen Vergleichsrahmens. Die Erweiterung der Vergleichsperspektive auf beide Aspekte erschwere die Verständigung.[158] Zum einen fehlt dem Ertragssteuerrecht für einen Ausgleich des Versorgungsniveaus die objektive Eignung, zum anderen fehlt dem Gesetzgeber die rechtfertigende Kompensationsabsicht.[159] Etwaige Ausgleichseffekte durch das Zusammenspiel aus Besoldungs- und Versorgungsrecht mit dem Einkommensteuerrecht können sich zwar ergeben, seien dann aber in jedem Fall zufällig.[160]
Verfassungsrechtlich erhebliche Zweifel an der unterschiedlichen Besteuerung können nicht alleine aus dem unterschiedlich hohen Besteuerungsbeginn oder dem Multiplikatoreffekt[161] abgeleitet werden, da der Gesetzgeber Einkünften mit unterschiedlichem Rechtsgrund und Finanzierung, nicht allein wegen ihrer Qualifikation als „Altersbezüge“, gleich belasten muss.[162] Das Tatbestandsmerkmal „Altersbezüge“ stellt damit aus Sicht des Gerichtes für eine gleichheitsrechtliche Würdigung kein geeignetes Differenzierungskriterium dar. Der verfassungsrechtlich maßgebliche Vergleichsgesichtspunkt sei vielmehr im Tatbestand „nachträgliche[r] Einkünfte nichtselbständig Tätiger mit Versorgungsanwartschaften“[163] zu sehen.
Die Möglichkeit der Nachversteuerung einer Vermögensmehrung grenzte das Gericht mit dem Tatbestand erstmalig zufließenden steuerbaren Einkommens auf der einen, sowie die einkommensteuerrechtlich unerheblichen Tatbestände des erfolgsneutralen Vermögenstausches und des Vermögenskonsums auf der anderen Seite ab. „Was bereits der Einkommensteuer unterlegen hat, darf nicht ein zweites Mal, also doppelt, besteuert werden. Eine ‚spätere‘ steuerliche Erfassung einer Vermögensmehrung kommt dagegen in Betracht, wenn die Besteuerung zu einem – möglichen – früheren Zeitpunkt unterblieben ist oder ‚aufgeschoben‘ wurde.“[164]
Die Ertragsanteilsbesteuerung erfasse steuerbare Einkünfte systemkonform, soweit das ihr zu Grunde liegende Leitbild tatsächlich zutrifft. Dieses geht vom Erwerb „einer im Zeitablauf konstanten Leibrente durch eine aus versteuertem Einkommen geleistete, einmalige Zahlung aus.“[165]

---

157 Vgl. Fn. 151 sowie BVerfGE 54, 11, S. 36 und Abschnitt 3.1.4.
158 S. BVerfGE 105, 73, S. 111.
159 S. BVerfGE 105, 73, S. 112.
160 S. BVerfGE 105, 73, S. 121.
161 Vgl. zur Ursache und Wirkung des Multiplikatoreffektes Abschnitt 2.2.1 sowie zur Fragwürdigkeit seiner Stichhaltigkeit Abschnitt 3.1.4
162 S. BVerfGE 105, 73, S. 122.
163 BVerfGE 105, 73, S. 122.
164 BVerfGE 105, 73, S. 122 f. Im Schrifttum dieser Aspekt unter dem Stichwort der Nachversteuerung diskutiert. Vgl. Abschnitt 3.1.4.
165 BVerfGE 105, 73, S. 123.

Als gleichheitsrechtlich problematisch sah das Gericht weniger die Abweichung der Rentenbezüge der Sozialversicherungsrente vom vorgegebenen Leitbild, sondern vielmehr die Tatsache, dass die Gegebenheiten bei der Beamtenversorgung – auch bei wirtschaftlicher Betrachtungsweise – wesentlich näher an denjenigen der Rentner liegen, als vom Gesetzgeber vorausgesetzt.[166] Die Unterscheidung in „echte" Beiträge der Arbeitnehmer und „fiktive" Beiträge der Beamten sei – so das Gericht – „eher rechtstechnischer Art"[167] Wirtschaftlich kann auch der gesetzlich rentenversicherte Arbeitnehmer nicht über seine Beiträge verfügen, auch wenn sie ihm im Sinne des Einkommensteuerrechts zugeflossen sind. Damit scheidet das Differenzierungskriterium der „Beitragszahlungen" zur gleichheitsrechtlich zulässigen Unterscheidung der beiden Personengruppe aus.
Die Freiheit des Gesetzgebers bei der Ausgestaltung des Steuerrechtes wird durch zwei Prinzipien begrenzt. Zum einen müsse die Steuerlast sich an der finanziellen Leistungsfähigkeit orientieren.[168] Zum anderen müsse eine „einmal getroffene Belastungsentscheidung folgerichtig im Sinne der Belastungsgleichheit" [169] umgesetzt werden.
Da das Leitbild der Ertragsanteilsbesteuerung allenfalls maximal für die Hälfte der Rentenleistung zutrifft und es darüber hinaus an einem sachlich hinreichenden Grund für die steuerliche Entlastungswirkung der Ertragsanteilsbesteuerung beim Sozialversicherungsrentner fehlt, genügt die aktuelle Regelung den gleichheitsrechtlichen Maßstäben nicht.[170]
Etwaige sich reziprok kompensierende Be- und Entlastungen der Vergleichsgruppen seien nur dann entscheidend, wenn sie auf einen hinreichenden sachlichen Grund bezüglich der steuerlichen Belastungsunterschiede zurückgehen. Das im Einkommensteuerrecht umstrittene intertemporale Korrespondenzprinzip bleibt dagegen außer Betracht.[171]
Das Leitbild der aus versteuertem Einkommen entgeltlich erworbenen Leibrente treffe – so der zweite Senat – auf den Arbeitnehmeranteil des Rentenversicherungsbeitrags zumindest eingeschränkt zu, so dass für diesen Teil auch heute noch den Erwägungen der Ertragsanteilsbesteuerung gefolgt werden könne.[172] Sowohl der auf den Arbeitgeberanteil als auch auf den Bundeszuschuss entfallende Teil der Rente befände sich dagegen jenseits einer möglichen Legitimation durch das zu Grunde gelegte Leitbild.[173]
Für die generelle Steuerfreiheit des Arbeitgeberbeitrages zur Rentenversicherung sowohl in der Erwerbs- als auch in der Nacherwerbsphase stelle eine steuerliche Besserstellung dar, die einen sachlichen Grund erforderte. Dieser ist nicht vorhanden und kann auch nicht im grundrechtlichen Eigentumsschutz gesehen werden, unabhängig davon, ob von einem grundsätzlich steuerpflichtigen Zufluss

166 BVerfGE 105, 73, S. 124.
167 BVerfGE 105, 73, S. 125.
168 S. BVerfGE 105, 73, S. 125.
169 BVerfGE 105, 73, S. 126.
170 S. BVerfGE 105, 73, S. 127.
171 S. BVerfGE 105, 73, S. 127 f.
172 S. BVerfGE 105, 73, S. 129.
173 S. BVerfGE 105, 73, S. 129-131.

von Einnahmen beim Arbeitnehmer ausgegangen wird oder nicht. Eine Begrenzung erfahre die Besteuerung ausschließlich durch das Verbot, Einkommen steuerlich doppelt zu belasten. Der auf den Bundeszuschuss entfallende dritte und letzte Teil der Rentenleistung repräsentiere staatliche Transferleistungen, welche grundsätzlich steuerbares Einkommen darstellen und damit ebenfalls nicht dem Leitbild der Ertragsanteilsbesteuerung entsprechen.[174]
In der Summe über alle drei Teile der Rentenleistung sei eine steuerliche Verschonung lediglich des auf den Arbeitnehmeranteil entfallenden Teils der Rente durch das Leitbild der Ertragsanteilsbesteuerung sachlich zu rechtfertigen, der überwiegende Teil der Rentenleistung widerspreche jedoch dem gesetzlich vorausgesetzten Leitbild.

3.1.4 Beurteilung und Einordnung

Insgesamt hat das dritte Urteil des Bundesverfassungsgerichts bei einigen in der Literatur problematisierten Aspekten wichtige Klarheit geschaffen. Hierzu gehört die Einordnung des Niveauarguments, des Progressionsarguments, des Multiplikatoreffektes sowie der Frage der Nachversteuerbarkeit.
Einige wissenschaftliche Diskussionsbeiträge beschäftigen sich alleine mit der Frage, ob sich durch Verschlechterung des Versorgungsniveaus der gesetzlichen Rentenversicherung im Vergleich zur Beamtenpension bzw. einer Verschärfung der Steuer- und Abgabenbelastung der entsprechenden Leistungsempfänger der Handlungsbedarf verringert hat oder gar hinfällig geworden ist.[175] Dabei wird auf das sog. „Niveauargument"[176] des ersten Urteils des Bundesverfassungsgerichts Bezug genommen, nachdem die Renten eine Größenordnung erreicht hätten, bei der ohne die Ertragsanteilsbesteuerung eine Steuerbelastung erfolgen würde.[177]
Diese Feststellung sollte vermutlich lediglich darauf verweisen, dass eine mangelhafte Rechtslage, solange sie keine spürbaren Auswirkungen hat, der reinen Ästhetik wegen, nicht korrigiert werden müsse. Der Handlungsbedarf ergibt sich erst dadurch, dass die mangelhaften Steuerregeln auch zu einer deutlichen Diskrepanz bei der Belastung führen. Die Diskussionsbeiträge versuchen dabei, durch unterschiedlich weit gefasste Untersuchungsrahmen Kompensationswirkungen zu quantifizieren, die sich im Schnittbereich der Leistungen der Sicherungssysteme und den anfallenden Steuer- und Abgabenbelastungen im Zeitverlauf ergeben. Der zweite Senat des Bundesverfassungsgerichts stellte klar, dass Be- und Entlastungswirkungen die sich außerhalb des Rahmens der Einkommensteuer ergeben, für die verfassungsrechtliche Würdigung ohne Belang seien[178] und dass eine weit gefasste Vergleichsperspektive das Verständnis für den Sachverhalt erschwere.[179] Kompensationswirkungen seien aus Sicht des

174 S. BVerfGE 105, 73, S. 130 f.

175 Vgl. hierzu insbesondere Andel, Norbert (1997b), Höfer, Reinhold/ Collerius, Rolf-Dieter (1996), Seer, Roman (1996), Schröder, Gerhard (1995), Bertuleit, Achim/ Binne Wolfgang (1996), sowie eine Methodenkritik zu den Vergleichsstrategien in Bock, Klaus-Dieter (2000).

176 Vgl. Abschnitt 3.1.1, S. 67.

177 BVerfGE 54, 11, S. 36.

178 BVerfGE 105, 73, S. 111.

179 BVerfGE 105, 73, S. 111 f.

Gerichtes jedenfalls Zufallswirkungen.[180] Damit sind diese nicht geeignet Argumente für oder gegen die Reformbedürftigkeit zu liefern. Etwaige sich reziprok kompensierende steuerlichen Be- und Entlastungen der Vergleichsgruppen seien nur dann entscheidend, wenn sie auf einen hinreichenden sachlichen Grund zurückgehen. Das im Einkommensteuerrecht umstrittene intertemporale Korrespondenzprinzip bleibt dagegen außer Betracht.[181]

Ein weiterer Aspekt, der im ersten Urteil von 1980 angesprochen wurde, ist das sog. „Progressionsargument".[182] Dabei wurde auf die Unterschiede bei der Steuerbelastung hingewiesen, die insbesondere dann spürbar werden, wenn zu den Leistungen der Regelalterssicherung noch Zusatzeinkünfte hinzutreten. Auch dieses Argument erfreut sich reger Verwendung und findet sich auch in abgeschwächter Form in Steuerlastvergleichen bei gleichem Bruttoeinkommen oder dem Vergleich des Steuerbeginns.[183]

Der Effekt höherer marginaler Steuerbelastungen auf Zusatzeinkommen bei Beamten im Vergleich zu Sozialversicherungsrentnern ist ein systemimmanenter Effekt eines progressiven Einkommensteuertarifs, der durch einen proportionalen Tarif vermeidbar wäre. Folglich zielt diese Kritik auf die allgemeine Progressionswirkung des Steuertarifs und wirft damit die Frage nach dem von der Gesellschaft als „richtigen" empfundenen Tarif und nicht nach der „richtigen" Besteuerung von Einkommen im Alter auf.

Aber auch der Vergleich von Steuerzahlbeträgen bei gleichem Bruttoeinkommen, der den Multiplikatoreffekt[184] verdeutlichen soll, birgt seine Tücken. Hierbei wird indirekt angenommen, dass bei gleichem Bruttoeinkommen auch die gleiche subjektive Leistungsfähigkeit vorliegt. Dies muss aber nicht der Fall sein. Das Steuerrecht trägt gerade den unterschiedlichen rechtlichen Sachverhalten und den individuellen Belastungen Rechnung, weshalb sich bei gleichem Bruttoeinkommen unterschiedliche subjektive Leistungsfähigkeit und damit eine unterschiedliche Bemessungsgrundlage für die Einkommensteuer ergeben kann. Zwar ist die Konstruktion der Ertragsanteilsbesteuerung offensichtlich nicht geeignet den Gegebenheiten bei der Sozialversicherungsrente Rechnung zu tragen, dennoch ist sie für Veräußerungsrenten korrekt.[185] Folglich geht die Kritik am Multiplikatorwirkung am Kern des Problems vorbei, da sich dieser Effekt für private Veräußerungsrenten aus der Systematik der Einkommensteuer ergibt und damit unvermeidbar ist, solange Vermögensumschichtungen nicht besteuert werden sollen. Vielmehr muss darauf gedrungen werden, diese Besteuerungsvariante nur für die Fälle zuzulassen, für die sie korrekt ist. Dann tritt der Effekt zwar immer noch auf, allerdings nur noch in gerechtfertigten Fällen. Die Kritik am Multiplikatoreffekt hebt auf ein Symptom, eine Begleiterscheinung, nicht aber auf die

---

180 BVerfGE 105, 73, S. 121.

181 S. BVerfGE 105, 73, S. 127 f.

182 Vgl. Abschnitt 3.1.1, S. 68; sowie BVerfGE 54, 11, S. 37.

183 Exemplarisch hier lediglich Petersen, Hans-Georg (1979), S. 26 ff.; Färber, Gisela/ Renn, Sandra M. (2001), S. 29; BVerfGE 105, 73, 88 ff.

184 Vgl. S. 52 Abschnitt 2.2.1.

185 Vgl. Abschnitt 2.2.1 sowie 3.1.3; sowie BVerfGE 105, 73, S. 123.

Ursache ab, weshalb zu Recht von einer optischen Täuschung gesprochen werden kann.[186]

Das Gericht stellte diesbezüglich klar, dass sich Bedenken an den aktuellen Besteuerungsmodalitäten nicht bereits aus dem Multiplikatoreffekt oder dem unterschiedlichen Besteuerungsbeginn ergeben. „Der Gesetzgeber ist nicht verpflichtet, unterschiedliche Einkünfte unabhängig von deren Rechtsgrund und Finanzierung wegen ihrer Eigenschaft als ‚Altersbezüge' steuerlich grundsätzlich gleich zu belasten."[187]

Bei einem Vergleich des Besteuerungsbeginns werden diejenigen Bruttoeinkommen verschiedener Personengruppen gegenüber, die gerade noch bezogen werden dürfen, ohne dass eine Steuerpflicht ausgelöst wird. Er stellt also Bruttoeinkommen bei gleicher Steuerlast gegenüber. Auch diese Vergleichsstrategie geht implizit davon aus, dass die gleiche Steuerlast auch bei gleichem Bruttoeinkommen gegeben sein müsse und verkennt, dass unterschiedliche Sachverhalte vorliegen.

Sowohl die Gegenüberstellung des Besteuerungsbeginns, also dem Bruttoeinkommen bei gleicher Steuerlast, als auch des Multiplikatoreffektes, also der Steuerlast bei gleichem Bruttoeinkommen, suggeriert, dass es die Frage nach horizontaler Steuergerechtigkeit zu beantworten gilt, obwohl der Sachverhalt nach einer Beurteilung der vertikalen Steuergerechtigkeit verlangt. Deshalb sind entsprechende Vergleiche ohne Gehalt, solang kein allgemeingültiger, normativer Maßstab vorweg benannt wird, nach dem vertikale Steuerlastunterschiede zu beurteilen sind. Erst mit einer solchen Maßzahl wären entsprechende Aussagen gehaltvoll.

Die Frage der Nachversteuerbarkeit die in der juristischen Literatur kontroverse diskutiert wird, hat durch das Urteil des Bundesverfassungsgerichts vom 26.03.2002 ebenfalls eine Klärung erfahren. Dabei stand im Mittelpunkt der Diskussion die Frage, in welchem Umfang sich der Eigentumsschutz auf die Vermögensposition erstreckt, die dem gesetzlich Rentenversicherten durch das Leistungsrecht zugesichert wird, d.h. welcher Teil der Rentenleistung von einer Besteuerung in der Nacherwerbsphase zu verschonen sei.

Wie ein Teil der Wissenschaftler argumentiert, müsse der Eigentumsschutz denjenigen Teil der Rentenleistung umfassen, der durch Arbeitnehmer- wie Arbeitgeberbeiträge finanziert werde, da beide bereits als zugeflossene Einkommensbestandteile anzusehen seien, weshalb sie grundsätzlich der Besteuerung unterlegen haben. Eine Nachversteuerung widerspreche dem Eigentumsschutz und das unabhängig von der tatsächlichen Steuerbelastung.[188]

Vertreter der Gegenmeinung hoben darauf ab, dass nur derjenige Teil, der auch tatsächlich versteuert wurde, als zugeflossen gelten könne und der Schutz vor

186 So Fischer, Peter (2002a), S. 1873.

187 BVerfGE 105, 73, S. 122.

188 Vgl. Birk, Dieter (1986a), S. 138 f.; Ruland, Franz (2001), S. 35; zustimmend Burbank (1991), S. 124; Stöhr (1997), S. 143 f.

Besteuerung sich auch nur auf diesen Teil erstrecken könne.[189] Das Gericht folgte der zweiten Meinung. Es hält das Doppelbesteuerungsverbot nur dann für anwendbar, wenn es tatsächlich zu einer zweimaligen Belastung komme, dies sei aber nicht der Fall, „wenn die Besteuerung zu einem – möglichen – früheren Zeitpunkt unterblieben ist oder ‚aufgeschoben' wurde."[190] Damit setzt nicht der Eigentumsschutz sondern das Doppelbesteuerungsverbot dem Einkommensteuerrecht bei der Belastung von Alterseinkommen namentlich der Sozialversicherungsrente Grenzen.[191] Die Rentenleistungen qualifizieren sich damit noch nicht als konsolidiertes Vermögen. Zwar wird der Kern der vermögenswerten Rechtsposition geschützt, nicht jedoch eine bestimmte Leistungshöhe garantiert, die eine Besteuerung verbiete.

3.2 Verfassungsrechtliche Vorgaben

Nachfolgend sollen die zwei grundsätzlichen Reformalternativen, die vor- sowie die nachgelagerte Besteuerung, hinsichtlich ihrer Vereinbarkeit mit den verfassungsrechtlichen Normen überprüft werden. Ziel ist es festzustellen, ob beide Besteuerungsformen grundsätzlich mit der Verfassung vereinbar sind und damit die Entscheidung über die Durchführungsform damit beim Gesetzgeber liegt, oder ob die Gestaltungsfreiheit des Gesetzgebers durch die verfassungsrechtlichen Vorgaben eingeschränkt wird.

Bei der vorgelagerten Besteuerung können Vorsorgeaufwendungen in der Erwerbsphase nicht steuermindernd geltend gemacht werden, dafür sind die in der Nacherwerbsphase zufließenden Alterssicherungsleistungen steuerfrei.[192] Bei der nachgelagerten Besteuerung mindern Vorsorgeaufwendungen die steuerliche Bemessungsgrundlage, die Alterssicherungsleistungen werden im Umkehrschluss vollständig versteuert.

3.2.1 Leistungsfähigkeitsprinzip als Verfassungsmaßstab

Das Leistungsfähigkeitsprinzip stützt sich heute auf den allgemeinen Gleichheitssatz des Art. 3 Abs. 1 GG; im Gegensatz zur Weimarer Reichsverfassung (Art. 134) wird es im Grundgesetzt nicht mehr ausdrücklich erwähnt. Gleichwohl hat es sich als das Fundamentalprinzip und oberster Vergleichsmaßstab steuerlicher Lastengleichheit etabliert und wird i.A. J. S. Mill (1848) zugeschrieben.[193]

Nach diesem Prinzip soll jeder nach seiner wirtschaftlichen Leistungsfähigkeit an der Aufbringung des Steueraufkommens beteiligt werden. Steuerpflichtige mit gleicher Leistungsfähigkeit müssen gleich besteuert werden (horizontale Gleichbehandlung), Steuerpflichtige mit unterschiedlicher Leistungsfähigkeit müssen

---

189 Söhn, Hartmut (1986), S. 332; Gröpl, Christoph (2001c), S. 625 f.; Fischer, Peter (2001b), S. 618.

190 BVerfGE 105, 73, S. 122 f.

191 BVerfGE 105, 73, S. 131.

192 Der Besteuerung unterliegt nur der Zinsanteil, d.h. die Vermögensertrage, der Nacherwerbsphase. Vgl. hierzu auch Abschnitt 2.2.1.

193 Vgl. Blankart, Charles Beat (1998), S. 176; teilweise wird die Wurzel auch in Adam Smith erster Steuermaxime von 1776, der Steuergleichheit („equality of taxation"), gesehen; vgl. Tipke, Klaus/ Lang, Joachim (1998), § 4 Rz. 82.

unterschiedlich besteuert werden (vertikale Gleichbehandlung).[194] Damit stellt es einen Maßstab zur Beurteilung des reinen Mittelentzugs, der sog. Belastungswirkung, dar. Nichtmonetäre, verhaltensändernde Wirkungen, sog. Gestaltungswirkungen, die eine Steuer auslöst, können damit nicht beurteilt werden. Als Indikatoren der Leistungsfähigkeit werden insbesondere Einkommen, Vermögen und/oder Konsum herangezogen.[195]
Insbesondere aufgrund der Bewertungsungleichheiten, die sich bei unterschiedlichen Vermögensarten ergeben, wurde die Vermögensteuer in Deutschland vom Bundesverfassungsgericht für unvereinbar mit dem Grundgesetz erklärt.[196]
Schneider unterscheidet vier Bezugsgrößen der steuerlichen Leistungsfähigkeit, die Möglichkeit oder die Verwirklichung von Mittelerwerb oder Bedürfnisbefriedigung.[197] Grundsätzlich kann sich die Bemessung auf die mögliche oder die tatsächliche Leistungsfähigkeit stützen. Orientiert man sich am Leistungsfähigkeitspotential, erfordert dies eine Quantifizierung dieses Potentials. Die Besteuerung des potentiell möglichen Mittelerwerbs verletzt den Freiheitsgrundsatz des Grundgesetzes und wird aufgrund der nur schwer objektiv handhabbaren Wertentscheidungen abgelehnt.[198]
Deshalb wird die Potentialbesteuerung auch hinsichtlich des möglichen Konsums hier nicht weiterverfolgt, sondern die effektive Fähigkeit, Steuern zahlen zu können, die sog. Ist-Leistungsfähigkeit oder wirtschaftliche Leistungsfähigkeit betrachtet.[199] An ihr muss überprüft werden, ob die vorgelagerte und die nachgelagerte oder nur eine der beiden Besteuerungsformen den verfassungsrechtlichen Ansprüchen genügt. Liegt keine wirtschaftliche Leistungsfähigkeit vor, kann und darf es auch zu keiner Besteuerung kommen.[200] Darauf bauen zwei Grundsätze auf:
Im deutschen Einkommensteuerrecht wird die Gesamtheit der Einkünfte gem. §2 Abs. 3 EStG als objektive Maßgröße der Zahlungsfähigkeit verwendet. Gemäß dem objektiven Nettoprinzip sind von der Summe der Einkünfte die Erwerbsaufwendungen abzuziehen. Sie stellen Aufwendungen dar, die im Zusammenhang mit der Erwerbstätigkeit ausgegeben werden müssen (Werbungskosten / Betriebsausgaben).[201]
Beim sog. privaten oder subjektiven Nettoprinzip werden zur Ermittlung des zu versteuernde Einkommens neben den Erwerbsaufwendungen zusätzlich noch solche Aufwendungen von der Summe der Einkünfte abgezogen, die als sog. Mindestvorsorge zur Sicherung der eigenen Existenz sowie derjenigen von Un-

---

194 Vgl. Woll, Artur (Hrsg.) (1992), S. 563.
195 Vgl. Tipke, Klaus/ Lang, Joachim (1998), § 4 Rz. 95.
196 Vgl. Tipke, Klaus/ Lang, Joachim (1998), § 13 Rz. 71-73.
197 Vgl. Schneider, Dieter (1979), S. 26 ff.
198 Vgl. Krätzschmar, Alfred (1995), S. 33 m.w.N.; sowie die Ausführungen zur Vermögenssteuer bei Tipke, Klaus/ Lang, Joachim (1998), § 13 Rz. 71-73.
199 Vgl. Schneider, Dieter (1979), S. 46.
200 Vgl. Söhn, Hartmut/ Müller-Franken, Sebastian (2000), S. 443.
201 Vgl. Lang, Joachim (1981), S. 167 ff.; Söhn, Hartmut (1985), S. 400 f.; Tipke, Klaus/ Lang, Joachim (1998), §9 Rz. 42, 54 ff.

terhaltsberechtigten dienen.[202] Als Mindestvorsorge qualifizieren sich Aufwendungen soweit sie unvermeidlich (zwangsläufig indisponibel) sind. Die übrigbleibenden Einkünfte stellen das disponible Einkommen dar, das als verfassungsmäßige Bemessungsgrundlage dem staatlichen Besteuerungszugriff zugänglich ist.[203] Damit begrenzen diese Grundsätze des Leistungsfähigkeitprinzips den gesetzgeberischen Gestaltungsspielraum der Besteuerung. Sie werden an dieser Stelle als herrschende Meinung und Ausfluss ständiger Rechtssprechung des Bundesverfassungsgerichtes zur Prüfung der Verfassungsmäßigkeit herangezogen.[204]
Die Konkretisierung der steuerlichen Leistungsfähigkeit erfolgt bei periodischen Steuern, wie der Einkommensteuer, durch Zuordnung der Einkünfte zu einem Ermittlungszeitraum. Dieses Vorgehen, auch als Periodizität der Einkommensteuer bezeichnet, stellt eine einschränkende Näherung dar, da das Ideal der Lebenseinkommensbesteuerung technisch schlecht zu verwirklichen ist.[205] Dennoch stellt eine lebensphasenübergreifende Betrachtung der Besteuerung, im Gegensatz zu der doch willkürlichen jährlichen Aufteilung, für gleichheitsrechtliche Überlegungen einen angemesseneren Rahmen dar.[206]

3.2.2 Eigentumsschutz als Verfassungsmaßstab

Art. 14 GG garantiert das Eigentum und das Erbrecht. Dieser Schutz stellt jedoch keinen grundsätzlichen Schutz des Vermögens gegen Geldleistungspflichten dar.[207] Das Eigentum darf gem. Art. 14 Abs. 3 GG nur aus Gründen des Allgemeinwohls bei gleichzeitiger Entschädigung enteignet werden.
Im Gegensatz zum Kern der Rechtsposition wird das Vermögen nicht grundsätzlich durch die Eigentumsgarantie vor dem Zugriff durch Steuern oder Abgaben geschützt. Denn „öffentlich-rechtlich auferlegte Geldleistungspflichten sind nicht mittels eines bestimmten Eigentumsobjektes zu erfüllen, sondern werden aus dem fluktuierenden Vermögen bestritten."[208] Seit der Entscheidung des Bundesverfassungsgerichtes vom 28.02.1980 wird der verfassungsrechtliche Eigentumsschutz auch für die Anwartschaften auf Leistungen aus der gesetzlichen Rentenversicherung anerkannt.[209] Aus einem Abwehrrecht des Bürgers gegen den Staat wurde ein Teilhaberecht an staatlichen Leistungen.[210]
Nach der Rechtssprechung des Bundesverfassungsgerichts bezieht sich der Eigentumsschutz zwar auf die Rentenposition als ganzes, da sie nicht ausschließlich einseitig durch den Staat gewährt wird, dennoch wurde die Reichweite des Schutzes im Rahmen der Rechtssprechung relativiert. Dies erhält den Sozialversicherungssystemen ein gewisses Maß an Flexibilität, in dem es eine Zementie-

---

202 Vgl. Söhn, Hartmut (1985), S. 400; Tipke, Klaus/ Lang, Joachim (1998), §9 Rz. 42.
203 Söhn, Hartmut/ Müller-Franken, Sebastian (2000), S. 444.
204 Vgl. Söhn, Hartmut (1985), S. 400 f. m.w.N.; Söhn, Hartmut/ Müller-Franken, Sebastian (2000), S. 444; Gröpl, Christoph (2001c), S. 622 m.w.N.
205 Vgl. Tipke, Klaus/ Lang, Joachim (1998), § 9 Rz. 44.
206 Vgl. Gröpl, Christoph (2001c), S. 623.
207 Vgl. Tipke, Klaus/ Lang, Joachim (1998), §4 Rz. 213; Verbot der Erdrosselungssteuer.
208 Gröpl, Christoph (2001c), S. 624.
209 S. BVerfGE 53, 289, S. 289 ff.
210 Vgl. Papier, Hans-Jürgen (1998), S. 863 m.w.N.

rung sozialer Besitzstände vermeiden hilft. Als besonders geschützt gilt dabei weiterhin derjenige Teil der Rentenposition, der lohn- oder beitragsbezogen ist. Konkret besteht allerdings nur ein Anspruch auf einen Anteil an der Umverteilungsmasse zum Zeitpunkt des Versicherungsfalls, der sich im Rahmen der Rangstelle des Versicherten nach Maßgabe seiner Entgeltpunkte ergibt. Geschützt wird damit jedoch nicht allgemein das Vermögen und auch nicht eine bestimmte Leistungshöhe, Leistungsart oder eine Rentenformel.[211]

Aber selbst für den Vermögenskern der Rentenposition bleibt, entsprechend den sog. Eingriffs- und Regelungsschranken, ein weitreichender Spielraum, dessen Ausnutzung eine besondere verfassungsrechtliche Rechtfertigung verlangt. Eine solche hält das Bundesverfassungsgericht für gegeben, wenn Eingriffe „durch Gründe des öffentlichen Interesses unter Berücksichtigung des Grundsatzes der Verhältnismäßigkeit gerechtfertigt"[212] sind. Als Rechtfertigungsgründe kommen insbesondere die Stabilisierung der Finanzentwicklung sowie die Stärkung des Äquivalenzprinzips in Frage. Da dem Gesetzgeber darüber hinaus ein Prognosespielraum hinsichtlich seiner Maßnahmen eingeräumt werden muss, erstrecken sich die Grenzen des eigentumsrechtlichen Schutzbereichs auf einen Bereich, der auch außerhalb der Eigentumsgarantie nicht größer ausgefallen wäre.[213]

Die Eigentumsgarantie des Art. 14 GG bietet also keinen generellen Schutz vor Steuern oder Abgaben.[214] Einzig das sog. konsolidierte Vermögen erhält durch diese Vorschrift einen isolierten eigentumsrechtlichen Substanzschutz, der es vor einer erneuten Besteuerung schützt. Das Konzept des konsolidierten Vermögens geht auf den Vermögensteuerbeschluss des Bundesverfassungsgerichts vom 22.06.1995 zurück.[215] Danach wird das Einkommen mit dem Akt der Besteuerung zu konsolidiertem Vermögen, das der privaten Vermögenssphäre zuzuordnen ist. Umgekehrt gilt dieser Schutz also nicht für Vermögensteile, die noch zu keinem Zeitpunkt der Besteuerung unterlegen haben.[216]

3.3 Beurteilung des Status quo

3.3.1 Rentenversicherungsbeiträge

Beiträge zur gesetzlichen Rentenversicherung könnten als sog. Werbungskosten (§ 9 Abs. 1 Satz 1 EStG) von der Bemessungsgrundlage durch das objektive Nettoprinzip ausgenommen sein. Im Verhältnis zu den Einkünften aus nicht selbständiger Arbeit (§ 19 EStG) der Erwerbsphase stellen sie allerdings keine Aufwendungen zur Erwerbung, Sicherung oder Erhaltung der Einnahmen dar.[217] Dagegen können sie für Einkünfte aus wiederkehrenden Bezügen (§ 22 Nr. 1 Buchst. a EStG) als Aufwendungen zur Erwerbung von späterer Rentenleistun-

211 Vgl. Papier, Hans-Jürgen (1998), S. 863 ff.; Gröpl, Christoph (2001c), S. 625.
212 BVerfGE 75, 78, S. 97.
213 Vgl. Papier, Hans-Jürgen (1998), S. 863.
214 Vgl. Gröpl, Christoph (2001c), S. 624.
215 BVerfGE 93, 121, S. 137.
216 So auch BVerfGE 105, 73, S. 122f und 131.
217 S. § 9 Abs. 1 Satz 1 EStG.

gen und damit als „vorwegentstandene Werbungskosten"[218] eingestuft werden. Dieser Interpretation wird entgegnet, dass es sich bei den Rentenversicherungsbeiträgen um Anschaffungskosten für einen Vermögenswert handelt, die damit keine Werbungskosten begründen können.[219]
Betrachtet man den eigentumsrechtlich geschützten Vermögenswert der Rentenanwartschaft, zeigen sich erhebliche Unterschiede zu herkömmlichen Vermögenswerten, wie bspw. zu Ersparnis. Im Gegensatz zu einem Sparguthaben auf einem Bankkonto ist die absolute Höhe der Vermögensposition der Rentenanwartschaft nur bedingt (theoretisch) quantifizierbar. Aber auch unabhängig von der Frage der Ermittelbarkeit der tatsächlichen Höhe ergeben sich Unterschiede. Das Rentenvermögen hat eine andere Qualität als sonstige Vermögen: Es kann weder beliehen noch veräußert noch vererbt werden. Bei einem Ableben vor Erreichen des Renteneintrittsalters entfällt es – bis auf Ansprüche von Hinterbliebenen – ersatzlos. Dafür ist die Rentenleistung im Gegenzug bis zum tatsächlichen Tod gesichert und damit die Leistungsdauer gerade unabhängig von der Summe der eingezahlten Beiträge. Die Frage der systematischen Umsetzung in Form einer kapitalgedeckten oder umlagefinanzierten Versicherung ist lediglich für eine konkrete Quantifizierung von Bedeutung. Eine kapitalgedeckte Leibrentenversicherung liegt näher an der herkömmlichen Ersparnisbildung als ein umlagefinanziertes,[220] beide haben aber sowohl eine Ersparnis- als auch eine Versicherungskomponente.
Die Rentenversicherungsbeiträge unterscheiden sich damit deutlich von reinen „Sparraten"[221], weshalb der Vergleich der Renteversicherungsbeiträge mit Aufwendungen auf das Vermögen und die damit Begründete Ablehnung Versicherungsbeiträge als Werbungskosten zu sehen, nicht zu überzeugen vermag. Eine Interpretation von Rentenversicherungsbeiträgen als vorweg entstandene Werbungskosten, welche durch die später zu vereinnahmenden Rentenleistungen veranlasst werden, scheint damit gerechtfertigt.[222] Der Gesetzgeber hat sich jedoch entschieden, die Sozialversicherungsbeiträge konstitutiv den Sonderausgaben zuzuordnen, eine verfassungsrechtlich zulässige Entscheidung.[223]

---

218 Söhn, Hartmut/ Müller-Franken, Sebastian (2000), S. 444 m.w.N.; Vgl. Zitzelsberger, Heribert (1984), S. 473 f.; Söhn, Hartmut (1985), S. 404; Lang, Joachim (2001b), S. 85; a.A. Wernsmann, Rainer (1998), S. 319 f.

219 Vgl. Birk, Dieter (1986a), S. 137; Wernsmann, Rainer (1998), S. 319 f. m.w.N.

220 Vgl. Söhn, Hartmut/ Müller-Franken, Sebastian (2000), S. 445, die diesen Unterschied für wesentlich halten; a.A. dazu Wernsmann, Rainer (1998), S. 319; allgemein zu den ökonomischen Unterschieden von kapitalgedeckten und umlagefinanzierten Altersicherungssystemen vgl. Aaron, Henry (1966) ; Breyer, Friedrich (1990).

221 Birk, Dieter (1986a), S. 137; ebenso Wernsmann, Rainer (1998), S. 319 f. m.w.N.

222 Vgl. zustimmend Söhn, Hartmut/ Müller-Franken, Sebastian (2000), S. 445; a.A. Wernsmann, Rainer (1998), S. 318 ff.; Gröpl, Christoph (2001c), S. 623; von „versorgungszweckgebundener Ersparnis" bzw. von „Kapitalanlagen" sprechen Seer, Roman (1996), S. 335, bzw. Krause-Junk, Gerold/ Müller, Regina (1999), S. 2282.

223 Vgl. Söhn, Hartmut/ Müller-Franken, Sebastian (2000), S. 445 m.w.N. insbesondere Fn. 33; Lang, Joachim (2001b), S. 85.

Im Gegensatz zu Werbungskosten, die unbeschränkt abzugsfähig sind,[224] folgt aus dieser Zuordnung des Gesetzgebers, dass sich Vorsorgeaufwendungen die Bemessungsgrundlage nur nach Maßgabe des subjektiven Leistungsfähigkeitsprinzips mindern können. Es stellt sich die Frage, ob dies für die Beiträge zur gesetzlichen Rentenversicherung zutrifft.
Dies wäre dann der Fall, wenn die Rentenversicherungsbeiträge zwangsläufig indisponibles wären. Dies ist zu bejahen. Die Pflichtbeiträge zur gesetzlichen Rentenversicherung stellen geradezu das „Musterbeispiel" zwangläufiger Aufwendungen dar. Deshalb müssen sie von der Bemessungsgrundlage abgezogen werden, wenn diese die steuerliche Leistungsfähigkeit verfassungskonform erfassen soll. Eine vorgelagerte Besteuerung wäre damit mit dem Grundgesetz unvereinbar.[225] Dieser Verstoß ließe sich auch nicht durch die Erfüllung des Grundsatzes der Einmalbesteuerung heilen.[226]
Der Sichtweise, Zwangsbeiträge zur gesetzlichen Rentenversicherung mindern die subjektive Leistungsfähigkeit, wird teilweise widersprochen. Dabei wird argumentiert, dass sich an der Situation des verantwortungsvollen Bürgers, der auch ohne Zwangssystem für sein Alter vorsorge, nichts ändere, wenn die Vorsorge von Staatswegen institutionalisiert werde.[227]
Diesem Vergleich liegen zwei Annahmen zu Grunde. Zum einen wird dabei von vollkommenen Kapitalmärkten ausgegangen, zum anderen wird eine Leibrentenversicherung mit Ersparnisbildung gleichgesetzt. In der Realität sind allerdings die Kapitalmärkte nicht vollkommen und dem Rentenversicherungsschutz fehlt – was bei unvollkommenen Kapitalmärkten von großer Bedeutung ist – die Eigenschaft fungiblen Vermögens, d.h. die Beleihbarkeit, die Veräußerbarkeit sowie die Vererbbarkeit sind nicht gegeben.
Die Rentenversicherungsbeiträge mindern in der Realität die Leistungsfähigkeit, da sie, von staatlicher Sozialhilfe im Alter oder einer willentlich verkürzten Lebensdauer einmal abgesehen, ohne Alternative und damit zwangsläufig zu entrichten sind.[228] Deshalb stehen diese Einkommensteile den Steuerpflichtigen faktisch nicht zur Disposition und können nicht für Einkommensteuerzahlungen verwendet werden.[229]

Vermindert sich die subjektive Leistungsfähigkeit nun nicht Kraft Gesetz aufgrund von Zwangsbeiträgen, wie bspw. bei selbständig Tätigen, stellt sich die Frage, ob und wenn ja in welchem Umfang ihre subjektiven Leistungsfähigkeit durch Vorsorgeaufwendungen gemindert ist. Hier kann auf das vorhergehende Gedankenexperiment zurückgegriffen werden. So ist jeder rational handelnde Mensch fak-

---

224 Vgl. Wernsmann, Rainer (1998), S. 318.

225 Vgl. Söhn, Hartmut/ Müller-Franken, Sebastian (2000), S. 446; Birk, Dieter (1986a), S. 138; Wernsmann, Rainer (1998), S. 330.

226 Vgl. Söhn, Hartmut/ Müller-Franken, Sebastian (2000), S. 446.

227 Wiegard, Wolfgang (2000), S. 11.

228 Vgl. Söhn, Hartmut (1986), S. 325; Fischer, Peter (2001b), S 614; Gröpl, Christoph (2001c), S. 623 m.w.N.

229 Vgl. Söhn, Hartmut (1985), S. 400 f. m.w.N.; Tipke, Klaus; Lang, Joachim (1998), §9 Rz. 42; Ruland, Franz (2000), S. 11.

tisch gezwungen für sein Alter vorzusorgen.[230] Diese faktische Zwangsläufigkeit muss der rechtlichen Zwangsläufigkeit von Pflichtbeiträgen gleichgestellt werden. Dies folgt aus dem Gleichbehandlungsgrundsatz des Art. 3 Abs. 1 GG, da es keine sachlichen Gründe gibt, die beiden Gruppen unterschiedlich zu behandeln.[231]

Wie bereits in Abschnitt 2.2.2 deutlich wurde, sind die Pflichtbeiträge von Angestellten zur Sozialversicherung nicht unbeschränkt abzugsfähig. Aber auch für Selbständige stellt die Sonderausgabenregelung, trotz ungekürztem Vorwegabzug eine Beschränkung der Abzugsfähigkeit von Vorsorgeaufwendungen dar. Deshalb stellt sich die Frage, ob durch die Verfassung, namentlich das Leistungsfähigkeitsprinzip, die Höhe der abzugsfähigen Vorsorgeaufwendungen näher konkretisiert und abgegrenzt werden kann.

Grundsätzlich ist eine Begrenzung der Abzugsfähigkeit nicht von vorneherein verfassungswidrig.[232] Dennoch kann die Mindestvorsorge, zu deren Sicherung und Erhalt ein Teil des Einkommens zwangsläufig indisponibel ist, nicht als unendlich groß angenommen werden.

Der Gesetzgeber darf auf die Teile des Einkommens nicht zugreifen, welche der Bürger „für ein menschenwürdiges Dasein benötigt"[233] und muss ihm im Falle der Mittellosigkeit diese Mindestvoraussetzung durch Sozialleistungen sichern.[234] Der eigenverantwortlich handelnde Bürger wird die Mittellosigkeit zu vermeiden suchen. Dies verlangt, dass ihm die Abzugsfähigkeit von der Bemessungsgrundlage bis zu einer Höhe des Existenzminimums gewährt wird, welches auch die Mindestaltersvorsorge berücksichtigt. Die Mindestvorsorge für die Nacherwerbsphase hat sich am Existenzminimum im Alter und damit am Mindestbedarf zu orientieren, der im Sozialhilferecht konkretisiert wird.[235] Um das eigenverantwortliche Handeln zu fördern und die Beteiligung des Bürgers an seiner Zukunftssicherung durch eigene Mittel zu honorieren, sollte ein das Sozialhilfeniveau übersteigender Teil steuerlich geltend gemacht werden könne.[236] Als Minimum können die Pflichtbeiträge zur gesetzlichen Rentenversicherung gezählt werden, die vom Gesetzgeber festgelegt, eine Mindestvorsorge darstellen. Eine darüber hinausgehende steuerliche Berücksichtigung von Aufwendungen stellt folglich eine steuerliche Förderung dar, die das Leistungsfähigkeitsprinzip durchbricht. Aus Gründen der Gleichbehandlung werden Vorsorgeaufwendungen von nicht Pflichtversicherten in gleicher Höhe gewährt werden müssen, wie bei Pflichtversicherten. Die

---

230 So auch Wiegard, Wolfgang (2000), S. 11, der allerdings daraus zu einer Schlussfolgerung kommt, der oben widersprochen wurde.

231 Vgl. Eichborn, Wolfgang von (2000), S. 949 m.w.N.; Seer, Roman (1996) ,S. 334; etwas allgemeiner bereits Söhn, Hartmut (1985), S. 404; Söhn, Hartmut (1986), S. 325; Söhn, Hartmut (1990), S. 360.

232 Vgl. Söhn, Hartmut/ Müller-Franken, Sebastian (2000), S. 447 m.w.N.

233 Söhn, Hartmut/ Müller-Franken, Sebastian (2000), S. 448.

234 Vgl. Söhn, Hartmut/ Müller-Franken, Sebastian (2000), S. 448.

235 Vgl. Eichborn, Wolfgang von (2000), S. 945 m.w.N.; Seer, Roman (1996) ,S. 333.

236 Vgl. Eichborn, Wolfgang von (2000), S. 945; zustimmend Söhn, Hartmut/ Müller-Franken, Sebastian (2000), S. 448.

zusätzliche steuerliche Förderung der privaten Altersvorsorge kann ebenfalls unter der Mindestvorsorge subsumiert werden, soweit sie mit ihren Leistungen in Zukunft lediglich einen Teil der Regelalterssicherung ersetzt, der noch eine Mindestvorsorge sicherstellt.[237]

3.3.2 Rentenleistungen

Ob Alter zu einer Verringerung der monetären Leistungsfähigkeit führt, kann durchaus bezweifelt werden, weshalb in Alterseinkommen in gleicher Weise Leistungsfähigkeit gesehen werden kann, wie in Erwerbseinkünfte.[238] Eine grundsätzliche Unterscheidung bei der Steuerbelastung ist damit nicht notwendig. Handelt es sich bei dem Einkommen um Leistungen der gesetzlichen Rentenversicherung, könnte die Besteuerung jedoch durch den Eigentumsschutz nach Art. 14 GG eine Einschränkung erfahren.[239]

Diese Argumentation hebt darauf ab, dass Sozialversicherungsrenten Kapitalrückflüsse aus einer eigentumsrechtlich geschützten Rechtsposition darstellen. Durch Rechtssprechung wurde die Rentenanwartschaft der Sozialversicherungsrente als eigentumsrechtlich geschützte Vermögensposition anerkannt, unabhängig ob sie durch eigene Beiträge oder durch Beiträge Dritter erwirtschaftet wurden.[240] Wie bereits ausgeführt, erstreckt sich der Eigentumsschutz lediglich auf den Vermögenskern der Rentenanwartschaft und damit auf einen Anteil an einer Umverteilungsmasse und nicht auf eine konkrete Leistungshöhe. Fließen die Leistungen aus der gesetzlichen Rentenversicherung teilweise oder vollständig als Ausdruck steuerlicher Leistungsfähigkeit in die Bemessungsgrundlage ein, entzieht das dem Steuerpflichtigen dadurch nicht seine Versorgungsansprüche an sich, eine Enteignung von Eigentum im Sinne des Art. 14 GG liegt damit nicht vor. Ein konkreter Substanzschutz erstreckt sich nur auf das sog. konsolidierte Vermögen[241]. Dieser Vermögensteil unterlag zu einem früheren Zeitpunkt bereits der Besteuerung und wird durch Art. 14 GG vor einer erneuten – doppelten – Besteuerung geschützt. Im Umkehrschluss erstreckt sich dieser Schutz nicht auf Vermögensmehrungen, bei denen die „Besteuerung zu einem - möglichen - früheren Zeitpunkt unterblieben ist oder ‚aufgeschoben' wurde."[242]

Bei einem Rentensystem, das auf der nachgelagerten Besteuerung beruht, würde aber genau das auf die Rentenleistungen zutreffen. Die Beiträge, auf welche die Leistungen zurückgehen, wurden in der Erwerbsphase noch nicht besteuert,

---

237 Ein konkret ausgearbeiteter Vorschlag für eine Freibetragsregelung findet sich bei Stöhr, Thomas (1998a), S. 109 f.

238 Tipke, Klaus/ Lang, Joachim (1998), § 9 Rz. 603.

239 Vgl. Abschnitt 3.2.2. Birk, Dieter (1986a), S. 138; Birk, Dieter (1987), S. 9 f.; Ruland, Franz (2000), S. 11.

240 Vgl. Gröpl, Christoph (2001c), S. 624 m.w.N.

241 BVerfGE 93, 121, S. 137.

242 BVerfGE 105, 73, S. 122 f.

weshalb die Rechtsposition d.h. der Kern der Leistungen zwar geschützt ist, die Zahlbeträge gleichwohl in die Steuerbemessungsrundlage einfließen können.[243] Zu dem gleichen Ergebnis kam Söhn 1986 durch eine etwas andere Argumentation.[244] Ausgehend vom Leistungsfähigkeitsprinzip konstatierte er eine um die Beitragszahlungen reduzierte Leistungsfähigkeit im Zeitpunkt der Erwerbsphase, dafür eine um die volle Rentenleistung erhöhte Leistungsfähigkeit in der Nacherwerbsphase. Dadurch, dass die Beiträge und Leistungen in einem Zusammenhang stehen, entseht zwangsläufig eine Kopplung der steuerlichen Behandlung der Zahlungsströme dieser beiden Lebensphasen. Die Besteuerung in der Erwerbsphase führt zu einer „rechtlichen Vorgabe für die steuerliche Behandlung der Altersbezüge“[245]. Dies stellt jedoch nur eine einseitige Bindung von der Erwerbs- zur Nacherwerbsphase dar, die er als „einseitige Korrespondenz“[246] bezeichnet. Die Leistungsfähigkeit, die in der Erwerbsphase von den Beitragszahlungen absorbiert wird, fließt dem Versicherungspflichtigen in der Nacherwerbsphase wieder zu; hierfür prägt Söhn den Begriff des aufschiebend bedingt zufließenden Einkommens.[247]
Burbank hält dagegen eine vollständige Besteuerung der Rentenleistungen für verfassungswidrig, da die Vermögensposition durch Art. 14 GG geschützt sei. Eine Abweichung hiervon hält er nur für möglich, wenn der steuerrechtliche und der verfassungsrechtliche Vermögensbegriff von einander abweichen könnten, was er verneint. Mit der Unterscheidung in „konsolidiertes“ und „nicht konsolidiertes“ Vermögen durch den Vermögensteuerbeschluss des Bundesverfassungsgerichts ist es aber indirekt zu einer Differenzierung von Vermögensbereichen mit unterschiedlicher Schutzwirkung gekommen.
Nach den Argumenten Söhns sowie denjenigen des Bundesverfassungsgerichts insbesondere aus dem dritten Urteil zur Rentenbesteuerung muss die Steuerbelastung des Rentenzuflusses immer im Zusammenhang mit der Abzugsfähigkeit der Beiträge betrachtet werden.[248] Wobei auch Söhn/ Müller-Franken deutlich machten, dass das finanzwissenschaftliche Korrespondenzprinzip die Folge einer leistungsfähigkeitskonformen und damit verfassungsrechtlich ausgestalteten Besteuerung sei und nicht den Rechtfertigungsgrund für eine nachgelagerte Besteuerung darstelle.[249]
Bei der aktuellen Besteuerung von Beiträgen zu und Leistungen aus der gesetzlichen Rentenversicherung ist genau dieser Zusammenhang zwischen Besteue-

---

243 Vgl. Gröpl, Christoph (2001c), S. 625; a.A. Birk, Dieter (1986a), S. 138; Birk, Dieter (1987), S. 9 f.; Burbank, Carsten (1991), S. 124; Stöhr, Thomas (1998a), S. 126; Ruland, Franz (2000), S. 11.

244 Vgl. Söhn, Hartmut (1986), S. 332 f.

245 Söhn, Hartmut (1986), S. 332.

246 Söhn, Hartmut (1986), S. 332.

247 Söhn, Hartmut (1986), S. 332; vgl. a.A. a.A. Birk, Dieter (1986a), S. 138 f.; Burbank, Carsten (1991), S. 123 f.

248 Hierauf wird in Abschnitt 5.2.2 zurückgegriffen, wenn es für die Beurteilung von Reformalternativen ein Maßstab zur Vermeidung von Doppelbesteuerung abzuleiten gilt.

249 Vgl. Söhn, Hartmut/ Müller-Franken, Sebastian (2000), S. 450; ebenso kritisch BVerfGE 105, 73, 73 ff. Rn. 220.

rung von Beitragen und Leistungen nicht gegeben. Genau hier lag der Hauptkritikpunkt des Bundesverfassungsgerichts in seiner dritten Entscheidung zur „Rentenbesteuerung": Die Höhe des Ertragsanteils wird z.Z. unabhängig davon ermittelt, in welchem Umfang die Rentenleistungen auf zuvor unversteuerte Beiträge des Versicherten zurückzuführen sind.[250]
Die nachgelagerte Besteuerung entspricht aus juristischer Sicht weder einem Systemwechsel zur konsumorientierten Besteuerung noch stellt sie ein Fremdkörper im System der traditionellen Einkommensteuer dar. Sie setzt vielmehr die klassische Einkommensteuer nach der Reinvermögenszugangstheorie um.[251] Sie entspricht dem Leistungsfähigkeitsprinzip, das sich aus dem allgemeinen Gleichheitssatz des Art. 3 Abs. 1 ableitet, und erfährt auch keine Beschränkung durch den Eigentumsschutz aus Art. 14 GG. Die vorgelagerte Besteuerung widerspricht dagegen dem Leistungsfähigkeitsprinzip, soweit die Rentenversicherungsbeiträge als Zwangsbeiträge rechtlich zwangsläufig indisponibel sind oder vom Umfang eine Mindestvorsorge darstellen und dadurch faktisch zwangsläufig indisponibel sind. Da der Status quo vom Bundesverfassungsgericht als unvereinbar mit dem Grundgesetz erklärt wurde und die vorgelagerte Besteuerung keine verfassungskonforme Alternative darstellt, bleibt als verfassungskonformes Zielsystem die nachgelagerte Besteuerung übrig.

3.4 Übergang zu einer nachgelagerten Besteuerung

Nachdem das Reformziel aus juristischer Sicht konkretisiert ist, gilt es zu analysieren, welche verfassungsrechtlichen Schranken dem Reformprozess auferlegt sind. Wie sollen oder können Bestandsrenten besteuert werden, welche Grenzen der Besteuerung gibt es für die Übergangsgenerationen zu beachten? Bei dieser Betrachtung kann auf die Diskussion des Eigentumsschutzes zurückgegriffen werden.[252] I.d.R. wird von einem kontinuierlichen und langen Reformprozess ausgegangen.[253] Aus verfassungsrechtlicher Sicht dürfte der Übergang bei der Besteuerung von Sozialversicherungsrenten kritischer sein, als die Freistellung der Beiträge. Letztere ist hauptsächlich hinsichtlich der Aufkommenswirkung von Belang.
In seinem dritten Urteil zur Rentenbesteuerung vom 06.03.2002 wies das Bundesverfassungsgericht im dritten Leitsatz explizit darauf hin, dass der Gesetzgeber eine Neuregelung der Besteuerung von Beiträgen zu und Leistungen aus Alterssicherungssystemen so auszugestalten habe, „das eine doppelte Besteuerung vermieden wird."[254] Diese Forderung ist so allgemein, dass sie praktisch keinen Widerspruch hervorruft.[255] Dafür dürften die Diskussionen hinsichtlich der Konkretisierung und Abgrenzung der Doppelbesteuerung umso kontroverser

250 S. BVerfGE 105, 73, S. 110; sowie Abschnitt 3.1.3.
251 Vgl. Söhn, Hartmut/ Müller-Franken, Sebastian (2000), S. 450; a.A. Wiegard, Wolfgang (2000), S. 12; Krause-Junk, Gerold/ Müller, Regina (1999), S. 2283.
252 Vgl. Abschnitt 3.2.2 sowie 3.3.2.
253 Vgl. statt aller Lang, Joachim (2001b) S. 85, BMA (Hrsg.) (1983b), S. 177.
254 BVerfGE 105, 73, S. 74.
255 Vgl. statt aller Ruland, Franz (2001), S. 37; Gröpl, Christoph (2001c), S. 628.

sein. Dies dürfte insbesondere hinsichtlich der Grenzen der Nachversteuerbarkeit im Rahmen der Reform der Rentenbesteuerung gelten.[256]
Das wichtigste Kriterium zur Begrenzung des Steuerzugriffs stellt das Konstrukt des sog. konsolidierten[257] Vermögens dar. Wie bereits erläutert handelt es sich dabei um eigentumsrechtlich geschützte Vermögenspositionen, die auf einen Vermögenszuwachs zurückgehen, der bereits der Besteuerung unterlegen hat. Übertragen auf die gesetzliche Rentenversicherung gilt es also, bei der Ermittlung der Steuerbemessungsgrundlage aus den Rentenleistungen die versteuerte Rentenposition auszuscheiden. Dieser Bestandteil genießt einen eigentumsrechtlichen Bestandsschutz.
Aber auch über den Schutz durch Art. 14 GG hinaus, begrenzt der Grundsatz der Besteuerungsgleichheit gem. Art. 3 Abs. 1 GG den Steuerzugriff auf die Übergangsgenerationen. So würde eine doppelte steuerliche Erfassung des Einkommens in der Übergangsphase die von der Reform betroffenen Generationen gegenüber vorhergehenden wie nachfolgenden Generationen diskriminieren. Hierfür müsste ein sachlich gerechtfertigter Grund vorliegen. Warum die Belastung einer Umstellung der Besteuerungsmodalitäten nur ein Teil der Bevölkerung zu tragen habe, kann durch die aktuelle Notwendigkeit alleine nicht hinreichend gerechtfertigt werden. Dies gilt umso mehr, da die Steuerbelastung im Status quo höher liegt, als im System nach der Reform.[258] Die Übergangsgeneration wäre sonst in zweifacher Hinsicht benachteiligt, zum einen durch die Nachteile des Status quo und zum anderen durch die Zusatzlasten der Reform.

Darüber hinaus begrenzt der allgemeine Vertrauensschutz den Spielraum einer Reform. Diesen hat das Bundesverfassungsgericht als Gebot des Rechtsstaatsprinzips aus Art. 20 Abs. 3, Art. 28 Abs. 1 Satz 1 erachtet.[259] Beim Vertrauensschutz wird zwischen echter und unechter Rückwirkung unterschieden. Da eine Reform der Rentenbesteuerung sich nur auf zukünftige Geldströme bezieht, stellt sich die Frage nach der unzulässigen echten Rückwirkung nicht. Die Nachversteuerung kann damit nur unter dem Aspekt der unechten Rückwirkung eine Einschränkung erfahren. Eine unechte Rückwirkung ist dann unzulässig, „wenn der Steuerpflichtige auf die Fortgeltung der bisherigen Gesetzeslage vertraut hat, sein Vertrauen schutzwürdig ist und gegenüber diesem schutzwürdigen Vertrauen nicht zwingende Gründe des gemeinen Wohls überwiegen."[260]
Der Sozialversicherungspflichtige hat darauf vertraut, dass ihm die gesetzliche Rente, wie sie in der jetzigen Form besteht auch in diesem Umfang zur Verfügung steht. Die Belastung, die eine sofortige volle Besteuerung der Rentenleis-

---

256 Vgl. Brall, Natalie/ Bruno-Latocha, Gesa/ Lohmann, Albert (2002), S. 428 ff.; BMF (Hrsg.) (2003), S. 49 und 56 ff. sowie die Stellungnahme des VDR zu diesem Gutachten in: VDR aktuell vom 17.03.2003.

257 S. BVerfGE 93, 121, S. 137.

258 Vgl. Meindel, Alexander (2002) 19 ff., sowie Abschnitt 2.2; zur Vorteilhaftigkeit der nachgelagerten Besteuerung aus theoretischer Sicht vgl. Wiegard, Wolfgang (2000), sowie Kapitel 4.

259 Vgl. Gröpl, Christoph (2001c), S. 627 m.w.N.

260 Gröpl, Christoph (2001c), S. 627 m.w.N.

tungen darstellen würde, könnten Bestandsrentner und rentennahe Jahrgänge nicht mehr kompensieren, im Extremfall müssten die Rentner auf Sozialhilfe zurückgreifen. Daraus wird deutlich, dass das Vertrauen nicht nur schutzwürdig ist, sondern dass sogar aus Gründen des Allgemeinwohls eine Vermeidung dieses Szenarios sinnvoll erscheint. Im umgekehrten Fall müsste die Allgemeinheit die Lasten der Existenzsicherung der betroffenen Rentner auf eine andere Art sicherstellen. Deshalb verbietet sich eine Umstellung uno actu.
Das konsolidierte Rentenvermögen genießt also einen Bestandsschutz aus Art. 14 GG, d.h. die Rentenversicherten dürfen auf den Schutz ihres Eigentums vertrauen. Die Gewährleistung für dieses Eigentum gibt den möglichen Rahmen für die Inhalts- und Schrankenbestimmungen des Eigentumsschutzes vor. „Der Bestandsschutz knüpft an den bisherigen Nutzungs- und Wertstatus des Eigentums an und verlangt, dass er auch in der Zukunft erhalten bleibt."[261] Damit ist bei der Quantifizierung des Eigentums, das sich aus den versteuerten Beiträgen gebildet hat, der zeitliche Zusammenhang zu berücksichtigen. Wird der Zeitfaktor nicht hinreichend berücksichtigt, dann wird das Vertrauen auf das konsolidierte Vermögen enttäuscht, die Privatnützigkeit des Eigentums durch doppelte steuerliche Belastung verletzt und die Grenzen des Halbteilungsgrundsatzes des Art. 14 überschritten.[262] Da der Versicherte seine Rentenanwartschaft über einen sehr langen Zeitraum aufbaut und die Beiträge nach Maßgabe des Bruttoeinkommens und dem Beitragssatz des jeweiligen Kalenderjahres ermittelt wurden, sind die versteuerten Beiträge, im Verhältnis zum Zeitwert des jeweiligen Jahres zu bewerten.
Auf diese Problematik wurde bereits im ersten Urteil zur Rentenbesteuerung vom 26.03.1980 hingewiesen. Die Kläger argumentierten, dass die Rentenversicherungsbeiträge kein hinreichendes Differenzierungskriterium für die unterschiedliche Besteuerung von Renten und Pensionen darstelle, da die Rentenleistung bei Sozialversicherungspflichtigen, zu weniger als 10% auf Beiträge zurückgehe, und diese darüber hinaus überwiegend unversteuert geblieben seien. Dieses Argument verwarf das Gericht mit dem Hinweis, dass eine Summation nomineller Beträge den Gegebenheiten nicht gerecht werde, da der Geldwert während des Versicherungsverlaufes nicht unverändert geblieben sei.[263] Die Quantifizierung stellt eine ökonomische Fragestellung dar und wird in Abschnitt 5.2.2 beantwortet. Zur Vermeidung einer Doppelbesteuerung muss hierfür eine Maßzahl entwickelt werden, welche das konsolidierte Vermögen, das sich aus den versteuerten Beiträge gebildet hat, nach Maßgabe des jeweiligen Zeitwertes erfasst.
Doch zuvor muss aus juristischer Sicht beantwortet werden, auf welche Teile der Rentenleistung sich eine Nachversteuerung erstrecken darf oder umgekehrt, welche Leistungsteile aus der Auflösung des konsolidierten Vermögens stammen. Zum einen kann diese Frage aus Sicht der Finanzierungsquellen betrachtet werden, zum anderen hinsichtlich der Leistungsbestandteile.[264] Auf der Finanzie-

261 Gröpl, Christoph (2001c), S. 626 m.w.N.
262 Vgl. Gröpl, Christoph (2001c), S. 626 f.; Lang, Joachim (2001b), S. 85
263 S. BVerfGE 54, 11, S. 27 ff.
264 Vgl. Abbildung 3-1.

rungsseite stehen die Beitragsteile des Arbeitnehmers und des Arbeitgebers, sowie der Bundeszuschuss. Auf der Seite der Leistungen ergeben sich je nach Qualifikation der gesetzlichen Rentenversicherung unterschiedliche Leistungsteile, die steuerrechtlich unterschiedlich zu beurteilen sind. Unter bestimmten Voraussetzungen übersteigt die Summe der Rentenleistungen nominal die Summe der Beitragszahlungen.[265] Zu der Summe aus Arbeitnehmer- und Arbeitgeberbeiträgen und dem Transferanteil, der über den Bundeszuschuss finanziert wird, kommt ein Leistungsanteil hinzu, der im Verhältnis zu den Beiträgen eine Wertsteigerung darstellt. Wie diese Wertsteigerung korrekt steuerlich zu behandeln wäre, gilt es für den Übergang auf eine nachgelagerte Besteuerung zu beurteilen.

Abbildung 3-1: Zusammensetzung der Finanzierungs- und Leistungsbestandteile der gesetzlichen Rentenversicherung

Finanzierung	Leistung	Interpretation der Rentenversicherung
AN-Beiträge	AN-Beiträge	
AG-Beiträge	AG-Beiträge	
Bundeszuschuss	Transferleistungen	
	Zinsen	Ersparnis
	Vermögensauflösung	Vermögenswert
	Umverteilungsgewinn	Versicherung

Quelle: eigene Darstellung

Der Arbeitgeberanteil der Beiträge wird gem. § 3 Nr. 62 EStG von der Einkommensteuer freigestellt. Gemäß der überwiegenden Meinung in der Literatur geschieht dies deklaratorisch, da diese Beitragsteile in der Erwerbsphase als dem Arbeitnehmer nicht zugeflossen gesehen werden.[266] Beim Arbeitgeber stellen die Beiträge Betriebsausgaben dar; damit können sie als unversteuert gelten. Da die Arbeitgeberbeiträge auf eigene Leistungen des Arbeitnehmers zurückgehen, führen sie zu einer geschützten Rechtsposition. Diese ist allerdings noch nicht zu Privatvermögen erstarkt und deshalb auch nicht vor einer Besteuerung abgeschirmt.[267] Wäre § 3 Nr. 62 EStG konstitutiver Natur, würden die Beiträge als

265 Für ein umlagegedecktes Alterssicherungssystem muss das Lohnsummenwachstum positiv sein. Vgl. Aaron, Henry (1966), S. 371 ff. Breyer, Friedrich (1990), S. 16 f.
266 S. BVerfGE 105, 73, S. 95 m.w.N.; a.A. VDR (2001), S. 671 f. vgl. Abschnitt 2.2.2.
267 Vgl. Papier, Hans-Jürgen (1998), S. 861.

zugeflossen und damit als rechtsbegründend steuerbefreit gelten, was eine Nachversteuerung nicht zuließe.[268]
Schwieriger dagegen stellt sich die Situation bei den Arbeitnehmerbeiträgen dar. Sie müssen grundsätzlich aus steuerbarem Arbeitslohn und damit aus steuerpflichtigen Einkünften[269] geleistet werden. Als Vorsorgeaufwendungen können sie nach Maßgabe des § 10 Abs. 1 Nr. 2a EStG als Sonderausgaben von der Bemessungsgrundlage abgezogen werden.[270] Da der Freibetrag der Sonderausgabenregelung mit steigendem Einkommen abnimmt vergrößert sich der Teil der versteuerten Beiträge kontinuierlich. Ein Angestellter an der Beitragsbemessungsgrenze kann ca. 80% seiner Arbeitnehmerbeiträge nicht als Sonderausgaben abziehen, sie müssen also aus versteuertem Einkommen entrichtet werden.[271]
Es stellt sich die Frage, ob die Arbeitnehmerbeiträge vollständig oder lediglich mit dem versteuerten Anteil konsolidiertes Vermögen darstellen, d.h. ob eine Nachversteuerung derjenigen Teile der Arbeitnehmerbeiträge, die durch die Sonderausgabenregelung befreit wurden, zulässig ist.
Als Beurteilungskriterium könnte hierfür das Prinzip aufschiebend bedingt zufließende Leistungsfähigkeit[272] herangezogen werden. Danach wird durch die Beitragszahlungen Leistungsfähigkeit als von der Erwerbs- in die Nacherwerbsphase aufgeschoben gesehen. Geht dies mit einer vom Gesetzgeber „bewussten und gewollten" Aufschiebung der Besteuerung einher, muss diese zum Zeitpunkt des endgültigen Zuflusses nachgeholt werden.[273]
Sieht man in der Sonderausgabenregelung eine Ausnahmeregelung, die insbesondere kultur-, sozial- und wirtschaftspolitische Ziele verfolgt, und damit durch sie ein Teil der Einkommensverwendung lediglich eine Privilegierung erfährt, dann scheint eine bewusste und gewollte Aufschiebung der Besteuerung nicht gegeben zu sein. Eine Nachversteuerung käme damit nicht in Frage. Stellt die Regelung zur Freistellung der Vorsorgebeiträge dagegen den Versuch dar, dem wirtschaftliche Leistungsfähigkeitsprinzip – wenn auch in ungenügender Weise – Rechnung zu tragen, könnte eine bewusste und gewollte Aufschiebung der Besteuerung gegeben sein. Dieser Überlegung kann entgegnet werden, dass die Begrenzte Abziehbarkeit von Vorsorgeaufwendungen für Sozialversicherungspflichtige und Beamte in gleicher Art und Weise Anwendung findet, obwohl Beamte keine offen ausgewiesenen Altersvorsorgebeiträge zu entrichten haben. Wäre eine Aufschiebung der Besteuerung von Beiträgen auf die Nacherwerbsphase das Ziel gewesen, hätte diese Regelung für Beamte nur in gekürzter Form umgesetzt werden dürfen. Dies ist nicht der Fall, weshalb eine bewusste und gewollte, teilweise Aufschiebung der Besteuerung nicht die Absicht des Gesetz-

268 VDR (2001), S. 671 f.
269 S. §§ 2 Abs. 1 Satz 1 Nr. 4, 19 Abs. 1 Satz 1 Nr. 1 EStG.
270 BVerfGE 105, 73, S. 95 f.
271 Vgl. Abbildung 2-7, wobei dort die Summe aus Arbeitnehmer- und Arbeitgeberbeiträge als Bezugsgröße verwendet wird.
272 Söhn, Hartmut (1986), S. 332.
273 Söhn, Hartmut (1986), S. 331; BVerfGE 105, 73, S. 122 f.

gebers war. Damit müsste der gesamte Arbeitnehmeranteil als konsolidiertes Privatvermögen von einer Nachversteuerung verschont werden.
Eine abschließende, juristische Klärung kann an dieser Stelle nicht geleistet werden. Im Weiteren wird als maximal denkbare Obergrenze die Besteuerung betrachtet, wenn die in der Erwerbsphase freigestellten Arbeitnehmerbeiträge bei der Rentenleistung nachversteuert werden.
Als dritter Leistungsteil der gesetzlichen Rente gilt es den Transferanteil zu betrachtet. Er geht im Gegensatz zu den beiden anderen Komponenten gerade nicht auf eigene Leistungen zurück sondern wird aus allgemeinen Steuermitteln bestritten. Mit ihm werden sozialstaatliche Ziele verfolgt. Die Größe dieses Anteils ergibt sich beim jeweiligen Versicherten erst mit Eintritt des Versicherungsfalls, weshalb eine Besteuerung dieses Anteils in der Erwerbsphase nicht möglich ist. Grundsätzlich besteht kein Verbot, Transfereinkommen zu besteuern. Werden sie in die Steuerbemessungsgrundlage aufgenommen, hilft dies die Transparenz des Steuer-Transfer-Systems zu unterstützen und eine Verfälschung der Steuerprogression zu vermeiden. Letzteres ist grundsätzlich auch möglich, wenn die Leistungen einem Progressionsvorbehalt unterliegen.[274] Andererseits bläht dieses Vorgehen das Transfervolumen auf und ist aufgrund des zusätzlichen Verwaltungsaufwands mit vermeidbaren Kosten verbunden.
Soll für den Übergang vom Status quo zur nachgelagerten Besteuerung lediglich die Summe der Steuerzahlbeträge der Erwerbsphase in der Nacherwerbsphase steuerfrei zurückgezahlt werden, führt dies dazu, dass der Wertzuwachs besteuert wird, Wertminderungen reduzieren die Bemessungsgrundlage und damit die Steuerlast.[275] Eine konsequente Umsetzung erforderte dann versteuerte Beitragszahlungen der Erwerbsphase, die bei einem vorzeitigen Tod noch nicht zurückgezahlt wurden, den Erben auszuzahlen. Andernfalls läge eine Enteignung konsolidierten Vermögens vor.
Ob der Wertzuwachs von der Einkommensteuer zu erfassen wäre, hängt davon ab, als was die gesetzliche Rentenversicherung angesehen wird. Je nach Interpretation der Rentenversicherung führt dies zu einer unterschiedlichen steuerlichen Qualifikation des Wertzuwachses.[276]
Wird das System der gesetzlichen Rentenversicherung als herkömmliche **Ersparnisbildung** gesehen, dann kann eine - sich im intertemporalen Zusammenhang der Beiträge mit den Leistungen ergebende Wertsteigerung – als Zinserträge interpretiert werden, die zu versteuern sind.
Wird dagegen mit den Beiträgen eine **vermögenswerte Rechtsposition** erstanden, ergeben sich die Wertsteigerung nicht aus den Erträgen des Vermögens, sondern lediglich aus einer Veränderung des Marktwertes, vergleichbar mit dem Wert einer ***Immobilie***, deren Marktwert zunimmt. Diese Wertänderung ist einkommensteuerlich unerheblich, solange sie nicht im Rahmen von Spekulationsgeschäften am Markt realisiert werden und zwischen Anschaffung und Veräuße-

274 Vgl. Gröpl, Christoph (2001b), S. 574; BMF (Hrsg.) (1986), S. 17.
275 Vgl. Lang, Joachim (2001b), S. 87; Esser, Clemens (1997), S. 246; auf das Problem der Bewertung des Zeitwertes wurde bereits hingewiesen.
276 Vgl. Abbildung 3-1.

rung die Frist gem. § 23 EStG nicht unterschritten wird.[277] Da ein Großteil der Beitragszahlungen zur gesetzlichen Rentenversicherung einen erheblichen zeitlichen Abstand zu den Rentenleistungen hat und auch die Art des Vermögenswertes sich für Spekulationsgeschäfte grundsätzlich nicht eignet, wären die Teile der Rentenleistungen, die als eine Veräußerung einer vermögenswerten Rechtsposition einzustufen sind, steuerfrei zu belassen.[278]
Als drittes kann die Rentenversicherung als ***Versicherung*** interpretiert werden, die das Risiko der Langlebigkeit absichert und deren Leistungen als Vermögensumschichtung innerhalb der Versichertengemeinschaft zu qualifizieren sind. Auch diese Wertsteigerung stellt eine vermögenswerte Rechtsposition dar. Da der Risikoanteil der Rentenleistung nach dem Versicherungsprinzip kein erzieltes Einkommen im Sinne des § 2 Abs. 1 EStG ist, sondern ein erkauftes Vermögensrecht, wäre dieser Anteil nicht steuerbar und damit – so Fischer – aus der Bemessungsgrundlage auszuscheiden.[279]
Dieser Auffassung wird für die vorliegende Arbeit gefolgt, da die Rentenanwartschaft als Vermögenswert der gesetzlichen Rentenversicherung nicht beleihbar, nicht vererblich, nicht veräußerbar, nicht übertragbar und nicht kapitalisierbar ist, kann sie weder mit herkömmlicher Ersparnis noch mit marktgängigem Vermögen (bspw. Zero-Bonds) verglichen werden.[280]
Das Bundesverfassungsgericht äußert sich in seinem dritten Rentenbesteuerungsurteil zur Frage der Doppel- bzw. der Nachversteuerung folgendermaßen: „Was bereits der Einkommensteuer unterlegen hat, darf nicht ein zweites Mal, also doppelt, besteuert werden. Eine "spätere" steuerliche Erfassung einer Vermögensmehrung kommt dagegen in Betracht, wenn die Besteuerung zu einem - möglichen - früheren Zeitpunkt unterblieben ist oder "aufgeschoben" wurde."[281]
Wenn nun aber die gesetzliche Rentenversicherung nicht als Ersparnisbildung sondern als Versicherung interpretiert wird, ist eine Besteuerung der Vermögensmehrung weder vor Eintritt des Versicherungsfalls möglich gewesen, da keine Einkünfte angefallen sind, noch ist sie bewusst oder gewollt aufgeschoben worden. Folgt man dieser Auffassung, so darf der Wertzuwachs auf den versteuerten Teil der Rentenversicherungsbeiträge nicht besteuert werden. Diese Interpretation geht konform mit der Feststellung des Bundesverfassungsgerichtes im ersten Rentenbesteuerungsurteil, wonach die Steuerbefreiung sich nicht lediglich auf die Summe der nominellen Beiträge erstrecken dürfe, da der Geldwert nicht unverändert geblieben sei.[282]
Der Wissenschaftlichen Beirat beim Bundesministerium der Finanzen wies dagegen in seinem Gutachten die Redistributionsvorteile zwar den steuerbaren Einkommen zu, aus Gründen der Praktikabilität sprach er sich jedoch dafür aus, sie

277 S. §§ 22 Nr. 2; 23 EStG sowie Tipke, Klaus/ Lang, Joachim (1998), § 9 Rz. 595.
278 Hierauf wurde bereits vom Bundesverfassungsgericht hingewiesen, s. BVerfGE 54, 11, S. 31.
279 Vgl. Fischer, Peter (2001b), S. 617; zustimmend Gröpl, Christoph (2001b), S. 573; a.A. BMF (Hrsg.) (1986), S. 15; Lang, Joachim (2001b), S. 87.
280 A.A. dagegen BMF (Hrsg.) (2003), S. 106.
281 BVerfGE 105, 73, S. 122 f.
282 BVerfGE 54, 11, 26 ff.

zu vernachlässigen, solange ein System der Teilbesteuerung vorliegt und statt dessen von mittleren Laufzeiterwartungen auszugehen.[283] Eine Quantifizierung dieses Teils der Leistung im System der gesetzlichen Rentenversicherung wäre jedenfalls mit großen Schwierigkeiten verbunden. Entweder müssten sie ex ante über entsprechende Wahrscheinlichkeiten geschätzt werden oder ex post – im Fall der Rentenversicherung nach dem Tod des Versicherten – ermittelt werden.
An den aufgeführten Aspekten wird deutlich, dass eine quantitative Maßzahl zwar notwendig ist, um eine von allen geforderte Vermeidung von Doppelbesteuerung zu gewährleisten, die Konkretisierung aber einige Untiefen birgt.
Insbesondere wird die Begründung der Ausgestaltung der Reform weitreichende Konsequenzen und Folgewirkungen in artverwandten Rechtsgebieten haben.[284] Fischer sieht im Konstrukt der aufschiebend bedingt steuerbaren Einkommen von Söhn eine Möglichkeit, mit der sich die nachgelagerte Besteuerung rechtstechnisch bewähren könnte. Gleichwohl weist er insbesondere auf gleichheitsrechtliche Probleme hin, im Vergleich von Altersbezügen mit anderen steuerbefreiten oder steuerbegünstigten Formen der Vermögensbildung, solange diese nicht in gleicher Weise nachversteuert werden.[285]
Damit wird Langs Einschätzung verständlich, der die Reform der Rentenbesteuerung, aufgrund der zahlreichen Rechtsgebiete auf die sie sich außerhalb des Steuerrechtes erstreckt, für umfangreicher hält, als die Unternehmensteuerreform.[286]

3.5 Zwischenfazit

Orientiert man sich am verfassungsrechtlichen Maßstab des Leistungsfähigkeitsprinzips, so ergibt sich für die gesetzliche Rentenversicherung die Forderung nach einer nachgelagerten Besteuerung. Die Leistungsfähigkeit wird in der Erwerbsphase um die Aufwendungen, die eine Mindestvorsorge in Höhe des Existenzminimums im Alter sicherstellt, gemindert. Für die Konkretisierung der Höhe kann das Sozialhilferecht als Orientierung dienen.
Die Bemessungsgrundlage ist aufgrund der rechtlichen Zwangsläufigkeit der Pflichtbeiträge um diese zu kürzen. Erstreckt sich die steuerliche Abzugsfähigkeit auch auf Aufwendungen für eine Zusatzvorsorge, so handelt es sich um eine Steuervergünstigung, die einen sachlich gerechtfertigten Grund erfordert, soweit sie die Mindestvorsorgeaufwendungen übersteigt. Die rechtliche Zwangsläufigkeit für eine Mindestvorsorge steht der faktischen gleich.
Für den Übergang vom Status quo zur nachgelagerten Besteuerung muss eine doppelte Besteuerung vermieden werden. D.h. diejenigen Leistungsanteile der Rente, die in der Beitragsphase nicht versteuert wurden, können (nach)versteuert werden, die bereits versteuerten sind aus der Bemessungsgrundlage auszuscheiden.

---

283 BMF (Hrsg.) (1986), S. 15 f.
284 Vgl. Fischer, Peter (2001b), S. 617; Richter, Wolfram F. (2001), S. 1004.
285 Vgl. Fischer, Peter (2001b), S. 618; ebenso Birk, Dieter/ Wernsmann, Rainer (1998), S. 849.
286 Lang, Joachim (2001b), S. 86.

Nicht nachversteuert werden dürfen grundsätzlich die Arbeitnehmerbeiträge, wobei diejenigen Arbeitnehmerbeiträge, die nach Maßgabe der Sonderausgabenfreibeträge in der Erwerbsphase von der Besteuerung ausgenommen wurden, nachversteuert werden könnten, wenn die Steuer bewusst und gewollt durch den Gesetzgeber aufgeschoben wurde. Nur dann könnte noch nicht von konsolidiertem Vermögen gesprochen werden, welches aufgrund des Bestandsschutzes von einer Besteuerung zu verschonen wäre. Obwohl dies fragwürdig ist, wird für die weitere Analyse zur Ermittlung einer möglichen Maximalbelastung die Nachversteuerung dieses Beitragsteils angenommen.

Je nach dem als was die Rentenversicherung gesehen wird, kann der Wertzuwachs der Rentenanwartschaft, der durch versteuerte Beiträge erworben wurde, als steuerpflichtige Vermögenserträge oder als nicht steuerbare Vermögensrückzahlung aus einer vermögenswerten Rechtsposition gesehen werden. Bei der ersten Sichtweise entspricht der Wertzuwachs steuerbaren Zinserträgen, die Rentenversicherung wird mit herkömmlicher Ersparnisbildung gleichgesetzt, bei letzterer findet der Wertzuwachs in der einkommensteuerlich geschützten Vermögenssphäre statt, die Rentenversicherung entspricht einer Versicherung oder die Rentenanwartschaft wird als Vermögenswert wie bspw. ein Grundstück gesehen. Im Folgenden wird die gesetzliche Rentenversicherung nicht mit herkömmlicher Ersparnis und auch nicht mit fungiblem Vermögen gleichgesetzt sondern mit einer Versicherung. Deshalb wird eine Nachversteuerung des Wertzuwachses auf versteuerte Beiträge abgelehnt.

Ob die Reform der Rentenbesteuerung Folgewirkungen bei der Besteuerung anderer steuerfrei gebildeter Vermögen entwickelt, hängt von der juristischen Ausgestaltung des Reformgesetzes ab. Das Konstrukt der aufschiebend bedingt zufließenden Einkünfte könnte sich hier rechtstechnisch bewähren. Wichtig ist es, die Altersvorsorge gegenüber herkömmlicher Ersparnis abzugrenzen, wenn eine allgemeine nachgelagerte Besteuerung herkömmlichen Sparens vermieden werden soll.

Im nachfolgenden Abschnitt werden die ökonomischen Aspekte beleuchtet; das Ziel ist dabei den normativen Rahmen einer Reform aus ökonomischer Sicht abzugrenzen.

Abbildung 3-2: Übersicht Kapitel 3

3.1

Rechtsprechung BVerfG

1980: Gesetzgeber muss Besteuerung der GRV an Veränderungen anpassen
1993: Frist zur Neuordnung noch nicht verstrichten
2002: Status quo unvereinbar mit dem Grundgesetzt
➢ Reformstart spätestens 01.01.2005

3.2 – 3.3

Eigentumsgarantie Art. 14 GG

-> konsolidiertes Vermögen ...

... vor erneuter Besteuerung geschützt

Gleichheitssatz Art. 3 GG

-> Leistungsfähigkeitsprinzip

Aufschiebend bedingt zufließendes Einkommen

Nachversteuerung zulässig, wenn Besteuerung bewusst und gewollte aufgeschoben

3.4

Übergang zu einer nachgelagerten Besteuerung

Versteuerte Beiträge	Unversteuerte Beiträge
-> Keine Nachversteuerung, da konsolidiertes Vermögen	-> Nachversteuerung, wenn Besteuerung bewusst und gewollt aufgeschoben

Problem: Wertzuwachs

1. GRV gleich Ersparnis -> Wertzuwachs entspricht Zinserträgen
-> Nachversteuerung des gesamten Wertzuwachs
2. GRV gleich Versicherung (Vermögenswerte Rechtsposition)

Wertzuwachs auf verst. Beiträge	Wertzuwachs auf unverst. Beiträge
fällt in private Vermögenssphäre, -> KEINE Nachversteuerung	-> Nachversteuerung, wenn Besteuerung bewusst und gewollt aufgeschoben

Quelle: eigene Darstellung

4 Volkswirtschaftliche Argumente zum Status quo und Reformalternativen

Die Frage, an welcher Norm, an welchem Ideal sich ein Steuersystem zu orientieren habe, stellt sich nicht nur bei der Ausgestaltung von neuen Steuersystemen, sondern auch bei Reformen an bestehenden Steuersystemen. Die Antwort auf diese Frage fällt im geschichtlichen Verlauf mit zunehmendem Erkenntnisstand der Wissenschaft und damit vielschichtiger werdenden, normativen Vorgaben vielschichtiger aus. Deshalb wird es immer schwerer, Handlungsanweisungen für konkrete Umsetzungsmöglichkeiten daraus abzuleiten. Das folgende Kapitel geht auf die volkswirtschaftlichen Normen ein, die im Zusammenhang mit der Besteuerung von Beiträgen zu bzw. Leistungen aus Alterssicherungssystemen von Belang sind, wobei die gesetzliche Sozialversicherungsrente im Zentrum des Interesses steht. Dafür werden zunächst mögliche Besteuerungsgrundsätze dargestellt (Abschnitt 4.1), aus denen dann für die weitere Analyse die übergeordneten Kriterien der Effizienz (Abschnitt 4.2) und der Gerechtigkeit bzw. der Gleichmäßigkeit (Abschnitt 4.3) näher erörtert und konkretisiert werden. Im Rahmen der Diskussion zur Neuordnung der steuerrechtlichen Behandlung von Altersvorsorgeaufwendungen und Altersbezügen konkretisiert sich der Konflikt zwischen diesen beiden Normen in der Frage, ob die Besteuerung konsumorientiert oder einkunftsorientiert sein soll. Dieser Gegensatz wird in Abschnitt 4.4 bezogen auf die hier untersuchte Fragestellung thematisiert. Abschließend wird in Abschnitt 4.5 die normative Entscheidung zwischen den beiden Grundsätzen der Effizienz und der Gleichmäßigkeit sowohl allgemein, als auch bezogen auf den Status quo der Rentenbesteuerung und der nachgelagerten Besteuerung als Reformziel erörtert.

4.1 Besteuerungsgrundsätze

Besteuerungsgrundsätze haben in finanzwissenschaftlichen Lehrbüchern ihren festen Platz. Grund hierfür stellt die - namentlich im deutschen Schrifttum - weit reichende Diskussion normativer Kriterien dar, deren bisherigen Höhepunkt wohl immer noch Fritz Neumarks „Grundsätze gerechter und ökonomisch rationaler Steuerpolitik“[287] darstellt.[288] Die aufgestellten Kriterienkataloge werden als Referenzmaßstab zur Beurteilung von Steuersystemen herangezogen. Da bisher kein absoluter Wertmaßstab formuliert werden konnte, der gleichzeitig allgemein anerkannt und dabei konkret genug ist, um ein operationales Steuersystem zu konzipieren, bestehen mehrere Kriterien zur Beurteilung nebeneinander. Damit stellt sich bei jeder konkreten Anwendung die Frage nach ihrer Auswahl bzw. ihrer Gewichtung untereinander. Diese Situation ergibt sich nicht nur aus den unterschiedlichen Maßstäben der verschiedenen Wissenschaftsdisziplinen, sondern liegt auch bereits innerhalb der Volkswirtschaftslehre vor.
Neumark unterteilt die Besteuerungsgrundsätze in vier Hauptgruppen:

287 Neumark, Fritz (1970).
288 Vgl. Scheer, Christian (1996), S. 155.

1. Fiskalisch-budgetäre,
2. Ethisch-sozialpolitische,
3. Wirtschaftspolitische und
4. Steuerrechtliche und steuertechnische Besteuerungsgrundsätze.

Diese werden nachfolgend kurz dargestellt.

4.1.1 Fiskalisch-budgetäre Besteuerungsgrundsätze

Unter die fiskalisch-budgetären Besteuerungsgrundsätzen subsumiert Neumark die Grundsätze der Ausreichendheit der Steuererträge und der deckungspolitischen Anpassungsfähigkeit. Beide Grundsätze zielen darauf ab, dass das Steuersystem die durch sie zu finanzierenden Ausgaben zu decken habe.[289] Welche Aktivitäten oder Leistungen notwendigerweise durch den Staat zu erbringen sind und wie die Höhe der dazugehörenden Ausgaben bestimmt werden kann, wird von Neumark nicht thematisiert.

Der Stellenwert, den fiskalisch-budgetäre Besteuerungsgrundsätze einnehmen, hängt zum einen davon ab, ob das Ausmaß öffentlich bereitzustellender Güter für objektiv eindeutig bestimmbar gehalten wird, zum anderen vom zu Grunde liegenden Staatsverständnis. Wird angenommen, das staatliche Budget sei normativ eindeutig bestimmbar, sowie das Verhalten des Staates respektive seiner Repräsentanten altruistisch, dann kann der Fiskalzweck[290] als erstes Kriterium gesehen werden.[291] Beide Annahmen werden in der volkswirtschaftlichen Theorie jedoch bestritten.

Die These vom optimalen Budget führt wohlfahrtsökonomisch zu keinem eindeutigen Ergebnis, sondern zu einer Vielzahl an Paretooptima. Eine Bewertung mittels derer eine Rangfolge zwischen diesen festgelegt werden könnte, ist wohlfahrtsökonomisch nicht möglich.[292] Erweitert man den Untersuchungsrahmen auf politikökonomische Entscheidungsregeln, die das politische Abstimmungsverhalten abbilden, zeigt sich, dass in Abhängigkeit von Abstimmungsregeln nur bestimmte Wohlfahrtspositionen erreichen lassen. Kommt die Einstimmigkeitsregel zur Anwendung, können strategisches Verhalten oder aber die notwendigen Verhandlungskosten eine Paretoverbesserung verhindern. Kommt die Mehrheitsregel zur Anwendung, wird eine nutzenmaximierende Mehrheit paretooptionale Maßnahmen, immer so umformulieren, dass sie sich auf Kosten der Minderheit besser stellt.[293] Bei mehrgipfligen Präferenzen kann das Entscheidungsergebnis gar zufällig sein.[294] Geht man von dieser Modellgestaltung aus, ist der Umfang und die Struktur bereitgestellter, öffentlicher Güter wesentlich von den Regeln der kollektiven Entscheidungsfindung abhängig. Deshalb erscheint die Annahme, das optimale Budget sei normativ bestimmbar, mehr als fraglich.

---

289 Vgl. Neumark, Fritz (1970) S. 53, 59.

290 Vgl. § 3 AO.

291 Vgl. Wagner, Adolph (1890), S. 306, sowie Neumark, Fritz (1970), S. 45.

292 Vgl. Blankart, Charles Beat (1998), S. 95 ff., der die grundlegenden Arbeiten von Bowen, H. R. (1943) sowie Musgrave, R. A. (1959) zusammenfassend wiedergibt. Ebenso Zimmermann, Horst/ Henke, Klaus-Dieter (1994), S. 50 ff.

293 Vgl. Blankart, Charles Beat (1998), S. 102.

294 Vgl. Blankart, Charles Beat (1998), S. 112 ff.

In vielen Volkswirtschaften kann eine Ausweitung der Staatsquote beobachtet werden.[295] I.d.R. wird diese Zunahme zusammen mit der These von A. Wagner (1876) genannt, wonach die Staatstätigkeit „in einem ‚fortschreitenden Culturvolk' wachse"[296]. Im Rahmen intensiver wissenschaftlicher Auseinandersetzung mit diesem „Gesetz" wurde neben seiner Überprüfung auch nach konkreten Erklärungsansätzen gesucht.
Empirische Untersuchungen haben versucht den Einfluss des Einkommens, des Steuerpreises und der Bevölkerungsentwicklung auf die Staatsausgaben unter Annahme der direkten Demokratie zu quantifizieren. Würden diese Variablen den überwiegenden Teil der Staatsausgaben erklären, könnte die Höhe des öffentlichen Haushaltes ex ante zumindest geschätzt werden. Die Variablen erklären jedoch nur einen kleinen Teil der wachsenden Staatsausgaben, weshalb der Schluss nahe liegt, dass in der Institutionalisierung der Beschlussfassung über das Budget in der repräsentativen Demokratie ein wesentlicher Grund der Abweichung der erklärten von den tatsächlichen Ausgaben liegt.[297]
Auch der zweiten Annahme, Repräsentanten des Staates stellen ihre privaten Interessen hinter die des Staates und sorgen so stets für die ressourcenschonendste Verwendung staatlicher Mittel, wurde namentlich von Brennan, G./ Buchanan, J.M. (1980) widersprochen.[298] Sie stellen der wohlfahrtsökonomischen Sichtweise, welche die politischen Institutionen bei ihrer Betrachtung ausklammert, die Theorie der Nutzen respektive Einnahmen maximierenden Regierung entgegen. Regierungsvertreter handeln nach dieser Überlegung genau wie alle anderen Wirtschaftssubjekte eigennutzenorientiert. Das Bestreben der Budgetmaximierung ergibt sich aus der Annahme, dass der Nutzen, den Politiker aus ihrer Betätigung ziehen, mit der Höhe der (finanziellen) Entscheidungsmacht zunimmt. Folgt man dieser Theorie, bestünde selbst bei normativer Bestimmbarkeit der minimalen Ausgaben bei den Repräsentanten des Staates das Bestreben, die Steuereinnahmen zu maximieren und so indirekt den öffentlichen Haushalt auszuweiten.[299]
Die Notwendigkeit den öffentlichen Haushalt durch Steuern zu finanzieren bleibt trotz dieser Erkenntnis erhalten. Da das Budget aber nicht als Datum angesehen werden kann, können neben Steuererhöhungen und Kreditaufnahme zum Ausgleich des Haushaltes auch Budgetkürzungen verwendet werden. Welche dieser Maßnahmen in welchem Umfang zur Finanzierung öffentlicher Güter und Dienstleistungen beitragen soll, kann aus den von Neumark formulierten fiskalbudgetären Besteuerungsgrundsätzen der Ausreichendheit bzw. der Anpassungsfähigkeit nicht abgeleitet werden.[300]

---

295 Vgl. bspw. Blankart, Charles Beat (1998), S. 145. Zum Problem der quantitativen Messung sowie Abgrenzung staatlicher Aktivitäten vgl. Zimmermann, Horst/ Henke, Klaus-Dieter (1994), S. 25 ff. oder Blankart, Charles Beat (1998), S. 137 ff.

296 Blankart, Charles Beat (1998), S. 145.

297 Blankart fasst einige dieser Ansätze zusammen, vgl. Blankart, Charles Beat (1998), S. 147-153.

298 Vgl. Brennan, G./ Buchanan, J.M. (1980).

299 Vgl. Blankart, Charles Beat (1998), S. 220 ff.

300 Vgl. Neumark, Fritz (1970) S. 53, 59.

Ein optimales Budget lässt sich nicht bestimmen. Die Forderung nach einer Reduktion der Staatsausgaben kann damit unter Hinweis auf notwendige Ausgaben genauso wenig grundsätzlich abgelehnt werden, wie Reformen, die sich negativ auf das Haushaltsbudget auswirken. Damit müssen fiskal-budgetäre Grundsätze auf politischer Ebene eine Konkretisierung erfahren, weshalb sie für die vorliegende Analyse nicht operationalisiert und damit nicht angewandt werden können. Der Grundsatz der Ausreichendheit stellt keinen theoretisch normativen Besteuerungsgrundsatz dar, der die Ziele von Reformansätzen absteckt, dennoch muss er für die konkrete Ausgestaltung als eine im politischen Umfeld dominante Nebenbedingung angesehen werden.[301]

4.1.2 Ethisch-sozialpolitische Besteuerungsgrundsätze

Die ethisch-sozialpolitischen Besteuerungsgrundsätzen teilt Neumark auf der einen Seite in sogenannte Gerechtigkeitspostulate, sowie auf der anderen Seite in den Grundsatz steuerlicher Umverteilung von Einkommen und Vermögen. Grundsätzlich wird Gerechtigkeit im weitesten Sinne mit Gleichheit oder Gleichbehandlung in Verbindung gebracht. Dennoch kann auch Gleichheit unterschiedlich definiert werden. Neumark konkretisiert seine Gerechtigkeitsvorstellung durch die Grundsätze der Allgemeinheit, der Gleichmäßigkeit und der Verhältnismäßigkeit der Besteuerung.

4.1.2.1 Gerechtigkeitspostulate nach Neumark

Gemäß dem Grundsatz der **Allgemeinheit** der Besteuerung sollen „ alle (natürlichen und juristischen) Personen, sofern sie über steuerliche Leistungsfähigkeit verfügen [...], ohne Rücksicht auf außerökonomische Kriterien [...] zur Steuer herangezogen werden."[302] Der Grundsatz der **Gleichmäßigkeit** verlangt Personen, die sich „in gleichen oder gleichartigen steuerlich relevanten Verhältnissen befinden, in bezug auf die betreffende Steuer gleich zu behandeln [und] als logische Konsequenz daraus [folgt ... die] steuerliche Ungleichbehandlung von Personen in ungleichen Verhältnissen."[303]

Der Grundsatz der Allgemeinheit verlangt also die Gleichheit, d.h. Gleichbehandlung aller Personen vor dem (Steuer-)Gesetz, der Grundsatz der Gleichmäßigkeit teilt diese Gleichheit in die sog. horizontale bzw. vertikale Gleichbehandlung auf, nach der die gleiche steuerliche Situation die gleiche bzw. ungleiche Situation unterschiedliche Belastung zur Folge haben soll.[304] So einleuchtend diese Aussagen sein mögen, ergibt sich bei ihrer Konkretisierung doch ein großer Interpretationsspielraum. Nach welchem Maßstab lässt sich die Gleichheit bzw. die Ungleichheit beurteilen und wie soll der ungleichen wirtschaftlichen (steuerlichen) Position in einer differenzierten Steuerbelastung Rechnung getra-

---

301 Vgl. Begründung des Bundesverfassungsgerichtes zur Unvereinbarkeitserklärung im Gegensatz zur Nichtigkeitserklärung im 3. Urteil zur Rentenbesteuerung BVerfGE 105, 73, S. 134.

302 Neumark, Fritz (1970), S. 75.

303 Neumark, Fritz (1970), S. 120.

304 Vgl. Schmidt, K. (1980), S. 142; Brümmerhoff, Dieter (1996), S. 241.

gen werden? Neumark versucht diese Frage durch den Grundsatz der **Verhältnismäßigkeit** zu beantworten, wonach die „Verteilung der Steuerlasten nach der individuellen Leistungsfähigkeit [... zu erfolgen habe, die ...] alle[r] für die Steuerfähigkeitsindikatoren bedeutsamen persönlichen Momente“[305] widerspiegeln. In der finanzwissenschaftlichen Literatur werden die drei Grundsätze der Allgemeinheit, der Gleichmäßigkeit und der Verhältnismäßigkeit zusammen unter dem sog. *Leistungsfähigkeitsprinzip* (ability to pay principle) subsumiert, welches im allgemeinen J. S. Mill (1848) zugeschrieben wird.[306]
Das Ziel des Leistungsfähigkeitsprinzips ist es, ein gegebenes Steueraufkommen „gerecht“[307] auf die Steuerpflichtigen zu verteilen.
Neumark führt im Rahmen des Grundsatzes der Verhältnismäßigkeit zwei Gründe an, die für einen progressiven Verlauf des Steuertarifs sprechen.[308]

1. Seine Analyse richtet er auf das Steuersystem als Ganzes. Wenn Verbrauchssteuern proportional ausgestaltet sind und davon ausgegangen wird, dass die Konsumquote mit steigendem Einkommen abnimmt, führt dies zu einer regressiven Wirkung der Verbrauchssteuern. Soll die Gesamtbelastung des Steuersystems proportional ausgerichtet sein, so erfordert die Regressionswirkung der Verbrauchssteuern ceteris paribus die Progression einer anderen Steuer, beispielweise der Einkommensteuer.
2. Neumark geht davon aus, dass „die Fähigkeit, zur Finanzierung sogen. kollektiver oder öffentlicher Bedarfe beizutragen, mit wachsendem Einkommen überproportional zu[nimmt]“[309]. Mit der überproportionalen Zunahme der Leistungsfähigkeit begründet er die Forderung nach einem progressiv ausgestalteten Steuersystem. D.h. geht man von proportionalen Verbrauchsteuersätzen aus, muss die Progression der Einkommensteuer folglich höher ausfallen, als dies zum Ausgleich der Regressionswirkung der Verbrauchsteuer alleine notwendig wäre. Damit geht Neumark in seiner Argumentation nicht den Umweg über die Annahme einer Nutzenfunktion und die Opfertheorie, sondern argumentiert direkt über die Annahme des Verlaufs der Leistungsfähigkeit als Funktion des Einkommens.[310]

Aufgrund seiner herausgehobenen Bedeutung wird der Aspekt der Gerechtigkeit in Abschnitt 4.3 noch einmal gesondert aufgegriffen.

4.1.2.2 Grundsatz der steuerlichen Umverteilung

Als Umverteilung bezeichnet Neumark die Veränderung der personellen Einkommens- und Vermögensverteilung, wobei dies nach dem Verständnis der so-

305 Neumark, Fritz (1970), S. 135.

306 Vgl. Blankart, Charles Beat (1998), S. 176 f.; teilweise werden die Wurzeln dieses Prinzips bereits in der ersten Steuermaxime von Adam Smith 1776, der Steuergleichheit („equality of taxation“) gesehen, vgl. Tipke, Klaus/ Lang, Joachim (1998), § 4 Rz. 82; siehe auch Brümmerhoff, Dieter (1996), S. 241; Schmidt, K. (1980), S. 142.

307 Die Schwierigkeit der Konkretisierung des Begriffs „gerecht“ wird im Rahmen der weitergehenden Diskussion des Leistungsfähigkeitsprinzips in Abschnitt 4.3 diskutiert.

308 Vgl. Neumark, Fritz (1970), S. 173-179.

309 Neumark, Fritz (1970), S. 177.

310 Vgl. Brümmerhoff, Dieter (1996), S. 245 ff.

zialen Marktwirtschaft von den relativ Wohlhabenden zu den relativ Schwachen erfolgen soll.[311] Dieser Forderung liegt eine ökonomisch-soziale Gerechtigkeitsvorstellung zu Grunde, welche die durch die Marktkräfte erreichte Primärverteilung für „ungerecht" hält. Sie steht in direktem Gegensatz zu klassisch-liberalen Theorien, welche die Primärverteilung für gesamtwirtschaftlich optimal und zugleich gerecht halten. Aspekte der politischen Ökonomie namentlich der politischen Machtverteilung auf die Einkommensverteilung werden bei letzteren vernachlässigt.[312] Hält man sich vor Augen, in welchem Umfang unterschiedliche Interessengruppen auf den politischen Prozess der Willensbildung versuchen Einfluss zu nehmen, erscheint es eine sehr weitgehende Vereinfachung zu sein, diesen Aspekt völlig auszuklammern.[313]
Das Ausmaß der Umverteilung kann ebenso wenig, wie die vertikale Gleichbehandlung durch den Steuertarif, theoretisch abgeleitet werden. Deshalb wird die konkrete Ausgestaltung ebenfalls das Ergebnis einer politischen Entscheidung sein und damit die Wertvorstellung gemäß der vorherrschenden, gesellschaftlichen Machtverteilung widerspiegeln.
Die Forderung nach steuerlicher Umverteilung wird grundsätzlich durch die Forderung nach einer sozialen Marktwirtschaft begründet; ihre Operationalisierung muss jedoch eine politische Entscheidung sein. Für die in vorliegender Arbeit thematisierte Reform der Rentenbesteuerung kann nach dem Umverteilungsgrundsatz eine sozialverträgliche Ausgestaltung als Minimalforderung abgeleitet werden. Dabei bleibt zu wünschen, dass sich die politischen Entscheidungsträger weitsichtig und unabhängig genug erweisen, um sich der Einflussnahme durch Lobbyisten zu erwehren.

4.1.3 Wirtschaftspolitische Besteuerungsgrundsätze

Im historischen Rückblick zeigt sich „ein zyklischer Wechsel zwischen überwiegend effizienzorientierten und überwiegend gerechtigkeitsorientierten Leitbildern"[314], die in ihrer Zeit als jeweiliges Steuerideal angesehen wurden. Die beiden Ideale der Steuergerechtigkeit und der weitestgehenden Vermeidung von negativen Anreizeffekten können, neben der Forderung nach Minimierung der Steuerentrichtungs- und Steuererhebungskosten, als „zeitloser" Kern der Steuerpostulate bezeichnet werden.[315]
Die Berücksichtigung der Steuergerechtigkeit wurde mit der Forderung konkretisiert, die Steuerbelastung nach der Leistungsfähigkeit auszurichten, negative Anreizeffekte sollen durch entscheidungsneutrale Steuersysteme vermieden werden. Das Leistungsfähigkeitsprinzip wurde in Abschnitt 4.1.2 kurz skizziert, nachfolgend wenden wir uns den wirtschaftspolitischen Besteuerungsgrundsät-

---

311 S. Art. 20 Abs. 1 GG; vgl. Neumark, Fritz (1970), S. 186.

312 Auf dieses Problem wurde bereits im Abschnitt 4.1.1 eingegangen; vgl. hierzu insbes. Brennan, G./ Buchanan, J.M. (1980).

313 Die Anzahl an Interessenverbänden in Deutschland liegt inkl. aller Landesverbände bei ca. 11.000. Vgl. das Deutschen Verbände Forum unter http://www.verbaende.com/.

314 Vgl. Scheer, Christian (1996), S. 168

315 Vgl. Scheer, Christian (1996), S. 175.

zen zu. Dabei werden die von Neumark darunter gruppierten ***prozesspolitischen Grundsätze*** der aktiven und der passiven Flexibilität sowie der wachstumspolitischen Ausrichtung hier ausgeklammert. Wollte man diese ebenfalls berücksichtigen wäre das ohnehin schwere Reformvorhaben der Änderung der Rentenbesteuerung überfrachtet. Den ***wirtschaftsordnungspolitischen Grundsätzen*** ordnet Neumark die Forderungen nach der Vermeidung steuerdirigistischer Maßnahmen, nach größtmöglicher wirtschaftlicher Dispositionsfreiheit sowie nach Wettbewerbsneutralität zu.[316]

Das **Antidirigismusprinzip** fordert die Vermeidung steuerpolitisch motivierter Eingriffe, die „in unsystematisch-punktueller Form [...] Teilgebiete des Wirtschaftslebens [...] begünstigen oder benachteiligen."[317] Die Unterscheidung von Steuerdirigismus und Interventionismus kommt in dieser Definition durch das Wort „punktuell" zum Ausdruck. Dirigistische Maßnahmen zielen auf einzelne Interessengruppen, Interventionen zielen dagegen auf wirtschaftliche Gesamtgrößen.[318]

Der Forderung nach **Vermeidung dirigistischer Maßnahmen** kann nur beigepflichtet werden. Die politische Realität zeigt, dass Politiker sich der Verlockung, durch dirigistische Maßnahmen Wählerstimmen zu sichern, nur schwer erwehren können.[319] Anders lässt sich das Ausmaß steuerlicher Ausnahmeregelungen beispielsweise im deutschen Einkommensteuerrecht wohl kaum erklären. Darüber hinaus besteht im politischen Prozess die Tendenz, einmal eingeführte Begünstigungen nicht wieder rückgängig zu machen. Wollte man diesen Teufelkreis vermeiden wäre eine Steuerverfassung erforderlich, wie sie bspw. Mann in Erweiterung der Analyse von Brennan/ Buchanan fordert.[320] Nach den vorgeschlagenen Verfassungsregeln würden Steuerprivilegien nur bei Zustimmung von zwei Dritteln des Parlamentes rechtswirksam. Außerdem müssten sie alle vier Jahre durch erneute Abstimmung im Parlament mit einer Zweidrittelmehrheit bestätigt werden, wenn sie nicht automatisch – nach kurzer Übergangszeit – gestrichen werden sollen. Eine entsprechende verfassungsrechtliche Beschränkung der politischen Gestaltung von Steuergesetzen käme aber nur durch eine Selbstbeschränkung des Parlamentes zustande. Hier stellt sich die Frage, wie es zu dieser Selbsteinschränkung durch das Parlament kommen soll, da sich die Parteien im Kampf um Wählerstimmen eines wichtigen Instrumentes berauben würden. Wenn die Einsicht über die Notwendigkeit bei zwei Dritteln des Parlamentes vorhanden wäre, könnten diese auch die notwendigen Reformen des Steuerrechtes vornehmen. Es erscheint jedenfalls genau so wahrscheinlich, dass das Steuerrecht grundlegend reformiert und von allen steuerdirigistischen Maßnahmen befreit wird, wie es wahrscheinlich ist, dass sich eine zwei Drittel Mehrheit der Parlamentarier bereit findet, ihren Gestaltungsspielraum selbst einzuschränken und damit den bestehenden Teufelskreis zu durchbrechen. Neumark kommt zu der

316 Vgl. Neumark, Fritz (1970), S. 45.
317 Neumark, Fritz (1970), S. 232.
318 Vgl. Neumark, Fritz (1970), S. 224.
319 Vgl. Neumark, Fritz (1970), S. 229.
320 Vgl. Mann, Hugo (1987), S. 214 ff. sowie allgemein Brennan, G./ Buchanan, J.M. (1980).

ernüchternden Feststellung, dass „nicht die geringste Aussicht besteht, von einem [...] Dirigismus wieder loszukommen, sofern es keine ausreichende reale parlamentarische Opposition gibt."[321] Diese Überlegung setzt voraus, dass der Vorteil aus der dirigistischen Maßnahme nur der Wählerschaft der Regierungspartei zugute kommt und nicht derjenigen der Oppositionspartei. Spielt die Opposition dagegen mit dem Gedanken, mit dem Teil der privilegierten Wählerschaft die Mehrheitsverhältnisse zu ändern, wird der Beharrungszustand nicht verlassen, die steuerdirigistischen Maßnahmen bleiben erhalten. Dies wäre nach der Definition von Neumark folglich keine *reale* parlamentarische Opposition.
Das Prinzip der **Dispositionsfreiheit** stellt, wie Neumark zugibt, kein „klassisches" Besteuerungsprinzip dar, da es im Konfliktfall hinter die fiskalisch-budgetären, die Gerechtigkeitsprinzipien sowie die stabilisierungs- und wachstumspolitischen Prinzipien zurücktritt.[322] Nur wenn diese übergeordneten Prinzipien nicht zum Tragen kommen, sind „steuerliche Eingriffe in die Privatsphäre und die wirtschaftliche Dispositionsfreiheit der Individuen"[323] durch dieses Prinzip eingeschränkt. Auch diesem Prinzip wird man kaum grundsätzlich widersprechen können. Mit der politischen Realität konfrontiert, zeigt es allerdings sein Unvermögen. Aufgrund der schwachen Position im Rahmen anderer Besteuerungsprinzipien werden erlaubte Ausnahmen von diesem Prinzip gleich in der Definition so vielfältig mitgeliefert, dass es wohl schwer fallen dürfte, Anwendungsbeispiele zu benennen, bei denen es tatsächlich greift. Damit wird deutlich, dass die Operationalisierung dieses Freiheitlichkeitsprinzips nahezu unmöglich ist, weshalb es für die vorliegende Untersuchung nicht weiter betrachtet wird.

Der dritte wirtschaftsordnungspolitische Grundsatz ist der Grundsatz der **Wettbewerbsneutralität**. Dieses Prinzip verlangt nach Neumarks Abgrenzung, dass das Steuersystem sich all jener Eingriffe enthalten soll, „die den Konkurrenzmechanismus des Marktes beeinträchtigen"[324]. Ausnahmen hält er dabei nur für legitim, wenn unerwünschte Ergebnisse des Marktes bei vollkommener Konkurrenz dadurch korrigiert werden oder die Unvollkommenheit der Konkurrenz dadurch gemildert oder beseitigt wird. Da Steuern grundsätzlich nicht vollkommen neutral sein können, kann eine gewisse Einflussnahme nicht vermieden werden, sobald der Staat bestimmte Güter und Dienstleistungen anbieten und damit auch finanzieren muss.[325]
Ein Beispiel für sog. negative externe Effekte des Wettbewerbes stellen umweltschädigende Produktionsverfahren dar. Solange das Gut „Umwelt" beispielsweise in Form von Luft oder Flusswasser unentgeltlich genutzt werden kann und damit seine Nutzung nicht als Aufwand in die Kostenrechnung der Produktion eingeht, kommt es aus gesamtwirtschaftlicher Sicht zu einem suboptimalen Ergebnis. Der Produzent optimiert seinen Gewinn ohne den volkswirtschaftlichen

321 Neumark, Fritz (1970), S. 230.
322 Neumark, Fritz (1970), S. 250.
323 Neumark, Fritz (1970), S. 256; vgl. auch Neumark, Fritz (1970), S. 250.
324 Neumark, Fritz (1970), S. 266.
325 Vgl. Abschnitt 4.2.

Schaden bei seiner Optimierung zu berücksichtigen. Dieses Marktversagen kann durch Internalisierung der negativen externen Effekte beseitigt werden. Dies geschieht dadurch, dass das Recht, die Ressource Umwelt nutzen zu dürfen, entgeltlich erworben werden muss. Damit fließen die volkswirtschaftlichen Kosten der Umweltverschmutzung in die Kostenrechnung der Produktion ein, wodurch das Marktergebnis diese Kosten berücksichtigt.[326]

Das Marktergebnis kann durch die Politik des Staates sowohl auf der Steuererhebungs- als auch auf der Steuerverwendungsseite beeinflusst werden. Ersteres wird in der Finanztheorie unter dem Begriff der Optimalsteuertheorie diskutiert, wonach Steuern keine Zusatzlast (sog. excess burden) hervorrufen sollen. Auf der Steuerverwendungsseite wird ausgabenpolitische Neutralität gefordert. Da diese Forderung mit dem Problem der Rentenbesteuerung keine engere Beziehung hat, sondern von allgemeiner Natur ist, wird auf eine Erörterung im Rahmen der vorliegenden Arbeit verzichtet.

Ein weiterer Aspekt stellt die Neutralität der Besteuerung bezüglich unterschiedlicher Wahlmöglichkeiten dar (Steuerneutralität).[327] Sie verlangt, dass Entscheidungen nicht durch die Ausgestaltung einer Steuer beeinflusst werden. Insbesondere die Diskussion von Effizienzeinbußen in Zusammenhang mit der Verletzung der Steuerneutralität nimmt eine prominente Stellung in der Diskussion des Themenkomplexes der Rentenbesteuerung ein. Deshalb wird sie als Teilaspekt der Gerechtigkeit in Abschnitt 4.2 ausführlich behandelt.

4.1.4 Steuerrechtliche und steuertechnische Grundsätze

Der Gruppe steuerrechtlicher und steuertechnischer Besteuerungsgrundsätze teilt Neumark in sechs Prinzipien auf. Sie stecken den Rahmen für die konkrete, d.h. technische Ausgestaltung des Steuersystems als ganzes sowie seiner Komponenten ab.

Gemäß dem Grundsatz der **Widerspruchslosigkeit** und Systemhaftigkeit soll ein Steuersystem angestrebte Ziele nicht durch eine lückenhafte Gestaltung vernachlässigen. Ebenso wenig soll es sich widersprechende Maßnahmen enthalten.[328] Ist dieser Grundsatz verletzt, wird das Steuersystem auch als steuersystematisch fehlerhaft bezeichnet. Die Nähe zu den Gerechtigkeitspostulaten ist insbesondere dann fließend, wenn die Steuersystematik in mehr als nur ästhetischer Weise verletzt ist. Dann werden auch die Besteuerungsgrundsätze der Allgemeinheit und der Gleichmäßigkeit berührt. Bezogen auf die Reform der Rentenbesteuerung gilt es, durch schlüssiges Integrieren von Einkommen im Alter in das Gesamtsystem der Einkünfteermittlung die Ungleichmäßigkeiten zu

326 Dieser Aspekt wird allgemein unter dem Aspekt des Marktversagens sowie der Umweltpolitik diskutiert. Da es sich um ein weitreichendes Thema handelt, sollen hier Grundlagenquellen genügen. Vgl. Blankart, Charles Beat (1998), S. 483 ff.; Brümmerhoff, Dieter (1996), S. 64 ff.; Zimmermann, Horst/ Henke, Klaus-Dieter (1994), S. 43 f. und 441 ff.

327 Vgl. zu den unterschiedlichen Begriffsabgrenzungsmöglichkeiten Elschen, Rainer/ Hüchtebrock, Michael (1983), S. 253 ff.

328 Neumark, Fritz (1970), S. 336.

beseitigen, ohne neue zu schaffen, die gleichsam zu neuen Widersprüche führen.[329]
In neuester Zeit gewinnt die Forderung nach „Einfachheit" der Besteuerung an Bedeutung.[330] Im juristischen Schrifttum zielt die Forderung auf die Verstehbarkeit der steuerlichen Regelungen, im volkswirtschaftlichen Schrifttum dagegen auf die weitergehende Verständlichkeit der effektiven Belastung. Damit einhergehend ergibt sich die Frage nach der Akzeptanz der Steuerbelastung. Erst durch die Fühlbarkeit, d.h. die **Transparenz** der Besteuerung, kann nach der ökonomischen Theorie der Politik das Budget durch Wahlen nach dem Willen der wählenden Bevölkerung zugeordnet werden. Auf der anderen Seite liegt gerade in der Intransparenz bzw. der Unmerklichkeit von Steuern für Politiker ein Vorteil. Sie werden im Idealfall nicht mit der negativ empfundenen Steuerbelastung in Verbindung gebracht und müssen nicht die Missgunst der Wählerschaft fürchten.[331] Der Grundsatz der Steuertransparenz, wie Neumark ihn definiert, fordert, dass Steuergesetze ein „Höchstmaß an Gemeinverständlichkeit [... aufweisen sollen ...] damit Willkür bei Veranlagung und Erhebung"[332] ausgeschlossen werden kann. Diese Definition orientiert sich somit an der juristischen Sichtweise. Aus beiden Teilaspekten kann für die Reform der Rentenbesteuerung die Forderung abgeleitet werden, diese – gerade aufgrund des sehr komplexen Problemfeldes – verständlich zu kommunizieren.
Der Grundsatz der **Praktikabilität** fordert, dass das Steuersystem effizient anwendbar und durchsetzbar ist.[333] Diese Forderung wird oft dann verletzt, wenn Steuersysteme oder Reformen aus rein theoretischer Sicht entworfen werden. Aus diesem Grund fordert Scheer auf radikale Idealkonzepte dann zu verzichten, wenn das Ziel ein umsetzbarer Reformvorschlag sein soll. Zwar laufe ein solcher Vorschlag Gefahr, von Fachwissenschaftlern als inkonsequent bezeichnet zu werden, dafür fällt es potentiellen Gegnern der Veränderung umso schwerer, ihn als „theoretische Spinnerei" einfach beiseite zu schieben.[334]
Die Forderung nach **Stetigkeit** steuerrechtlicher Normen stellt ebenfalls auf die praktische Umsetzung von Steuervorschriften und ihre Veränderung ab. Im juristischen Schrifttum wird diese Norm unter dem Begriff der Rechtssicherheit bzw. des Vertrauensschutzes diskutiert. Während Neumark die Forderung nach Kontinuität mit steuerpsychologischen und Effizienzüberlegungen rechtfertigt, basiert der Vertrauensschutz auf dem Rückwirkungsverbot. „Rückwirkung i. S. d. allgemeinen Rückwirkungsverbots liegt vor, wenn ein Gesetz Rechtsfolgen für Vertrauensbetätigungen ändert, die vor dem endgültigen Gesetzesbeschluß ([...]

---

329 Vgl. hierzu auch die ähnlich lautende Forderung im 1. Urteil des Bundesverfassungsgerichtes zur Rentenbesteuerung, BVerfGE 54, 11, S. 38.

330 Vgl. hierzu bspw. die Vorschläge von Rose, Manfred u.a. unter http://www.einfachsteuer.de; der Karlsruher Entwurf, Kirchhof, Paul u.a. (2001) sowie der Darmstädter Entwurf, Bizer, Kilian/ Lyding, Jürgen (2002).

331 Vgl. Scheer, Christian (1996), S. 178 f. sowie insbes. zur Unmerklichkeit Neumark, Fritz (1970), S. 37 ff.

332 Neumark, Fritz (1970), S. 344.

333 Vgl. Neumark, Fritz (1970), S. 358.

334 Vgl. Scheer, Christian (1996), S. 186 f.; ähnlich auch Bizer, Kilian/ Lyding, Jürgen (2002).

oder: vor der Verkündung des Gesetzes) als abgeschlossen zu beurteilen sind."[335] Der Schutz, den diese Begriffsbestimmung des Bundesverfassungsgerichts entfaltet, erstreckt sich damit gegen Anordnungen auf zukünftige Rechtsfolgen für abgeschlossene Vertrauensbetätigungen. Entscheidend für den Schutz ist, dass der Dispositionszeitpunkt, ab welchem eine Entscheidung aus rechtlichen oder wirtschaftlichen Gründen nicht mehr rückgängig gemacht werden kann, vor dem Zeitpunkt liegt, ab dem die Rechtsänderung eintritt. Nur aus zwingenden Gründen des Gemeinwohls kann der Vertrauensschutz versagt werden.[336] Für die Ausgestaltung einer Reform der Rentenbesteuerung verlangt der Vertrauensschutz, dass die Rechtslage nicht zu Ungunsten des Steuerpflichtigen geändert werden darf, soweit er sein Verhalten nicht mehr an diese Änderung anpassen kann. Geht man davon aus, dass die Sozialversicherungsrenten nachgelagert besteuert werden sollen, muss der Vertrauensschutz alle rentennahen Jahrgänge sowie alle Bestandsrentner einschließen. Alle anderen werden durch die nachgelagerte Besteuerung entlastet, weshalb sie keines besonderen Schutzes bedürfen.

Der Grundsatz der **Wirtschaftlichkeit** verlangt nach Neumark, dass die Veranlagung, Erhebung und Kontrolle von Steuern keine übermäßigen Aufwendungen erfordert. Neumark spricht hier von „Wohlfeilheit der Besteuerung". Zwar gibt Neumark einige Ergebnisse internationaler Untersuchungen an, welche die Höhe der Steuererhebungskosten quantifizieren, allerdings bleibt er eine grundsätzliche Aussage schuldig, ob diese Kostenquoten angemessen oder zu hoch einzuschätzen sind. Dies dürfte wohl daran liegen, dass die maximal zulässige Kostenquote kaum normativ bestimmt werden kann.[337]

Als letzten Besteuerungsgrundsatz steuertechnischer Natur führt Neumark den Grundsatz der **Bequemlichkeit** an. Dieser verlangt alle möglichen Erleichterungen bei der Abgabenerhebung zu gewähren, die unter Beachtung aller übergeordneten Besteuerungsprinzipien möglich sind. Insbesondere die Unterordnung dieses Grundsatzes unter die anderen Besteuerungsprinzipien verdeutlicht, dass es sich um eine nachrangige Norm handelt.

Die Grundsätze der Praktikabilität, der Wirtschaftlichkeit sowie der Bequemlichkeit zeigen auch im Rahmen der Reform der Rentenbesteuerung eine gewisse Verzahnung. So kann aufgrund des komplexen Sachverhaltes, der über Jahrzehnte gewachsen und stetigen Modifikationen unterlag, keine Einzelfallgerechtigkeit angestrebt werden, ohne alle drei genannten Kriterien zu verletzten. Sie wäre nur durch ein vergleichbar komplexes System zu erreichen, das mit einem hohen Aufwand für Steuerpflichtige wie Steuerverwaltung verbunden wäre. Damit wird die Forderung nach pauschalierender und typisierender Behandlung, wie sie vom Bundesverfassungsgericht erlaubt[338] und von der Sachverständigenkommission zur Neuordnung der steuerrechtlichen Behandlung von Altersvorsorgeauf-

335 Tipke, Klaus/ Lang, Joachim (1998), § 4 Rz. 178

336 Vgl. Tipke, Klaus/ Lang, Joachim (1998), § 4 Rz. 178 f. sowie die Ausführungen in Abschnitt 3.4.

337 Vgl. Neumark, Fritz (1970), S. 372.

338 S. BVerfGE 105, 73, S. 127.

wendungen und Altersbezügen verlangt wurde,[339] durch die Besteuerungsgrundsätze der Praktikabilität, der Wirtschaftlichkeit und der Bequemlichkeit getragen.

4.1.5 Zielkonflikte

Neumarks Ausführungen stellen wohl immer noch die umfangreichsten Aufstellungen von Besteuerungsgrundsätze dar. Die Ausführungen haben gezeigt, dass die einzelnen Prinzipien und ihre Ziele untereinander in Beziehung stehen. Tabelle 4-1 verdeutlicht die Stellung der Einzelziele zueinander. Dabei muss betont werden, dass die Beurteilung, ob die Ziele zweier Besteuerungsgrundsätze als harmonierend, als konfligierend oder als neutral zu einander eingestuft werden, sich nach den Abgrenzungen und Definitionen Neumarks richten. Werden die Prinzipien weiter oder enger gefasst, kann es zu abweichenden Beurteilung der Zielbeziehungen kommen.

Bei dieser Darstellung wird deutlich, dass bei einem sehr großen Teil der Grundsätze wenn nicht Harmonie so doch Neutralität vorliegt. Diese Kombinationen können als unkritisch bezeichnet werden. Bei den grau hinterlegten und mit „K" gekennzeichneten Kombinationen stehen die Besteuerungsgrundsätze hingegen konfligierend zueinander. Konflikte treten bei den steuerrechtlichen / steuertechnischen Grundsätzen gegenüber den Gerechtigkeitspostulaten sowie gegenüber den prozesspolitischen Grundsätzen auf. Insbesondere die Grundsätze der Praktikabilität und der Wirtschaftlichkeit stehen im Widerspruch zu den Prinzipien der Allgemeinheit, der Gleichmäßigkeit sowie der Verhältnismäßigkeit. Je stärker man der Einzelfallgerechtigkeit Rechnung tragen will, umso stärker leidet die Praktikabilität und die Wirtschaftlichkeit, die ein bestimmtes Maß an Pauschalierung und Typisierung notwendig erscheinen lässt. Hier bestehen Ähnlichkeiten mit dem Konflikt zwischen Steuertransparenz und Praktikabilität. Aus bereits oben erwähnten Gründen werden die prozesspolitischen Grundsätze hier nicht näher diskutiert.

Der Konflikt zwischen den Grundsätzen der wirtschaftlichen Dispositionsfreiheit sowie der Wettbewerbsneutralität auf der einen und der Gleichmäßigkeit und der Verhältnismäßigkeit auf der anderen Seite manifestiert den klassischen Konflikt der Steuerideale. Hier steht die Forderung nach Effizienz der Forderung nach Gerechtigkeit gegenüber.

339 BMF (Hrsg.) (2003), S. 64.

Tabelle 4-1: Beziehungen der Ziele der Besteuerungsgrundsätze zueinander

	Grundsätze																			
	budgetäre		sozialpolitische				wirtschaftspolitische								steuerrechtlich steuertechnische					
	Ausreichendheit	Anpassungsfähigkeit	Allgemeinheit	Gleichmäßigkeit	Verhältnismäßigkeit	Umverteilung	**wirtschaftsordnungspolitisch**	Antidirigismus	wirtsch. Dispositionsfreiheit	Wettbewerbsneutralität	**prozeßpolitisch**	aktive Flexibilität	passive Flexibilität	wachstumspolitische Ausrichtung	Widerspruchslosigkeit	Steuertransparenz	Praktikabilität	Stetigkeit	Wirtschaftlichkeit	Bequemlichkeit
	1	2	3	4	5	6		7	8	9		10	11	12	13	14	15	16	17	18
1	X																			
2	N	X																		
3	N	N	X																	
4	N	N	H	X																
5	N	N	H	H	X															
6	N	N	N	N	N	X														
							X													
7	N	N	H	H	H	N		X												
8	N	N	H	K	K	K		H	X											
9	N	N	H	K	K	K		H	N	X										
											X									
10	N	N	N	N	N	N		N	K	N		X								
11	N	N	N	N	N	N		N	K	N		H/K	X							
12	N	N	N	N	N	K		H	H	H		H/K	H/K	X						
13	N	N	N	N	N	N		N	N	N		N	N	N	X					
14	N	N	N	H	N	N		N	N	N		K	K	N	N	X				
15	N	N	K	K	K	K		N	N	N		K	K	N	N	K	X			
16	N	N	N	N	N	N		N	N	N		N	N	N	N	N	N	X		
17	N	N	K	K	K	N		N	N	N		K	K	N	N	N	N	N	X	
18	N	N	N	N	N	K		N	N	N		K	K	N	N	H	N	N	N	X

Quelle: eigene Darstellung

Wie bereits erwähnt, kam es im historischen Verlauf bei der Bedeutung zu zyklischen Wechseln zwischen diesen beiden Leitbildern. Da dieser Konflikt bis heute erhalten blieb und namentlich auch in der Diskussion über die Rentenbesteuerung eine prominente Stellung innehat, wird auf diese beiden Ideale in Abschnitt 4.2 bzw. Abschnitt 4.3 näher eingegangen. Die Tatsache, dass nicht alle 18 Besteuerungsgrundsätze detailliert auf den Aspekt der Rentenbesteuerung bezogen diskutiert werden, hängt weniger damit zusammen, dass diese Grundsätze nicht gutgeheißen werden, sondern vielmehr damit, dass viele Grundsätze sich einer objektiven Operationalisierung verschließen. Konkrete Normen, an denen sich Steuerregeln messen lassen könnten, sind nur bedingt formulierbar. Deshalb wurde die Gesamtheit der Normen hier nur übersichtsartig dargestellt und die Berührungspunkte, die sich zur Reform der Rentenbesteuerung ergeben, aufgezeigt.

4.2 Effizienz als ökonomische Norm zur Beurteilung der Besteuerung

Die klassische wohlfahrtsökonomische Theorie der Besteuerung geht von der Annahme aus, dass die Regierung eines Staates die Wohlfahrt der Gesellschaft maximieren möchte. Die Repräsentanten des Staates verhalten sich wie ein „wohlwollender Diktator". Unter dieser Annahme ist das Ausgabenvolumen des Staates vorgegeben, das über Steuern und Abgaben zu finanzieren ist. Ziel der wohlfahrtsökonomischen Theorie ist es, ein effizientes Steuersystem zu konzipieren, welches dieses Ausgabenvolumen sicherstellt. Die Effizienz des Steuersystems wird danach beurteilt, ob bzw. in welchem Umfang die Belastung durch die Besteuerung die Steuereinnahmen übersteigt.[340]
Diesem altruistischen Staatsverständnis wurde im Rahmen der modernen, institutionellen Finanzwissenschaft die Leviathan-Theorie entgegengestellt.[341] Wie bereits dargelegt, geht sie davon aus, dass auch die Personen, welche die Regierung bilden, egoistisch handeln, d.h. ihren Eigennutzen maximieren. Nimmt man an, dass ein Mindestmaß an Rechtsstaatlichkeit gewährleistet bleibt, kann das Ziel der Nutzenmaximierung dieser Personen in Regierungsverantwortung mit dem Ziel der Budgetmaximierung gleichgesetzt werden. Der Nutzen der Regierungsvertreter ist also umso größer, je weniger ihre Macht (finanziell) eingeschränkt ist. Nachfolgend werden die Aspekte der traditionellen, wohlfahrtsökonomischen Theorie der Besteuerung erläutert, die im Rahmen der Reform der Rentenbesteuerung von Belang sind. Dafür werden im Abschnitt 4.2.1 am Eingütermodell kurz die Begriffe der allokativen Verzerrung und der damit verbundenen Effizienzverluste erläutert. Abschnitt 4.2.2 erweitert diese Überlegung auf unterschiedliche Wahlentscheidungen, die im Bereich der Besteuerung von Alterssicherungsbeiträgen und –leistungen bedeutsam sind.

4.2.1 Eingütermodell

Die Wohlfahrtskosten der Besteuerung entsprechen derjenigen Belastung, welche sich über den eigentlichen Steuerzahlbetrag in der Summe über alle Steuerpflichtigen ergibt. Diese volkswirtschaftlichen Kosten der Besteuerung werden als Mehrbelastung, Überschussbelastung oder englisch „excess burden" bezeich-

340 Vgl. Abschnitt 4.2.1.
341 Vgl. Brennan, G./ Buchanan, J.M. (1980).

net.[342] Sie wird dadurch verursacht, dass sich das Angebots- und / oder das Nachfrageverhalten durch die Steuer verändert, man spricht von allokativen Verzerrungen.
Abbildung 4-1 verdeutlich diesen Zusammenhang für den Fall, dass eine Einkommensteuer auf Arbeitsleistung eingeführt wird. Zur Vereinfachung wird davon ausgegangen, dass die Nachfrage nach Arbeitsleistung ab einem Lohn von w_1 unbegrenzt und der Nachfragepreis konstant ist. Das Arbeitsangebot steige mit dem Lohn an und sei homogen. Vor Einführung der Steuer wird die Menge x_1 bei dem Lohn w_1 nachgefragt. Hier deckt sich Angebot (a) und Nachfrage vor Steuer (n_1). Einige Anbieter wären auch bereit, ihre Arbeitsleistung für einen geringeren Preis anzubieten. Durch den Mechanismus der Preisbildung kommen sie in den Genuss eines höheren Lohns. Dieser Nutzen – er wird Produzentenrente genannt – kann über die Fläche des Dreiecks ACE quantifiziert werden.

Abbildung 4-1: Überschussbelastung durch Besteuerung

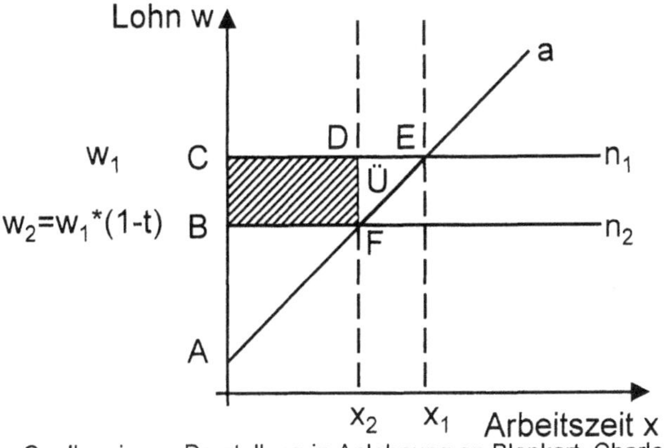

Quelle: eigene Darstellung in Anlehnung an Blankart, Charles Beat (1998), S. 208

Durch Einführung einer Lohnsteuer in Höhe von t % des Lohnes sinkt der Nettolohn auf $w_2 = w_1*(1-t)$. Damit wird im neuen Marktgleichgewicht nur noch das Arbeitsangebot von x_2 erreicht. Das Steuervolumen entspricht der schraffierten Rechteckfläche BCDF. Da es definitionsgemäß der Volkswirtschaft wieder durch die Bereitstellung öffentlicher Güter zufließt, wird diese dadurch nicht entgültig belastet.[343] Das graue, mit „Ü" gekennzeichnete Dreieck DEF stellt dagegen die Überschussbelastung, d.h. die Wohlfahrtskosten der Besteuerung dar. Diese zusätzliche Nutzeneinbuße geht über die Steuereinnahmen hinaus und muss im

342 Die folgenden Ausführungen orientieren sich an Blankart, Charles Beat (1998) Kapitel 11, S. 201 ff sowie an Sachverständigenrat (2001), S. 235 ff.

343 Von den Kosten der Erhebung und Verwaltung der Steuern wird an dieser Stelle abstrahiert.

vorliegenden Fall von den Anbietern getragen werden.[344] Der Wohlfahrtsverlust liegt darin, dass die Produktion von Arbeitsleistung bis zur Preis-Mengen-Kombination von w_1/x_1 sinnvoll wäre. Bis zu diesem Punkt gibt es Personen, die bereit sind ihre Arbeitsleistung zu einem Preis anzubieten, der unter dem Preis der Nachfrager liegt. Durch die Einführung der Steuer fällt für den Bereich zwischen x_1 und x_2 der Angebots- und der Nachfragepreis auseinander und verhindert dadurch die wirtschaftlichen Aktivitäten, die auf diesen Bereich entfallen. Die Wohlfahrtskosten können über die Berechnung des Flächeninhalts des Dreiecks DEF folgendermaßen ermittelt werden.

$$\ddot{U} = \frac{1}{2} \bullet \Delta x \bullet \Delta w$$

Δx steuerinduzierte Mengenänderung

Δw steuerinduzierte Änderung des Gleichgewichtslohns

Gleichung 4-1

aus der Angebotselastizität γ

$$\gamma = \frac{\Delta x / x_1}{\Delta w / w_1} = \frac{\Delta x}{\Delta w} \bullet \frac{w_1}{x_1}$$

x_1 Gleichgewichtsmenge

w_1 Gleichgewichtslohn

jeweils vor Einführung der Steuer

Gleichung 4-2

erhält man für die steuerinduzierte Mengenänderung

$$\Delta x = \gamma \bullet \frac{x_1}{w_1} \bullet \Delta w .$$

Gleichung 4-3

Die Steuerinduzierte Preisänderung (Lohnänderung) ergibt sich zu

$$\Delta w = w_1 - (1 - t) \bullet w_1 = w_1 \bullet t .$$

Gleichung 4-4

Setzt man Gleichung 4-3 und Gleichung 4-4 in Gleichung 4-1 ein so ergibt sich für die Überschussbelastung die sog. Harbergersche Formel

$$\ddot{U} = \frac{1}{2} \bullet \gamma \bullet x_1 \bullet w_1 \bullet t^2 .$$

Gleichung 4-5

Die Wohlfahrtskosten der Besteuerung nehmen also mit dem Preis, der Menge und der Angebotselastizität linear zu. Je stärker das Arbeitsangebot auf Lohnschwankungen reagiert, desto höher sind die Wohlfahrtsverluste. Des weiteren ergibt sich aus der Formel, dass die Überschussbelastung quadratisch mit steigendem Steuersatz zunimmt. Damit führt dieser zu deutlich stärkeren Nutzeneinbußen, als die anderen Faktoren der Gleichung 4-5.[345] Grundsätzlich bleibt dieser Zusammenhang erhalten, auch wenn von einer nicht vollkommen unelastischen

---

344 Wäre die Arbeitsnachfrage nicht vollkommen unelastisch, wie hier zur Vereinfachung angenommen wurde, würde die Steuerbelastung von Anbietern und Nachfragern getragen werden und dementsprechend die Überschussbelastung ebenfalls auf sie aufgeteilt.

345 Da die Überschussbelastung über den Flächeninhalt eines rechtwinkligen Dreiecks berechnet wird, gilt die Formel genau genommen nur bei entsprechenden Annahmen zu Form und Verlauf von Angebots- und Nachfragekurve.

Nachfrage ausgegangen wird. Lediglich der mathematische Ausdruck wird etwas komplexer.

4.2.2 Zweigütermodelle

Zuvor wurde ein Modell mit einem Gut betrachtet. Die gleiche Überlegung soll nun auf ein Modell mit zwei Gütern übertragen werden. In dieser Konstellation findet es sich oft in der Diskussion zum Themenkomplex der Rentenbesteuerung wieder. Dabei werden unterschiedliche Besteuerungsalternativen danach beurteilt, ob sie die Entscheidung zwischen zwei ausgewählten Gütern beeinflussen oder ob sie sich diesbezüglich neutral verhalten.[346]
Sehr häufig wird das Zweigütermodell herangezogen um zu zeigen, dass die Ersparnis durch die synthetische Einkommensteuer gegenüber dem sofortigen Konsum diskriminiert wird. Durch eine allgemeine Konsumbesteuerung könnte diese Verzerrung vermieden werden. Diese lässt sich auch durch eine sparbereinigte Einkommenssteuer realisieren, die sämtliche Ersparnis aus der Bemessungsgrundlage ausscheidet. Die nachgelagerte Rentenbesteuerung entspricht diesem Bild und würde sich problemlos in ein Einkommensteuersystem einpassen lassen. Dies bedeutet jedoch nicht, dass die nachgelagerte Rentenbesteuerung gleichsam automatisch in eine Reform münden müsse, welche das gesamte Steuersystem konsumorientiert ausrichtet.[347] Dieser Forderung wird mit der Behauptung Nachdruck verliehen, dass ohne vollständige Umstellung zu einer konsumorientierten Besteuerung unterschiedliche Sparformen ungleich besteuert würden. Rentenversicherungsbeiträge würden so gegenüber klassischer Ersparnis benachteiligt.[348] Um diesen Argumentationsstrang zu verdeutlichen wird nachfolgend auf die Effizienzverluste in unterschiedlichen Zweigütermodellen eingegangen. Zunächst wird die klassische Argumentation dargelegt, die für eine konsumorientierte Besteuerung spricht. Danach wird darauf eingegangen, dass die Konsumbesteuerung die Entscheidung zwischen Arbeit und Freizeit ebenso wie die Einkommensteuer verzerrt. Als drittes wird das Argument aufgegriffen, durch die nachgelagerte Besteuerung im Rahmen einer synthetischen Einkommensteuer würden verschiedene Sparformen unzulässigerweise ungleich behandelt.

4.2.2.1 Konsum versus Ersparnis

Halten wir zunächst die Entscheidung zwischen Arbeit und Freizeit konstant und betrachten die Entscheidung zwischen Gegenwartskonsum C_1 und Zukunftskonsum C_2.

---

346 Vgl. zu den unterschiedlichen Neutralitätsbegriffen Elschen, Rainer/ Hüchtebrock, Michael (1983), S. 253 ff.

347 So indirekt von Wiegard, Wolfgang (2000), S. 12 verlangt; vgl. ähnlich Wagner, Franz (2002), S. 1; deutlich ausgewogener in seiner Argumentation hingegen Richter, Wolfram F. (2001), S. 1002; deutlich ablehnend Schneider, Dieter (1999b), S. 6 ff. Zur Einordnung der nachgelagerten Besteuerung in ein System umfassender Einkommensteuer vgl. BMF (Hrsg.) (2003), S. 29.

348 Wiegard, Wolfgang (2000), S. 12; vgl. auch Wagner, Franz (2002), S. 1.

Das Wirtschaftssubjekt erhalte nur in der ersten Periode (Erwerbsphase) ein Einkommen, das es zwischen Gegenwartskonsum C_1 und Ersparnis S aufteilt.

$$w = C_1 + S$$

w Einkommen
C_1 Gegenwartskonsum
S Ersparnis

Gleichung 4-6

In der zweiten Periode (Nacherwerbsphase) kann es die verzinste Ersparnis konsumieren.

$$C_2 = S \bullet (1 + r)$$

r Zinssatz
C_2 Zukunftskonsum

Gleichung 4-7

Führt man den Gegenwartskonsum und den Zukunftskonsum (Gleichung 4-6 und Gleichung 4-7) im Zeitpunkt der ersten Periode zusammen, ergibt sich die intertemporale Budgetrestriktion zu

$$w = C_1 + \frac{C_2}{(1 + r)},$$

Gleichung 4-8

die nach dem Gegenwartskonsum aufgelöst für ein gegebenes Einkommen w die Budgetgerade (Gerade AB in Abbildung 4-2) ergibt.

$$C_1 = w - \frac{C_2}{(1 + r)}$$

Gleichung 4-9

Eine Einheit Gegenwartskonsum entspricht dem (1+r)-fachen dieser Einheit an Zukunftskonsum. Das Individuum kann heutigen Konsum durch Ersparnisbildung in Zukunftskonsum transformieren. Wird der Konsum durch eine **allgemeine Konsumbesteuerung** belastet, so muss das Wirtschaftssubjekt mit dem Einkommen der Erwerbsphase nicht nur Gegenwarts- und Zukunftskonsum sondern auch die jeweils darauf entfallende Steuer finanzieren. Die intertemporale Budgetrestriktion von Gleichung 4-8 nimmt dann die folgende Form an

$$w = C_1 \bullet (1 + t) + \frac{C_2}{(1 + r)} \bullet (1 + t).$$

Gleichung 4-10

Durch Auflösung nach C_1 erhält man die parallel verschobene Budgetgerade (Gerade A'B' in Abbildung 4-2) mit

$$C_1 = \frac{w}{(1 + t)} - \frac{C_2}{(1 + r)}.$$

Gleichung 4-11

Abbildung 4-2 verdeutlich den Zusammenhang. Der Achsenabschnitt auf der Ordinate liegt mit $\frac{w}{(1 + t)}$ bei Punkt B' niedriger als im Vergleich zu Gleichung 4-9, dem Zustand ohne Steuer, bei dem er bei B lag. Die Steigung der beiden Geraden ist mit $-\frac{1}{(1 + r)}$ identisch.

Das Wirtschaftssubjekt, das unter der Nebenbedingung der Budgetgeraden seinen Nutzen maximiert, wird im Fall ohne Steuer den Punkt E wählen. Dies ist der Tangentialpunkt der Budgetgeraden AB mit dem maximal erreichbaren Nutzenniveau auf der Indifferenzkurve i_1. Für den Fall einer allgemeinen Konsumsteuer hat sich die Nebenbedingung, d.h. die Budgetgerade verändert. Das maximal erreichbare Nutzenniveau ist i_2, welches das Wirtschaftssubjekt durch die Wahl von E' erreicht.

Abbildung 4-2: Konsum- versus Einkommensteuer

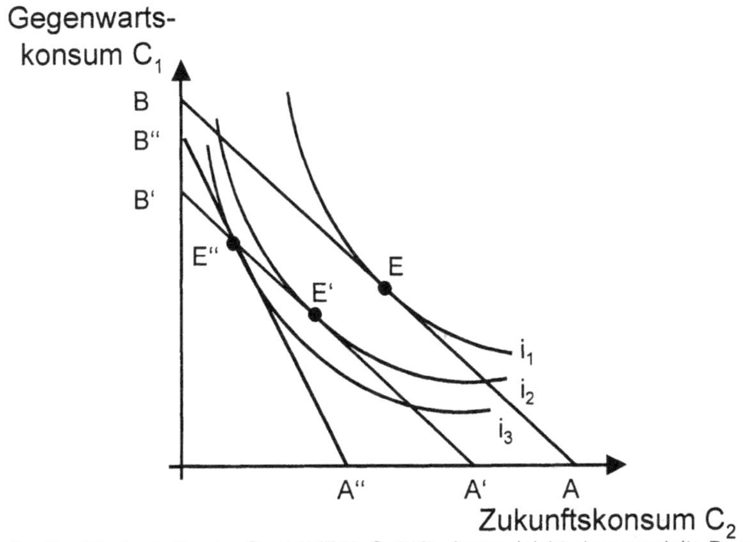

Quelle: Blankart, Charles Beat (1998), S. 212; eigene, leicht abgewandelte Darstellung

Durch die Einführung der Steuer wird das Budget eingeschränkt. Die Preisrelation zwischen dem Gut des Gegenwartskonsums und dem Gut des Zukunftskonsums verändert sich nicht. Sie verhält sich neutral bzgl. der Entscheidung zwischen diesen beiden Gütern, d.h. das Bruttopreisverhältnis entspricht dem Nettopreisverhältnis. Diese Art der Budgetverengung durch Einführung der Steuer wird Einkommenseffekt genannt.

Bei konstanter Arbeits-Freizeit-Relation wird die Entscheidung zwischen Gegenwarts- und Zukunftskonsum durch eine allgemeine Konsumsteuer folglich nicht verzerrt, es kommt zu keiner Überschussbelastung. Anders sieht es dagegen aus, wenn eine **synthetische Einkommensteuer** eingeführt wird. Sie erfasst nicht den Konsum, dafür aber in der Erwerbsphase das Einkommen (Gleichung 4-12) und in der Nacherwerbsphase die Zinserträge (Gleichung 4-13).

$$w \bullet (1-t) = C_1 + S$$

Gleichung 4-12

$$C_2 = S \bullet (1 + r \bullet (1 - t))$$

Gleichung 4-13

Die beiden Gleichungen zusammengefasst und nach C_1 aufgelöst ergibt die Budgetgerade mit

$$C_1 = w \bullet (1 - t) - \frac{C_2}{(1 + r \bullet (1 - t))}.$$

Gleichung 4-14

Vergleicht man die Budgetgerade bei Einkommensbesteuerung (Gleichung 4-14) mit derjenigen bei Konsumbesteuerung (Gleichung 4-11) so ergibt sich für erstere bei gleichem Steuersatz t ein größerer Achsenabschnitt auf der Ordinate.[349] Außerdem ist der Verlauf steiler, da gilt

$$\frac{1}{(1 + r)} < \frac{1}{(1 + r \bullet (1 - t))} \forall t : t > 0.$$

Gleichung 4-15

Im Vergleich zum Urzustand ohne Steuer wird also die Entscheidung zwischen Gegenwarts- und Zukunftskonsum verzerrt, da die Einkommensteuer eine Verhaltensänderung induziert, die dazu führt, dass Zukunftskonsum (Ersparnis) durch Gegenwartskonsum substituiert wird. Deshalb spricht man hierbei vom Substitutionseffekt. Dieser ist mit Wohlfahrtseinbußen verbunden. Die Überschussbelastung wird dadurch sichtbar, dass bei Nutzenmaximierung durch das Wirtschaftssubjekt lediglich das niedrigere Nutzenniveau auf der Indifferenzkurve i_3 im Vergleich zu i_2 bei allgemeiner Konsumbesteuerung erreicht werden kann. In Abbildung 4-2 ist dies bei Punkt E" der Fall. „Dies ist mit ein wichtiger Grund, warum viele Finanzwissenschaftler heute dafür plädieren, die Einkommensteuer durch eine allgemeine Konsumsteuer zu ersetzen."[350]
Die gleiche Steuerwirkung wie bei einer allgemeinen Konsumsteuer lässt sich auch durch eine zinsbereinigte oder eine sparbereinigte Einkommensteuer erreichen, wie folgende Berechnungen zeigen. Bei der **zinsbereinigten Einkommensteuer** wird lediglich das Einkommen in der Erwerbsphase besteuert (Gleichung 4-16). Die marktübliche Verzinsung fließt nicht in die Bemessungsgrundlage ein. Brutto- und Nettozinssatz sind folglich für den Steuerzahler identisch (Gleichung 4-17).

$$w \bullet (1 - t) = C_1 + S$$

Gleichung 4-16

$$C_2 = S \bullet (1 + r)$$

Gleichung 4-17

Bei der **sparbereinigten** (nachgelagerten) **Einkommensteuer** wird die Ersparnis der Erwerbsphase von der Bemessungsgrundlage ausgenommen (Gleichung 4-18), dafür der Konsum der Nacherwerbsphase besteuert (Gleichung 4-19).

---

349 Dies ist allerdings ein technischer Aspekt, da man den gleichen Achsenabschnitt erhält, wenn für das Verhältnis des Einkommensteuersatz *tE* zum Konsumsteuersatz *tC* die Gleichung $(1 - t_E) = \frac{1}{(1 + t_C)}$ gilt.

350 Blankart, Charles Beat (1998) Kapitel 11, S. 213.

$$w - t \bullet (w - S) = C_1 + S$$ **Gleichung 4-18**

$$C_2 = S \bullet (1 + r) \bullet (1 - t)$$ **Gleichung 4-19**

In beiden Fällen ergibt sich die gleiche Budgetgleichung

$$C_1 = w \bullet (1 - t) - \frac{C_2}{(1 + r)}$$ **Gleichung 4-20**

Die Budgetgeraden bei Konsumbesteuerung (Gleichung 4-11) stimmt mit derjenigen bei spar- oder zinsbereinigten Einkommensteuer (Gleichung 4-20) dann überein, wenn zwischen dem Einkommensteuersatz t_E und dem Konsumsteuersatz t_C folgendes Verhältnis besteht

$$(1 - t_E) = \frac{1}{(1 + t_C)}.$$ **Gleichung 4-21**

4.2.2.2 Arbeit versus Freizeit

Bei den Ausführung zur Entscheidung zwischen Gegenwarts- und Zukunftskonsum wurde die Entscheidung zwischen Arbeit und Freizeit konstant gehalten. Betrachtet man nun diese Entscheidung in gleicher Weise, zeigt sich, dass die Einkommensteuer lediglich den Faktor Arbeit belastet, dessen Erträge auch durch eine Konsumsteuer erfasst werden. Durch die Besteuerung wird der marktmäßige, d.h. monetär erfassbare Güterkonsum belastet. Geht man davon aus, dass auch der Konsum von Freizeit für das Wirtschaftssubjekt Nutzen stiftet, wird dieser weder durch die Konsum- noch durch die Einkommensteuer erfasst. Es fehlt der monetäre, marktliche Anknüpfungspunkt für eine Besteuerung. Damit stellt sowohl die Einkommen- als auch die Konsumsteuer eine selektive Steuer dar, beide verzerren die Entscheidung zwischen Arbeit und Freizeit. Die Besteuerung setzt den Anreiz, weniger zu arbeiten.

Wollte man diesen Fehlanreiz und die damit verbundene Überschussbelastung vermeiden, käme nur eine Pauschalsteuer bspw. in Form einer Kopfsteuer in Betracht. Diese verzerrt weder die Entscheidung zwischen Arbeit und Freizeit noch die zwischen Gegenwarts- und Zukunftskonsum, dafür müssen zwei andere Kritikpunkte angeführt werden. Zum einen dürfte eine Kopfsteuer aus Gründen der Steuergerechtigkeit, wie der Versuch Margaret Thatchers diese in Großbritannien einzuführen zeigte, kaum durchsetzbar sein. Zum anderen ergeben sich in der Realität andere negative Anreize. Wirtschaftssubjekte werden versuchen, der Steuer räumlich auszuweichen, es besteht der Anreiz zur Steuerflucht. Erhöhen sich durch die Pauschalsteuer die Produktionskosten, wird bei vollkommener Konkurrenz der Grenzanbieter aus dem Markt gedrängt.[351]

Als Fazit kann festgehalten werden, dass praktisch alle Steuern individuelle Entscheidungen beeinflussen und damit zu Fehlanreizen führen. Diese sind mit Wohlfahrtseinbußen verbunden. Im Rahmen der Optimalsteuertheorie wird des-

351 Vgl. Elschen, Rainer/ Hüchtebrock, Michael (1983), S. 259.

halb versucht, die Besteuerung so zu gestalten, dass die Überschussbelastungen minimiert werden. Bei der Güterbesteuerung führt das zur inversen Elastizitätsregel, wonach die Steuersätze reziprok zu den Preiselastizitäten der Nachfrage der Güter zu bemessen sind.[352] Dieses Ergebnis ist intuitiv kohärent mit der Harbergerschen Formel[353], wonach die Überschussbelastung umso stärker ist, je elastischer die Nachfrage auf Preisänderungen reagiert.
Da bei der Einkommensteuer der Faktor Arbeit zu der Alternative Freizeit ein direktes Substitut ist, wird hier das Problem der Überschussbelastung besonders deutlich. Jedes Mehr an Einkommensteuer lässt die Freizeit attraktiver werden und führt gleichzeitig zu einer höheren Überschussbelastung. Darüber hinaus kann gesellschaftlich eine Wohlfahrtsfunktion erwünscht sein, welche eine Verschiebung der Einkommensverteilung von Reich nach Arm vorsieht. Dies erfordert eine Einkommensteuer mit höherer steuerlicher Belastung der oberen Einkommensschichten, was automatisch zu Wohlfahrtsverlusten führt.
Zwei Extrema zeigen das Spannungsfeld der Einkommensteuer auf. Im einen Fall vernachlässigt man die Überschussbelastung und orientiert sich an einer Benthamschen sozialen Wohlfahrtsfunktion. Unter gewissen Annahmen führt dies zu einer völligen Nivellierung der Einkommen. Im anderen Extremfall orientiert man sich nur an der Überschussbelastung. Damit folgt man den Regeln der Optimalsteuertheorie oder aber erhebt statt einer Einkommensteuer eine Konsumsteuer. Stern kommt für eine Benthamsche soziale Wohlfahrtsfunktion unter weiteren Annahmen auf einen optimalen Grenzsteuersatz von 19%, für den Fall einer Rawlschen sozialen Wohlfahrtsfunktion auf 80%.[354] Hier nimmt der Grundkonflikt zwischen den gesellschaftlichen Wertvorstellungen von Effizienz des Marktes auf der einen und Marktversagen, das eine Umverteilung erfordert, auf der anderen Seite eine quantitative Form an.[355]

4.2.2.3 Ersparnis versus Versicherung

Die bisher dargestellten Güterpaare werden angeführt, wenn es um negative Effekte einer selektiven Besteuerung im Allgemeinen oder der Besteuerung von Rentenbeiträgen und –leistungen im Besonderen geht.[356] In diesem Zusammenhang wird oft darauf hingewiesen, dass die nachgelagerte Besteuerung auf alle Sparformen übertragen werden müsste, um nicht durch eine neue, selektive Besteuerung neue Verzerrungen zu verursachen. Gemäß diesem Argumentationsstrang stellt „die nachgelagerte Besteuerung der Alterseinkünfte ein[en] (weitere[n]) Schritt in Richtung Konsumbesteuerung“[357] dar, weil die Belastung auf

352 Vgl. Blankart, Charles Beat (1998), S. 216 für ein Modell mit zwei besteuerten Gütern.

353 Siehe Gleichung 4-5, S. 108

354 Vgl. Stern, N. H. (1976) ; Blankart, Charles Beat (1998), S. 219 f., zu den Unterschiedlichen Wohlfahrtsfunktionen, vgl. Blankart, Charles Beat (1998), S. 83 ff.; zur Frage von Umverteilung und Gerechtigkeit siehe Abschnitt 4.3.

355 Zur Theorie des Marktversagens und des Staatsversagens vgl. Brümmerhoff, Dieter (1996), S. 203 ff. mit weiteren Nachweisen.

356 Vgl. exemplarisch Börsch-Supan, Axel/ Lührmann, Melanie (2000), S. 22 f.; Wagner, Franz (2002), S. 1.

357 Wiegard, Wolfgang (2000), S. 12; vgl. auch Wagner, Franz (2002), S. 1.

diese Einkommensteile der Konsumbesteuerung entspricht und damit insgesamt geringer ausfallen als bei der klassischen Einkommensteuer.[358] Die Rentenversicherungsbeiträge werden folglich mit herkömmlicher Ersparnis gleichgesetzt. Aufgrund der folgenden Merkmale der gesetzlichen Sozialversicherungsrente erscheint diese Gleichsetzung jedoch mehr als problematisch zu sein.

1. Das Rentenvermögen ist nicht beleihbar und nicht veräußerbar.
2. Die Höhe des Rentenvermögen ist ex ante nur eine fiktive Größe.
3. Tritt der Versicherungsfall nicht ein, verfällt das eingezahlte Vermögen.

Zu 1. Das Rentenvermögen, welches der Versicherte durch seine Rentenbeiträge zur gesetzlichen Rentenversicherung erwirbt, steht ihm bis zum Renteneintritt nicht zur Verfügung. Sieht man von dem Sicherheitsgefühl einer materiellen Grundsicherung für das Alter einmal ab, stiftet es ihm bis zu diesem Zeitpunkt keinen Nutzen. Die fiktive Vermögensposition ist weder beleihbar, noch veräußerbar. Private Ersparnis steht dagegen grundsätzlich zur Verfügung und kann auch ohne aufgezehrt zu werden, Nutzen stiften. Der Nutzen, der sich aus der Beleihbarkeit ergibt, wird in einem Zwei-Güter- bzw. Zwei-Periodenmodell durch die Annahme vollkommener Kapitalmärkte wegdefiniert. Bei realen Kapitalmärkten sind Wirtschaftssubjekte insbesondere in der frühen Phase der Erwerbstätigkeit kreditrationiert. Natürlich kann die nachgelagerte Besteuerung nicht die Unvollkommenheit der Kapitalmärkte korrigieren und soll dies auch nicht, wie teilweise geargwöhnt wird.[359] Dennoch kann der Nutzen, den ein fungibles Vermögen gegenüber einer nicht verfügbaren, fiktiven Rentenanwartschaft hat, nicht gänzlich in Abrede gestellt werden. Auf diesen Unterschied zwischen Ersparnisbildung und Versicherung hebt die Argumentation ab, die sich für eine nachgelagerten Besteuerung von Beiträgen zur gesetzlichen Rentenversicherung im Rahmen einer synthetischen Einkommensteuer ausspricht.[360] Schließlich reduziert sich der Konflikt auf die Frage nach dem gesellschaftlichen Wertesystem. Fällt die soziale Wohlfahrt durch ein ökonomisch effizientes[361] Steuersystem, welches Überschussbelastungen minimiert, größer aus, als durch ein Steuersystem, das auf ein gewisses Maß an Umverteilung setzt? Aus volkswirtschaftlicher Sicht kann diese Frage nur durch die Annahmen einer sozialen Wohlfahrtsfunktion beantwortet werden. Die Entscheidung zwischen den möglichen Wohlfahrtsfunktionen kann dagegen keine normative sondern nur eine politische Entscheidung sein.[362]

Zu 2. Ab dem Zeitpunkt des Renteneintritts konkretisiert sich das Rentenvermögen durch monatliche Rentenzahlungen kontinuierlich. Welchen Wert die Vermögensposition konkret hat, kann im Gegensatz zu herkömmlicher Ersparnis nicht ermittelt werden. Der Wertzuwachs des Rentenvermögens richtet

---

358 Vgl. Abschnitt 4.2.2.1.

359 Vgl. Wiegard, Wolfgang (2000), S. 11.

360 Vgl. hierzu die Argumentation zum Leistungsfähigkeitsprinzip aus juristischer Sicht im Abschnitt 3.2.1 und aus volkswirtschaftlicher Sicht im Abschnitt 4.3.

361 Wie bereits ausgeführt führen Steuern immer zu Nutzeneinbußen, weshalb ein Steuersystem - wenn überhaupt - höchstens im Vergleich zu einem anderen als „effizienter" bezeichnet werden kann.

362 Vgl. Blankart, Charles Beat (1998), S. 83 ff. mit weiteren Quellen.

sich nach dem Lohnsummenwachstum und nicht nach der Kapitalmarktverzinsung und ist deshalb ex ante nur eine fiktive Größe. Erst nach Ableben des Versicherten könnte eine Quantifizierung der Rendite ex post durchgeführt werden, was für eine periodische Besteuerung ungeeignet sein dürfte. Lediglich die kummulierte Durchschnittsbesteuerung nach Vickrey könnte hier einen Ausweg bieten.[363]

Zu 3. Die Rentenversicherung stellt – wie der Name bereits sagt – eine Versicherung dar. Tritt der Versicherungsfall nicht ein, weil beispielsweise der Versicherte vor dem Renteneintrittsalter stirbt, verfällt das Rentenvermögen ersatzlos, da es nicht vererbbar ist. Angehörige, die nicht dem versicherten Personenkreis angehören, haben keinen Nutzen aus dem Rentenvermögen des Verstorbenen. Herkömmliche Ersparnis kann dagegen vererbt werden. Die Annahme der herkömmlichen Lebenszyklushypothese, nach der Wirtschaftssubjekte zum Ende ihres Lebens ihr Vermögen entsparen, kann in der Realität nur selten beobachtet werden.[364]

Wird von einer selektiven Besteuerung zwischen Altersvorsorgesparen im Verhältnis zu sonstiger Ersparnis gesprochen, so trifft dies für die Sozialversicherungsrente nicht den Kern des Problems, da gesetzliche Rentenversicherungsbeiträge nicht mit herkömmlicher Ersparnis vergleichbar sind. Vielmehr muss die unterschiedliche Besteuerung hinsichtlich der Entscheidung zwischen Versicherung und Ersparnis betrachtet werden. Wollte man dies ebenfalls durch ein Zwei-Perioden-Modell in Anlehnung an dasjenige aus Abschnitt 4.2.2.1 zwischen Konsum und Ersparnis durchführen, würde sich die Entscheidung des Wirtschaftssubjektes in der Erwerbsphase um eine Größe erweitern. Für den Fall einer umfassenden Einkommensteuer, bei gleichzeitig nachgelagerter Besteuerung der Rentenversicherungsbeiträge ergibt sich folgende Gleichung.

$$w \bullet (1-t) = C_1 + S + p \bullet q \bullet (1-t)$$

p Prämiensatz
q Deckungssumme

Gleichung 4-22

Das Wirtschaftssubjekt entscheidet mit der Aufteilung seines versteuerten Einkommens in der ersten Periode auch über seine Konsummöglichkeit in der zweiten Periode. Die Ersparnis S steht ihm in der Nacherwerbsphase zuzüglich der Nettozinsen zum Konsum zur Verfügung. Mit der Prämie kauft der Versicherte Schutz gegen das wirtschaftliche Risiko der Langlebigkeit. Das Produkt $p \bullet (1-t)$ entspricht dem steuerbefreiten Prämiensatz. Der Versicherte erhält Deckung in Höhe von q, muss dafür aufgrund der Steuerbefreiung nur $p \bullet q \bullet (1-t)$ zahlen. Dafür wird die Deckungssumme im Versicherungsfall (nachgelagert) besteuert, d.h. er erhält auch nur $q \bullet (1-t)$.[365] Die Versicherung deckt in diesem Modell das Risiko, dass die herkömmliche Ersparnis nicht ausreicht, seinen Lebensunterhalt im Alter zu finanzieren. Die Fehleinschätzung hinsichtlich seiner Lebenserwartung stellt den Schadensfall dar. Bei dieser Darstellung wird sowohl die Erwerbsphase als auch die Nacherwerbsphase auf eine

363 Vgl. Wenger, Ekkehard (1983), S. 233.
364 Vgl. für eine theoretische Begründung hierfür Davies, James B. (1981), S. 561 ff.
365 Vgl. Gleichung 4-24.

Periode reduziert. In Analogie zur Theorie der Versicherungsökonomie hängt die Konsummöglichkeit in der Nacherwerbsphase davon ab, ob der Schadensfall eines „zu langen" Lebens eintritt und in welchem Umfang dieser Schaden durch die Versicherung gedeckt wird.[366] Damit ergeben sich für den Nichtschadensfall mit der Wahrscheinlichkeit *1-π bzw.* für den Schadensfall mit der Wahrscheinlichkeit π die Konsummöglichkeiten gemäß Gleichung 4-23 bzw. gemäß Gleichung 4-24.

$$C_{21} = S \bullet (1 + r \bullet (1 - t)) \qquad 1-\pi$$

Gleichung 4-23

$$C_{22} = S \bullet (1 + r \bullet (1 - t)) + q \bullet (1 - t) - L \qquad \pi$$

L Schaden **Gleichung 4-24**

Im Nichtschadensfall umfasst der Konsum in der zweiten Periode die verzinste Ersparnis, welche um die Steuer auf die Zinserträge gekürzt ist. Diese ist bei Abschluss einer Versicherung um die Versicherungsprämie kleiner als ohne Versicherung.[367] Im Schadensfall vergrößert sich die Summe um die nachgelagert versteuerte Deckungssumme $q \bullet (1 - t)$ aus der Versicherung und reduziert sich um die Schadenssumme *L*. Im Vergleich zum Fall ohne Versicherung[368] fällt die Ersparnis bei konstantem Gegenwartskonsum um die steuerbefreite Versicherungsprämie $p \bullet q \bullet (1 - t)$ kleiner aus. Die Budgetgerade wird durch die erweiterte Wahlmöglichkeit zwischen Gegenwartskonsum, Ersparnis und Versicherung zu einer Budgetebene. Sie stellt die Nebenbedingung für die Maximierung des Erwartungsnutzens dar. Abbildung 4-3 zeigt den Fall ohne Steuer.

Die Wahl eines bestimmten Gegenwartskonsums C_1' führt zu einer Budgetgeraden in oder parallel zur C_{21}-C_{22}-Ebene zwischen Konsummöglichkeit im Nichtschadens- bzw. im Schadensfall. Zehrt der potentielle Schaden nicht das ganze Vermögen auf und liegt der Gegenwartskonsum bspw. bei Null, beginnt die Budgetgerade beim Ausgangspunkt A. Im Schadensfall kann C_2'-L konsumiert werden, im Nichtschadensfall C_2'.

Geht man davon aus, dass der Erwartungsnutzen nur vom Konsum der beiden Perioden abhängt, ergibt sich hierfür

$$EU = C_1 + (1 - \pi) \bullet C_{21} + \pi \bullet C_{22}$$

Gleichung 4-25

was mit Gleichung 4-23 und Gleichung 4-24 zu

$$EU = C_1 + C_{21} + \pi \bullet (q \bullet (1 - t) - L)$$

Gleichung 4-26

vereinfacht werden kann. Wird davon ausgegangen, dass die Versicherung vor Einführung der Steuer zum fairen Preis angeboten wird und damit der Versicherungsschutz den Schaden vollständig abdeckt, ist die volle Deckung nach Einfüh-

366 Vgl. Gravel, Hugh/ Rees, Ray (1992), S. 586 ff.; Zweifel, Peter/ Eisen, Roland (2000), S. 82 ff.

367 Vgl. Gleichung 4-22.

368 Vgl. Abschnitt 4.2.2.1.

rung der Steuer nicht notwendigerweise gegeben.[369] Legt man beispielsweise eine ansteigende Angebotskurve zu Grunde, ergibt sich bei vollkommen starrer Nachfrage eine Preisänderung der Versicherungsleistung in Höhe der Steuer.[370] Wird diese Preiserhöhung durch den Versicherten nicht durch Verzicht auf Konsum oder Ersparnis in vollem Umfang kompensiert, ist der potentielle Schaden durch die Versicherung nicht mehr vollständig gedeckt. Darüber hinaus tritt das Problem der Überschussbelastung auf.[371]

Abbildung 4-3: Budgetebene im Zwei-Perioden-Modell mit Versicherung

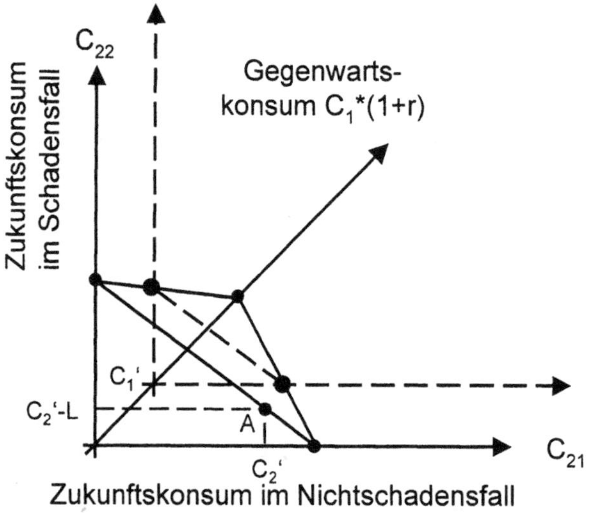

Quelle: eigene Darstellung

In der Realität liegt allerdings genau der umgekehrte Fall vor. Durch den Übergang vom Status quo zur nachgelagerten Besteuerung verringert sich die Steuerlast und damit die potentielle Unterdeckung. Bereits ohne auf das mathematische Problem der Nutzenmaximierung einzugehen zeigt sich, dass die Besteuerung auch auf die Wahl zwischen Ersparnisbildung und Versicherung Einfluss nimmt. Werden weiterhin die Vermögenserträge besteuert, gleichzeitig die Versicherungsbeiträge zur gesetzlichen Rentenversicherung steuerlich zum Abzug von der Bemessungsgrundlage zugelassen, wird die Versicherung relativ zur Ersparnis attraktiver. Ob diese Veränderung zu einer höheren Nutzeneinbuße durch die Veränderung der relativen Preise führt oder zu einer verringerten Nut-

369 Die aktuarisch faire Prämie ändert das Erwartungseinkommen des Versicherten nicht. Vgl. Gravel, Hugh/ Rees, Ray (1992), S. 588.

370 Dieser Fall wird hier angenommen, da der überwiegende Teil der gesetzlich Rentenversicherten Pflichtversicherte sind.

371 Vgl. Abschnitt 4.2.1.

zeneinbuße, aufgrund steuerlicher Entlastung der Versicherungsprämien, müsste empirisch überprüft werden. Entscheidend ist dafür der Verlauf der Wohlfahrtsfunktion, nach der das Wirtschaftssubjekt seinen Erwartungsnutzen durch die Entscheidung in der Erwerbsphase über die Aufteilung seines Einkommens auf Gegenwartskonsum, Ersparnis und Versicherungsschutz maximiert. Da die Realität weit komplexer ist, als der hier angedeutete, erweiterte Modellansatz, scheint der Konflikt so nur bedingt analysierbar zu sein. Grundsätzlich kann nicht ausgeschlossen werden, dass sich Verzerrungen gegenseitig neutralisieren. Da sich im Status quo der Besteuerung die Wirkungen einer Vielzahl an Verzerrungen überlagert, erscheint eine zuverlässige Vorhersage über die Wirkungsrichtung, die sich durch eine Veränderung ergibt, nur schwer möglich.[372]

Bisher wurden die Beleihbarkeit und die Vererbbarkeit nicht berücksichtigt. Letzteres kann über die Erweiterung der Nutzenfunktion auf die vererbbare Konsummöglichkeit berücksichtigt werden. Die Beleihbarkeit hingegen erfordert die Modellierung eines unvollkommenen Kapitalmarktes. Dabei dürfte sich die Wirkung der Kreditrationierung erst bei Berücksichtigung über einen realitätsgerechten Zeitraum von mehreren Jahrzehnten entfalten, wenn Kreditaufnahme und Kreditrückzahlung innerhalb der Erwerbsphase möglich ist. Durch die Erweiterung der Möglichkeit, sein Einkommen auch für den Erwerb von Versicherungsschutz zu verwenden, werden die Aspekte der Risikoaversion des Wirtschaftssubjektes sowie die Unsicherheit über die Lebensdauer in das Entscheidungskalkül integriert. Diese Ausdehnung führt zwar zu einem realitätsnäheren Modellrahmen, eröffnet aber gleichzeitig weiteres Konfliktpotential, sobald man die Annahme des vollkommenen Versicherungsmarktes in Frage stellt. Namentlich die subjektive Risikowahrnehmung kann bei der Wahl zwischen Ersparnis und Versicherung zu einer suboptimalen Allokation von Einkommen führen.[373] Wird das Risiko der Langlebigkeit unterschätzt, können steuerliche Anreize dieser Fehlallokation entgegenwirken und so die Wohlfahrt erhöhen, im umgekehrten Fall entsprechend verringern.

Als Ergebnis lässt sich festhalten, dass Effizienzbetrachtungen bei einfachen Modellgestaltungen zwar helfen, die grundlegenden Zusammenhänge zu verdeutlichen, aufgrund ihrer vereinfachenden Annahmen aber mit großer Vorsicht zu interpretieren sind. Das einfache, unreflektierte Übertragen der Ergebnisse auf die Wirklichkeit muss jedenfalls sehr kritisch gesehen werden.[374] Insbesondere die Ausdehnung des Betrachtungszeitraums bei gleichzeitiger Aufgabe der Annahmen von vollkommenen Kredit- und Versicherungsmärkten dürfte deutlichen Einfluss auf den Nutzen einzelner Wirtschaftssubjekte über den Lebensverlauf

---

372 Vgl. Richter, Wolfram F. (2001), S. 1002; Elschen, Rainer/ Hüchtebrock, Michael (1983), S. 254 f.

373 Vgl. Zweifel, Peter/ Eisen, Roland (2000), S. 40 ff.

374 Vgl. weiterführend hierzu die Ausführungen in Abschnitt 4.4 ; eine kritische Auseinandersetzung mit den Argumenten und Annahmen der Befürworter einer Konsumbesteuerung findet sich beispielsweise bei Schneider, Dieter (2000), S. 421 ff.

haben.[375] Wollte man fundierte Aussagen zu den Wohlfahrtseffekten treffen, die mit einer unterschiedlichen Besteuerung von Ersparnis auf der einen Seite und Versicherungsbeiträgen bzw. Versicherungsleistungen auf der anderen Seite einhergehen, wären umfassendere, theoretische und empirische Analysen notwendig.[376] Eine entsprechende, geschlossene Modellierung dieser Situation steht noch aus und kann in der vorliegenden Arbeit nicht geleistet werden. Die Aussage, dass durch die nachgelagerte Besteuerung von Versicherungsbeiträgen bei gleichbleibender Zinsbesteuerung alternative Sparformen unzulässigerweise unterschiedlich besteuert würden, kann nach vorangehenden Überlegungen jedenfalls nicht gestützt werden.[377] Kapitaleinkünfte und Sozialversicherungsrenten stellen aus ökonomischer Sicht derart unterschiedliche Sachverhalte dar, dass für sie eine Gleichbehandlung nicht gefordert werden kann.

4.3 Gleichmäßigkeit als ökonomische Norm zur Beurteilung der Besteuerung

Die traditionelle Finanzwissenschaft geht von einem normativ vordefinierten Ausgabenvolumen des Staates aus, das über Steuern und Abgaben zu finanzieren ist.[378] Da Abgaben sich auf direkt zurechenbare, öffentliche Leistungen beschränken, haben diese Entgeltcharakter und werden äquivalent zu der empfangenen Leistung erhoben.[379] Alle öffentlichen Leistungen, die nicht direkt zurechenbar sind, werden über Steuern finanziert. Die Verteilung der Steuerbelastung muss damit nach anderen Regeln erfolgen.

Im nachfolgenden Abschnitt werden normative Maßstäbe diskutiert, die bei der Beurteilung der Verteilung der Steuerlast im Allgemeinen sowie der Verteilungswirkungen von Reformalternativen im Bereich der Rentenbesteuerung im Besonderen herangezogen werden können. Dazu werden zunächst in Abschnitt 4.3.1 unterschiedliche Gerechtigkeitskonzepte verschiedenen gesellschaftlichen Wertvorstellungen zugeordnet und diskutiert. Dabei erweist es sich als hilfreich, die Regelgerechtigkeit für das Dilemma zwischen Wohlfahrtseinbußen durch Verteilungsmaßnahmen auf der einen Seite und ggf. einem Maß an „Rest-Ungleichheit" auf der anderen Seite abzuwägen.

Im Rahmen der Steuerlastverteilung hält das Leistungsfähigkeitsprinzip eine prominente Stellung inne. Das Konzept wird in Abschnitt 4.3.2 diskutiert und die Vorgaben, welche sich aus diesem Prinzip im Rahmen der Gleichmäßigkeit für Steuersysteme erörtert.

---

375 In Abschnitt 4.4 wird der Einfluss einer Ausdehnung des Betrachtungszeitraums auf die Steuerbelastung thematisiert.

376 Vgl. hierzu Abschnitt 4.5.1 m.w.N.

377 Ebenfalls kritisch Richter, Wolfram F. (2001), S. 1002; anderer Auffassung dagegen Wiegard, Wolfgang (2000), S. 12 sowie Wagner, Franz (2002), S. 1.

378 Auf die Argumente der Theorie der politischen Ökonomie gegen diese beschränkt realitätsnahe Sichtweise wurde bereits mehrfach hingewiesen.

379 Vgl. zum Äquivalenzprinzip statt vieler Brümmerhoff, Dieter (1996), S. 238 ff. m.w.N.

4.3.1 Gerechtigkeitsprinzipien

Wie Manfred Neumann formuliert, sind „ ‚Solidarität' und ‚Gerechtigkeit' [..] normative Kategorien, mit denen sich Ökonomen in der Regel nicht beschäftigen."[380] Für die traditionelle Finanzwissenschaft ist Gerechtigkeit gleichsam als Leihgabe anderer Wissenschaften exogen vorgegeben. Umverteilungswirkungen durch staatliche Aktivitäten können nach dieser traditionellen Sichtweise aus ökonomischer Sicht nur nach ihren Kosten beurteilt werden. Die traditionelle Finanzwissenschaft versucht, *„gerechte" Regeln* zu finden, die moderne Finanzwissenschaft dagegen fragt, ob die sich ergebende, tatsächliche Lastverteilung *„regelgerecht"* ist.[381] Im ersten Fall liegt die logische Einordnung der Gerechtigkeit vor der Bestimmung von Regeln, die Gerechtigkeit ist exogen vorgegeben, im zweiten Fall liegt sie danach; Gerechtigkeit ergibt sich endogen aus der ökonomischen Analyse.

4.3.1.1 Exogene Gerechtigkeit

Möchte man sich einen Zugang zu dem schwierigen Thema der Gerechtigkeit aus ökonomischer Sicht schaffen, ist es hilfreich auf Maßstäbe des Utilitarismus zurückzugreifen, weil diese für Effizienzbetrachtungen den Ausgangspunkt darstellen.

Das Primärziel des Utilitarismus kann beispielsweise mit der Forderung von J. Bentham (1789) nach dem „größten Glück der größten Zahl" umschrieben werden.[382] Handlungen werden nach dem aus ihnen folgenden Nutzen beurteilt. Dafür muss der Nutzen kardinal messbar sein, was nicht unerhebliche Schwierigkeiten birgt. I.d.R. wird versucht den Nutzen näherungsweise indirekt über monetäre Größen wie das Einkommen oder den Konsum zu ermitteln. Dies führt dann jedoch zur Frage nach dem funktionalen Zusammenhang zwischen dieser Größe und dem Nutzen.[383] Wird nur das Aggregat der Teilnutzen untersucht, bleiben Verteilungswirkungen in der Nutzenstruktur unberücksichtigt. Das bedeutet, dass die Schlechterstellung eines Wirtschaftssubjektes durch eine staatliche Maßnahme, durch eine Besserstellung eines anderen Wirtschaftssubjektes kompensiert werden kann. Für allgemeine Aussagen muss i.d.R. zusätzlich noch angenommen werden, dass die Nutzenfunktion aller Wirtschaftssubjekte gleich verläuft.

Diesem Ansatz wird entgegnet, dass ein interpersoneller Nutzenvergleich nicht möglich sei, da Nutzen nur ordinal nicht aber kardinal gemessen werden könne. Dieser Konflikt lässt sich nur durch das strengere Pareto-Optimalitätskriterium beseitigen, wonach Umverteilung nur dann wünschenswert ist, wenn kein Wirtschaftssubjekt schlechter aber mindestens ein Wirtschaftssubjekt besser gestellt wird.[384] Eine Umverteilung kommt danach nur auf freiwilliger Basis zustande, wenn die gebende Person einen Nutzen aus ihrem karitativen Handeln zieht. Ist

380 Neumann, Manfred J.M. (2001), S. 25.
381 Vgl. Blankart, Charles Beat (1998), S. 81.
382 Vgl. Blankart, Charles Beat (1998), S. 82.
383 Vgl. die Ausführungen zum Leistungsfähigkeitsprinzip in Abschnitt 4.3.2 m.w.N.
384 Vgl. statt vieler Brümmerhoff, Dieter (1996), S. 38 f.

dies nicht der Fall, verhindert das Kriterium der Pareto-Optimalität eine vorgefundene Verteilung zu verändern.[385]

I.d.R. wird Gerechtigkeit mit Gleichheit bzw. Gleichbehandlung in Verbindung gebracht. Je nach dem wie weit diese Gleichheit reichen und auf welche Größe sie sich beziehen soll, können unterschiedliche Gerechtigkeitsprinzipien formuliert werden. Sie spiegeln gleichzeitig eine gesellschaftliche Wertvorstellung wider.

Wird das Kriterium der Pareto-Optimalität als Gerechtigkeitsgrundsatz verwandt, so entspricht dies einer liberalen gesellschaftlichen Wertvorstellung, welche die Marktverteilung zu rechtfertigen sucht. Sie geht auf Naturrechtsvorstellungen von Th. Hobbes (1651) und J. Locke (1690) zurück und wurde 1974 von R. Nozick wieder aufgenommen.[386] R.A. und P.B. Musgrave sprechen hierbei von **ausstattungsfundierter Gerechtigkeit**.[387] Danach soll jeder Person das unveräußerliche Recht an den Früchten seiner Anstrengungen zustehen. Diesen Gerechtigkeitsvorstellungen ordnen R.A. und P.B. Musgrave auch gemäßigte Varianten zu, welche bspw. die in einem kompetitiven Markt erwirtschafteten Gewinne eher als legitim betrachten als die aus einem Monopol erzielten. Ebenso wären Arbeitseinkommen schützenswerter als Vermögenseinkommen.[388] Döring spricht hier von einem relativen Gerechtigkeitsprinzip. Es wird auch als *Leistungs-* bzw. *Verdienstgerechtigkeit* bezeichnet.[389] Der Marktprozess, aus dem sich die Höhe des Verdienstes für die eingesetzte Leistung ergibt, wird als „gerecht“ angesehen und nicht in Frage gestellt.

Das Prinzip der *Startgerechtigkeit* stellt einen Kontrapunkt zu dem Prinzip der Leistungsgerechtigkeit dar. Geht man bei letzterem von der Gerechtigkeit des Marktprozesses aus, wird von ersterem dies mit dem Hinweis auf zufallsbedingte Einkommenskomponenten in Frage gestellt, die sich aus den individuellen Startbedingungen ergeben.[390] Die Startgerechtigkeit fordert, dass alle Personen zu Beginn ihres Wirtschaftslebens gleich ausgestattet sein sollen. Im Bereich der persönlichen Fähigkeiten wird versucht Gleichheit bei den Startbedingungen über gleiche Ausbildungschancen sicherzustellen. Bezieht sich diese Gleichheit auch auf die Vermögensausstattung, wäre hierfür eine hundertprozentige Erbschafts- und Schenkungssteuer notwendig, die einer Enteignung gleich käme. Hinsichtlich sonstiger zufallsbasierter einkommensbestimmender Faktoren, wie besondere Talente oder Machtpositionen, wären noch weitreichendere Korrekturmaßnahmen notwendig. In einer so umfassenden Ausprägung ist die Startgerechtigkeit mit marktwirtschaftlichen Prinzipien nicht vereinbar.

Eine weitere Kategorie sehen R.A. und P.B. Musgrave in sog. **beschränkten Gerechtigkeitsprinzipien**.[391] Gerechtigkeit wird anhand von Teilaspekten beur-

---

385 Vgl. Blankart, Charles Beat (1998), S. 86 f.

386 Vgl. Nozick (1980).

387 Vgl. Musgrave, R.A. / Musgrave, P.B. (1989), S. 73 ff.

388 Vgl. Blankart, Charles Beat (1998), S. 82.

389 Vgl. Linde (1995), S. 859.

390 Vgl. Barry, B. M. (1995), S. 243.

391 Döring verwendet hier die Kategoriebezeichnung der relativen Gleichheit; vgl. Döring, Diether (1994), S. 72.

teilt. Hierzu zählt die *Bedarfsgerechtigkeit,* die von K. Marx (1890-91) definiert wurde. Danach soll jeder Mensch nach seinem persönlichen Bedarf Güter und Dienstleistungen erhalten, was im Endzustand des Kommunismus auch der Fall sein werde. Bei der Ermittlung des persönlichen Bedarfs wird bspw. auf Besonderheiten hinsichtlich des Gesundheitszustands o.ä. Rücksicht genommen.[392] In seiner Extremform führt die Bedarfsgerechtigkeit zu einer Gleichverteilung von Einkommen. In abgemilderter Form findet sie sich in denjenigen Vorschriften des deutschen Einkommensteuerrechts wider, welche persönliche Belastungen aus der Steuerbemessungsgrundlage ausscheiden.[393] Die Bedarfsgerechtigkeit wird ebenso wie die Leistungsgerechtigkeit den relativen Gleichheitskriterien zugeordnet.[394]

Die *Ergebnisgerechtigkeit* wird von Döring den Gerechtigkeitsprinzipien zugeordnet, welche eine absolute Gleichheit anstreben. Sie gesteht jeder Person der Gesellschaft den gleichen Anteil an den Ergebnissen der wirtschaftlichen Produktion zu. Dieses Prinzip geht damit von seinen Forderungen weiter als das Prinzip der Bedarfsgerechtigkeit. Bei konsequenter Umsetzung erfordert die Ergebnisgerechtigkeit staatliche Umverteilung in einem Ausmaß, welche im Widerspruch zu den Voraussetzungen einer funktionierenden Marktwirtschaft steht.[395] Dieser Widerspruch dürfte sich nicht vollständig durch die Wahl oder Abgrenzung der Maßzahl auflösen, die zur Beurteilung der absoluten Gleichheit herangezogen wird; i.d.R. werden hierfür Einkommen, Nutzen oder auch Grenznutzen als denkbare Bezugsgrößen diskutiert.

In einer gemäßigten Form findet man die Ergebnisgerechtigkeit auch bei Rawls. Nach seinem Differenzkriterium ist Umverteilung nur gerecht, solange dadurch die ärmsten Individuen der Gesellschaft besser gestellt werden und gleichzeitig das Umverteilungsvolumen aufgrund des negativen Arbeitsanreizes für die reicheren Individuen insgesamt nicht abnimmt.[396] Werden die negativen Anreizwirkungen ausgeblendet, führt dies bei konstantem Umverteilungsvolumen zu einer Einkommensgleichverteilung. Geht man jedoch von Effizienzverlusten durch negative Anreizwirkungen aus, tritt das grundsätzliche Dilemma der Umverteilung zu Tage, zwischen Effizienz und Gerechtigkeit abwägen zu müssen.[397] Die Verteilungsfrage wird immer dann aufgeworfen, wenn das Ergebnis des Marktprozesses ohne Umverteilung als ungerecht empfunden wird und bzw. oder die Last der Finanzierung öffentlicher Güter auf die Individuen nicht äquivalent zur empfangenen Leistung verteilt werden kann.[398]

Vereinfacht man die Verteilungswirkung der verschiedenen Gerechtigkeitsprinzipien auf eine Modell-Welt mit zwei Individuen 1 und 2, welche beide gleich viel arbeiten und aufgrund unterschiedlicher Produktivitäten Einkommen realisieren,

---

392 Vgl. Blankart, Charles Beat (1998), S. 83.

393 Vgl. die Ausführungen zum Leistungsfähigkeitsprinzip in Abschnitt 4.3.2 m.w.N.; die Sonderausgabenregelung des § 10 EStG kann als eine solche Vorschrift aufgefasst werden.

394 Vgl. Döring (1994), S. 72.

395 Vgl. Döring (1994), S. 70.

396 Vgl. Rawls, J. (1975), S. 104.

397 Vgl. Okun, A. M. (1975).

398 Zum Aspekt zwischen Effizienz und Gerechtigkeit abwägen zu müssen vgl. Abschnitt 4.5.1.

welche den Nutzen n_1 bzw. n_2 stiften, so ergeben sich die Umverteilungsszenarien in Abbildung 4-4. Ohne Umverteilung realisiert die Gesellschaft die Nutzenkombination N. Sie entspricht der ausstattungsfundierten, naturrechtsphilosophischen Gerechtigkeitsvorstellung von Nozick. Durch Umverteilung vom produktiveren Individuum 1 zum weniger produktiven Individuum 2 kann die Wohlfahrt, d.h. hier die Summe der Nutzen maximiert werden. Dies entspricht der Bentham'schen Gerechtigkeitsvorstellung (Punkt B in Abbildung 4-4).

Abbildung 4-4: Nutzenniveau unterschiedlicher Gerechtigkeitskriterien

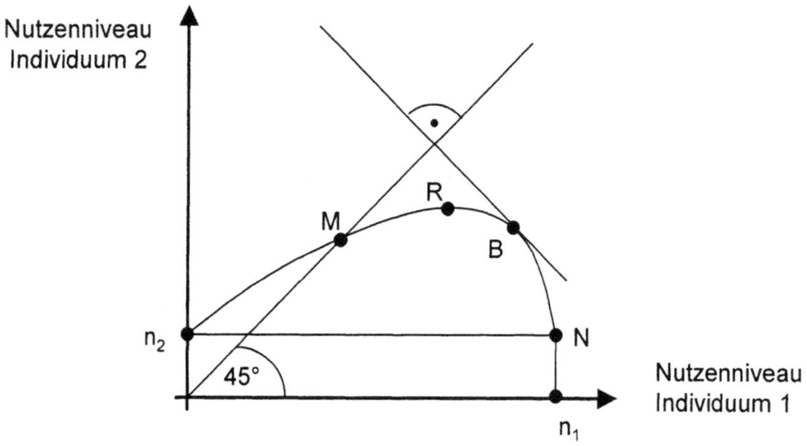

Quelle: Blankart, Charles Beat (1998), S. 84; eigene, leicht abgewandelte Darstellung

Individuum 1 wird zwar seinen Arbeitseinsatz aufgrund der Belastung durch die Umverteilung verringern und damit einen geringeren Nutzen realisieren, gleichzeitig steigt durch die Umverteilung der Nutzen des Individuums 2 aber überproportional. Wird über den Punkt B hinaus Einkommen von Individuum 1 zu Individuum 2 umverteilt, sinkt der Gesamtnutzen der Gesellschaft. Lediglich der persönliche Nutzen des unproduktiveren Individuums 2 nimmt noch bis zu seinem Nutzenmaximum R zu. Dieser Punkt entspricht der, nach dem Rawls'schen Differenzprinzip, maximal erlaubten Umverteilung. Eine weitergehende Umverteilung verringert den Anreiz des produktiveren Individuums so stark, dass sich jetzt nicht nur der Gesamtnutzen der Gesellschaft sondern auch der Nutzen des begünstigten Individuums 2 verringert, bis im Punkt M die von K. Marx angestrebte Gleichverteilung erreicht ist.

Nach dieser Darstellung gäbe es die Möglichkeit eine größere Gleichverteilung des Nutzens durch ein geringeres Volkseinkommen zu „erkaufen".[399] Die Frage,

399 Der Sichtweise, dass dieser Austausch notwendig sei, widerspricht nach Meinung Richters die Erkenntnisse von Atkinson und Stiglitz, nach der jedes Verteilungsziel durch reine Lohnbesteuerung ohne Zinsbesteuerung erreichbar sei und die Besteuerung von Zinserträgen

wie hoch dieser Preis ist, lässt sich allerdings nicht beantworten. Dies liegt daran, dass bei allen Theorien unklar bleibt, wie groß die Ausweichreaktionen auf die Umverteilung mittels Steuern sind. Sie ergeben sich durch die Mobilität der Produktionsfaktoren Arbeit und Kapital und sind damit von den Reaktionen jedes einzelnen Steuerpflichtigen abhängig.[400] Aus diesem Grund können verteilungspolitische Probleme nicht mittels exogener Gerechtigkeitskriterien gelöst werden, sondern nur durch ihre Integration in ökonomische Theorien.

4.3.1.2 Endogene Gerechtigkeit

Hayek lehnt die Beurteilung beispielsweise einer Einkommensverteilung nach Gerechtigkeitsmaßstäben als unsinnig ab.[401] Dies begründet er damit, dass diese Verteilung nicht willentlich und zielgerichtet von gesellschaftlichen Akteuren herbeigeführt wird und deshalb niemand diese zu verantworten habe. Deshalb könne eine Einkommensverteilung nicht als „gerecht" oder „ungerecht" bezeichnet werden, genauso wenig wie ein Stein als moralisch bezeichnet werden könne.[402] Dieser Überlegung stellt Barry das Problem entgegen, dass sich unter bestimmten Voraussetzungen eine Gemeinschaft bei Nutzenmaximierung der einzelnen Mitglieder schlechter stellt als bei kollektiver Nutzenmaximierung.[403] Deshalb gelte es nicht das Ergebnis einzelner Handlungen, sondern den prozeduralen Rahmen zu bewerten, innerhalb dessen das Gesamtergebnis zustande komme. Dies führt zu dem Prinzip der Regelgerechtigkeit, welche die Umverteilung aus der ökonomischen Theorie heraus (d.h. endogen) zu erklären versucht.[404]

Diese konsensuale Gerechtigkeitsvorstellung geht auf die Ausführungen von G. Brennan und J.M. Buchanan (1985) in dem Buch „The Reason of Rules" zurück. Danach werden Verhaltensweisen als gerecht oder zumindest nicht ungerecht beurteilt, wenn sie mit den zuvor *konsensual* vereinbarten Regeln konform gehen. Sind sie unvereinbar mit diesen Regeln, werden sie als ungerecht angesehen. Entscheidend für diese Abgrenzung ist es, dass Regeln *zuvor* vereinbart werden, da nur so Verhaltensweisen neutral beurteilt werden können. Werden Regeln erst im Nachhinein aufgestellt, kann dies von negativ Betroffenen als willkürlich empfunden werden. Die Verfassung eines Staates kann als ein solches Regelwerk aufgefasst werden, an dem sich Entscheidungen über alle zukünftigen Probleme der Gesellschaft zu orientieren haben. Geht man davon aus, diese Verfassung müsse einstimmig beschlossen werden, so ließen sich mit ihr nur Umverteilungen realisieren, die von den Gebern freiwillig erfolgen, d.h. die zu

---

nur zu Lasten der allokativen Effizienz gehe. Vgl. Atkinson, A. B./ Stiglitz, J. E. (1976), S. 55 ff; Richter, Wolfram F. (2001), S. 1002.

400 Fehr / Wiegard versuchen im Rahmen eines OLG-Modells die Effizienz- und die Verteilungswirkungen von Steuerreformen zu quantifizieren; vgl. Fehr, Hans/ Wiegard, Wolfgang (1996) sowie die Ausführungen in Abschnitt 4.5.1.

401 Vgl. Hayek, F. A. (1981), S. 112.

402 Vgl. Hayek, F. A. (1981), S. 112 ff.

403 Vgl. Barry, B. M. (1995), S. 241.

404 Vgl. Blankart, Charles Beat (1998), S. 85.

pareto-optimalen Situationen führen.[405] Eine materielle Schlechterstellung der Geber wird damit solange ausgeschlossen, wie der Nutzenzuwachs möglicher Begünstigter nicht positiv in die Nutzenfunktion des Gebers einfließt. Erst mit solchen karitativ begründeten Nutzeninterdependenzen lassen sich Umverteilungen auf freiwilliger Basis erklären. Empirische Untersuchungen haben allerdings gezeigt, dass nur ein geringer Teil des Einkommens freiwillig für karitative Zwecke ausgegeben wird.[406] Nähme man die Nutzeninterdependenzen als einzigen Maßstab, wäre eine darüber hinausgehende Umverteilung nicht regelgerecht.

Nun kann eine über die karitativen Motive hinausgehende Umverteilung gesellschaftlich konsensfähig sein. Hierfür lassen sich zwei Motive anführen, das Versicherungsmotiv und das Selbstschutzmotiv.

Wirtschaftssubjekte sind oft risikoavers, weshalb sie versuchen sich gegen potentielle, zukünftige Schäden zu versichern. Aufgrund von Informationsasymmetrien und des moralischen Risikos werden für bestimmte Risiken keine Versicherungsprodukte auf Märkten angeboten. Für diese Risiken bietet es sich an, Versicherungsschutz auf konstitutioneller Ebene festzulegen und staatlich zu organisieren.[407] Eine Einkommensteuer kann als Beitrag zu einer solchen Versicherung interpretiert werden, da mit ihr alle öffentlichen Güter finanziert werden können.[408]

Das Selbstschutzmotiv hebt auf die Überlegung ab, dass nicht jede beliebige Ungleichverteilung durch staatliche Repression geschützt werden kann. Dies gilt selbst dann, wenn sich die Verteilung durch zuvor von allen Mitgliedern der Gesellschaft akzeptierte Regeln ergibt. Nimmt man weiter an, dass die Wirtschaftssubjekte an einer funktionierenden Rechtsordnung, d.h. an Ruhe und Ordnung in der Gesellschaft interessiert sind, liegt es insbesondere im Interesse der Wohlhabenden auch durch Umverteilung zu Gunsten der weniger Wohlhabenden die soziale Ruhe zu fördern.[409]

Aus beiden Motiven lassen sich Umverteilungsbestrebungen rechtfertigen, die über das rein Karitative hinaus gehen, da ohne diese zusätzlichen Komponenten die potentiellen Geber sich nicht sicher sein könnten, die Erträge ihrer Leistungen auch vollständig behalten zu können.

Mit den vorangehenden Überlegungen lässt sich eine weitreichende Umverteilung grundsätzlich rechtfertigen. Unklar bleibt, wie Umverteilungskriterien aus diesen Motiven abgeleitet und operationalisiert werden können. Grundsätzlich könnte in einer Demokratie über die Umverteilungsmaßnahmen abgestimmt werden. Da das Ergebnis wesentlich vom Abstimmungsverfahren abhängt, scheint es für eine Konkretisierung von (Verteilungs-)Gerechtigkeit nicht in Frage zu

405 Vgl. die Ausführungen hierzu in Abschnitt 4.3.1.1.

406 In den USA gibt der Durchschnittsbürger nicht mehr als 1% seines Einkommens für wohltätige Zwecke aus; vgl. Ireland, Th. R./ Johnson, D. B. (1970).

407 Vgl. exemplarisch für den Fall einer privaten Arbeitslosenversicherung Hartmann, Philipp (1998) m.w.N.

408 Vgl. Buchanan, J.M./ Tullock, G. (1962).

409 Vgl. Brennan, G. (1973), S. 43 ff.

kommen. So kann es selbst in einer reinen Mehrheitsdemokratie zu zufälligen Verteilungsergebnissen kommen, wenn sich beliebige Koalitionen bilden können. Egoistisches Verhalten vorausgesetzt wird die Mehrheitskoalition immer versuchen sich im Vergleich zur Minderheit besser zu stellen. Gegen dieses Vorgehen wird sich die Minderheit wehren, in dem sie selbst versucht, eine Mehrheitskoalition zu bilden und so fort. Damit ergibt sich kein stabiles Ergebnis.[410] Jede Koalition wird nach ihrem Ermessen soziale Gerechtigkeit definieren und so zu einem anderen Verteilungsergebnis kommen. Beurteilt man das Ergebnis anhand der zuvor akzeptierten Norm der Mehrheitsdemokratie, wäre eine Schlechterstellung der Minderheit durch eine Mehrheitskoalition gerecht, da regelkonform. Will man zufällige Ergebnisse vermeiden, so hilft die Norm der Regelgerechtigkeit nur dann weiter, wenn die Regeln operational sind. „Es genügt nicht, in der Verfassung Gerechtigkeit zu postulieren, ihren Inhalt aber dem Gesetzgeber zu überlassen."[411]

Insgesamt lässt sich festhalten, dass exogene Gerechtigkeitskonzepte, welche philosophische Ansätze auf finanzwissenschaftliche Fragestellungen anwenden, eine große Spannbreite von Verteilungsszenarien zu rechtfertigen vermögen. Welches dieser Konzepte gewählt werden sollte, kann nicht allgemeingültig beantwortet werden. Abhängig davon, ob in der Gesellschaft die Vorstellung des Markt- bzw. des Staatsversagens vorherrscht, wird der Wunsch nach mehr bzw. weniger Umverteilung des Marktergebnisses ausfallen, mit entsprechenden Mischformen als Alternativen. Selbst wenn die Wahl eines Gerechtigkeitsprinzips getroffen werden könnte, sind sie nur schwer operationalisierbar. Deshalb eignen sich diese Gerechtigkeitsprinzipien nicht, um ein Steuersystem oder aber die Reform eines solchen zu konzipieren oder zu bewerten.
Versucht man Gerechtigkeitskonzepte in ökonomische Analysen zu integrieren, verlangt dies Regeln, die sich die Gesellschaft gibt; man spricht von Regelgerechtigkeit. Sie kann nur so gerecht sein, wie die konsensual bestimmten Regeln selbst. Wird als Norm für die Abstimmung über Umverteilungsmaßnahmen bspw. die einfache absolute Mehrheit einstimmig von einer Gesellschaft angenommen, kann das Umverteilungsergebnis in Abhängigkeit der sich bildenden Koalitionen zufällig sein. Deshalb müssen Regeln, nach welchen bspw. die Steuerlast verteilt werden soll, so konkret sein, dass sie einen Missbrauch im Rahmen des politischen Machtstrebens ausschließen. Regeln, die durch die politischen Akteure operationalisiert werden müssen, eignen sich aufgrund der möglichen Zufälligkeit der Ergebnisse nicht als Gerechtigkeitskonzept.
Lassen sich Regeln finden, welche diesen Spielraum nicht eröffnen, könnte mit ihnen ein Steuersystem bzw. die Reform eines solchen hinsichtlich seiner Regelgerechtigkeit objektiv bewertet werden. Für einzelne institutionelle Gegebenheiten ist es hilfreich davon auszugehen, dass sie Ergebnis eines gesellschaftlich legitimierten, gerechten (Entscheidungs-)Prozesses sind und damit als Referenzpunkt bei der Beurteilung verwendet werden können. Obwohl der vorgefun-

---

410 Vgl. Blankart, Charles Beat (1998), S. 89 ff.
411 Blankart, Charles Beat (1998), S. 91.

dene Status quo gemäß dem Urteil des Bundesverfassungsgerichtes geändert werden muss,[412] kann er als Referenzpunkt dafür betrachtet werden, wo die Grenze des Gleichheitssatzes des Art. 3 GG überschritten wird. Eine Verschärfung der Unterschiede in der Besteuerung könnte damit als gleichheitswidrig abgelehnt werden.
Ein zentrales Besteuerungsprinzip der klassischen Finanzwissenschaft ist das Leistungsfähigkeitsprinzip. Ob es sich als operational in obigem Sinne erweist, wird in Abschnitt 4.3.2 erörtert.

4.3.2 Leistungsfähigkeitsprinzip

Das Leistungsfähigkeitsprinzip umfasst, wie bereits erwähnt, die Besteuerungsgrundsätze Neumarks der Allgemeinheit, der Gleichmäßigkeit und der Verhältnismäßigkeit und wird J.S. Mill (1848) („ability to pay") zugeschrieben.[413]
Der Grundsatz der Allgemeinheit verlangt die Gleichbehandlung aller Personen, der Grundsatz der Gleichmäßigkeit teilt diese Gleichheit in die sog. horizontale und vertikale Gleichbehandlung auf, nach der gleiche steuerliche Leistungsfähigkeit gleiche bzw. ungleiche Leistungsfähigkeit unterschiedliche Belastung zur Folge haben soll. Ungleiche Steuerbelastung soll sich dabei am Verhältnis der persönlichen Leistungsfähigkeit orientieren (Grundsatz der Verhältnismäßigkeit).[414]
Das Ziel des Leistungsfähigkeitsprinzips ist es unter diesen Nebenbedingungen, die Belastung zur Finanzierung eines gegebenes Steueraufkommen „gerecht"[415] auf die Steuerpflichtigen zu verteilen. Bei diesem Ansatz wird folglich das Haushaltsbudget, d.h. die Ausgabenseite des Staates, als gegeben vorausgesetzt und lediglich die Ausgestaltung der Einnahmenseite betrachtet. Damit liegt diesem Prinzip das Staatsverständnis des altruistisch handelnden Diktators zu Grunde, der die soziale Wohlfahrt maximiert. Sieht man im Verhalten des Staates den einnahmemaximierenden Leviathan[416] entspricht die Besteuerungskompetenz einem Monopolrecht zur Ausbeutung einer Bemessungsgrundlage, die weit von der Forderung nach einer Minimierung der Effizienzverluste entfernt ist. Das Prinzip der Regelgerechtigkeit bietet gegen dieses Verhalten des Leviathan-Staates nur dann einen Schutz, wenn Regeln so konkret sind, dass sie nicht durch Repräsentanten des Staates gestaltet werden können.
Hinsichtlich der Verhaltensannahme fällt es schwer, Argumente zu finden, warum Repräsentanten des Staates - im Gegensatz zu sonstigen Marktteilnehmern - nicht nutzenmaximierend sondern altruistisch handeln sollten. Folgt man diesem Gedanken weiter, stellt sich die Frage, wie das staatliche Streben nach Steuermaximierung durch konstitutionelle Beschränkungen begrenzt werden kann.[417]

412 S. BVerfGE 105, 73, S. 73 ff.
413 Vgl. Abschnitt 4.1.2.1 m.w.N.
414 Vgl. Schmidt, K. (1980), S. 142; Brümmerhoff, Dieter (1996), S. 241 sowie die Ausführungen in Abschnitt 4.1.2.1, S. 96 ff.
415 Die Ausführungen des Abschnitts 4.3.1 haben die Schwierigkeiten verdeutlicht, welche mit der Konkretisierung des Begriffs „gerecht" verbunden sind.
416 Brennan, G./ Buchanan, J.M. (1980)
417 Vgl. Brennan, G./ Buchanan, J.M. (1980), S. 16 ff. sowie 43 ff.

Trifft diese kritische Sichtweise nicht zu, so gebietet allein schon die Vorsicht für den Fall Vorkehrungen zu treffen, dass Politiker nicht altruistisch handeln sollten. Eigennutzenorientiertes Handeln lässt sich jedenfalls nicht grundsätzlich ausschließen. Die Vielfalt der Ausnahmeregeln, die das deutsche Steuersystem kennzeichnen, könnten jedenfalls als Indizien dafür interpretiert werden, dass Regierungsmitglieder aus dem Streben nach Machterhalt sich die Unterstützung Teile der Wählerschaft durch Befriedigung von Partikularinteressen zu sichern suchen.[418] Wenn dem so ist, kann das Leistungsfähigkeitsprinzip kein exogen gegebenes Ziel der Besteuerung, sondern höchstens eine Handlungsbeschränkung der Regierung darstellen.[419]
Nachfolgend wird untersucht, ob es konkret genug ist, als Maßstab der Regelgerechtigkeit verwendet werden zu können, um damit wenigstens die Last staatlicher Einnahmen gleichmäßig auf die Steuerpflichtigen verteilen zu können. Dazu wird zunächst untersucht, wie sich ein Maß für steuerliche Leistungsfähigkeit inhaltlich und zeitlich abgrenzen lässt. Danach wird erörtert, ob und ggf. wie die steuerliche Belastung bzw. die Belastungsunterschiede in funktionalen Zusammenhang mit der steuerlichen Leistungsfähigkeit gebracht werden kann.

Selbst wenn die Einnahmenseite des Staates durch das Leistungsfähigkeitsprinzip „gerecht" gestaltet werden kann, ist ein solches Steuersystem vorsichtig zu bewerten. Das Leistungsfähigkeitsprinzip stellt nur eine Minimalforderung bei der Ausgestaltung dar, welche durch gegenläufige Wirkungen auf der Ausgabenseite konterkariert werden können.
Hinsichtlich der horizontalen Gleichbehandlung bestehen grundsätzlich geringe Meinungsverschiedenheiten. Bezüglich der Operationalisierung durch Maßgrößen wird die Verwendung der Größen Einkommen, Konsum oder Vermögen diskutiert.[420] Aus wohlfahrtsökonomischer Sicht stellt die Frage, ob das Einkommen oder der Konsum besteuert werden soll, einen „Dauerbrenner in der Finanzwissenschaft"[421] dar.
Seit D. Schneider (1979) wird die Einordnung der Leistungsfähigkeit anhand zweier Dimensionen unterschieden.[422] Zum einen kann man danach unterscheiden, ob die Entstehungs- oder die Verwendungsseite des Volkseinkommens Ausgangspunkt einer Abgrenzung sein soll. Im ersten Fall orientiert sich die Quantifizierung der steuerlichen Leistungsfähigkeit am Mittelerwerb, im zweiten Fall an der Bedürfnisbefriedigung. Zum anderen kann als zweite Dimension danach unterschieden werden, ob sich die Leistungsfähigkeit in verwirklichten Größen oder bereits in potentiellen, d.h. möglichen Größen zeigt. Damit eröffnen sich

---

418 Exemplarisch kann hierfür die enumerative Auflistung der Ausnahmetatbestände in § 3 EStG betrachtet werden.

419 So Blankart, Charles Beat (1998), S. 176.

420 Für die konkrete Ausgestaltung der Messung der Leistungsfähigkeit im Einkommensteuerrecht vgl. Absatz 3.2.1; zur Frage des Indikators der Leistungsfähigkeit vgl. Schneider, Dieter (1979), S. 26 ff.; Brümmerhoff, Dieter (1996), S. 242 f.; Tipke, Klaus/ Lang, Joachim (1998), § 4 Rz. 92 ff.

421 Blankart, Charles Beat (1998), S. 299, vgl. Abschnitt 4.2.

422 Vgl. Schneider, Dieter (1979), S. 26 ff.

vier mögliche Varianten für die Abgrenzung der Leistungsfähigkeit, wie Tabelle 4-2 verdeutlicht.
Wie bereits in Abschnitt 3.2.1 erwähnt, ergeben sich insbesondere auf der Entstehungsseite des Volkseinkommens Probleme, wenn man eine Potentialbesteuerung verwirklichen wollte. Da dies dem Zwang gleich käme, gemäß seinen persönlichen Fähigkeiten in einem definierten Umfang eine Arbeit verrichten zu müssen, lässt sich eine Quantifizierung der Leistungsfähigkeit am möglichen Mittelerwerb mit einer freiheitlichen Gesellschaftsordnung nicht vereinbaren.

Tabelle 4-2: Möglichkeiten zur Operationalisierung steuerlicher Leistungsfähigkeit nach Schneider[423]

	Entstehung des Volkseinkommens	**Verwendung des Volkseinkommens**
marktmäßige Verwirklichung	Verwirklichung von Mittelerwerb	Verwirklichung von Bedürfnisbefriedigung
persönliche Möglichkeit	Möglichkeit zum Mittelerwerb	Möglichkeit zur Bedürfnisbefriedigung

Quelle: eigene Darstellung

Zu dem gleichen Urteil kommt Schneider aber auch zur Potentialbesteuerung auf der Verwendungsseite des Volkseinkommens. Selbst wenn man von einem allgemein anerkannten Maßstab zur Messung der Bedürfnisbefriedigung ausgehen könnte, wäre eine einheitliche Abgrenzung und Quantifizierung eines Bedürfnisbefriedigungs*potentials* wohl nicht zu erzielen. Was Vertretern einer Wissenschaftsdisziplin als Potential zur Bedürfnisbefriedigung ansehen, dürfte, so argumentiert Schneider, nicht automatisch von Vertretern anderer Disziplinen genau so gesehen werden. Akzeptiert man den persönlichen Konsum zusammen mit der persönlichen Entscheidungsfreiheit als Maß für die verwirklichte Bedürfnisbefriedigung, ließe sich das Bedürfnisbefriedigungs*potential* im Vermögen zu Beginn einer Periode zuzüglich des Periodeneinkommens messen.[424] Die Vermögensbesteuerung wurde vom Bundesverfassungsgericht für unvereinbar mit dem Grundgesetz erklärt, u.a. weil Ungleichmäßigkeiten bei der Bewertung ruhenden Vermögens mangels allgemeingültiger Maßstäbe nicht vermieden werden können.[425]
Demgegenüber haben verwirklichte Größen den Vorteil, dass sie durch Handlungen des Steuerpflichtigen konkretisiert worden sind. Wird die steuerliche Leistungsfähigkeit an der verwirklichten Bedürfnisbefriedigung gemessen, kann dies mit einer persönlichen Konsumausgabenbesteuerung geschehen. Dies setzt voraus, dass man die Beschränkung auf monetäre Bedürfnisbefriedigung akzeptiert.[426] Üblicherweise versucht man auch nichtmonetäre Größen im Rahmen der Nutzentheorie in volkswirtschaftliche Analysen zu integrieren, wovon jedoch

---

423 Vgl. Schneider, Dieter (1979), S. 27.
424 Vgl. Schneider, Dieter (1979), S. 41 und 45 f.
425 Vgl. Tipke, Klaus/ Lang, Joachim (1998) § 4 Rz. 105 f. und § 13 Rz. 71-73 m.w.N.
426 Für weitere Aspekte hierzu vgl. Schneider, Dieter (1979), S. 30 ff.

(aufgrund der praktischen Umsetzbarkeit) hier abgesehen werden soll.[427] Wird steuerliche Leistungsfähigkeit im verwirklichten Mittelerwerb gesehen, führt dies zu einem Einkommensteuersystem. Damit stehen sich die ökonomischen Größen Konsum und Einkommen wie bereits bei den Effizienzüberlegungen auch bei der Frage nach der Wahl des Leistungsfähigkeitsindikators konkurrierend gegenüber. Geht man davon aus, dass Steuern ein Opfer bezogen auf das Ziel des Wirtschaftens sein sollen,[428] gilt es zu entscheide, ob Wirtschaftssubjekte leben um zu arbeiten oder ob sie arbeiten um zu leben. Im ersten Fall wäre die Leistungsfähigkeit im Einkommen zu sehen, im zweiten Fall im Konsum. Diese Frage kann nicht allgemeingültig beantworten.

Für Wirtschaftssubjekte dürfte der Aspekt der Selbstverwirklichung in ihrer Tätigkeit solange von nachrangiger Bedeutung sein, wie die Erträge ihrer Arbeit in erheblichem Umfang durch die Sicherung ihrer Existenz aufgezehrt werden. Dies dürfte bei unteren Einkommensklassen, die ausschließlich Einkünfte aus nichtselbständiger Tätigkeit erhalten, der Fall sein. Erst wenn mit steigendem Einkommen derjenige Anteil abnimmt, der für die Existenzsicherung notwendig ist, dürfte auch der Zwangscharakter der Arbeit allmählich dem Aspekt der Selbstverwirklichung weichen. Gleiches gilt für alle Einkunftsarten; auch oder gerade wenn sich das Einkommen nur aus Vermögenserträgen ergeben sollte. In diesem Fall stellt allein die Möglichkeit, zusätzlich zu den Vermögenserträgen durch selbständige oder unselbständige Arbeit weitere Einkünfte erzielen zu können, eine materielle Sicherheit dar. D.h. bei steigendem Einkommen und Vermögen tritt der Zwangscharakter der Arbeit zugunsten der Selbstverwirklichung in den Hintergrund. Folgt man dieser Vorstellung, müsste sich die Leistungsfähigkeit bei unteren Einkommensklassen am Konsum, bei oberen Einkommensklassen am Einkommen orientieren.[429] Da mit zunehmendem Einkommen die Konsumquote sinkt, hätte eine proportionale Konsumsteuer im Verhältnis zum Einkommen eine regressive Belastungswirkung. Anders ausgedrückt würde die Steuerlast unterproportional zum Einkommen wachsen, der Durchschnittsteuersatz läge für hohe Einkommen unter demjenigen für niedrige Einkommen. Die damit verbundene Verteilungswirkung lässt sich nur rechtfertigen, wenn man ausschließlich im persönlichen Konsum und gerade nicht im Einkommen ein Maß der persönlichen, steuerlichen Leistungsfähigkeit sieht. Akzeptiert man jedoch die Vorstellung, dass nicht nur der Selbsterhaltungstrieb und die Konsumausgabensucht sondern auch die Selbstverwirklichung ein Teil der Motivation des Wirtschaftens bildet, dann lässt sich ein reines Konsumsteuersystem mit dem Leistungsfähigkeitsprinzip nicht vereinbaren.[430]

Soll man sich für eine der beiden Maßzahlen steuerlicher Leistungsfähigkeit entscheiden, kann diese Entscheidung nur ethisch begründet auf politischer Ebene

---

427 Vgl. Wenger, Ekkehard (1983), S. 211.

428 So Schneider, Dieter (1979), S. 46 f, der allerdings zu einem anderen Schluss kommt.

429 Vgl. auch Abschnitt 4.5.

430 Vgl. ähnlich und weitergehend Schneider, Dieter (1999b), S. 12.

getroffen werden. Sie liegt nach dem heutigen Kenntnisstand außerhalb der Reichweite ökonomischer Analysen.[431]
Die geltende Einkommensteuer des deutschen Steuerrechts belastet - insbesondere in ihrer Ausprägung als Lohnsteuer - die Einkünfte einer Periode, wenngleich die ideale Zielgröße dieser Besteuerung das Lebenseinkommen darstellt.[432] Unterschiede zwischen den beiden Varianten ergeben sich insbesondere bei progressiv ausgestaltetem Steuertarif. Dieser Idealvorstellung liegt die Wertung zugrunde, dass Personen mit gleichem Lebenseinkommen auch dann die gleiche Steuerlast tragen sollen, wenn dem einen Einkünfte in konstanter Höhe dem anderen in unregelmäßig schwankender Höhe zufließen. Da das deutsche Einkommensteuersystem nicht in Form einer solchen Durchschnittsbesteuerung mit intertemporalem Progressionsausgleich ausgeführt ist, findet sie im weiteren Verlauf der Arbeit auch keine Anwendung. Dennoch werden der Grundidee dieser Idealvorstellung folgend, sich die späteren Untersuchungen auf lebensphaseübergreifende Betrachtungen konzentrieren. Bei ungleichmäßigen Einkommensverläufen führt die periodisierte Einkommensermittlung zu höheren Steuerbelastungen.[433] Da die Höhe der Steuerlast so u.a. eine Funktion der Periodisierungsvorschrift darstellt, hat eine Jahresbesteuerung etwas Zufälliges.[434]

Im Weiteren gilt zu klären, wie das Einkommen zu ermitteln ist. Hierbei kommt bei Humanvermögen das Konzept der „Cash-Flow-Steuer" d.h. die Besteuerung der laufenden Zahlungsüberschüsse zur Anwendung, bei Sach- und Finanzvermögen das Konzept der Besteuerung des ökonomischen Gewinns.[435] Für die vorliegende Arbeit soll es genügen, die Einkünfte aus unselbständiger Arbeit für die Erwerbsphase und die Sozialversicherungsrenten für die Nacherwerbsphase zu prüfen.[436] Bei sachverhaltsanalytischer Betrachtung können die Beiträge zu bzw. Leistungen aus der gesetzlichen Rentenversicherung als Zwangssparen bzw. Vermögenserträge interpretiert werden. Bei diesem rechtswissenschaftlichen Vorgehen werden Sachverhalte gemäß Konventionen bestimmten Tatbeständen zugeordnet. Untersucht man diese beiden Tatbestände aus ökonomisch wirkungsanalytischer Sicht, kommt man zu einem anderen Ergebnis. Danach sind Sozialversicherungsrenten „den Arbeitseinkünften zuzuordnen, weil ihre Besteuerung wie eine Besteuerung des Lohneinkommens wirkt."[437] So kann ein abhängig beschäftigter Arbeitnehmer aufgrund der Lohnbezogenheit der Rente in Verbindung mit der Versicherungspflicht einer Steuerbelastung der Rente nicht

431 Vgl. Homburg, St. (1997b), S. 227.
432 Vgl. Tipke, Klaus/ Lang, Joachim (1998), § 9 Rz. 44; Hackmann, Johannes (1979).
433 Vgl. exemplarisch Wenger, Ekkehard (1983), S. 219 ff.
434 Vgl. Wenger, Ekkehard (1983), S. 214 f.; Gröpl, Christoph (2001c), S. 623.
435 Kritisch zu diesem Dualismus der Einkommensermittlung Wenger, Ekkehard (1999), S. 39 ff. sowie Wagner, Franz W. (1989), S. 261 ff.; Methodenkritik zu diesen Überlegungen Schneider, Dieter (2000), S. 421 ff.; allgemein zur Diskussion des Problems des Dualismus im deutschen Einkommensteuerrecht vgl. Tipke, Klaus/ Lang, Joachim (1998), § 9 Rz. 50 und Rz. 181 ff. m.w.N.
436 Vgl. zur Begründung dieser Einschränkung des Untersuchungsrahmens Abschnitt 2.1.3, S. 43.
437 Richter, Wolfram F. (2001), S. 1002.

durch weniger Sparen sondern nur durch weniger Arbeit ausweichen. Eine zweite Möglichkeit bestünde darin, der Versicherungspflicht durch eine selbständige Tätigkeit auszuweichen. Wirkungsanalytisch bilden Beiträge zur und Leistungen aus der gesetzlichen Rentenversicherung eine Einheit: Arbeitseinkommen werden über die Rentenversicherungsträger als Intermediäre zeitlich aufgeschoben ausgezahlt. Aus ökonomischer Sicht ist die nachgelagerte Besteuerung damit konsequent.[438] Da der Arbeitnehmeranteil der Rentenversicherungsbeiträge z.Z. im Bruttoeinkommen ausgewiesen ist, müsste er bei der Ermittlung der Bemessungsgrundlage vom Einkommen abgezogen werden können. Freiwillige private oder betriebliche Altersvorsorgeprodukte müssten nach wirkungsanalytischer Betrachtung dagegen als Finanzvermögen betrachtet und entsprechend besteuert werden.[439]

Die Forderung, Renten müssten in gleicher Weise wie Vermögenserträge besteuert werden, geht aus wirkungsanalytischer Sicht damit fehl. Auch aus diesem Grunde ist die Besteuerung von Sozialversicherungsrenten mit der Konstruktion der Ertragsanteilsbesteuerung unvereinbar.[440]

Die Streitfrage, welches Einkommenskonzept richtiger Weise anzuwenden sei und ob für Human- wie für Sach- und Finanzvermögen aus Gründen der Gleichmäßigkeit das gleiche Verfahren verwendet werden muss, wird aufgrund der vorangehenden Argumentation an dieser Stelle nicht weiter thematisiert. Ebenso wird für Fragen hinsichtlich der Ermittlung der steuerlichen Bemessungsgrundlage im Rahmen des objektiven und subjektiven Nettoprinzips auf die juristische Diskussion in Abschnitt 3.2.1 verwiesen. Ob das Existenzminimum die Bemessungsgrundlage verringern oder direkt in den Tarif eingearbeitet werden soll, wird ebenfalls nicht thematisiert.[441]

Bisher wurde die horizontale Gleichbehandlung auf die Analyse eines Zeitpunktes beschränkt. Wenger erweitert das Konzept der Gleichmäßigkeit auf die Betrachtung eines Zeitraums, d.h. auf alle Perioden in denen ein Wirtschaftssubjekt Steuern zu zahlen hat. Gleichmäßigkeit liegt danach dann vor, wenn „zwei Individuen mit periodenweise übereinstimmenden Konsumzahlungen und gleich hohem Lebensendvermögen derselben Steuerbelastung unterworfen werden."[442] Besonders hervorzuheben ist, dass die Operationalisierung der Gleichmäßigkeit am Konsumvektor inklusive dem Lebensendvermögen von Wirtschaftssubjekten nicht nur von einem konsumorientierten Steuersystem erfüllt werden kann. So ist

---

438 Dieses Ergebnis deckt sich mit dem juristischen aus Abschnitt 3.3.2. Söhn prägte hier den Begriff des aufschiebend bedingt zufließenden Einkommens. Vgl. Söhn, Hartmut (1986), S. 332.

439 Vgl. Richter, Wolfram F. (2001), S. 1003; eine andere Einordnung wurde von der Sachverständigenkommission zur Neuordnung der steuerrechtlichen Behandlung von Altersvorsorgeaufwendungen und Altersbezügen vorgenommen; vgl. hierzu den Abschlussbericht BMF (Hrsg.) (2003), S. 4 und 17 f.

440 Vgl. hierzu die Ausführungen des Abschnitt 2.2.1.

441 Vgl. hierzu Wosnitza, Michael/ Treisch, Corinna (1999a) m.w.N.; sowie die Stellungnahmen hierzu von Jachmann, Monika (1999) ; Bareis, Peter (1999) ; Siegel, Theo (1999) ; Schneider, Dieter (1999) und die dazugehörige Replik Wosnitza, Michael/ Treisch, Corinna (1999b).

442 Wenger, Ekkehard (1983), S. 212.

eine kumulative Durchschnittsbesteuerung des Einkommens nach Vickrey mit diesem Gleichmäßigkeitskriterium vereinbar. Bei dieser Besteuerung wird die Steuerzahllast des kumulierten Einkommens anhand der Steuertariffunktion ermittelt und davon die aufgezinsten bisherigen Steuerzahlbeträge früherer Perioden abgezogen, um die Steuerzahllast einer Periode zu ermitteln. Im Gegensatz zur zinsbereinigten Einkommensteuer hat dieses Besteuerungsverfahren zusätzlich den Vorteil, dass es keinen linearen, zeitlich konstanten Tarif erfordert, um eine gleichmäßige Belastung zu erreichen.[443]

Während die horizontale Gleichbehandlung willkürliche Diskriminierung verhindert und so die Regierung zu einem Mindestmaß an Rechtsstaatlichkeit zwingt,[444] wird der Handlungsspielraum durch den Grundsatz vertikaler Gerechtigkeit weit weniger beschränkt. Kritisch ist dabei nicht die Frage, ob unterschiedliche Leistungsfähigkeit auch unterschiedlich besteuert wird, sondern vielmehr wie bzw. in welchem Umfang sich Unterschiede der Leistungsfähigkeit in der Steuerbelastung niederschlagen sollen. Die Operationalisierung dieses „wie" stellt das Kernproblem der vertikalen Gleichbehandlung dar und erfährt seine Beantwortung durch die Ausgestaltung des Steuertarifverlaufs.
Im Rahmen der sog. **Opfertheorie** wurde versucht, Tariffunktionen wissenschaftlich herzuleiten. Ausgangspunkt dieser Theorie war die These von J.S. Mill, jeder solle zur Finanzierung staatlicher Aktivitäten ein „gleiches Opfer" erbringen.[445] Üblicherweise wird das Opfer als Wohlfahrtsverlust betrachtet, es bezieht sich also auf den Nutzenentzug. Vereinfachend werden i.d.R. nichtmonetäre Komponenten des Nutzens unberücksichtigt gelassen und der Nutzen als kardinale Funktion des Einkommens betrachtet.[446] Im Rahmen dieser Theorie werden folgende, vereinfachende Annahmen unterstellt: Der Nutzen steige mit dem Einkommen streng monoton bei abnehmendem Grenznutzen. Alle Wirtschaftssubjekte haben die gleiche Nutzenfunktion. Unter diesen Voraussetzungen wäre bei additiver Wohlfahrtsfunktion das Wohlfahrtsmaximum bei Gleichverteilung der Einkommen erreicht. Unter diesen Modellannahmen versuchte die Opfertheorie Aussagen zur notwendigen Gestaltung des Steuertarifes zu finden, welche zu gleichen absoluten, relativen oder marginalen Opfern führt. Leider ergaben diese Forschungsbemühungen keine verwertbaren Ergebnisse: Bei ausreichend hoher Steuerlast führt der Ansatz gleicher marginaler Opfer zu Einkommensgleichheit, bei konstantem Grenznutzen sind sowohl proportionale, progressive wie regressive Steuertarife mit diesem Opferkonzept vereinbar. Bei den Opferkonzepten absolut bzw. relativ gleicher Opfer gilt dies bei abnehmendem Grenznutzen.[447] Zwar wird die Opfertheorie stets im Zusammenhang mit dem Konzept des verti-

---

443 Vgl. Wenger, Ekkehard (1983), S. 233 ff.

444 Vgl. die juristischen Ausführungen zum Leistungsfähigkeitsprinzip und den allgemeinen Gleichheitssatz gem. Art. 3 GG in Abschnitt 3.2.1.

445 Vgl. exemplarisch Brümmerhoff, Dieter (1996), S. 245 ff.; Blankart, Charles Beat (1998), S. 177 ff.; Haller, Heinz (1981), § 5 insbesondere S. 82 ff.

446 Vgl. Wenger, Ekkehard (1983), S. 211.

447 Vgl. Blankart, Charles Beat (1998), S. 179.

kalen Leistungsfähigkeitsprinzips dargestellt, leider bleibt sie eine eindeutige Antwort über die „gerechte" Ausgestaltung eines Einkommensteuertarif selbst bei den gewählt einfachen Modellannahmen schuldig.[448]
Die bisherigen Ausführungen zur horizontalen und vertikalen Gleichmäßigkeit der Besteuerung beschränkten sich bisher auf Personen der gleichen Generation. Überträgt man das Konzept der *intra*generativen Gleichmäßigkeit auf eine generationsübergreifende, d.h. *inter*generative Betrachtungsweise führt dies zu der Forderung, von Personen mit gleicher Leistungsfähigkeit auch dann das gleiche Steueropfer zu verlangen, wenn sie zu unterschiedlichen Generationen gehören. Diese nahezu triviale Überlegung führt jedoch insbesondere dann zu Problemen, wenn Aggregate wie bspw. das Lebenseinkommen die Vergleichsgröße darstellen In diesem Fall führen u.a. Geldentwertung und veränderte, institutionelle Rahmenbedingungen dazu, dass Personen mit gleichartiger Gehaltsentwicklung eine unterschiedliche Lebenssteuerbelastung erfahren, wenn sie unterschiedlichen Generationen angehören. Dabei kann nur schwer beurteilt werden, in welchem Umfang diese Unterschiede der Forderung nach einer gleichmäßigen Steuerbelastung entsprechen oder gar als „gerecht" angesehen werden können. Diesen Aspekt gilt es bei der Modellentwicklung sowie bei der Formulierung eines Messkonzeptes zur Beurteilung der intergenerativen Verteilungswirkung zu berücksichtigen.[449]
Aus dem Leistungsfähigkeitsprinzip lässt sich normativ - selbst bei Annahme einer Nutzenfunktion - bei gleichem absoluten oder relativen Opfer, folglich kein konkreter Tarifverlauf ableiten. D.h., selbst wenn man von abnehmendem Grenznutzen über dem Einkommen ausgeht, kann damit nicht gleichsam automatisch ein bestimmter Einkommensteuertarif begründet werden.[450] Damit lässt sich die anfängliche Forderung nach unterschiedlicher Steuerbelastung von unterschiedlicher Leistungsfähigkeit lediglich durch eine Rangfolge der Steuerpflichtigen konkretisieren, die Ermittlung metrischer Abstände kann durch das Prinzip vertikaler Gleichmäßigkeit nicht bestimmt werden. Der konkrete Tarifverlauf spiegelt vielmehr die Wertvorstellung der als „gerecht" empfundenen Belastung wider, welche sich aus den vorherrschenden ökonomisch-politischen Ideologien und Machtpositionen ergibt. Folglich enthält jede Progressionsgestaltung ein gewisses Maß an Willkür, da es keine Theorie zur normativen Bestimmung gibt. Taylor äußerte sich zu diesem Dilemma mit den Worten „the choice between proportional and progressive taxation is [...] a choice between certain injustice and uncertain justice"[451]
Um die Problemstellung dieser Arbeit handhabbar zu halten, wird die periodische Einkommensteuer trotz ihrer theoretischen Mängel nicht weiter in Frage gestellt, sondern als gegebene Rahmenbedingung übernommen. Entsprechend wird davon ausgegangen, dass es einen gesellschaftlichen Konsens gibt, die Leis-

448 Deshalb wird an dieser Stelle auf eine ausführliche Darstellung verzichtet. Vgl. Haller, Heinz (1981), § 5 insbesondere S. 82 ff.
449 Vgl. hierzu Abschnitt 5.2 S. 154.
450 Vgl. Neumark, Fritz (1970), S. 176-178; Brümmerhoff, Dieter (1996), S. 245 f.
451 Taylor, Ph. (1948), S. 293; zitiert nach Neumark, Fritz (1970), S. 179.

tungsfähigkeit auch am Einkommen und nicht nur am Konsum zu messen. Vereinfachend wird angenommen, dass die Einkommensteuer in ihrer Grundstruktur als gerecht angesehen wird. Nach dem Konzept der Regelgerechtigkeit stützt sich diese Interpretation auf Prinzipien demokratischer Abstimmungen als Regel.

Aus den vorangehenden Überlegungen lassen sich folgende *Ergebnisse* für die weitere Betrachtung festhalten:
Da das Leistungsfähigkeitsprinzip sich auf die staatliche Einnahmenseite beschränkt, kann es eine gerechte Gesamtverteilung des Steuer-Transfer-Systems nicht sicherstellen.
Das Teilprinzip der horizontalen Gleichmäßigkeit stellt den robusten Kern des Leistungsfähigkeitsprinzips dar. Er entspricht dem Gleichheitssatz des Grundgesetzes (Art. 3 GG) und verlangt Wirtschaftssubjekte mit gleicher Leistungsfähigkeit gleich zu besteuern. Willkürliche Diskriminierung wird durch dieses Teilprinzip unterbunden, der Staat wird im Rahmen der Rechtsstaatlichkeit gehalten.
Das Teilprinzip der vertikalen Gleichmäßigkeit, nach der unterschiedliche Leistungsfähigkeit sich in unterschiedliche Steuerlast niederschlagen soll, kann durch die Opfertheorie nicht in eine Steuertariffunktion konkretisiert werden. Als Kern bleibt die Forderung übrig, dass sich die Rangfolge der Steuerpflichtigen in Abhängigkeit ihrer Leistungsfähigkeit in der Rangfolge ihrer Steuerlast widerspiegeln muss. Eine metrische Funktion ist nicht ableitbar. Bei ordinalen Funktionen verbleibt den politischen Akteuren nicht unerheblicher Spielraum, ihr Monopolrecht auf Ausbeutung einer Bemessungsgrundlage auszunutzen. Dies stellt eine deutliche Einschränkung der Verwendbarkeit des Leistungsfähigkeitsprinzips als Maßstab der Regelgerechtigkeit dar.
Richtet sich das Steueropfer nach dem Ziel des Wirtschaftens, ist eine reine Konsumbesteuerung mit dem Leistungsfähigkeitsprinzip unvereinbar, wenn man Selbstverwirklichung als eine Quelle der Arbeitsmotivation akzeptiert.
Die zeitliche Abgrenzung des Einkommens als Steuerobjekt beeinflusst die Steuerbelastung wesentlich. Auch dies stellt eine Einschränkung der Verwendbarkeit des Leistungsfähigkeitsprinzips zur Konkretisierung der Regelgerechtigkeit dar. Um diesen Effekt zu berücksichtigen, ist eine lebensphasenübergreifende Betrachtung notwendig. Wirkungsanalytisch sind Sozialversicherungsrenten als zeitlich aufgeschobene Arbeitseinkommen zu interpretieren und entsprechend zu versteuern.
Selbst wenn man das Konzept der Gleichmäßigkeit auf den Vektor des Periodenkonsums bezieht, führt dies nicht zwangsläufig zu einer Konsumbesteuerung. Der Nutzen aus der Bedürfnisbefriedigung, den der Konsum darstellt, lässt sich auch durch eine Durchschnittsbesteuerung des Einkommens nach Vickrey gleichmäßig belasten, ohne dass dazu eine Zinsbereinigung, d.h. eine Konsumorientierung notwendig wäre.[452]
Die Stärke des Leistungsfähigkeitsprinzips als Maßstab der Regelgerechtigkeit liegt im Bereich der *intra*generativen, horizontalen Gleichmäßigkeit. Die vertikale

452 Vgl. Wenger, Ekkehard (1983), S. 233 ff.

Gleichmäßigkeit liefert nur eine ordinale Skala, die weit weniger restriktiv in ihrer Anwendung ist, als die horizontale Gleichmäßigkeit. Für Analysen der *inter*generativen Gleichmäßigkeit muss bei den Konzepten der horizontalen und vertikalen Leistungsfähigkeit die zeitliche Veränderung der institutionellen wie wirtschaftlichen Rahmenbedingungen berücksichtigt werden. Damit werden die Ergebnisse abhängig von den Annahmen dieses Transformationsmodells. Die Beeinträchtigung der Aussagekraft lässt sich durch Sensitivitätsanalysen entschärfen.

4.4 Belastungsvergleich Konsum- versus Einkommensteuer

Der Konflikt zwischen konsum- und einkommensorientierter Besteuerung rekurriert auf das Dilemma zwischen der Forderung nach Effizienz und derjenigen nach (Verteilungs-)Gerechtigkeit abwägen zu müssen. Hinter beiden Forderungen stehen unterschiedliche, gesellschaftliche Wertvorstellungen. Der Glaube an die „Gerechtigkeit" der Marktverteilung steht der Überzeugung von (teilweisem) Marktversagen gegenüber.[453]

Nachfolgend wird der Einfluss, den eine Aufteilung des Lebensverlaufes in mehr als zwei Perioden auf die Steuerbelastung hat, in Erweiterung zu den Ausführungen des Abschnitts 4.2 thematisiert. Gleichzeitig wird die Betrachtung auf die Lebenssteuerbelastung konzentriert, allokative Verzerrungen werden aufgrund ihrer auf die theoretische Modellwelt begrenzte Aussagekraft an dieser Stelle nicht weiter betrachtet.[454] Mit den folgenden Ausführungen werden die Unterschiede in der Steuerbelastung quantifiziert, die zwischen Konsum- und Einkommensteuer in Kombination mit den Konzepten der vorgelagerten und der nachgelagerten Besteuerung einhergehen. Damit kann die Aussage, die nachgelagerte Besteuerung sei identisch mit einer vorgelagerten Besteuerung, jedenfalls in dieser generellen Form falsifiziert werden.[455] Auf die Behauptung Wiegards, die nachgelagerte Besteuerung sei gar identisch mit einer vorgelagerten Besteuerung bei gleichzeitiger Freistellung der Zinserträge, wird aufgrund der sehr eingeschränkten Gültigkeit dieser Aussage nicht näher eingegangen.[456]

Für die Konstruktion einer Reform der Rentenbesteuerung ist das Verständnis über die unterschiedlichen Belastungswirkungen wichtig. Insbesondere für die Ermittlung einer Maßzahl zur Vermeidung von Doppelbesteuerung wird auf die Ergebnisse zurückgegriffen werden.[457]

---

453 Vgl. Abschnitt 4.3.1 sowie 4.5.1.

454 Vgl. Fehr, Hans/ Wiegard, Wolfgang (1996), S. 242 sowie die Begründung am Ende des Abschnitts 4.2.2.3 und die Ausführungen in Abschnitt 4.5.1.

455 Vgl. Dilnot, Andrew (1992), S. 65; Börsch-Supan, Axel/ Lührmann, Melanie (2000), S. 29; Wiegard, Wolfgang (2000), S. 10.

456 Vgl. Wiegard, Wolfgang (2000), S. 8 ff. Wiegard behauptet zwar, dass die Schlussfolgerungen die er aus seinem einfachen Beispiel zieht auch unter realistischen Annahmen gültig sei (vgl. S. 9), dies gilt aber nicht für die Fälle, in denen die Rendite des Altersvorsorgesystems von der Kapitalmarktrendite abweicht, wie dies bei der gesetzlichen Rentenversicherung der Fall sein kann.

457 Vgl. Abschnitt 5.2.2.

4.4.1 3-Punkt-Modell von Dillnot

In Abschnitten 4.2.2.1 wurden die Wirkungen, unterschiedlicher Steuertypen anhand eines Zwei-Perioden-Modells verdeutlicht. Das Leben eines Wirtschaftssubjektes wird dabei in eine Erwerbsperiode und eine Nacherwerbsperiode aufgeteilt, die beide mit einer Zeiteinheit gleich lang sind. In der Realität dauert die Erwerbsphase i.d.R. länger als die Nacherwerbsphase. Deshalb liegt eine Erweiterung dieses Modellansatzes auf mehrere Perioden nahe. Das nachfolgend dargestellte Modell wurde anhand von Beispielrechnungen von Dillnot (1992) zur Veranschaulichung dargestellt und später verschiedentlich aufgegriffen und teilweise einfach modifiziert.[458] Hier soll die mathematische Formulierung an erster Stelle stehen, um eine nachvollziehbare Allgemeingültigkeit zu verdeutlichen, die durch Beispiele alleine nicht erreichbar ist.

An den folgenden drei Punkten kann die Besteuerung bei der Altersvorsorge angreifen: bei der Beitragszahlung, bei den Vermögenserträgen und bei der Auszahlung der Altersvorsorgeleistungen. Liegt eine Konsumbesteuerung vor, werden weder die Beitragszahlungen noch die Zinserträge besteuert sondern nur die Konsumausgaben. Geht man davon aus, dass die Rentenleistungen vollumfänglich dem Konsum dienen, würden die Auszahlungen voll versteuert. In der oben verwendeten Reihenfolge kann die Belastung der Konsumbesteuerung angegeben werden als steuerfrei (Beitragszahlungen), steuerfrei (Zinserträge) und steuerpflichtig (Leistungszahlungen) oder kurz „FFS“. Bei der umfassenden Einkommensteuer muss herkömmliche Ersparnis aus versteuertem Einkommen gebildet werden, die Zinserträge werden in der Periode, in der sie das Vermögen mehren, besteuert, Rückzahlungen von aus versteuerten Einkommen gebildetem Vermögen bleiben dagegen steuerfrei. Diese Art der Besteuerung können wir mit „SSF“ bezeichnen, d.h. bezüglich der drei Ansatzpunkte der Besteuerung liegt der Fall „steuerpflichtig, steuerpflichtig, steuerfrei“ vor. Grundsätzlich sind bei drei Ansatzpunkten acht Varianten denkbar. Schließt man diejenigen aus, die Ein- und Auszahlungen entweder beide besteuern oder beide unversteuert lassen, kommen neben den bereits erwähnten lediglich die entsprechenden nachgelagerten bzw. vorgelagerten Varianten hinzu. In Tabelle 4-3 sind die klassischen Varianten fett dargestellt.

Tabelle 4-3: Sinnvolle Besteuerungsvarianten im 3-Punkt-Modell

	Konsumsteuer	Einkommensteuer
vorgelagert	SFF	**SSF**
nachgelagert	**FFS**	FSS

Quelle: eigene Darstellung

Wenden wir uns nun der mathematischen Formulierung der Besteuerungsalternativen für die drei Ansatzpunkte zu. Die folgenden Variablen werden verwendet.

458 Vgl. Dilnot, Andrew (1992), S. 65; Börsch-Supan, Axel/ Lührmann, Melanie (2000), S. 28 ff.; Wiegard, Wolfgang (2000), S. 9 ff.; Bareis, Peter (2002), S. 143 ff.

a	Sparbetrag pro Jahr
B	Summe aller Beiträge (Index bezieht sich auf den bzw. die Ansatzpunkt(e) der Besteuerung)
i	Inflationsrate
m	Laufvariable
n	Nominalzinssatz[459]
n_1	Dauer der Erwerbsphase
n_2	Dauer der Nacherwerbsphase
r	Realzinssatz
t	Steuersatz

Es wird angenommen, dass über die Dauer der Erwerbsphase n_1 am Ende jeder Periode ein Beitrag *a* angespart wird, der sich jährlich um die Inflationsrate steigert und sich jährlich mit dem Nominalzinssatz *n* verzinst. Die Summe aller Beiträge ohne Steuerbelastung und ohne Verzinsung ergibt sich zu

$$B_F = \sum_{m=0}^{n_1-1} a \bullet (1+i)^m \; . \qquad \textbf{Gleichung 4-27}$$

Dies entspricht dem Fall, dass die Beiträge in der Einzahlungsphase aus steuerfreiem Einkommen gezahlt werden können. Müssen die Beiträge aus versteuertem Einkommen getragen werden und wird diese Steuerlast nicht durch Konsumverzicht anderweitig getragen, ergibt sich für die Summe der Beiträge der folgende Zusammenhang.

$$B_S = \sum_{m=0}^{n_1-1} a \bullet (1-t) \bullet (1+i)^m \; . \qquad \textbf{Gleichung 4-28}$$

Die Beiträge *a* fallen um den Faktor der Besteuerung *(1-t)* kleiner aus, die Beiträge erhöhen sich inflationsbedingt jährlich um den Faktor *(1+i)*.

Wird die Betrachtung auf die Verzinsung erweitert, ergeben sich für die Summe der Beiträge die folgenden vier Möglichkeiten:

$$B_{FF} = \sum_{m=0}^{n_1-1} a \bullet (1+i)^m \bullet (1+n)^{n_1-m-1} \qquad \textbf{FF} \qquad \textbf{Gleichung 4-29}$$

$$B_{SF} = \sum_{m=0}^{n_1-1} a \bullet (1-t) \bullet (1+i)^m \bullet (1+n)^{n_1-m-1} \qquad \text{SF} \qquad \textbf{Gleichung 4-30}$$

$$B_{FS} = \sum_{m=0}^{n_1-1} a \bullet (1+i)^m \bullet (1+n \bullet (1-t))^{n_1-m-1} \qquad \text{FS} \qquad \textbf{Gleichung 4-31}$$

$$B_{SS} = \sum_{m=0}^{n_1-1} a \bullet (1-t) \bullet (1+i)^m \bullet (1+n \bullet (1-t))^{n_1-m-1} \qquad \textbf{SS} \qquad \textbf{Gleichung 4-32}$$

---

459 Für den Zusammenhang zwischen Nominalzins, Inflation und Realzins gelte die Fisher-Gleichung $(1+n) = (1+i) \bullet (1+r)$.

Die Verzinsung der Beiträge nimmt mit zunehmendem Alter ab, wenn als Bezugspunkt das Ende des Erwerbslebens verwendet wird. Für B_{FF} wird der erste Beitrag mit $(1+n)^{n_1-1}$ verzinst, der letzte lediglich noch mit $(1+n)^0 = 1$, d.h. gar nicht mehr. Unterliegen die Zinserträge der Besteuerung erfolgt die Verzinsung mit $n \bullet (1-t)$ statt mit n. Bei den Varianten FF sowie FS ist eine Versteuerung der Auszahlung möglich, ohne dass die Gefahr besteht Zahlungen doppelt zu besteuern. Das 3-Punkt-Modell geht vereinfachend davon aus, dass die Auszahlung in einer Zahlung erfolg. Wird sie in die Berechnung mit einbezogen, kommt man zu den folgenden Gleichungen.

$$B_{FFS} = (1-t^*) \bullet \sum_{m=0}^{n_1-1} a \bullet (1+i)^m \bullet (1+n)^{n_1-m-1}$$ **FFS** **Gleichung 4-33**

$$B_{SFF} = \sum_{m=0}^{n_1-1} a \bullet (1-t) \bullet (1+i)^m \bullet (1+n)^{n_1-m-1}$$ SFF **Gleichung 4-34**

$$B_{FSS} = (1-t^*) \bullet \sum_{m=0}^{n_1-1} a \bullet (1+i)^m \bullet (1+n \bullet (1-t))^{n_1-m-1}$$ FSS **Gleichung 4-35**

$$B_{SSF} = \sum_{m=0}^{n_1-1} a \bullet (1-t) \bullet (1+i)^m \bullet (1+n \bullet (1-t))^{n_1-m-}$$ **SSF** **Gleichung 4-36**

Gleichung 4-33 ergibt sich durch die Multiplikation von Gleichung 4-29 mit $(1-t^*)$. Geht man von einem proportionalen Steuertarif aus, d.h. der Steuersatz der Auszahlungsphase t^* ist gleich demjenigen der Beitragsphase, und verändert sich der Steuersatz auch nicht über die Lebensdauer des Wirtschaftssubjektes, ist die Gleichung 4-33 mit Gleichung 4-34 sowie die Gleichung 4-35 mit Gleichung 4-36 jeweils identisch. Das bedeutet, dass bei dieser Modellgestaltung die vorgelagerte Besteuerung zu gleich hohen Auszahlungen führt wie die nachgelagerte Besteuerung und das jeweils für den Fall mit bzw. ohne Besteuerung der Zinserträge. Diese Gleichheit wird allerdings nicht erreicht, wenn man einen progressiven Steuertarif annimmt. Folgt man der Überlegung, dass in der Erwerbsphase die Einkünfte höher ausfallen als in der Nacherwerbsphase und deshalb auch der Durchschnittsteuersatz höher liegt, haben die nachgelagerten Besteuerungsvarianten FFS bzw. FSS eine geringere Belastungswirkung als die entsprechend vorgelagerten Varianten SFF bzw. SSF.[460] Wird dagegen, wie durch die Art des Modells vorgegeben, von einer Einmalauszahlung ausgegangen, verkehrt sich der Vorteil in einen Nachteil. Die Auszahlung fällt bei konsumorientierter Besteuerung, d.h. ohne Versteuerung der Zinserträge (Gleichung 4-33 und Gleichung 4-34) höher aus als bei der umfassenden Einkommensteuer, d.h. mit Versteuerung der Zinserträge. In Tabelle 4-4 werden die realen Auszahlungsbeträge für die vier diskutierten Varianten anhand eines Beispiels dargestellt.

460 So Börsch-Supan, Axel/ Lührmann, Melanie (2000), S. 29 ff.

Tabelle 4-4: Vergleich des Auszahlungsbetrags unterschiedlicher Besteuerungsvarianten bei Einmalauszahlung (Angaben in Geldeinheiten)

	Konsumorientierte Besteuerung		Umfassende Einkommensteuer	
Besteuerungsvariante	**FFS**	SFF	FSS	**SSF**
ohne Progression	53.164	53.164	41.272	41.272
niedrigere Progression	59.980	53.164	46.564	41.272
höhere Progression	46.348	53.164	35.981	41.272

Quelle: Erweiterung des Beispiels aus Börsch-Supan, Axel/ Lührmann, Melanie (2000), S. 28 ff. eigene Berechnungen und Darstellung

Der Bezugszeitpunkt für die Ermittlung der Barwerte ist der Anfang der ersten Periode der Beitragsphase. Die obigen Gleichungen haben das Ende der Erwerbsphase als Bezugspunkt, müssen also, um die Ergebnisse zu erhalten, noch durch $(1-i)^{n_1}$ dividiert werden. Es wird von einer Erwerbsphase von 37 Jahren ausgegangen, jährlich werden real 1.000 Geldeinheiten angelegt, die Inflation liege bei 3%, der Realzinssatz bei 2,5%. Der Steuersatz liegt im Fall ohne Progression bei 22% im Fall mit höherer bzw. mit niedrigerer Progression in der Nacherwerbsphase bei 12% bzw. 32%.
Die Beiträge werden nominal verzinst und je nach Szenario ggf. versteuert. Werden die Auszahlungen nicht versteuert (Szenario SFF und SSF), ist die veränderte Progression in der Nacherwerbsphase unerheblich, bei konsumorientierter Besteuerung liegen die Auszahlungsbeträge immer über denjenigen der entsprechenden Variante bei umfassender Einkommensteuer, wie dies bereits aus den Gleichungen für die vier Varianten B_{FFS} bis B_{SSF} deutlich wurde.[461]

4.4.2 4-Punkt-Modell

Das zuvor verwendete Modell geht von einer Einmalauszahlung zu Beginn der Nacherwerbsphase aus. Die Leistungen der gesetzlichen Rentenversicherung werden allerdings kontinuierlich ausgezahlt. Würde die Versicherungsleistung auf angespartes Vermögen zurückgreifen, würde sich das Restvermögen während der Auszahlungsphase weiter verzinsen. Auch die fiktive Vermögensposition der gesetzlichen Rentenversicherung nimmt während der Nacherwerbsphase an Wert nach Maßgabe des Lohnsummenwachstums zu, die Auszahlungsbeträge werden jährlich angepasst.[462] Damit erscheint es sinnvoll, die Betrachtung auf die Vermögenserträge der Nacherwerbsphase zu erweitern. Zur Erinnerung: die Idee, die Zinserträge der Nacherwerbsphase zu versteuern, liegt dem Konzept der Ertragsanteilsbesteuerung zu Grunde. Dabei wird davon ausgegangen, dass sowohl die Beiträge als auch die Zinserträge während der Erwerbsphase vollständig versteuert wurden. Somit liegt diesem Konzept das Prinzip der umfassenden Einkommensteuer zu Grunde.[463] Folgt man der im vorangehenden Abschnitt eingeführten Terminologie, kann die Besteuerung nun an vier Punkten

461 Vgl. Gleichung 4-33 bis Gleichung 4-36.
462 Für die genaue Regelung der Anpassung des aktuellen Rentenwertes s. §§ 63 ff insbes. § 68 SGB VI.
463 Vgl. Absatz 2.2.1.

ansetzten: bei den Einzahlungen, bei den Zinserträgen der Erwerbsphase, bei den Zinserträgen der Nacherwerbsphase und bei den Auszahlungen.
Um die mathematische Formulierung zu vereinfachen wird auf die Definitionen der Gleichung 4-29 bis Gleichung 4-32 zurückgegriffen. Die folgenden Variablen treten neu hinzu:

ea	Ertragsanteil bei Nominalverzinsung[464]
rbf_i	Rentenbarwertfaktor der Inflation[465]
rbf_n	Rentenbarwertfaktor der Nominalverzinsung
	jeweils für die angenommene Dauer der Nacherwerbszeit n_2

Die erste Variante des vorangehenden Abschnitts, die nachgelagerte Konsumbesteuerung vom Typ FFS, verändert sich zu FFFS (Szenario FFFS: Einzahlungen steuerfrei, Zinserträge der Erwerbsphase steuerfrei, Zinserträge der Nacherwerbsphase steuerfrei, Auszahlungen steuerpflichtig). Die Zinserträge stellen keinen steuerpflichtigen Sachverhalt dar, dafür aber die Auszahlungen. Bei der Variante FFFS führt die Steuerfreiheit der Zinserträge der Nacherwerbsphase zu höheren Auszahlungsbeträgen, als wenn das Vorsorgevermögen mit dem Zinssatz nach Steuer auf die Nacherwerbsphase verteilt wird. Nachfolgend wird zur Vereinfachung der Schreibweise das Konzept der Ertragsanteilsbesteuerung verwendet, das von über die Auszahlungsperiode gleichmäßig verteilten Zinserträgen ausgeht. Die Lebenserwartung wird damit als gegeben vorausgesetzt.[466]
Für den Barwert ergibt sich die folgende Gleichung

$$B_{FFFS} = B_{FF} \bullet \frac{rbf\_i}{rbf\_n} \bullet (ea \bullet (1-t) + (1-ea) \bullet (1-t))$$

$$= B_{FF} \bullet \frac{rbf\_i}{rbf\_n} \bullet (1-t) \qquad \textbf{Gleichung 4-37}$$

Der Quotient $\frac{B_{FF}}{rbf\_n}$ entspricht den jährlichen Rentenzahlungen unter Berücksichtigung der Zinserträge des abnehmenden Vermögens während der Nacherwerbsphase. Durch die Multiplikation mit dem Rentenbarwertfaktor der Inflation (*rbf_i*) wird der Bezugszeitpunkt für die Summe der Barwertberechnung auf den Beginn der Nacherwerbsphase vorverlegt. Der Barwert wird in den Zins- d.h. den sog. Ertragsanteil *ea* sowie in der Rückflussanteil *(1-ea)* zerlegt, wobei im vorliegenden Fall beide Anteile versteuert, d.h. mit *(1-t)* multipliziert werden.
Das konsumorientierte vorgelagerte Pendant ergibt sich wie folgt

$$B_{SFFF} = B_{SF} \bullet \frac{rbf\_i}{rbf\_n} = B_{FF} \bullet (1-t) \bullet \frac{rbf\_i}{rbf\_n}. \qquad \textbf{Gleichung 4-38}$$

Die summierten Barwerte der Auszahlungsbeträge der nachgelagerten Besteuerung sind damit für den Fall der Konsumbesteuerung mit der vorgelagerten Variante identisch, solange die Auszahlungsbeträge vollständig für Konsum ausge-

464 Vgl. Gleichung 2-1, S. 50.
465 Vgl. Gleichung 2-2, S. 50.
466 Vgl. zum Konzept der Ertragsanteilsbesteuerung Abschnitt 2.2.1 m.w.N.

geben werden und dadurch der Besteuerung unterliegen. Werden nicht die gesamten Auszahlungsbeträge vollständig konsumiert, ergäbe sich ceteris paribus eine geringere Steuerbelastung bei nachgelagerter Besteuerung im Vergleich zur vorgelagerten Besteuerung. Für den Fall der umfassenden Einkommensteuer gilt diese Gleichheit nicht, wie die folgenden Gleichungen zeigen.

$$B_{FSSS} = B_{FS} \bullet (1-t) \bullet \frac{rbf\_i}{rbf\_n} = B_{SS} \bullet \frac{rbf\_i}{rbf\_n}$$ **Gleichung 4-39**

$$B_{SSSF} = B_{SS} \bullet \frac{rbf\_i}{rbf\_n} \bullet (ea \bullet (1-t) + (1-ea))$$

$$= B_{SS} \bullet \frac{rbf\_i}{rbf\_n} \bullet (1 - ea \bullet t)$$ **Gleichung 4-40**

Bei der nachgelagerten Variante unterliegt sowohl der Ertragsanteil als auch der rückfließende Vermögensanteil der Besteuerung, da die Vermögensbildung in der Erwerbsphase unversteuert geblieben ist. Diese Variante folgt dem Ideal, all das nachzuversteuern, was noch nicht der Besteuerung unterlegen hat. Die letzte Variante (SSSF) entspricht der klassischen, umfassenden, vorgelagerten Besteuerung. Dabei muss Ersparnis aus versteuertem Einkommen gebildet werden und die in jeder Periode anfallenden Zinserträge unterliegen ebenfalls der Besteuerung. Der Vergleich von Gleichung 4-39 mit Gleichung 4-40 verdeutlich, dass die Belastung bei umfassender Einkommensteuer durch die vorgelagerte Variante derjenigen der nachgelagerten Variante entspricht, wenn bei ersterer die Zinserträge der Nacherwerbsphase ein zweites Mal belastet werden.

Wendet man die hier formulierten Gleichungen auf das im vorangehenden Abschnitt herangezogene Beispiel an, so ergeben sich für die unterschiedlichen Besteuerungsvarianten die Auszahlungsbarwerte gemäß Tabelle 4-5. Das Beispiel aus Abschnitt 4.4.1 wird dahingehend modifiziert, dass nun das angesparte Rentenvermögen kontinuierlich über die Nacherwerbsphase verteilt ausgezahlt wird. Die Restlebenserwartung wird mit 15 Jahren angenommen.

Tabelle 4-5: Vergleich des Auszahlungsbetrags bei unterschiedlichen Besteuerungsvarianten (Angaben in Geldeinheiten)

	Konsumorientierte Besteuerung		Umfassende Einkommensteuer	
Besteuerungsvariante	**FFS**	SFF	FSS	**SSF**
Einmalauszahlung	53.164	53.164	41.272	41.272
Besteuerungsvariante	**FFFS**	SFFF	FSSS=SSFF	**SSSF**
kontinuierliche Auszahlung	63.986	63.986	49.674	46.428

Quelle: eigene Berechnungen und Darstellung

Kommt die umfassende Einkommensteuer zur Anwendung, liegen die Auszahlungsbeträge unterhalb denjenigen, die sich bei konsumorientierter Besteuerung

ergeben. Außerdem, und das stellt eine Veränderung zum vorhergehenden 3-Punkt-Modell dar, ergeben sich bei einer nachgelagerten Einkommensteuer höhere Auszahlungsbeträge, als bei einer vorgelagerten. Die Auszahlungsbeträge bei konsumorientierter Besteuerung sind bei vorgelagerter Variante mit derjenigen der nachgelagerten Variante identisch. Dies gilt allerdings nur unter den Bedingungen eines linearen Steuertarifs. Bei einem progressiven Steuertarif kommt es durch ungleichmäßigen Zufluss der Einkünfte auch bei konsumorientierter Besteuerung zu Belastungsunterschieden.[467] Die Besteuerung der Sozialversicherungsrente lässt sich nur bedingt in dieses Schema einordnen. Diejenigen Teile, welche bereits in der Beitragsphase besteuert werden, könnten als Variante SFSF bezeichnet werden; die Beiträge werden versteuert, der Wertzuwachs der Erwerbsphase und die Auszahlung nicht, dafür die Zinserträge der Nacherwerbsphase im Rahmen der Ertragsanteilsbesteuerung. Würde die gesamte Vorsorge so behandelt, würde dies zu einem Barwert von 59.805 GE führen. Für den Teil der Rente, der mit unversteuerten Beiträgen finanziert wurde, entspräche die Steuerbelastung der Besteuerungsvariante FFSF, der Barwert der Auszahlungsbeträge läge bei 76.386 GE; hier werden nur die fiktiven Zinserträge der Nacherwerbsphase besteuert. Die Besteuerung der Beamtenpension entspricht in der hier verwendeten Terminologie der Besteuerungsvariante FFFS, in der Erwerbsphase werden keine Vorsorgebeiträge ausgewiesen und damit auch nicht besteuert, der Wertzuwachs des Anwartschaftsvermögens wird in dieser Phase ebenfalls nicht besteuert. In der Nacherwerbsphase werden die Pensionszahlungen bis auf den Versorgungsfreibetrag vollständig besteuert. Auf diesen Vergleich der Varianten wird im Rahmen der Reform der Rentenbesteuerung noch einmal zurückzukommen sein.
Da der durchschnittlich verdienende Sozialversicherungspflichtige nur ca. ein Drittel seiner Beiträge versteuern muss, erhielte er in dieser Modellgestaltung gegenüber einem Beamten höhere Auszahlungen und hätte durch die Besteuerung folglich einen Vorteil. Dieses Ergebnis verkehrt sich allerdings in sein Gegenteil, wenn man statt eines proportionalen Steuertarifs den progressiven Tarif des deutschen Einkommensteuerrechts zu Grunde legt.[468]

4.5 Normative Entscheidungen

4.5.1 Effizienz versus Verteilung

Wie in Abschnitt 4.2 deutlich wurde, gehen Effizienzbetrachtungen im Rahmen von Modellanalysen von Vereinfachungen aus, welche die Übertragbarkeit ihrer Ergebnisse auf die Realität fraglich erscheinen lassen.
Autoren, die eine konsumorientierte Besteuerung fordern, begründen dies grundsätzlich aus modelltheoretischer Sicht mit ihrer Überlegenheit nach Effizienzgesichtspunkten. Hauptgrund dieser Überlegenheit stellt die Entscheidungsneutra-

467 Vgl. Abschnitt 4.3, sowie exemplarisch Wenger, Ekkehard (1983), S. 219 ff.
468 Vgl. Meindel, Alexander (2002), der dies für den Tarif 2001 nachwies; sowie Abschnitt 2.2.

lität zwischen Konsum und Ersparnis dar.[469] Gegner halten diesen Überlegungen entgegen, dass die Steuerfreiheit von Zinserträgen zu unsozialen Verteilungswirkungen führen würde und kritisieren die Realitätsferne der Modellanalysen.[470] In Abschnitt 4.2.2 wurde auf Aspekte der Entscheidungsneutralität bereits eingegangen, wobei gerade im Zusammenhang mit Beiträgen zur gesetzlichen Rentenversicherung deutlich wurde, dass diese Beiträge nicht als herkömmliche Ersparnis interpretiert werden können. Außerdem abstrahieren die entsprechenden Effizienzanalysen von dem Nutzen, der sich aus der Beleihbarkeit fungiblen Vermögens und aus der Vererbung von Vermögen ergeben kann.
Des Weiteren können die idealisierten Annahmen, welche entsprechenden Modellen zu Grunde liegen, kritisiert werden. So ließen sich die Modellergebnisse nur dann auf die Realität ohne Bedenken übertragen, wenn die Aufgabe der Annahmen keinen wesentlichen Einfluss auf die Effizienz hätte. Dies wird von Schneider bestritten.[471] So bleiben Zusatzlasten durch andere Steuerarten unberücksichtigt. Grundsätzlich muss sowohl aus Effizienz- wie aus Gleichmäßigkeitsgesichtspunkten ein Alleinsteuersystem gefordert werden. Da das deutsche Steuersystem aber kein Alleinsteuersystem ist und die aktuelle Situation sich aus dem Zusammenwirken vieler Verzerrungen ergibt, kann nicht ausgeschlossen werden, dass sich Verzerrungen gegenseitig neutralisieren. Bei einer solchen Konstellation kann es durch Beseitigen einer Verzerrung auch zu Einbußen statt Steigerungen der Wohlfahrt kommen. Empirische Untersuchungen, welche Aussagen über die Wirkung der Summe aller Verzerrungen geben könnten, liefern noch keine eindeutigen Ergebnisse, weshalb die Debatte über die Vorzüge von Konsum- und Einkommensteuer noch nicht als abgeschlossen gelten kann.[472]
Die Annahmen von vollkommenen Märkten im Konkurrenzgleichgewicht, von gleichartigen und zutreffenden Erwartungen aller Steuerpflichtigen und des Fiskus sowie von intertemporal konstanten Grenzsteuersätzen können ebenfalls als realitätsfern kritisiert werden.[473] Diese Kritikpunkte richten sich dabei nicht gegen das propagierte konsumorientierte Steuersystem an sich, sondern lediglich gegen die Beschränkung des Analyserahmens auf einige Effizienzgesichtspunkte. Verteilungswirkungen einer entsprechenden Steuerumstellung werden entsprechend nicht betrachtet. Gleichzeitig wird die steuerliche Leistungsfähigkeit, welche das Steueropfer auf das Ziel des Wirtschaftens beziehen soll, auf die Konsumausgabensucht von Wirtschaftssubjekten beschränkt. Der Nutzen aus beruflicher Selbstverwirklichung, der sich auch im nicht konsumierten Einkommensteil widerspiegelt, wird dagegen ebenso wenig berücksichtigt wie derjenige Nutzen, der sich aus der absichernden Wirkung von Vermögen ergibt.[474] Schneider beurteilt die eingeschränkte Effizienzsichtweise pointiert wie folgt: „Das Werturteil

469 Vgl. statt vieler Wenger, Ekkehard (1999), S. 58; Wiegard, Wolfgang (2000), S. 8 ff.; Wagner, Franz (2002), S. 1, sowie die Ausführungen in Abschnitt 4.2.2.1.
470 Vgl. exemplarisch Schneider, Dieter (1999b), S. 8 f. m.w.N.
471 Vgl. Schneider, Dieter (1999b), S. 6 ff.
472 Vgl. Richter, Wolfram F. (2001), S. 1002.
473 Vgl. Schneider, Dieter (1999b), S. 8.
474 Vgl. Abschnitt 4.3.2.

einer intertemporalen Allokationseffizienz entlarvt sich somit als ideologisches Stützkorsett für Vermögensmillionäre gegen Gleichmäßigkeit der Besteuerung."[475]

Um dem Dilemma zu begegnen, zwischen Effizienz- und Verteilungswirkung abwägen zu müssen, haben Fehr und Wiegard in einer Untersuchung anhand verschiedener Einkommensteuerreformen die Wohlfahrtseffekte getrennt nach Effizienz- und Verteilungseffekten quantifiziert.[476] In einem makroökonomischen Gleichgewichtsmodell einer kleinen geschlossenen bzw. offenen Volkswirtschaft kommen sie für unterschiedliche Reformtarifverläufe im Durchschnitt über verschiedene Modellvarianten zu dem Schluss, dass „zwischen 60 und 80% der durch Steuerreformen ausgelösten Wohlfahrtseffekte auf Umverteilungswirkungen zurückzuführen sind."[477] Außerdem unterscheiden sich die Reformen gerade in den Umverteilungswirkungen erheblich und zwar sowohl inter- als auch intragenerativ. Deshalb halten sie es für unvertretbar, die Wirkung von Steuerreformen allein durch Untersuchungen der aggregierten Effekte zu beurteilen, da hierbei quantitativ dominante Umverteilungswirkungen verdeckt werden können. Als warnender Hinweis bzgl. effizienzorientierter Steuerreformen kann ihr zweites zentrales Ergebnis gewertet werden: „In den meisten Fällen stellen die Umverteilungseffekte und nicht die Effizienzwirkungen die charakteristischen Merkmale effizienzorientierter Steuerreformen dar."[478] Gleichzeitig relativieren sie ihre Ergebnisse mit dem Hinweis, dass ihr Modell, was wohl aus der grundsätzlichen Notwendigkeit zur Vereinfachung resultiert, für Teilaspekte zu unspezifisch ist, um deren Wirkung erfassen zu können.[479]

In gleicher Art und Weise untersuchen Fehr und Jess mit einer Erweiterung des Modells von Fehr[480] die Effizienz und Verteilungswirkungen einer nachgelagerten Besteuerung von Renten.[481] Auch bei diesem Steuerreformvorhaben zeigt sich, dass die Verteilungswirkung den weit überwiegenden Teil der Wohlfahrtseffekte ausmacht.[482] Insgesamt kann daraus gefolgert werden, dass Effizienzüberlegungen bei Steuerreformen nicht vernachlässigt werden sollten, gleichwohl das Hauptaugenmerk den Verteilungswirkungen gelten sollte.

Als praktischer Nebeneffekt einer verteilungsorientierten Analyse kann die Tatsache gewertet werden, dass in der öffentlichen Diskussion von Reformen (vermutete) distributive Wirkungen zur Bewertung von Reformvorhaben herangezogen werden und nicht allokative Verzerrungen.[483]

---

475 Schneider, Dieter (1999b), S. 12.
476 Vgl. Fehr, Hans/ Wiegard, Wolfgang (1996), S. 199 ff.
477 Fehr, Hans/ Wiegard, Wolfgang (1996), S. 242.
478 Fehr, Hans/ Wiegard, Wolfgang (1996), S. 201.
479 Vgl. Fehr, Hans/ Wiegard, Wolfgang (1996), S. 242.
480 Vgl. Fehr, Hans (1999).
481 Fehr, Hans/ Jess, Heinrich (2001a), S. 561-580.
482 Fehr, Hans/ Jess, Heinrich (2001a), S. 576 f.
483 Vgl. Scheer, Christian (1996), S. 185 f.

4.5.2 Beurteilung des Status quo

Analysiert man die aktuelle Rentenbesteuerung nach den zuvor erörterten, volkswirtschaftlichen Normen der Effizienz und der Gleichmäßigkeit, so muss eine Reform hin zur nachgelagerten Besteuerung gefordert werden. Diese Forderung steht sowohl im Einklang mit einem konsumorientierten wie einem einkommensorientierten Steuersystem. Deshalb ist eine Grundsatzentscheidung zwischen diesen beiden Steuersystemen für die vorliegende Reform nicht notwendig. Damit wird der teilweise vertretenen Meinung, eine nachgelagerte Rentenbesteuerung stelle einen Bruch im System einer synthetischen Einkommensteuer dar, widersprochen.[484]

Sozialversicherungsrenten stellen wirkungsanalytisch aufgeschobene Arbeitseinkünfte dar, weshalb sie erst im Zeitpunkt der Erlangung der wirtschaftlichen Verfügungsmacht der Besteuerung unterliegen dürfen, also in der Nacherwerbsphase.[485] Diese Bewertung stützt sich auf das Gerechtigkeitskonzept der Regelgerechtigkeit, welches das Leistungsfähigkeitsprinzip im Zusammenhang mit dem durch Wahlen von der Gesellschaft legitimierten Steuertarif als „gerechte" Regel zu Grunde legt. Als Indikator für die steuerliche Leistungsfähigkeit wird das tatsächlich realisierte, zugeflossene Einkommen verwendet. Die Steuer soll die Zielgröße des Wirtschaftens, d.h. den Nutzen eines Wirtschaftssubjektes belasten. Nach der hier vertretenen Meinung manifestiert sich dieser Nutzen nicht allein im Konsum, sondern insbesondere bei höheren Einkommen auch in der Befriedigung durch Selbstverwirklichung. Der Nutzen spiegelt sich danach im Einkommen, wenn auch nicht vollständig so doch umfassender als im Konsum wider. Dies gilt insbesondere dann, wenn mit steigendem Einkommen die Konsumquote sinkt und gleichzeitig der Nutzen des Wirtschaftens zunehmend aus der Befriedigung durch persönliche Selbstverwirklichung erwächst. Eine reine Konsumbesteuerung ist mit dieser Operationalisierung des Leistungsfähigkeitsprinzips nicht vereinbar. An der rein effizienzorientierten Rechtfertigung der Konsumbesteuerung können zum einen die gewählten Modellannahmen in Frage gestellt werden (vgl. Abschnitt 4.2) sowie darauf verwiesen werden, dass Wohlfahrtseffekte von Steuerreformen nach bisherigen Erkenntnissen zu einem größeren Teil auf Verteilungswirkungen und nur zu einem kleineren Teil auf Effizienzwirkungen beruhen (vgl. Abschnitt 4.5.1).

4.6 Zwischenfazit

Die Normen der Effizienz und der Gerechtigkeit bzw. der Gleichmäßigkeit können als Kernforderungen der 18 Steuergrundsätze Neumarks betrachtet werden.[486]

Effizienzbetrachtungen erfordern theoretische Modelle, deren Annahmen bezogen auf die Realität als sehr restriktiv bezeichnet werden können. Der Hinweis, dass die synthetische Einkommensteuer die Entscheidung zwischen Konsum und Ersparnis verzerrt, führt zu dem Grundkonflikt gesellschaftlicher Wertvor-

---

484 Ebenso ablehnend BMF (Hrsg.) (2003), S. 29; a.A. Wiegard, Wolfgang (2000), S. 8-12; Wagner, Franz (2002), S. 1.

485 Vgl. Abschnitt 4.3.2 m.w.N. sowie aus juristischer Sicht Abschnitt 3.4.

486 Vgl. Abschnitt 4.1.5.

stellungen. Der Glaube an die Gerechtigkeit eines effizienten Marktes auf der einen Seite steht der Überzeugung von (teilweisem) Marktversagen auf der anderen Seite gegenüber, welche zur Forderung nach Korrektur des Marktergebnisses durch Umverteilung führt. Für die Reform der Rentenbesteuerung ist diese gesellschaftliche Wertentscheidung aber unerheblich, da die nachgelagerte Rentenbesteuerung sowohl mit einem konsumorientierten als auch mit einem einkommensorientierten Steuersystem konform geht.[487]

Rentenleistungen sind wirkungsanalytisch als zeitlich aufgeschobene Arbeitseinkommen zu betrachten und müssen entsprechend der Systematik der Einkommensteuer nachgelagert besteuert werden. Ein Versicherungspflichtiger kann der Steuerlast auf Beiträge zu oder Leistungen aus der gesetzlichen Rentenversicherung nur durch weniger Arbeit nicht aber durch geringere Ersparnis ausweichen.[488]

Die nachgelagerte Rentenbesteuerung muss aus Gleichmäßigkeitsgründen gefordert werden. Dieses Werturteil beruht auf dem Gerechtigkeitskonzept der Regelgerechtigkeit. Der Steuertarif wird als durch Wahlen legitimierte und deshalb regelgerechte Funktion der Lastverteilung betrachtet. Das Leistungsfähigkeitsprinzip wird als „gerechte" Regel zur Ermittlung der Bemessungsgrundlage verwendet. Als Indikator steuerlicher Leistungsfähigkeit wird der verwirklichte Mittelerwerb, d.h. das Einkommen verwendet. Wenn eine Steuer das Ziel des Wirtschaftens von Steuerpflichtigen treffen soll und dies nicht nur im persönlichen Konsum sondern auch in der Befriedigung durch berufliche Selbstverwirklichung gesehen wird, erfasst der Indikator Einkommen den gesamten, monetär messbaren Nutzen des Wirtschaftens umfassender als der Konsum. Eine Einkommensteuer ist nach dieser Interpretation des Leistungsfähigkeitsprinzips einer reinen Konsumbesteuerung überlegen.[489]

Die Steuerbelastung liegt bei konsumorientierter Besteuerung unter derjenigen der nachgelagerten Einkommensteuer, wenn letztere die Zinserträge belastet. Die aktuelle Besteuerung der Beamtenpensionen belastet die Zinserträge nicht, bei der Besteuerung der Sozialversicherungsrenten werden ein Teil der Beitragszahlungen sowie die fiktiven Zinserträge der Nacherwerbsphase besteuert. Eine nachgelagerte Besteuerung, die der Belastung der Beamtenpension nachempfunden sein soll, muss folglich die (fiktiven) Zinserträge von entsprechenden Altersvorsorgesystemen unbelastet lassen und nur die Rückflüsse erfassen.[490]

Berechnungen anhand makroökonomischer Gleichgewichtsmodelle ergeben, dass der weit überwiegende Teil der Wohlfahrtseffekte (60% – 80%) auf inter- wie intragenerativen Verteilungswirkungen beruht und nur der Rest auf Effizienzwirkungen. Dies relativiert die Bedeutung von Effizienzanalysen und unterstreicht die Notwendigkeit eingehender Analysen der Verteilungswirkungen.[491]

487 Vgl. Abschnitt 4.2 bzw. 4.3
488 Vgl. Abschnitt 4.3.2.
489 Vgl. Abschnitt 4.3.2.
490 Vgl. Abschnitt 4.4.2.
491 Vgl. Abschnitt 4.5.1.

Abbildung 4-5: Übersicht Kapitel 4

4.1 **18 Besteuerungsgrundsätze nach Neumark**
Kernforderungen: Effizienz und Gleichmäßigkeit

4.2 Effizienz	**4.3 Gleichmäßigkeit**
-> Forderung: konsumorientierte Besteuerung	-> Forderung: einkommensorientierte Besteuerung
Vorteil: Verzerrt Konsum-Spar-Entscheidung nicht. Kritik: Effizienter Markt wird als gerecht angenommen; Marktversagen ist ausgeschlossen.	Vorteil: Regelgerechtigkeit auch bei Marktversagen anwendbar. Kritik: Verzerrt Konsum-Spar-Entscheidung.

Ergebnis: Nachgelagerte Besteuerung mit konsum- und einkommensorientiertem Steuersystem konform.

4.4 **Belastungsvergleich Konsum- versus Einkommensteuer**

1. Zinserträge werden bei konsumorientierter im Gegensatz zur einkommensorientierter Besteuerung nicht belastet.
2. Bei Beamtenpensionen werden fiktive Zinserträge nicht besteuert.

4.5 **Normative Entscheidungen und Schlussfolgerungen**

Bei Sozialversicherungsrenten dürfen fiktive *Zinserträge* auch nachgelagert nicht besteuert werden, weil
1. dies aus dem Leistungsfähigkeitsprinzip gefordert werden muss
2. erst dann Gleichheit mit Besteuerung von Beamtenpensionen besteht.

Ergebnis:
- Bei Steuerreformen übersteigt Verteilungswirkung die Effizienzwirkung.
- Einkommen erfasst im Gegensatz zu Konsum als Indikator der Leistungsfähigkeit den monetär messbaren Nutzen aus beruflicher Selbstverwirklichung.

➢ *Einkommensorientierte Besteuerung* wird beibehalten

Quelle: eigene Darstellung

5 Modellbildung

Die bisherigen Ausführungen haben ergeben, dass sowohl aus juristischer wie aus volkswirtschaftlicher Sicht die Rentenbesteuerung nachgelagert erfolgen sollte. Des weiteren entspricht die Besteuerung von Beamtenpensionen im Status quo mit Ausnahme der unsystematischen Abzugsmöglichkeit des Versorgungsfreibetrags gem. § 19 Abs. 2 EStG der nachgelagerten Besteuerung, wobei die Wertveränderung des fiktiven Pensionsvermögens werden dabei nicht als Vermögenserträge interpretiert und werden damit auch nicht versteuert.
Da im Status quo die Besteuerung der Beiträge zu und der Leistungen aus der gesetzlichen Rentenversicherung zwischen der Erwerbsphase und der Nacherwerbsphase unsystematisch aufgeteilt ist, wird eine Umstellung hin zur nachgelagerten Besteuerung mit umfangreichen Lastverschiebungen verbunden sein. Intergenerative Lastverschiebungen ergeben sich allein schon aus der unvermeidlichen Tatsache, dass jede Generation in einem anderen Zeitpunkt ihres Lebensverlaufes von der Reform betroffen sein wird. Zwar kann aus Gründen des Vertrauensschutzes nicht zwischen dem Status quo und der nachgelagerten Besteuerung gleichsam digital umgeschaltet werden, dennoch wird auch bei kontinuierlichen Übergangsszenarien jede Generation durch die Reform verschieden belastet werden.
Gleichzeitig werden unterschiedliche Einkommensgruppen einer Generation verschieden entlastet bzw. belastet, was zu intrageneartiven Verteilungseffekten der Reform führen wird. Dies liegt am progressiven Einkommensteuertarif in Verbindung mit der zeitlichen Verschiebung steuerlicher Belastungen. Im Status quo ergibt sich eine zeitlich aufgeteilte Steuerbelastung zwischen Erwerbsphase mit einkommensabhängigen Freibeträgen und Nacherwerbsphase mit einem relativen Freibetrag durch die Ertragsanteilsbesteuerung. Nach der Reform erfolgt die Besteuerung vollständig in der Nacherwerbsphase.
Will man bei der Reform der Rentenbesteuerung der Forderung nach horizontal und vertikal gleichmäßiger Steuerbelastung ebenso Rechnung tragen, wie der Vermeidung von Doppelbesteuerung, so sind dafür umfangreiche Verteilungsanalysen notwendig. Darüber hinaus ist es erforderlich ein Maß zur Abgrenzung des Tatbestands der Doppelbesteuerung zu ermitteln.
In Abschnitt 5.1 wird kurz auf bisherige Modellanalysen eingegangen, welche sich auf die Frage der Reform der Rentenbesteuerung bezogen haben und daraus der Forschungsbedarf für das hier vorgestellte Modell abgeleitet. Anschließend wird in Abschnitt 5.2 auf die Messkonzepte eingegangen, an Hand derer die Verteilungswirkungen quantifiziert und bewertet werden sollen. In Abschnitt 5.3 wird der Gesamtaufbau des Modells erläutert, dessen Komponenten in den anschließenden Abschnitten näher detailliert werden.

5.1 Forschungsbedarf

Bei der Fülle an Literatur zum Thema Rentenbesteuerung überrascht es, dass entsprechende Verteilungsanalysen bisher nur in geringem Umfang durchgeführt

wurden. Dies ist umso erstaunlicher, da eine genaue Betrachtung der Verteilungswirkung von Autoren oft als abschließende Forderung formuliert wird, wenn es um die konkrete Umsetzung geht.[492]
Eine der ersten Untersuchungen geht auf H.-G. Petersen (1979) zurück, der noch vor dem ersten Bundesverfassungsgerichtsurteil auf die ungleichmäßige Belastung von Arbeits- und Alterseinkommen hinwies und diese durch Beispielrechnungen quantifizierte.[493] Er stellte die Steuerbelastung unterschiedlicher Personengruppen bei nominal gleichen Zuflüssen gegenüber. Dieses Vorgehen erfreut sich bis heute aufgrund der einfachen Darstellung großer Beliebtheit, auch wenn der tatsächliche Aussagegehalt leicht missverstanden werden kann.[494] Bei dieser Art der Gegenüberstellung wird teils explizit gefordert, teils indirekt suggeriert, dass bei nominal gleichen Zuflüssen auch gleiche Sachverhalte vorliegen, die gleich zu behandeln seien. Dass ein Sozialversicherungsrentner in der Erwerbsphase Steuern auf Teile seiner Beitragszahlungen entrichten musste, spiegelt sich in diesen Vergleichen i.d.R. nicht wider. Interessant ist dabei auch, dass Angestellte, Sozialversicherungsrentner und Pensionären gegenüber gestellt werden, Beamte in ihrer aktiven Berufsphase regelmäßig keine Vergleichsgruppe darstellen.[495]
Der intertemporale Zusammenhang der persönlichen Steuerbelastung kann bei solchen Querschnittsbetrachtungen weder für Angestellte noch für Beamte ersehen werden. Da das Leistungsfähigkeitsprinzip grundsätzlich lebensphasenübergreifend interpretiert werden sollte und nur aus Gründen der Praktikabilität als Jahressteuerprinzip ausgestaltet ist, sollte sich eine Wirkungsanalyse ebenfalls an lebensphasenübergreifenden Betrachtung orientieren.[496] Aber auch neuere Verteilungsanalysen wie die von Bork/Müller[497] oder von Fachinger[498] beschränkten sich auf Querschnittsanalysen, die lediglich unterschiedliche Zustände nicht jedoch die zeitliche Dynamik einer langen Reformphase abbilden können. Bei diesem Vorgehen geht die Information über den intertemporalen Zusammenhang der Steuerbelastung der jeweiligen Person verloren, weil die individuelle Belastungsänderung eines Zeitpunktes betrachtet wird. Dies gilt auch für die frühen

---

492 Vgl. Wagner, Franz W./ Wiegard, Wolfgang (2001), S. 46 ebenso Ruland, Franz (2001), S. 38 u. 39.

493 Vgl. Petersen, Hans-Georg (1979), S. 2.

494 Vgl. statt vieler Färber, Gisela/ Renn, Sandra M. (2001) ; Tabelle S. 28; BMF (Hrsg.) (2003), insbesondere Anlage 3 bis Anlage 5.

495 Als Ausnahme kann hier Arndt genannt werden, wobei er die Steuerersparnis von Beamten in der Erwerbsphase mit 0 DM angibt, da bei Beamten im Gegensatz zu Sozialversicherungspflichtigen keine monetären Ströme ausgewiesen werden; vgl. Arndt, Hans-Wolfgang (2001a), S. 16 f. Durch einen Vergleich der Steuerbelastung unter gleichen Bedingungen kommt Meindel dagegen für die Erwerbsphase auf einen Steuervorteil von Beamten gegenüber Sozialversicherungsrentner in Höhe von mindestens 1.659 DM p.a. für 2001 bei einem Jahresbruttoeinkommen von 54.956 DM; vgl. Meindel, Alexander (2002), S. 15.

496 Vgl. Abschnitt 3.2.1 und 4.3.2 m.w.N.

497 Vgl. Müller, Klaus/ Bork, Christhart (1998), S. 207 ff.; Bork, Christhart/ Müller, Klaus (1997), S. 268 ff.

498 Vgl. Fachinger, Uwe (2001b), S. 323 ff.

Untersuchungen von Schmähl[499] und Klanberg[500]. Sie beschränken sich auf Zeitpunktbetrachtungen wobei sie sich zur Verteilungswirkung auf Aussagen über die Renteneinkünfte beschränken, d.h. die Rentenversicherungsbeiträge bei ihren Analysen nicht thematisieren. Klanberg betont in seinen abschließenden Bemerkungen, dass die Beschränkung der Untersuchungen auf ein Jahr einen Nachteil darstellt, der Raum für vielfältige Entwicklungsmöglichkeiten lässt.[501] Wollte man sowohl Verteilungs- als auch gesamtwirtschaftliche Effizienzwirkungen quantifizieren, so erfordere dies - so Schmähl - ein empirisch gehaltvolles, gesamtwirtschaftliches Modell, das gleichzeitig einen hinreichenden Grad an Disaggregation aufweist, welches nicht verfügbar war.[502]
2001 stellt Fehr und Jess ein gesamtwirtschaftliches Gleichgewichtsmodell vor, welches sowohl Effizienz- als auch Verteilungswirkungen einer Reform der Rentenbesteuerung untersucht.[503] Nachteilig bei dieser makroökonomischen Analyse ist jedoch das vergleichsweise hohe Maß an Aggregation. Einzelaspekte der Reform lassen sich dabei schwerlich erkennen, da Einkommensverläufe zwar simuliert werden aber nur als Einkommensklassen ausgewiesen werden. Damit können sich hinter Einkommensklassen eines Jahres Personen unterschiedlicher gesellschaftlicher Gruppen verbergen. Ein Student mit gut bezahltem Nebenjob und ein ungelernter Industriearbeiter fallen so in die gleiche Einkommensgruppe auch wenn das Einkommen im zeitlichen Verlauf zu unterschiedlichen Gruppenzuordnung führen kann. Dafür wird nicht auf die formale sondern auf die materielle Inzidenz abgestellt, welche die Rückwirkung von Verhaltensänderungen auf die Preisbildung berücksichtigt.
Kritisch anzumerken bleibt, dass keine der untersuchten Reformvarianten von Fehr und Jess Realisierungschancen hat. Die sofortige Umstellung widerspricht dem Vertrauensschutz, die kontinuierliche Umstellung geht von gleichphasiger Ent- bzw. Belastung der Rentenbeiträge bzw. der Rentenleistungen aus. Da die Erwerbsphase deutlich länger als die Nacherwerbsphase ist, führt dieses Vorgehen zu fraglichen Belastungsunterschieden verschiedener Reformgenerationen. Das Problem der Doppelbesteuerung wird zwar erwähnt, aber weder eine Maßzahl zu ihrer Abgrenzung definiert noch für die untersuchten Reformen kontrolliert.[504] Außerdem betrachtet Fehr und Jess Haushalte und nicht Personen als Untersuchungsgegenstand, was ebenfalls Einzelaspekte der Verteilungswirkung verdeckt. Sie kommen zu dem Ergebnis, dass durch sofortige Umstellung die Effizienzsteigerungen höher ausfallen und gleichzeitig mit stärkeren intergenerativen Lastverschiebung zugunsten künftiger Generationen verbunden sind als bei allmählicher Umstellung. Dieses Resultat ist unmittelbar verständlich, wenn man weiß, dass die nachgelagerte Besteuerung zu einer starken steuerlichen Entlas-

499 Vgl. Schmähl, Winfried u.a. (1980) ; Schmähl, Winfried (1983b).
500 Vgl. Klanberg, Frank (1982).
501 Vgl. Klanberg, Frank (1982), S. 426.
502 Vgl. Schmähl, Winfried (1983b), S. 156.
503 Vgl. Fehr, Hans/ Jess, Heinrich (2001a) ; für die grundsätzliche Modellgestaltung vgl. Fehr, Hans (1999) ; die Trennung zwischen Effizienz- und Veteilungseffekt findet sich bereits bei Fehr, Hans/ Wiegard, Wolfgang (1996).
504 Vgl. Fehr, Hans/ Jess, Heinrich (2001a), S. 566.

tung der Erwerbstätigen führt, bei geringer Mehrbelastung der Ruhestandsgenerationen und die Zusatzlast, welche die Effizienz beeinflusst, eine quadratische Funktion des Steuertarifs ist.[505] Als wichtige Erkenntnis kann die Tatsache gewertet werden, dass bei den Modelluntersuchungen von Fehr und Jess selbst bei verzögerter Umstellung die Verteilungswirkungen im Vergleich zu der Effizienzwirkung eine dominierende Stellung einnimmt.[506]
Das im Rahmen dieser Arbeit entwickelte Modell schließt die Lücke bei längsschnittorientierten Inzidenzanalysen durch ein deterministisches, mikroökonomisches Gruppensimulationsmodell. Auf Basis der Einkommensdaten aus dem Sozioökonomischen Panel und über exogen vorgegebene Szenarien der Rentenentwicklung werden für fünf Gruppen unterschiedlichen Bildungsniveaus Lebenseinkommensverläufen geschätzt, die für verschiedene, sich überlappende Generationen fortgeschrieben werden. Damit wird es möglich die individuelle steuerliche Belastung dieser unterschiedlichen Gruppen und Generationen bei verschiedenen Übergangsszenarien zu bestimmen. Die einzelne Person wird damit nicht wie bei querschnittsorientierten Analysen aus dem intertemporalen Zusammenhang herausgelöst betrachtet, sondern es wird ein quantitativer Zusammenhang zwischen der höheren Belastung der Arbeitnehmer in der Erwerbsphase und der geringeren Belastung des gleichen Arbeitnehmers in der Nacherwerbsphase hergestellt. Dabei wird zwar lediglich die formale Inzidenzwirkung untersucht und damit die Verhaltensänderungen durch die Steuerveränderung nicht betrachtet, dafür sind die Ergebnisse der Verteilungsanalyse detaillierter als dies mit einem makroökonomischen Gleichgewichtsmodell möglich ist.

5.2 Bewertungsmöglichkeiten

5.2.1 Maßzahl zur Beurteilung der Verteilungswirkungen

Zur Bewertung sowohl des Status quo als auch von unterschiedlichen Übergangsszenarien können absolute und relative Maßzahlen sowie Renditeberechnungen durchgeführt werden. Da in der vorliegenden Arbeit die Wirkung einer Reform der Rentenbesteuerung untersucht werden soll, erscheint es notwendig, das Rentensystem als gegeben zu betrachten ohne es zu modifizieren. Aufgrund der Abhängigkeit der **internen Rendite** der Sozialversicherungsrente von der demographischen Zusammensetzung und Veränderung der Versichertengemeinschaft, erscheint ein Renditemaß für intergenerative Vergleiche ungeeignet, solange die steuerinduzierten Verteilungswirkungen nicht isoliert werden können.
Eine zweite Möglichkeit zur Beurteilung der lebensphasenübergreifenden Steuerlast stellt die Summe der Barwert der Jahreseinkommensteuerzahlungen dar. In dieser **Lebenseinkommensteuerlast** spiegelt sich die Wahl des Diskontsatzes

505 Vgl. zur Belastungswirkung des Status quo Abschnitt 2.2 sowie zur Ermittlung der Überschussbelastung Abschnitt 4.2.1, Gleichung 4-5.

506 Vgl. Fehr, Hans/ Jess, Heinrich (2001a), die letzten beiden Spalten der Tabelle 4 S. 576, insbesondere für das unterste, das oberste Einkommensquintil und die aggregierten Zahlen. Dieses Ergebnis ist konform mit entsprechenden, älteren Untersuchungen zu allgemeinen Steuerreformen, vgl. Fehr, Hans/ Wiegard, Wolfgang (1996), S. 242.

sowie die angenommene Lohn- und Rentenentwicklung wider. Da es zur Beurteilung der intragenerativen Verteilungswirkung nicht auf die absolute Höhe des Steuerbelastung ankommt, sondern auf die Veränderung der Steuerbelastung verschiedener Einkommensgruppen und Generationen zueinander, kann diese Maßzahl grundsätzlich verwendet werden. Dennoch suggeriert sie eine Präzision, die ein entsprechendes Modell, welches einen Zeithorizont von über 100 Jahren hat, nicht zu liefern im Stande ist. Für die Beurteilung der intergenerativen Verteilungswirkung ist diese Maßzahl allerdings ungeeignet, da die Belastung über die Generationen nicht gegen einen Wert konvergiert, sondern in Abhängigkeit der gewählten Parameter schneller oder langsamer wächst. Der Vergleich der absoluten Steuerbelastung zwischen Generationen ist damit gehaltlos.

Als drittes könnte eine relative Maßzahl verwendet werden. Hinsichtlich der Steuerbelastung kann der Durchschnittsteuersatz als besonders anschaulich gelten. Da für die vorliegende Untersuchung der Zeithorizont das gesamte Leben des Steuerpflichtigen umfasst, könnte der **Lebensdurchschnittsteuersatz** verwendet werden.

$$LDStS = \frac{\sum_{i=1}^{i=n_1+n_2} T_i}{\sum_{i=1}^{i=n_1+n_2} Y_i}$$

Gleichung 5-1

$LDStS$	Lebensdurchschnittssteuersatz
Y_i	Barwert des Einkommen des Jahres i in EUR
T_i	Barwert der Steuerzahlung des Jahres i in EUR
n_1	Dauer der Erwerbsphase in Jahren
n_2	Dauer der Nacherwerbsphase in Jahren

Diese Maßzahl hat im Vergleich zu absoluten Lebenseinkommensteuerlast den Vorteil, dass sie einen intergenerativen Vergleich ermöglicht. Während die absolute Lebenseinkommensteuerlast aufeinander folgender Generationen in Abhängigkeit von den angenommenen Parameter sowohl fallen als auch steigen und über alle Grenzen wachsen kann, ergibt sich durch die gleichmäßige Fortschreibung des Barwertes der Lebenssteuerlast im Zähler und des Barwertes des Lebenseinkommens im Nenner die Tendenz zum Ausgleich. D.h. unabhängig von den Annahmen über Lohnentwicklung und Diskontsatz strebt der Lebensdurchschnittsteuersatz einem konstanten Wert zu, lediglich das Niveau des Wertes hängt von den angenommenen Parametern ab.[507] Aufgrund dieser Überlegungen eignet sich der Lebensdurchschnittsteuersatz als Maßzahl zur Beurteilung sowohl der intra- als auch der intergenerativen Verteilungswirkungen.

---

507 Diese Eigenschaft konnte durch geeignete Konstruktion des Modells sichergestellt werden. Vgl. Abschnitte 5.4 und 5.5 ff.

5.2.2 Maßzahl zur Vermeidung von Doppelbesteuerung als Problem der Reform

Als eines der schwierigsten Aspekte der Reform der Rentenbesteuerung kann die Frage nach der Abgrenzung des Tatbestandes der Doppelbesteuerung gesehen werden. Kritisch ist dabei die Frage, wie die versteuerten Beiträge der gesetzlich Rentenversicherten zu bewerten und bei der späteren Rentenauszahlung steuerlich zu berücksichtigen sind. Auf die juristische Argumentation zur Abgrenzung der Nachversteuerung bzw. Doppelbesteuerung wurde bereits in Abschnitt 3.4 eingegangen. Diese Argumente werden nachfolgend im Kontext der Quantifizierung einer Maßzahl zur Vermeidung von Doppelbesteuerung aufgegriffen. Grundsätzlich stellt das Verbot der Doppelbesteuerung keine ökonomische Norm dar. Jede Besteuerung, welche mehrfach die gleiche Bemessungsgrundlage belastet, kann durch eine belastungsgleiche Besteuerung ersetzt werden, welche die Bemessungsgrundlage nur einmal besteuert. Deshalb fehlt dem sog. Korrespondenzprinzip, nach dem alle Einkünfte einmal zu versteuern sind, aus ökonomischer Sicht die Operationalität.[508] Die Entscheidung für den *einmaligen* Zugriff kann als willkürlich bezeichnet werden. Nicht so aus juristischer Sicht.[509] Das Bundesverfassungsgericht verweist in seinem dritten Urteil zur Rentenbesteuerung aus dem Jahr 2002 auf die Notwendigkeit von ökonomisch sachverständigen Berechnungen hin, welche helfen sollen, eine Doppelbesteuerung zu vermeiden.[510] Wenn aber die Abgrenzung des Tatbestands der Doppelbesteuerung nur mittels juristischer nicht aber mittels ökonomischer Normen möglich ist, so muss eine Quantifizierung die juristische Interpretation als gegebenen Rahmen voraussetzen.

Für die quantitative Ermittlung einer Maßzahl ist es wichtig festzuhalten, dass das Zielsystem der Reform die nachgelagerte Besteuerung ist. Sie stellt aus zweierlei Gründen den Ausgangs- und Referenzpunkt dar. Zum einen muss sowohl aus juristischer wie aus volkswirtschaftlicher Sicht die nachgelagerte Besteuerung gefordert werden, zum anderen entspricht sie dem Status quo der Besteuerung von Beamten.[511] Letzteres ist insbesondere deshalb hilfreich, da man die Steuerbelastung der Beamten als Ziel- oder Grenzwert verwenden kann.[512] Darüber hinaus stellt der Belastungsunterschied zwischen Beamten und gesetzlich Rentenversicherten den „Casus Belli“ der juristischen Auseinandersetzung dar. D.h. die Forderung nach einer nachgelagerte Rentenbesteuerung ist konform mit einer Angleichung der Steuerbelastung zwischen gesetzlich Rentenversicherten und Beamten. Damit erscheint es zweckmäßig, dass sich auch der Transformationsprozess an diesem Zielsystem orientiert.

---

508 Vgl. Weikard, Hans-Peter in: Bork, Christhart/ Müller, Klaus/ Weikard, Hans-Peter (1997), S. 30.

509 Vgl. Abschnitt 3.4.

510 Vgl. BVerfGE 105, 73, S. 134 f.

511 Vgl. Abschnitt 2.2, Abschnitt 3.4 und Abschnitt 4.5.2.

512 Vgl. Abschnitt 5.2.3.

5.2.2.1 *Absolute Maßzahl*

Für die Abgrenzung der Doppelbesteuerung kann grundsätzlich eine absolute oder eine relative Maßzahl verwendet werden. Im Abschlussbericht der Sachverständigenkommission zur Neuordnung der steuerrechtlichen Behandlung von Altersvorsorgeaufwendungen und Altersbezügen wurde eine absolute Größe vorgeschlagen. Danach ist eine Zweifachbesteuerung nicht gegeben, wenn die Summe der *unversteuerten*, nominellen Rentenleistungen R_i^u über die Nacherwerbsphase n_2 größer ist, als die Summe der *versteuerten*, nominellen Rentenversicherungsbeiträge B_i^v über die Erwerbsphase n_1:[513]

$$\sum_{i=1}^{n_2} R_i^u > \sum_{i=1}^{n_1} B_i^v$$ **Gleichung 5-2**

Dabei schlägt die Kommission eine großzügige Quantifizierung für die unversteuerten Rentenleistungen vor. So wird den versteuerten nominellen Beiträgen der Erwerbsphase auch die Rentenleistungen gegengerechnet, welche aufgrund der Sonderausgabenregelung für Kranken- und Pflegeversicherung steuerfrei bleibt (SA_i) sowie die Pauschbeträge für Werbungskosten und Sonderausgaben P_i. Da diese Pauschbeträge und Sonderausgabenfreibeträge grundsätzlich nicht nur den Sozialversicherungsrentnern zustehen, erscheint es nicht zwingend, alle steuerfrei bleibenden Beträge der Rentenleistung als Ausgleich für versteuerte Rentenversicherungsbeiträge zu sehen. Da Pensionären bspw. die Sonderausgaben ebenfalls zustehen, obwohl sie in der Erwerbsphase keine Beiträge versteuern mussten, stellt dies keinen speziellen Vorteil für Sozialversicherungsrentner dar, welcher einen Nachteil in der Erwerbsphase auszugleichen vermag.

Der für die Reform eigens geschaffenen Freibetrag RFB_i wird im Rentenzugangsjahr anhand von typisierenden Berechnungen ermittelt und für die restliche Rentenlaufzeit nominell konstant gehalten. Bei diesem Vorgehen ist der Staat Inflationsgewinner, da die Entlastungswirkung bei vorliegender Inflation mit der Zeit abnimmt.[514] Gemäß dem Kommissionsvorschlag ergibt sich der unversteuerte Rentenbetrag wie folgt:

$$R_i^u = SA_i + P_i + RFB_i$$ **Gleichung 5-3**

Aber selbst wenn man von diesen Teilproblemen abstrahiert und lediglich die Grundüberlegung einer absoluten Maßzahl betrachtet, ergeben sich einige Kritikpunkte, auf die nachfolgend eingegangen wird.

Bei der Quantifizierung der Maßzahl gemäß dem Kommissionsvorschlag handelt es sich nicht um eine Barwertberechnung, die zeitliche Veränderung des Geldwertes wird folglich nicht berücksichtigt. Damit wird bewusst der Meinung des Bundesverfassungsgerichtes aus dem ersten Rentenbesteuerungs-Urteil von 1980 nicht gefolgt.[515] Dieses Vorgehen führt dazu, dass nominelle Wertsteigerun-

---

513 BMF (Hrsg.) (2003), S. 57 f.

514 Hierauf hat bereits das Kommissionsmitglied H. Rische hingewiesen, vgl. BMF (Hrsg.) (2003), S. 50.

515 Vgl. BMF (Hrsg.) (2003), S. 57 insbesondere Fn. 24; BVerfGE 54, 11, S. 27 ff.

gen besteuert werden, welche die Rentenposition in der Erwerbsphase erfährt und gemäß den Prognosen des BMA in Zukunft in der Nacherwerbsphase erfahren wird. Bei diesem Vorgehen ergeben sich drei Hauptprobleme:

1. Eine Nachversteuerung der Vermögensmehrung orientiert sich an einem System der vorgelagerten Besteuerung, die Sozialversicherung wird mit herkömmlicher Ersparnis gleichgesetzt.
2. Die Nachversteuerung von inflationsinduzierten Vermögensmehrungen wirft die Frage der Reichweite des Bestandschutzes auf.
3. Für die pauschalierte Ermittlung des Freibetrags sind Annahmen über die zukünftige Entwicklung der Rentenversicherung notwendig.

Zu 1. Die nachgelagerte Besteuerung führt zu einer niedrigeren Lebenseinkommensteuerbelastung als die umfassende, vorgelagerte Besteuerung (vgl. Abbildung 5-1). Der Status quo stellt eine Mischform dieser beiden Systeme dar, die den Steuerpflichtigen geringer belastet als bei vorgelagerter aber höher belastet als bei nachgelagerter Besteuerung.[516]

Abbildung 5-1: Steuerbelastung der Reformgenerationen

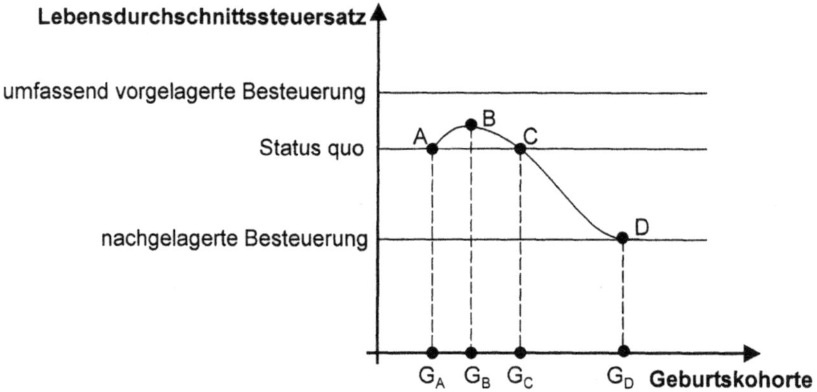

Quelle: eigene Darstellung

Die Besteuerung auch des Anteils des Wertzuwachses, der durch versteuerte Beiträge finanziert wurde, orientiert sich mit der Verwendung dieser Maßzahl am Leitbild der umfassenden, vorgelagerten Besteuerung und nicht am Zielsystem der Reform, einer nachgelagerten Besteuerung von Renten, die einer Mindestaltersvorsorge dienen.[517] Dieses Vorgehen entspräche für einen Teil der Reformgenerationen (G_A bis G_C in Abbildung 5-1) einem Rückschritt bezogen auf das Ziel einer nachgelagerten Besteuerung, d.h. einer Mehrbelastung bzgl. des Status quo. Im Gegensatz zu früheren Generationen müssten die betroffenen Teile der Gesellschaft die Last einer Nachversteuerung in der

516 Vgl. Abbildung 5-1.
517 Vgl. Abschnitt 4.4.

Nacherwerbsphase tragen, welche bei ihnen durch die Freistellung der Rentenversicherungsbeiträge in der Erwerbsphase noch nicht überkompensiert werden. Dies ist erst bei späten Reformgenerationen (ab G_C) der Fall. Am Ende der Reform stellt sich die niedrigere Steuerbelastung ein, welche bei Beamten im Status quo bereits vorliegt (Punkt D).
Diese Mehrbelastung entspricht praktisch einem Umweg, wenn das Ziel der Reform die nachgelagerte Besteuerung sein soll, weshalb die intergenerative Gleichmäßigkeit durch diese Ausgestaltung der Reform gefährdet erscheint. Aus juristischer Sicht müsste die Frage beantwortet werden, ob es einen sachlich gerechtfertigten Grund für diese Ungleichbehandlung unterschiedlicher Reformgenerationen gibt. Ob eine angespannte Kassenlage des Staates ein solcher Grund darstellen könnte, kann an dieser Stelle nicht beantwortet werden.

Ein weiteres Problem dieses Vorgehens liegt in der Tatsache, dass mit der Nachversteuerung des Wertzuwachses indirekt die gesetzliche Sozialversicherungsrente mit herkömmlicher Ersparnis gleichgesetzt wird,[518] gleichzeitig aber bei der Abgrenzung der Reichweite der nachgelagerten Besteuerung auf die Unterschiede zwischen der gesetzlichen Sozialversicherungsrenten und Kapitalanlageprodukte abgestellt wird.[519] D.h. bei der Freistellung der Beiträge zur Basisversorgung (erste Schicht des Drei-Schicht-Modells) wird darauf hingewiesen, dass diese Produkte nicht beleihbar, nicht vererblich, nicht veräußerbar, nicht übertragbar und nicht kapitalisierbar sein dürfen, wie bspw. die gesetzliche Rentenversicherung. Bei der Nachversteuerung der Reformgenerationen werden die Leistungen aber wie Erträge auf Vermögen behandelt, das vererblich, veräußerbar, übertragbar und kapitalisierbar ist. Dieser Widerspruch wurde im Kommissionsbericht nicht thematisiert.
In dieser Arbeit wird die Vorstellung vertretenen, dass die Sozialversicherungsrenten Versicherungsleistungen sind und damit nicht wie Zinserträge zu versteuern sind. Da es sich bei der gesetzlichen Rentenversicherung um eine vermögenswerte Rechtsposition, nicht aber um Erträge handelt und zwischen Anschaffung und Veräußerung dieser Vermögensposition im Regelfall die Spekulationsfristen, welche im § 23 EStG spezifiziert sind, nicht unterschritten werden, ist eine Versteuerung der Vermögensmehrung ebenfalls ausgeschlossen.[520]
Die Tatsache, dass nominell die Summe der Rentenzahlungen diejenige der Beitragszahlungen übersteigen kann, ändert an dieser Argumentation nichts. Die intertemporale Transformation von Beiträgen in Rentenleistungen erfolgt nicht an einem Kapitalmarkt sondern über das Leistungsrecht der Sozialversicherungsrenten, Renditen oder Zinserträge die für diese Transformation ausgerechnet werden können, sind fiktive Durchschnittsgrößen. Für den einzelnen Sozialversicherungspflichtigen lässt sich erst ex post, d.h. nach seinem Tod ermitteln, ob er einen Verlust oder einen Gewinn aus dieser Transformation zu verzeichnen

518 Im Kommissionsbericht wird der Vergleich mit einem Zero-Bond hergestellt; vgl. BMF (Hrsg.) (2003), S. 106.
519 Vgl. das „Drei-Schichten-Modell" der Reformkommission; BMF (Hrsg.) (2003), S. 4.
520 Vgl. Abschnitt 3.4 sowie insbesondere Fischer, Peter (2001b), S. 617.

hatte.[521] Eine Besteuerung und folgerichtig eine Steuererstattung könnte damit abschließend erst postum erfolgen.

Zu 2. Will man dennoch an der Nachversteuerung des Wertzuwachses von versteuerten Beiträgen festhalten, so stellt sich die Frage nach der Reichweite des Bestandsschutzes. Untersuchungen zur internen Rendite der gesetzlichen Rentenversicherung zeigen, dass aufgrund der demographischen Entwicklung bestimmte Rentengenerationen im Durchschnitt realwirtschaftlich Verluste zu verzeichnen haben.[522] Für diese Teile der Bevölkerung greift eine Nachversteuerung nicht auch sondern nur auf inflationsinduzierte Vermögensmehrungen zu, die realwirtschaftlich nicht existieren. Der Bestandsschutz, der sich auf Art. 14 GG begründet, hat sich am bisherigen Nutzungs- und Wertstatus des Eigentums zu orientieren.[523] Damit könnte sich eine Reform der Rentenbesteuerung nur dann an der Summe der nominellen Beiträge orientieren, wenn während der Erwerbsphase keine Inflation zu beobachten gewesen wäre. Da dies für die Vergangenheit nicht der Fall ist, müsste bei der Summe der versteuerten Rentenversicherungsbeiträge der jeweilige Zeitwert berücksichtigt werden.[524] Dieser Vorstellung des Bundesverfassungsgerichts aus dem ersten Urteil zur Rentenbesteuerung von 1980 steht die Vorstellung über eine mögliche Nachversteuerung aus dem dritten Urteil von 2002 nicht entgegen. „Eine "spätere" steuerliche Erfassung einer Vermögensmehrung kommt dagegen in Betracht, wenn die Besteuerung zu einem - möglichen - früheren Zeitpunkt unterblieben ist oder "aufgeschoben" wurde.“[525] Da die Rentenversicherungsbeiträge aber zu keinem Zeitpunkt der Erwerbsphase in der wirtschaftlichen Verfügungsmacht des Steuerpflichtigen war, hätte es eigentlich zu keiner Besteuerung kommen dürfen. Darüber hinaus kam es auch nicht zu einer kontinuierlichen Verzinsung, welche vom Gesetzgeber bewusst und gewollt von der Besteuerung verschont wurde, um sie zu einem späteren Zeitpunkt nachzuholen. Hier stimmt die gesetzliche Rentenversicherung mit der Beamtenpension überein.

An dieser Stelle sei noch einmal darauf hingewiesen, dass sich die umfassende vorgelagerte Besteuerung von der nachgelagerten Besteuerung gerade darin unterscheidet, dass erstere bei herkömmlicher Ersparnis die Zinserträge der Ansparphase versteuert, während letztere diese steuerfrei lässt.[526] Nimmt man an, Beamte zahlen durch Gehaltsverzicht indirekt Beiträge, so werden die fiktiven Zinserträge auf diese fiktiven Beiträge durch die nachgelagerte Besteuerung nicht belastet. Werden bei gesetzlich Rentenversicherten der Reformgeneratio-

---

521 Frühe Generationen haben eine positive interne Rendite, Geburtsjahrgängen ab ca. 1970 können je nach Szenario eine Rendite nahe oder gar unter Null erwarten; vgl. Schnabel, Reinhold (1998b) ; Schnabel, Reinhold (1998a) ; Börsch-Supan, Axel (2000) ; Börsch-Supan, Axel/ Heiß, Florian/ Winter, Joachim (2000).

522 Schnabel errechnet für Ledige der Geburtskohorten ab 1960 ein interne Rendite von unter 0%; Hirte weist dies bereits für die Jahrgänge ab ca. 1940 aus, da er größere Abschläge für Frührentner annimmt; vgl. Schnabel, Reinhold (1998c), S. 397. Hirte, Georg (1999), S. 8.

523 Vgl. Gröpl, Christoph (2001c), S. 626.

524 BVerfGE 54, 11, S. 27 ff.

525 BVerfGE 105, 73, S. 73 ff. 122 f.

526 Vgl. Abschnitt 4.4.

nen aber nur die versteuerten, nominellen Beiträge steuerbefreit, so führt dies zu einer steuerlichen Belastung auch der fiktiven Zinserträge der Erwerbsphase. Dieser Unterschied verdeutlicht noch einmal den „Umweg" der Reform der Rentenbesteuerung, wenn diese sich an dem vorgeschlagenen absoluten Maß zur Abgrenzung der Doppelbesteuerung orientiert (vgl. unter 1. insbesondere Abbildung 5-1).

Ein weiterer Punkt, den es im Zusammenhang mit dem Bestandschutz zu beachten gilt, ist die Frage der Vererbung. Wenn der Gesetzgeber durch eine entsprechende Pauschalierung für die versteuerten Beiträge Bestandschutz nominell garantiert, dann müsste er das Vermögen, das sich aus den zugeflossenen und versteuerten Beiträgen gebildet hat, bei vorzeitigem Tod des Versicherungspflichtigen den Erben auszahlen. Dieser Bestandschutz ergibt sich indirekt dadurch, dass er im Rahmen der Pauschalierung diese Beiträge exakt quantifiziert und genau diesen Betrag vor dem steuerlichen Zugriff schützt und den überschießenden Betrag wie Vermögenserträge besteuert. Deshalb könnte es gefordert werden, dass dieses Vermögen nicht nur wie Vermögen besteuert wird, sondern auch die gleichen eigentumsrechtlichen Eigenschaften haben muss, d.h. vererbbar sein muss. Folgt man dieser Vorstellung nicht, erscheint die Orientierung an einer absoluten Maßzahl zur Vermeidung von Doppelbesteuerung insgesamt fragwürdig.

Zu 3. Die Ermittlung einer pauschalen Maßzahl zur Besteuerung von Sozialversicherungsrentnern, die sich an absoluten Beträgen orientiert, kann nur über Annahmen der zukünftigen Rentenentwicklung ermittelt werden. Wird die Rentenentwicklung überschätzt, werden auch diejenigen Rentenleistungen überschätzt, welche gemäß der Pauschalierungsrechnung unversteuert bleiben. Damit werden die versteuerten Beiträge gemäß der zu optimistischen Rentenschätzung angeblich schneller durch unversteuerte Rentenleistungen zurückgezahlt, als dies später tatsächlich der Fall ist; die Besteuerung greift zu früh, der Staat erfährt einen Vorteil durch die Pauschalierung. Umgekehrt bleiben bei einem zu pessimistischen Szenario, Wertsteigerungen unversteuert, der Staat erfährt einen Nachteil.[527]

5.2.2.2 Relative Maßzahl

Als zweite Möglichkeit kann die Abgrenzung von Doppelbesteuerung anhand einer relativen Maßzahl erfolgen. Die Idee hinter diesem Vorgehen ist, dass der zu versteuernde Anteil der Rentenversicherungsleistungen A_R^V maximal so groß sein darf, wie der Anteil der Rentenversicherungsbeiträge, der unversteuert geblieben ist (A_B^U).

$$A_R^V \leq A_B^U \qquad \textbf{Gleichung 5-4}$$

Der Anteil A_B^U kann auf zwei Arten ermittelt werden. Entweder dividiert man die Summen der unversteuerten Beiträge durch die Summe der gesamten Beiträge

527 Vgl. für die Annahmen zur Rentenentwicklung BMF (Hrsg.) (2003), Tabelle 7/2 und 8/2. Diese Beurteilung fußt auf der Annahme, dass die vollständige Nachversteuerung sei korrekt.

(Gleichung 5-5) oder man bestimmt das arithmetische Mittel der jährlichen Anteile über die Erwerbsphase (Gleichung 5-6).

$$A_B^u = \frac{\sum_{i=1}^{i=n_1} B_i^u}{\sum_{i=1}^{i=n_1} B_i}$$ **Gleichung 5-5**

Brall/ Bruno-Latocha/ Lohmann fordern ebenfalls einen relativen Bemessungsfaktor. Denjenigen der Gleichung 5-5 lehnen sie allerdings mit der Begründung ab, er sei steuersystematisch nicht begründbar. Darüber hinaus kritisieren sie, dass Beiträge unterschiedlicher Jahre durch direkte Addition zusammengefasst werden, ohne dass der jeweilige Zeitwert der Beiträge in die Berechnung eingeht.[528] Anders ausgedrückt heißt das, dass nominell gleiche Beträge auch die gleiche Wirkung bei der Ermittlung des Faktors entfalten, obwohl ihr Zeitwert sehr unterschiedlich sein kann. Wollte man dieses Problem beheben, müssten die nominellen Werte über eine Barwertberechnung oder eine Indexierung vergleichbar gemacht werden.
Eine andere Möglichkeit besteht darin, den Mittelwert der jährlichen Anteile zu verwenden (Gleichung 5-6). Dabei erhält der Anteil jeden Jahres das gleiche Gewicht und ist darüber hinaus unabhängig von den nominellen Größen der gesamten bzw. unversteuerten Beiträge. Der Zeitwert der jeweiligen Beitragszahlung beeinflusst diese Maßzahl nicht.

$$A_B^u = \frac{1}{n_1} \sum_{i=1}^{i=n_1} \frac{B_i^u}{B_i}$$ **Gleichung 5-6**

Eine relative Maßzahl entspricht der Vorstellung, dass der *Wertzuwachs*, der auf die nicht versteuerten Beiträgen entfällt zu versteuern ist, derjenige, der *auf versteuerte Beiträge* entfällt *nicht steuerbar ist.* Der Transferanteil der Rentenleistung wäre getrennt zu behandeln, wenn er diese Belastungsteilung nicht in gleicher Weise erfahren soll.
Damit orientiert sich diese Maßzahl am Zielsystem der Reform, einer nachgelagerten Besteuerung und erfordert keine Annahmen über die zukünftige Rentenentwicklung, die bei einer absoluten Maßzahl eine Pauschalierung beeinflusst. Der unversteuerte Anteil kann nachgelagert (nach)versteuert werden, der versteuerte Anteil kann steuerfrei bleiben, um so die gleiche Belastungswirkung zu erreichen wie bei nachgelagerter Besteuerung. Eine Versteuerung des Ertragsanteils ist also nicht erforderlich.[529]
Die gesetzliche Rentenversicherung eignet sich per se nicht für Spekulationsgeschäfte, da u.a. allein schon der Zeitraum, welcher die Beitragsphase umfasst, nicht Gefahr läuft, die Grenzen der *Spekulationsfrist* zu unterschreiten. Damit ist

528 Brall, Natalie/ Bruno-Latocha, Gesa/ Lohmann, Albert (2002), S. 428.
529 Vgl. zur Belastungsgleichheit der vorgelagerten Besteuerung ohne Ertragsanteilsbesteuerung mit der nachgelagerten Besteuerung Abschnitt 4.4.

es auch aus diesem Grund folgerichtig, denjenigen Teil der Wertsteigerung, der auf die versteuerten Beiträge zurückgeht, steuerfrei zu belassen. Mit diesem Vorgehen wäre darüber hinaus dem *Versicherungsprinzip* Rechnung getragen.[530] Derjenige Teil der Rentenleistung, der mit unversteuerten Beiträgen finanziert wurde, kann vollumfänglich nachgelagert besteuert werden. Für diesen Teil kann das Konstrukt eines aufgeschobenen Zuflusses von Einkommen[531] angenommen werden. Dieses besagt, dass eine vermögenswerte Rechtsposition soweit sie mit unversteuertem Einkommen erworben wurde, noch nicht konsolidiertes Vermögen darstellt und damit nachversteuert werden kann, ohne im Widerspruch zum Versicherungsprinzip oder dem Eigentumsschutz zu stehen.[532]

Mit der oben dargelegten Argumentation kann der Kritikpunkt entkräften werden, eine relative Maßzahl sei steuersystematisch nicht zu begründen.

Für eine relative Maßzahl spricht außerdem, dass sich die Steuerbelastung von Sozialversicherungspflichtigen ohne Umweg an die Belastung von Beamten annähert. Die Ausdehnung dieser Belastungsteilung auf den Transferanteil kann als *Ausgleich für die höhere Belastung* von Sozialversicherten im Status quo im Vergleich zur nachgelagerten Besteuerung gesehen werden.

- Der Staat ist durch die Besteuerung nach dem bisherigen Steuerrecht im Vergleich zur nachgelagerten Besteuerung *Progressionsgewinner*. Die Belastung der Teilbesteuerung in der Erwerbsphase ist höher als die Entlastung durch die Ertragsanteilsbesteuerung in der Nacherwerbsphase. Die fehlende Verfügbarkeit des Rentenversicherungsvermögens war mit Nutzeneinbußen verbunden, die geminderte Leistungsfähigkeit wurde aber einkommensteuerlich nicht berücksichtigt.
- Die nachgelagerte Besteuerung belastet die fiktiven Zinserträge nicht. Die Teilbesteuerung des Status quo besteuert dagegen die Zinserträge ebenfalls teilweise.
- *Beamte* wurden schon immer nachgelagert besteuert und kamen damit in größerem Umfang in den Genuss der Sonderausgabenfreibeträge und waren hinsichtlich des Progressionseffektes im Vergleich zu gesetzlich Rentenversicherten *im Vorteil*.
- Personen mit ausreichend finanziellen Mitteln, konnten Realwertsteigerungen durch Wertpapier und Immobiliengeschäfte bei gesetzlich geforderten *Kapitalbindungszeiten* von maximal 10 Jahren steuerfrei realisieren, im Gegensatz zu ca. 40 Jahren bei Sozialversicherungsrenten.

Der Vorwurf einer *Enteignung* kann aufgrund der Vermeidung einer Quantifizierung in absoluter Höhe, nicht erhoben werden. Eine relative Maßzahl kommt der Konstruktion der auf Teilhabeäquivalenz beruhenden gesetzlichen Rentenversicherung näher als eine absolute Maßzahl. Der Versicherte hat nur einen Anspruch auf die Sicherung seiner relativen Einkommensposition innerhalb der Versichertengemeinschaft und nicht auf eine absolute Leistungshöhe.[533] Damit ist

---

530 Vgl. Abschnitt 3.4 sowie insbesondere Fischer, Peter (2001b), S. 617.

531 Vgl. Söhn, Hartmut (1986), S. 332.

532 Dies wird auch von Fischer bestätigt; vgl. Fischer, Peter (2001), S. 618.

533 Vgl. exemplarisch Breyer, Friedrich (1990), S. 9.

es konsequent, den Schutz des versteuerten Teils gegen Doppelbesteuerung auch nur an einer relativen Maßzahl zu orientieren. Der Nachteil einer entsprechend ausgestalteten Reform liegt in den höher ausfallenden *Steuereinbußen.*
Für die weiteren Untersuchungen wird das arithmetische Mittel der unversteuerten Beitragsanteile gem. Gleichung 5-6 als Referenzgröße zur Vermeidung von Doppelbesteuerung verwendet.

5.2.3 Referenzszenarien als Vergleichspunkte

5.2.3.1 Allgemeines

Möchte man ein Steuersystem beurteilen, ist es hilfreich einen Vergleichspunkt zu haben. Grundsätzlich können unterschiedliche Reformvorschläge einander oder aber dem Status quo gegenüber gestellt werden. Werden Reformvorschläge direkt einander gegenübergestellt, können Aussagen über die Wirkung der Alternativen relativ zueinander getroffen werden. Stellt man die Reformalternativen dem Status quo gegenüber, zeigen sich die Lastverschiebungen, welche durch eine entsprechende Reform ausgelöst werden. Da jedoch der Status quo für ungenügend angesehen wird,[534] ist eine solche Vergleichsstrategie nur bedingt gehaltvoll.
Besser erscheint es einen „neutralen" Vergleichspunkt zu haben. Zwei Gründe sprechen dafür, die nachgelagerte Besteuerung als diesen „neutralen" Vergleichspunkt zu verwenden. Zum einen entspricht die nachgelagerte Besteuerung aus juristischer wie volkswirtschaftlicher Sicht dem anzustrebenden Zielsystem der Reformbemühungen. Zum anderen stellte die unterschiedliche Besteuerung von Beamtenpensionen im Vergleich zu Sozialversicherungsrenten die ursprüngliche Streitfrage der juristischen Auseinandersetzung dar, wobei die nachgelagerte Besteuerung bei Beamten aktuell fast mustergültig umgesetzt ist.
Nachfolgend wird die vollständige nachgelagerte Besteuerung als **„SI-Szenario"** bezeichnet, wobei SI für **„Schon Immer"** steht. Damit soll ausgedrückt werden, dass die Steuerbelastung dieses Szenarios so ermittelt wurde, als ob der Steuerpflichtige **schon immer nachgelagert** besteuert worden wäre. Dabei werden die steuerlichen Regelungen, welche bei Beamten sowohl in der Erwerbs- als auch in der Nacherwerbsphase im Rahmen der Regelalterssicherung zur Anwendung kommen, auf Sozialversicherungspflichtige übertragen. In der Erwerbsphase sind die Beiträge zur gesetzlichen Rentenversicherung steuerlich abzugsfähig, in der Nacherwerbsphase sind die Leistungen steuerpflichtig.[535]
Durch dieses Vorgehen ergeben sich drei Vergleichsmöglichkeiten, welche unterschiedliche Fragen beantworten (vgl. Abbildung 5-2).

1. *Status quo versus SI-Szenario:* Durch den Vergleich wird deutlicht, ob die aktuelle Besteuerung der Sozialversicherungspflichtigen einen Vor- oder einen Nachteil gegenüber der Besteuerung von Beamten darstellt.

534 Vgl. das dritte Urteil des Bundesverfassungsgerichtes BVerfGE 105, 73, S. 73 ff.
535 Die genaue Ausgestaltung wird im nächsten Abschnitt (5.2.3.2) genauer erläutert. Vgl. zu diesem Vorgehen auch Meindel, Alexander (2002).

2. *Reform versus SI-Szenario:* Mit dem Vergleich kann beurteilt werden, wie zielführend die Reform ist, d.h. wie schnell und wie gut die Reform das Ziel der nachgelagerten Besteuerung erreicht.
3. *Status quo versus Reform:* Der dritte Vergleich verdeutlicht die formale Verteilungswirkung der Reform, d.h. welche Lastverschiebungen durch die Neugestaltung ausgehend vom Status quo zu erwarten sind.

Abbildung 5-2: Vergleichszenarien

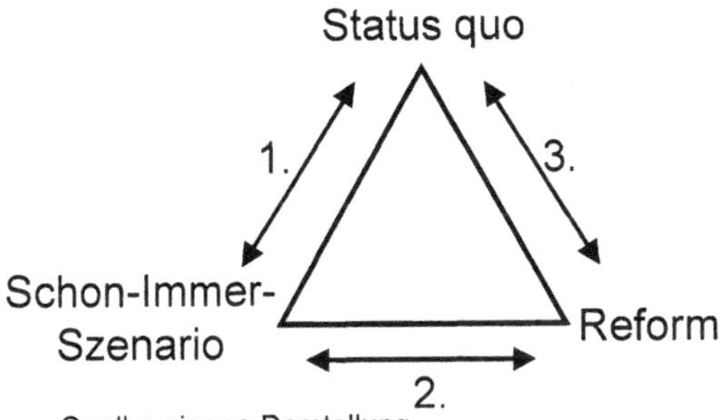

Quelle: eigene Darstellung

Nachfolgend wird die Ausgestaltung der Vergleichszenarien dargestellt. Der Status quo wurde bereits ausführlich in Abschnitt 2.2 behandelt, weshalb auf eine Erörterung an dieser Stelle verzichtet werden kann.

5.2.3.2 Beamtenähnliche Besteuerung (Schon-Immer-Szenario)

Da das sog. Schon-Immer- bzw. SI-Szenario das Bindeglied in der Argumentation des Vergleiches der Steuerbelastung von Beamten zu Sozialversicherungspflichtigen darstellt, wird die zu Grunde liegende Idee nachfolgend ausführlich erläutert und ihre Umsetzung dargestellt.

Werden Beamte gegenüber Sozialversicherungspflichtigen durch das aktuelle Steuerrecht benachteiligt, so müsste eine Umstellung bei rentenversicherten Arbeitnehmern auf die nachgelagerte Besteuerung, wie sie bei Beamten vorliegt, zu einer höheren Steuerbelastung führen. Kommt es bei einer entsprechenden Besteuerung zu keiner stärkeren Steuerbelastung, kann die Hypothese, Beamte würden gegenüber gesetzlich rentenversicherten Arbeitnehmern durch die aktuelle Besteuerung benachteiligt, als widerlegt gelten.[536]

Wie in Abschnitt 2.2 dargestellt wurde, erfahren Beamte aufgrund der nachgelagerten Besteuerung in der Erwerbsphase eine geringere, in der Nacherwerbsphase eine höhere Steuerbelastung als sozialversicherungspflichtige Arbeitnehmer.[537] Welche Belastungsverschiebung sich über das gesamte Leben bei einer entsprechenden Umstellung ergibt, kann nur durch Modellrechnungen unter ge-

536 Vgl. Meindel, Alexander (2002), S. 13 ff.
537 Vgl. zusammenfassend Tabelle 2-9.

wissen Annahmen ermittelt werden. Als Maß für diese Gegenüberstellung kann neben dem Lebensdurchschnittsteuersatz auch die Lebenseinkommensteuerbelastung verwendet werden. Letztere ist lediglich für einen intergenerativen Vergleich ungeeignet, eine Fragestellung, welche für das vorliegende Problem unerheblich ist, da der Vergleich zwischen der Steuerbelastung von Angestellten und Beamten zur Überprüfung der Hypothese der gleichheitswidrigen Benachteiligung von Beamten nur intragenerativ erfolgen kann. Für eine entsprechende Aussage im Rahmen eines intergenerativen Vergleiches kann die Wahl der Zeitpräferenzrate zur Diskontierung von Zahlungen grundsätzlich angefochten werden.

Abbildung 5-3 verdeutlich die Vergleichsstrategie des Schon-Immer-Szenarios. Da die Steuerbelastung von Beamten aufgrund der vielfältigen Unterschiede nicht direkt mit derjenigen der Angestellten im Status quo verglichen werden kann, wird mit dem SI-Szenario eine Zwischenstufe konstruiert. Die Lebenssteuerbelastung liegt beim Angestellten im SI-Szenario hinsichtlich der Regelalterssicherung in gleicher Höhe, wie beim Beamten. Die Arbeitshypothese, die es zu falsifizieren gilt geht davon aus, dass die aktuelle Steuerbelastung von Beamten über derjenigen von Angestellten liegt (oberer Teil von Abbildung 5-3).

Abbildung 5-3: Vergleichstrategie des Schon-Immer-Szenarios

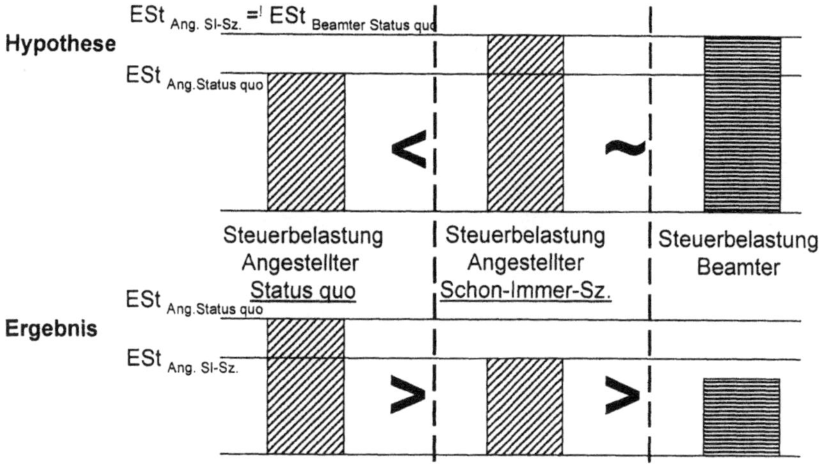

Quelle: eigene Darstellung

Werden die Besteuerungsmodalitäten des Jahres 2001 des deutschen Einkommensteuerrechtes im Rahmen einer Längsschnittbetrachtung von diesem Zeitpunkt auf den Zeitraum der Lebenszeit eines Wirtschaftssubjektes übertragen, kann die Hypothese falsifiziert werden.[538] Entsprechend der unteren Hälfte der Abbildung 5-3 ergibt sich eine geringere Steuerbelastung bei Anwendung des SI-

538 Vgl. Meindel, Alexander (2002), S. 19 ff.

Szenarios im Vergleich zum Status quo. Damit kann eine Benachteiligung von Beamten in diesem Vergleichsrahmen ausgeschlossen werden, zumal das SI-Szenario die Steuerbelastung unterschätzt.[539] Diese Aussage gilt in einer abgeschwächten Form auch bei echten Längsschnittbetrachtungen, wie die Ergebnisse in Kapitel 6 zeigen werden.

Abbildung 5-4 verdeutlich die modelltheoretische Konstruktion, die hinter der eben dargestellten Vergleichsstrategie steht. In der Erwerbsphase erfährt der Angestellte unter dem SI-Szenario bei einem Einkommen von Ek_1 eine um $dESt_1$ geringere Steuerbelastung als im Status quo. Diese Phase mit der Dauer von n_1 Jahren beginnt mit dem Berufseintrittsalter *BEA* des Wirtschaftssubjektes und endet mit dem Renteneintrittsalter *REA*.

Abbildung 5-4: Modellkonstruktion für das Schon-Immer-Szenario

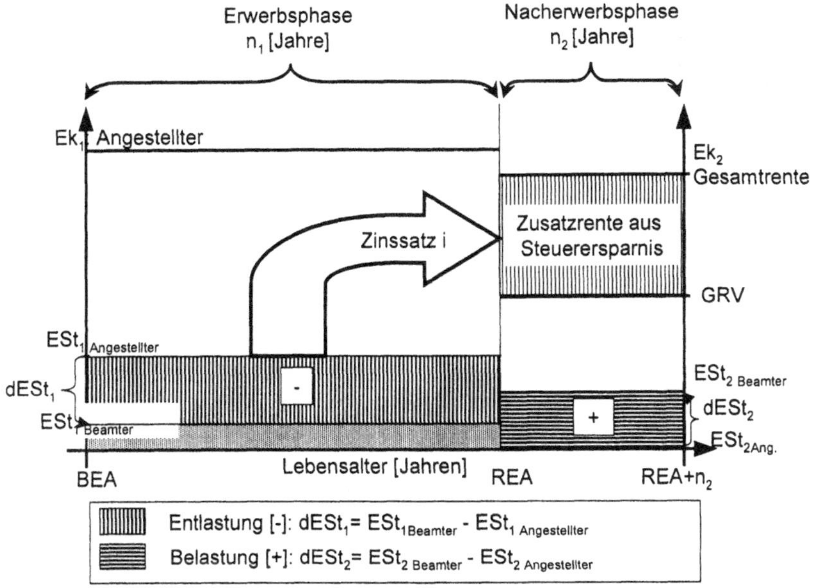

Quelle: eigene Darstellung

Die Steuerlast fällt mit dem Übergang vom Status quo auf das SI-Szenario von $ESt_{1Angestellter}$ auf $ESt_{1Beamter}$. Zur Vereinfachung der Darstellung werden Einkommen und Rente in Abbildung 5-4 als konstant dargestellt, obwohl diese bei den

539 Der Steuervorteil für die betriebliche Altersvorsorge wird nicht berücksichtigt. Deshalb ist die Steuerbelastung der Beamten im (unteren) Ergebnisteil der Abbildung 5-3 kleiner als beim SI-Szenario dargestellt. Darüber hinaus stehen dem Pensionär wie einem aktiven Arbeitnehmer ein ungekürzter Werbungskostenpauschbetrag zu. Der Sozialversicherungsrentner hat dagegen nur Anrecht auf einen ca. 10 mal kleineren Pauschbetrag. Vgl. § 9a EStG.

Berechnungen fortgeschrieben werden.[540] $ESt_{1Beamter}$ ist diejenige Einkommensteuerbelastung, welche ein Angestellter erfahren würde, wenn seine Beiträge zur gesetzlichen Rentenversicherung genau so besteuert werden würden, wie die fiktiven Beiträge, welche Beamte durch Gehaltsverzicht entrichten. Die Frage, ob bei Beamten tatsächlich ein Gehaltsverzicht vorliegt oder nicht, soll an dieser Stelle nicht thematisiert werden, sondern lediglich zur Vereinfachung der Argumentation angenommen werden.[541] Das Berufseintrittsalter hängt von der Ausbildungsdauer des Wirtschaftssubjektes ab, das Renteneintrittsalter und die Lebenserwartung ($REA+n_2$) kann im Modell frei gewählt werden.[542]

Für eine lebensphasenübergreifende Bewertung ist es erforderlich Annahmen über die Verwendung der Steuerersparnis zu treffen. Für die weitere Untersuchung wird angenommen, dass diese Steuerersparnis jährlich in voller Höhe zum Zinssatz i angespart wird, wobei die Zinserträge jährlich dem Einkommen hinzugerechnet und mit dem persönlichen Steuersatz ohne Abzug eines Sparerfreibetrages versteuert wird. Auch diese restriktive Annahme führt dazu, dass die Steuerbelastung im SI-Szenario überschätzt wird.

Diesem Vorgehen könnte entgegengehalten werden, dass Beamte den jährlichen Steuervorteil nicht in voller Höhe sparen, sondern ggf. einen nicht unerheblichen Teil davon konsumieren. Diese Aussage kann nicht entkräftet werden, gleichzeitig kann damit jedoch nicht gegen das oben skizzierte Vorgehen argumentiert werden. Der Steuervorteil fällt auf jeden Fall jährlich an, egal ob er teilweise für den privaten Konsum verwendet wird oder vollständig gespart wird. Deshalb wird der Steuervorteil der Erwerbsphase mit dieser Berechnung vollständig quantifiziert, auch wenn die tatsächliche Verwendung nicht dieser Annahme entsprechen sollte.

Mit dem Renteneintritt wird zuzüglich zu der Rente aus der gesetzlichen Rentenversicherung (*GRV*) das angesparte Vermögen über die Nacherwerbsphase n_2 verrentet ausgezahlt. Die Summe aus gesetzlicher Rente und Zusatzrente wird dann wie bei Beamten nachgelagert besteuert. Dies führt zu einer Steuerbelastung von $ESt_{2Beamter}$, welche um $dESt_2$ über derjenigen des Angestellten im Status quo ($ESt_{2Ang.}$) liegt.[543]

Durch diese Konstruktion wird ein Zusammenhang zwischen der Entlastung in der Erwerbsphase und der Belastung in der Nacherwerbsphase hergestellt, welche mit einer nachgelagerten Besteuerung verbunden ist.

Abbildung 5-5 verdeutlich das Zustandekommen der Zusatzrente durch die Ersparnisbildung in der Erwerbsphase und die kompensierende Rückwirkung, welche die wachsenden Vermögenserträge auf die Steuerersparnis hat.

---

540 Vgl. Abschnitt 5.4.

541 Auf diesen Aspekt wird gleich eingegangen.

542 Vgl. Abschnitt 5.4 zur Modellierung der Einkommensentwicklung in der Erwerbs- und der Nacherwerbsphase.

543 Die Steuerlast von Sozialversicherungsrentnern ist durch die aktuelle Ertragsanteilsregelung nur dann von Null verschieden, wenn neben der gesetzlichen Rente noch sonstige Einkünfte in erheblichem Umfang zufließen; vgl. Abschnitt 2.2.1.

Die Darstellung teilt sich in drei „Spalten": links das Einkommen (*Ek*), in der Mitte das zu versteuernde Einkommen (*zvEk*) nach Abzug der Freibeträge (*Fb*) und rechts die Einkommensteuer (*ESt*) als Funktion des zu versteuernden Einkommens und dem Einkommensteuertarifs. Im Urzustand und Ausgangspunkt der Berechnungen (unten links) wird das erste Einkommen gezahlt, welches für den Status quo (Ek_0) und für das SI-Szenario (Ek_1^0) brutto identisch ist. Da die Rentenversicherungsbeiträge vollständig abzugsfähig sind, fällt das zu versteuernde Einkommen $zvEk_1^0$ geringer aus, als dies im aktuell gültigen Steuerrecht der Fall wäre. Als logische Konsequenz fällt auch die Einkommensteuerschuld geringer aus und zwar statt ESt_0 muss der Steuerpflichtige nur ESt_1^0, d.h. $dESt_1^0$ weniger zahlen. Diese Steuerersparnis erhöht nun das Einkommen in der nächsten Periode um das Zusatzeinkommen $ZEk_1 = i \bullet dESt_1^0$ auf Ek_1^1. Aufgrund des erhöhten Einkommens fällt die Steuerersparnis geringer aus als noch in der Vorperiode. Diese Entwicklung setzt sich fort, bis in Periode *n* die Steuerersparnis durch die nachgelagerte Besteuerung von der höheren Steuerlast durch die Vermögenserträge überkompensiert wird. Eine Überkompensation tritt allerdings erst in den letzten fünf bis zehn Berufsjahren auf, wobei die Summe der Barwert der Steuerzahlbeträge nur in einigen Extremfällen im SI-Szenario höher ausfällt als im Status quo.[544]

Abbildung 5-5: Steuerersparnis durch Freistellung der Beiträge in der Erwerbsphase

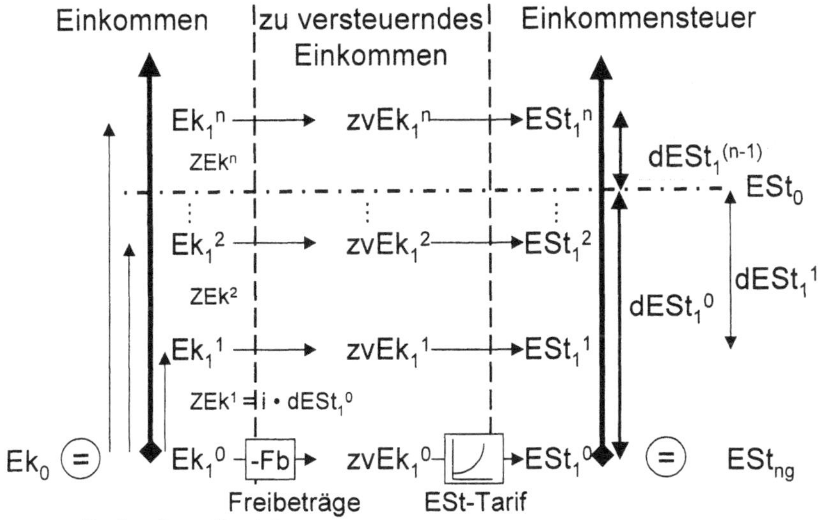

Quelle: eigene Darstellung

544 Vgl. hierzu die Diskussion der Ergebnisse in Kapitel 6.

Grundsätzlich müsste auch die betriebliche Altersvorsorge bei dieser Modellbetrachtung berücksichtigt werden, da das Altersvorsorgesystem der Beamten ein bifunktionales System aus Regelalterssicherung und betrieblicher Zusatzversorgung darstellt.[545] Diesen zusätzlichen Steuervorteil könnte man jedoch nur einbeziehen, wenn man die Höhe der fiktiven Beiträge ermitteln würde. Alternativ müssten Annahmen über deren Höhe getroffen werden. Dies entspricht einer Quantifizierung des Einkommensverzichtes von Beamten bei gleicher Tätigkeit und gleicher Qualifikation. Eine Möglichkeit die Einkommensunterschiede zu analysieren, besteht in der Untersuchung der Mobilitätsunterschiede von Angestellten dieser beiden Beschäftigungsarten. Entsprechende Untersuchungen zeigen im internationalen Vergleich deutlich divergierende Ergebnisse. Für Deutschland steht eine aussagekräftige Untersuchung dieser Art noch aus.[546]

Für das Schon-Immer-Szenario wird nur derjenige Steuervorteil auf sozialversicherungspflichtige Angestellte übertragen, welcher sich aus der nachgelagerten Besteuerung der Regelalterssicherung ergibt. D.h. die Beiträge zur gesetzlichen Rentenversicherung können bei der Ermittlung des zu versteuernden Einkommens abgezogen werden. Umgekehrt werden die Rentenleistungen in der Nacherwerbsphase genauso besteuert wie Beamtenpensionen.
Da die Sonderausgabenfreibeträge auch durch die Pflichtbeiträge zur Arbeitslosenversicherung geschmälert werden, erfahren Beamte aufgrund der Versicherungsfreiheit auch hier einen Steuervorteil. Da dieser Aspekt keinen direkten Bezug zur Alterssicherung hat, wird auch dieser Steuervorteil bei dem Vergleich im Rahmen des Schon-Immer-Szenario nicht berücksichtigt.

5.2.3.3 Reformvarianten

Mit zunehmendem Erkenntnisstand der Wissenschaft nimmt die Komplexität der Frage nach der „idealen" Steuerkonzeption zu. Auf der anderen Seite haben Änderungsvorschläge nur dann Aussicht auf Erfolg, wenn sie von Politikern, ihren Wählern und den Medien akzeptiert werden. Dies setzt voraus, dass sie von der Bevölkerung verstanden werden und von ihr als „fair" angesehen werden. Diese Akzeptanz kann nur in einer, der eigentlichen Steueränderung vorausgehenden Phase der Aufklärung, erreicht werden, die den Fairnessgedanken in das Zentrum stellt.[547] Da Steuerreformen aufgrund ihrer vermuteten, formalen Inzidenz ohne Berücksichtigung von Überwälzungsvorgängen, im Vergleich zum Status quo bewertet werden, haben radikale Reformvorschläge deutlich schlechtere Chancen, verwirklicht zu werden. Deshalb erscheint es für konkrete Reformvorschläge ratsam, auf radikale Idealkonzepte zu verzichten, um es Reformgegner

---

545 VDR (Hrsg.) (2001), S. 670.

546 Vgl. Klanberg, Frank/ Prinz, Aloys (1989), S. 298; Long, J. E. (1982), S. 123 ff.; Scheipers sieht in den Ergebnissen seiner Vergleichsberechnungen eine Überkompensation der Sozialversicherungsfreiheit von Beamten durch eine ungünstigere Gehaltsentwicklung. Scheipers, Thomas (1997), S. 188.

547 Vgl. Scheer, Christian (1996), S. 186 f.

nicht zu leicht zu machen, Vorschläge als „theoretische Spinnerei"[548] zu diskreditieren und rundweg ablehnen zu können.
Ein historischer Rückblick über die bisherigen Vorschläge zur Reformierung der Rentenbesteuerung eröffnet eine Fülle an Varianten. Insbesondere nach dem ersten Rentenbesteuerungsurteil aus dem Jahr 1980[549] und in der Folge des Gutachtens der Sachverständigenkommission Alterssicherungssysteme von 1983[550], sowie des Gutachtens zur einkommensteuerlichen Behandlung von Alterseinkünften, erstattet vom Wissenschaftlichen Beirat beim Bundesministerium der Finanzen 1986[551] wuchs der Variantenreichtum schnell an. Teilweise wurde die Reform der Besteuerung im Zusammenhang mit der Umstellung von der Brutto- auf die Nettoanpassung diskutiert,[552] manchmal gar als Alternative gesehen, um die demographisch-finanziellen zusammen mit den steuer- und verfassungsrechtlichen Problemen lösen zu können.[553] Rückblickend überdauerte lediglich der Reformvorschlag der nachgelagerten Besteuerung. Aus diesem Grund wird auf eine tiefergehende, historische Auseinandersetzung mit den unterschiedlichen Reformvorschlägen verzichtet und diese Aufgabe der Politik- und der Geschichtswissenschaft überlassen.
Nach dem abschließenden, dritten Rentenbesteuerungsurteil des Bundesverfassungsgerichtes von 2002 wurde von der Bundesregierung die Sachverständigenkommission zur Neuordnung der steuerrechtlichen Behandlung von Altersvorsorgeaufwendungen und Altersbezügen eingesetzt. Sie legte am 11. März 2003 ihren Abschlussbericht vor. Dieser enthält eine Empfehlung zur Neuregelung der Rentenbesteuerung durch einen kontinuierlichen, langfristigen Übergang zur nachgelagerten Besteuerung.
Dieser Vorschlag (vgl. Tabelle 5-1[554]) wird im Rahmen der in dieser Arbeit vorgenommenen Modellanalysen untersucht und einem zweiten Vorschlag gegenüber gestellt, der sich an der in Abschnitt 5.2.2.2 vorgeschlagenen Maßzahl zur Vermeidung von Doppelbesteuerung orientiert.
An dieser Stelle sei noch einmal darauf hingewiesen, dass das Ziel der Reform aus juristischer wie volkswirtschaftlicher Sicht die nachgelagerte Besteuerung ist.[555] Die konkrete Ausgestaltung bei gleichzeitiger Vermeidung von Doppelbesteuerung stellt die eigentliche Herausforderung dar.[556]

---

548 Scheer, Christian (1996), S. 187.
549 S. BVerfGE 54, 11, S. 11 ff.
550 BMA (Hrsg.) (1983b), insbesondere Berichtsband 2: Littmann, Konrad (1983).
551 BMF (Hrsg.) (1986).
552 Vgl. Schmähl, Winfried (1980) ; Petersen, Hans-Georg (1982) S. 385-417.
553 "Je Stärker freilich die Veränderung der Bevölkerungsstruktur finanziell für die Rentenversicherung belastend wirksam wird, umso mehr können auch die finanziellen Gesichtspunkte einer solchen Neuerung zu Buche schlagen." BMA (Hrsg.) (1981), S. 81 ; vgl. kritisch zu dieser globalen Problembewältigung Ahrend, Peter (1984a), S. 34 f.
554 Vgl. BMF (Hrsg.) (2003), S. 42 für die kontinuierliche Entlastung der Beiträge, für die kontinuierliche Belastung der Rentenleistungen S. 50 f.
555 Vgl. die Ergebnisse der Kapitel 3 und 4; vgl. hierzu auch BMF (Hrsg.) (2003), S. 4.
556 Vgl. die Ausführungen in Abschnitt 5.2.2.

Tabelle 5-1: Vorschlag der Sachverständigenkommission zur Neuordnung der steuerrechtlichen Behandlung von Altersvorsorgeaufwendungen und Altersbezügen

Jahr	**Beitragsabzug** Anteil der Rentenversicherungsbeiträge, der von der Besteuerung freigestellt wird. (AG-Anteil mit 50% berücksichtigt)	**Rentenbesteuerung** Anteil der Rentenleistung, die als Einkünfte der Besteuerung unterliegen.
2005	60 %	50 %
	+ 2 Prozentpunkte p.a.	+ 2 Prozentpunkte p.a.
2020	90 %	80 %
	+ 2 Prozentpunkte p.a.	+ 1 Prozentpunkt p.a.
2021	92 %	81 %
	⋮	⋮
2025	100 %	85 %
	⋮	⋮
2040	100 %	100 %

Quelle: Vgl. BMF (Hrsg.) (2003), S. 42 und S. 50 f.; eigene Darstellung

5.3 Modellstruktur

Nachfolgend wird die Modellstruktur und das Ineinandergreifen der einzelnen Teilkomponenten dargestellt. Die anschließenden Abschnitte erläutern dann die Konstruktion und Annahmen der einzelnen Teilkomponenten detailliert. Mit diesem Vorgehen soll der „Black-Box-Effekt" vermieden werden. Die Ergebnisse werden dadurch nicht nur besser verständlich und nachvollziehbar, sondern auch nachprüfbar. Das Modell teil sich in vier Komponenten (vgl. Abbildung 5-6), wobei der innovative Teil des Modells im Einkommensverlaufs- und im Steuermodul enthalten ist. Deshalb werden diese beiden Teile ausführlich in den Abschnitten 5.4 und 5.5 erläutert. Die erste Komponente definiert die Eingangsgrößen, d.h. das Parameterfeld für die Modellrechnungen. Hier werden institutionelle Annahmen zum Sozialversicherungsrecht, zum Steuerrecht und die verschiedenen Szenarien quantitativ abgebildet. Darüber hinaus werden ökonomische Annahmen hinsichtlich der durchschnittlichen Lebenserwartung, des Renteneintrittsalters, des durchschnittlichen Lohnwachstums und des Diskontsatzes getroffen.

Tabelle 5-2: Varianten der Sensitivitätsanalyse

Parameter	**Werte**
Lebenserwartung [Jahren]	80; 82; 85
Renteneintrittsalter [Jahren]	60; 65; 70
Lohnwachstum [%]	0%; 1%; 3%
Diskontsatz [%]	0%; 3%; 5,5%; 7%;

Summe der Variante: 108

Quelle: eigene Darstellung

Da praktisch bei keinem der angenommenen Parameter ein allgemeingültiger, unbestrittener Wert existiert, können die Ergebnisse von Modellanalysen stets nur durch Sensitivitätsanalysen abgesichert werden (vgl. Tabelle 5-2).
Die Allgemeingültigkeit oder zumindest die Robustheit der Ergebnisse wird durch die Variation der Parameterkonstellation überprüft. Für die vorliegende Arbeit wurden die 108 Varianten gem. Tabelle 5-2 untersucht, welche für 111 Geburtskohorten und 7 Einkommensgruppen ermittelt wurden, was 83.916 Lebensverläufen entspricht. Diese werden für die drei Szenarien, den Status quo, das Schon-Immer-Szenario und die Reform ermittelt.
Die zweite Modellkomponente ermittelt für jede Person den Einkommensverlauf über das gesamte Leben. Für die Erwerbsphase basiert dieser auf statistisch geschätzten Einkommensfunktionen. Das Erwerbseinkommen wird als Funktion von Ausbildung, Alter und Geburtskohorte dargestellt. Die Herleitung dieser Funktion und ihre Einbettung in das Modell wird in Abschnitt 5.4 detailliert erörtert. Die Rentenberechnung baut auf das ermittelte Erwerbseinkommen auf, indem die Entgeltpunkte für jede Person ermittelt werden und die Rentenleistungen in Abhängigkeit davon berechnet werden. Als Ausgangsgröße aus diesem Modul erhält man für jede Geburtskohorte für fünf ausgewählte Ausbildungsgruppen Lebenseinkommensverläufe. Um diese Verläufe besser einordnen zu könne, werden ihnen noch zwei allgemein bekannte Referenzverläufe zur Seite gestellt. Der Einkommensverlauf des Eckrentners mit dem Durchschnittseinkommen aller Versicherten während 45 Berufsjahre und der Standartrente in der Nacherwerbsphase sowie derjenige des Maximalrentners, der 45 Jahre lang stets ein Einkommen in Höhe der Beitragsbemessungsgrenze verdient und damit in der Nacherwerbsphase die Maximalrente erhält.
Diese sieben Lebenseinkommensverläufe werden im Steuermodul den unterschiedlichen Besteuerungsszenarien unterzogen und für jede Person die verschiedenen Kennzahlen ermittelt. Dabei erfolgt die Besteuerung selbst auf jährlicher Basis gemäß den historischen bzw. fortgeschriebenen Besteuerungsmodalitäten. Durch die Barwertberechnung und Summation über alle Lebensjahre steht mit den gewählten Kennzahlen die Lebensbelastung im Mittelpunkt der Beurteilung. Es wurde bereits mehrfach darauf hingewiesen, dass bei bisherigen Untersuchungen gerade der Aspekt der lebensphasenübergreifenden Betrachtung zu wenig Beachtung geschenkt wurde.[557]
Ausgewählte Kennzahlen werden dann als Ergebnisse nach Geburtskohorte, Einkommensgruppe und Szenario ausgegeben. Da für das Renteneintrittsalter verschiedene Werte angesetzt werden können, werden die Ergebnisse nach Geburtskohorte und nicht nach Renteneintrittsjahrgang dargestellt.

557 Vgl. Klanberg, Frank (1982), S. 426 ; Müller, Klaus/ Bork, Christhart (1998), S. 236.

Abbildung 5-6: Modellstruktur

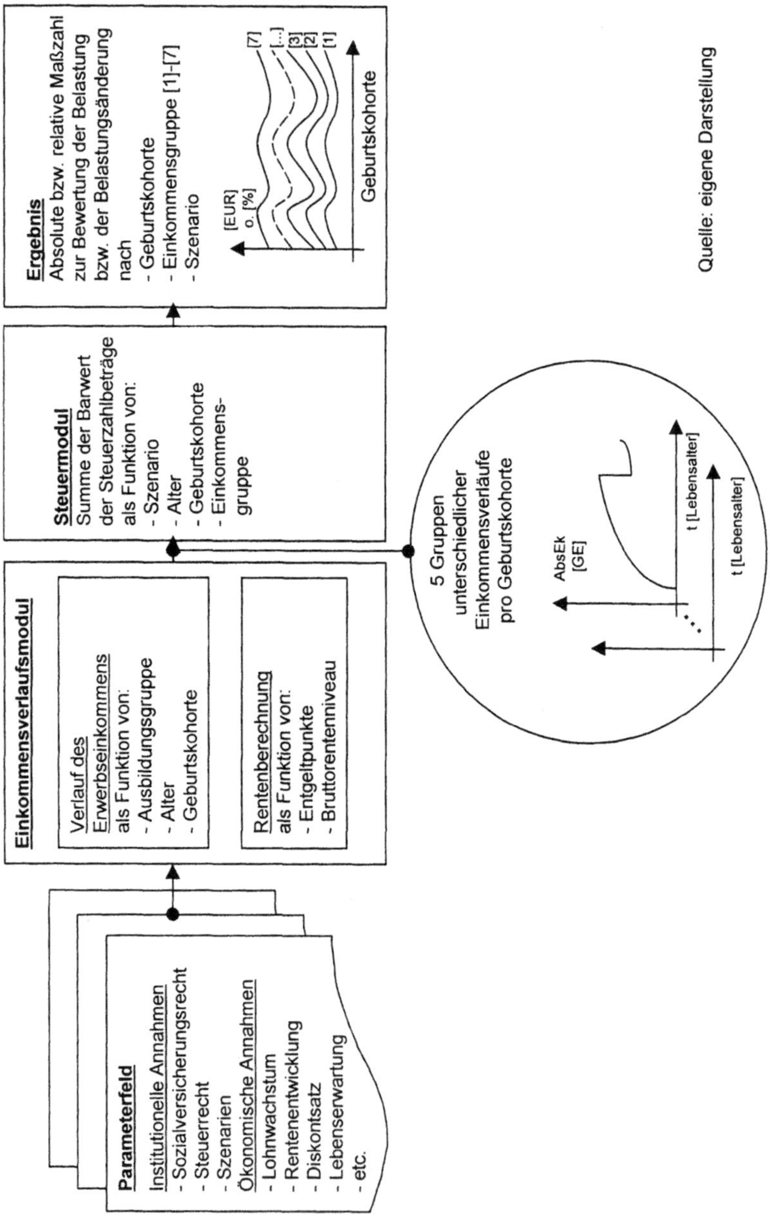

Quelle: eigene Darstellung

5.4 Lebenseinkommensverläufe

Der nachfolgende Abschnitt verdeutlicht, warum Verteilungsanalysen nicht auf den einfachen Einkommensverläufen gemäß den Konzepten des Eck- bzw. des Maximalrentners aufbauen sollten und bietet mit geschätzten Lebenseinkommensverläufe eine Alternative an, diese als Input für modellbasierte Verteilungsanalysen zu verwenden.

5.4.1 Humankapitaltheorie

Erste Untersuchungen zur Humankapitaltheorie gehen auf Sir William Petty (1676) zurück, der versuchte den Humankapitalstock Englands zu quantifizieren. Ein Jahrhundert später griff Adam Smith diesen Ansatz auf. Aus methodischen und moralischen Bedenken konnte sich dieser Ansatz aber noch nicht durchsetzen. Methodisch bereitete die Differenzierung der Faktoren Arbeit und Kapital für Humankapitalinvestitionen Schwierigkeiten, moralisch stieß die Vorstellung, den Mensch als Investitionsobjekt zu sehen auf Ablehnung. Nach dem 2. Weltkrieg griffen Becker (1964), Schultz (1963) und Mincer (1958) diesen Ansatz erneut auf. Sie sahen in einem zusätzlichen mikroökonomischen Modell eine Möglichkeit, unterschiedliche, nationale Wachstumsmuster zu begründen, welche sich mit makroökonomischen Modellen allein nicht erklären ließen. Becker (1967) und Mincer (1958) zeigten, dass individuelle und gruppenspezifische Bildungsunterschiede beobachtete Einkommensunterschiede zu einem großen Teil erklären konnten.[558]

Das Schooling Modell stellt die einfachste mathematische Formulierung der Humankapitaltheorie dar (vgl. Gleichung 5-7). Danach wird das logarithmierte Periodeneinkommen $\ln Y_t$ als Funktion des logarithmierten Grundeinkommens $\ln Y_0$ dargestellt, welches ohne Ausbildung erzielbar ist, zuzüglich der Ertragsrate r für schulische Ausbildung der Länge k.[559]

$$ln Y_t = ln Y_0 + r \bullet k. \qquad \textbf{Gleichung 5-7}$$

Da die Ergebnisse der ersten empirischen Untersuchungen nur eine erklärte Varianz von ca. 6% auswiesen, versuchte man durch Erweiterung des Modells auf weitere Einflussfaktoren, die Erklärungskraft zu verbessern.[560] Die Folge waren eklektische Ansätze, welche versuchten individuelle, gruppenspezifische, gesamtwirtschaftliche, institutionelle und demographische Faktoren neben exogene Einflüssen bei den statistischen Schätzungen als erklärenden Variablen zu berücksichtigen.[561]

---

558 Vgl. Müller, Franz Matthias (1992), S. 47 f.

559 Vgl. Müller, Franz Matthias (1992), S. 55.

560 Vgl. Müller, Franz Matthias (1992), S. 55 ff. der auf Mincer (1958), Traubman (1976) und Helberger (1978) verweist.

561 Vgl. Schmähl, Winfried (1983a), S. 41 ff. insbesondere Abbildung S. 45; Müller, Franz Matthias (1992), S. 58

Durch die starke Erweiterung der Anzahl erklärender Variablen vergrößert sich die Gefahr von Multikollinearitäten, welche die Schätzungen verzerren. Darüber hinaus stellte sich das Problem, die plausiblen Erweiterungen theoretisch zu fundieren und die einzelnen Faktoren messtechnisch zu erfassen. So kann davon ausgegangen werden, dass die Intelligenz einen Einfluss auf die Einkommenshöhe hat, sie über die Schulbildung aber nur indirekt und ungenau beobachtet werden kann. Ebenso kann die Weiterqualifikation durch Berufserfahrung nur näherungsweise über das Alter abzüglich der schulischen Ausbildungsdauer quantifiziert werden. Erwerbsunterbrechungen wie beispielsweise Arbeitslosigkeit können zu Abschlägen beim erzielbaren Einkommen führen.
Schließlich sei darauf hingewiesen, dass nur das beobachtbare Arbeitseinkommen in Schätzungen einfließt, d.h. Einkünfte aus Vermögen werden durch die Humankapitaltheorie nicht erfasst, ebenso wenig Einkünfte aus Schwarzarbeit.[562]
Gegen einen rein mikroökonomisch orientierten Erklärungsansatz kann eingewandt werden, dass das Arbeitseinkommen immer auch ein Spiegelbild der Angebots-Nachfrage-Relation ist. Dem ist beizupflichten. Da bei der vorliegenden Arbeit die partialanalytischen Verteilungswirkungen im Zentrum stehen, werden hierfür individuelle Lebenseinkommensverläufe als Eingangsgröße benötigt. Nur so können die intertemporale Belastungen und Belastungsverschiebungen ermittelt werden, makroökonomische Gesamtmodelle eignen sich für diesen Zweck nicht.[563] Des weiteren helfen diese Art der Analysen nicht nur den Status quo zu untersuchen sondern auch verteilungspolitische Ziele vorzugeben und ihre Zielerreichung zu überprüfen.[564] Im Vergleich zu zeitpunktorientierten Untersuchungen kann es durch eine lebensphasenübergreifende Betrachtung auch zu anderen Ergebnissen führen, als bei Zeitraumbetrachtungen.[565]
Karl Mannheim wies bereits 1928 auf das Problem der Generationen hin: „Es handelt sich um Probleme, >>... zu denen alle Wissenschaften ihr Scherflein beigetragen haben, bei denen aber über die Kontinuität der Problematik niemand gewacht hat.<<“[566]
Dies ist der Grund, warum Querschnittsbetrachtungen für Verteilungsanalysen nicht ausreichen. Die Einkommensverläufe spiegeln auch die vorgefundenen Rahmenbedingungen wider. Querschnittsbetrachtungen stellen dahingegen Momentaufnahmen dar, bei welchen gesamtwirtschaftliche, institutionelle und politische Bedingungen schwer zu isolieren sind. Längsschnittanalysen verbessern dagegen die Prognosemöglichkeiten, da sie die in Querschnittsinformationen

---

562 Vgl. Müller, Franz Matthias (1992), S. 63

563 Vgl. Schmähl, Winfried (1983a), S.26; ein Beispiel für eine makroökonomische Untersuchung findet sich bei Fitzenberger, Bernd (1999), S. 67 ff.

564 Vgl. Schmähl, Winfried (1983a), S. 4.

565 Vgl. Schmähl, Winfried (1983a), S. 6. Die Analyse des Status quo der Rentenbesteuerung liefert hierfür ein Beispiel. Beschränkt man sich lediglich auf die Nacherwerbsphase, kann von einer Schlechterstellung von pensionierten Beamten gegenüber Sozialversicherungsrentner gesprochen werden, wohingegen bei lebensphasenübergreifender Betrachtung das Gegenteil der Fall ist; vgl. Meindel, Alexander (2002), sowie Abschnitt 2.2 und Kapitel 6.

566 Zitiert nach Schmähl, Winfried (Hrsg.) (1983), S. IV.

vereinten Effekte entzerren und so die Einflussfaktoren isoliert werden können.[567] Werden Einkommensverläufe auf der Basis von Querschnittsanalysen geschätzt, so sinkt das geschätzte Einkommen gegen Ende der Erwerbsphase stärker ab, als dies bei Schätzungen mit Längsschnittdaten der Fall ist.[568]

Für die Querschnittsanalysen kann der Lohnknick aufgrund der Überlagerung von Alters- und Kohorteneffekten erklärt werden.[569] Der Alterseffekt entspricht dem Einkommenswachstum in Abhängigkeit des Alters des jeweiligen Individuums, der Kohorteneffekt entspricht einer generations- oder jahrgangsspezifischen Einkommensveränderung, die das individuelle Einkommenswachstum, d.h. den Alterseffekt überlagert. Diese Vermengung lässt sich vermeiden, wenn Längsschnittdaten verwendet werden. Der Kohorteneffekt kommt darin zum Ausdruck, dass Einkommensverläufe jüngerer Kohorten über denjenigen von älteren liegen. Mögliche Erklärungsansätze könne in besseren Ausbildungsmöglichkeiten jüngerer Generationen gesehen werden oder auch in einem generell gestiegenem Durchschnittseinkommen.[570]

Bevor auf die empirischen Schätzungen näher eingegangen wird, sind noch einige konzeptionelle Ausgangsfragen zu beantworten. So ist zu klären, wie das **Einkommen** bestimmt und abgegrenzt werden soll. Da die vorliegende Untersuchung lebensphasenübergreifende Verteilungsanalysen für 111 Geburtskohorten (Geburtsjahrgänge von 1940 bis 2050) vornimmt, erscheint für eine entsprechend langfristige Analyse entweder Realeinkommen oder Relativwerte sinnvoll um den veränderten Nominalwerten Rechnung zu tragen. Da für die ebenfalls notwendige Rentenberechnung das Relativeinkommen bezogen auf das Durchschnittseinkommen des jeweiligen Jahres zur Ermittlung der Entgeltpunkte notwendig ist, erscheint es hilfreich, die Schätzung der Einkommensfunktion auf dieses Relativeinkommen zu beziehen.[571] Um die Steuerwirkungen verschiedener Besteuerungsvarianten untersuchen zu können, ist es erforderlich, von Bruttoeinkommensgrößen auszugehen.[572]

Als zweiter wichtiger Punkt, gilt es die Analyseeinheit, d.h. die **Einkommensempfängereinheit** festzulegen. Hier stehen die Familie, der Haushalt oder das Individuum zur Auswahl. Da in der vorliegenden Arbeit die Verteilungswirkung der Rentenbesteuerung im Zentrum des Interesses steht, ist es erforderlich, alle sonstigen Verteilungswirkungen des Einkommensteuerrechtes bei der Analyse auszublenden. Um dies sicherzustellen, wird eine einzelne, ledige Person als Untersuchungseinheit gewählt. Die Verteilungswirkungen der Familienbesteue-

567 Vgl. Schmähl, Winfried (1983a), S. 3 und 6.

568 Vgl. Holzmann, Robert (1984), S. 29; Schmähl, Winfried (1983a), S. 19 ff.;Müller, Franz Matthias (1992), S. 59.

569 Vgl. Schmähl, Winfried (1983a), S. 15 und S. 19 ff.; Holzmann, Robert (1984), S. 29; Müller, Franz Matthias (1992), S. 65

570 Vgl. Müller, Franz Matthias (1992), S. 65; zur Überlagerung von Alters- und Kohorteneffekt Schmähl, Winfried (1983a), S. 21 ff.

571 Vgl. zu weiteren Argumenten für die Verwendung von Relativeinkommen für Einkommensschätzungen Göbel, Dieter (1984), S. 1 ff.

572 Vgl. Schmähl, Winfried (1983a), S. 11

rung mit Ehegattensplitting und Kinderfreibeträgen bleibt damit unbeachtet. Dieses Vorgehen erlaubt eine gezielte Ursache-Wirkungs-Analyse.

5.4.2 Schätzung des Erwerbseinkommensverlaufes

5.4.2.1 Datenbasis – Datenselektion

Den hier vorgestellten Schätzungen liegen die Daten des Sozio-oekonomischen Panels am Deutschen Institut für Wirtschaftsforschung (DIW) Berlin zu Grunde.[573] Andere mögliche Daten wären die Daten der Sozialversicherungsträger, bspw. der gesetzlichen Rentenversicherung, Daten der Einkommens- und Verbrauchsstichprobe oder die amtliche Lohn- und Einkommensteuerstatistik. Die zwei letztgenannten Datensätze sind nur bedingt für Einkommensschätzungen geeignet, da es sich hierbei Querschnittsdaten handelt. D.h. die Einkommensangaben der einzelnen Beobachtungseinheiten lassen sich nicht über der Zeit mehrfach ein und derselben Person zuordnen. Bei den Einkommensinformationen der Rentenversicherungsträger erweist sich die Begrenzung auf die Beitragsbemessungsgrenze als Schwierigkeit. Größere Einkommen werden abgeschnitten, weshalb die Schätzergebnisse verzerrt werden.[574] Das Sozio-oekonomische Panel stellt dagegen nicht nur die Zusammensetzung nach Einkunftsarten dar, sondern liefert auch die für die Schätzung notwendigen Informationen hinsichtlich des Alters und der Ausbildung jeder Person.

Um allgemeine sozialpolitische Probleme auszuklammern, werden unterbrochene Lebenseinkommensverläufe aus dem Datensatz entfernt. Es werden alle abhängig beschäftigten Männer betrachtet, welche in den alten Bundesländern Deutschlands geboren und vollzeiterwerbstätig sind, nicht im öffentlichen Dienst arbeiten und maximal drei Monate im Beobachtungsjahr arbeitslos waren. Diese Einschränkungen blenden zwar einen nicht unerheblichen Teil der Gesellschaft als Grundlage für die Einkommensverlaufsschätzung aus. Dafür müssen Aspekte wie lückenhafte Erwerbsbiographien aufgrund von Arbeitslosigkeit und Kindererziehung oder unterschiedliche Bildungssysteme nicht als Variablen in die Schätzung aufgenommen werden. Durch dieses Vorgehen liegen die Einkommen und damit die Steuerlast der betrachteten Personen über denjenigen der ausgeschlossenen Personen, weshalb diese Methode hinsichtlich des Problems der Doppelbesteuerung vorsichtiger (da strenger) ist.[575] Außerdem werden die Ursache-Wirkungszusammenhänge nicht durch Einbeziehen einer großen Variantenvielfalt verwischt.

---

573 Für eine nähere Beschreibung vgl. SOEP Group (2001).

574 Vgl. Essen, Ulrich van (1992), S. 149 ff.

575 Vgl. zu Aspekten der Arbeitslosigkeit bzw. der Arbeitsmarktbeteiligung Strengmann-Kuhn, Wolfgang (1999).

5.4.2.2 Schätzung

Wie bereits in Abschnitt 5.4.1 erwähnt, wurde versucht, durch Erhöhen der Anzahl der verwendeten Variablen, die erklärte Varianz zu vergrößern.[576] Ohne theoretische Fundierung können diese Versuche jedoch höchstens als eklektische Anstrengungen bezeichnet werden. Reduziert man die Variablenvielfalt auf diejenigen, welche als Renditemaße für Humankapitalinvestitionen gesehen werden könne, so bleibt die Anzahl der schulischen Ausbildungsjahre und die Jahre an Berufserfahrung als erklärende Variablen übrig. Geht man davon aus, dass eine steigende Berufserfahrung das Einkommen nicht über alle Grenzen wachsen lässt, erfordert diese Annahme eine quadratische Berücksichtigung der Berufserfahrung.[577] Der Wert eines Mitarbeiters steigt mit der Berufserfahrung nur soweit an, wie sein Erfahrungsschatz zunimmt. Verbleibt er bspw. immer an der gleichen Arbeitsstelle, kann er nach einer gewissen Zeit ohne veränderte Rahmenbedingung sein Humankapital nicht mehr steigern.
Die folgende Schätzfunktion wurde für die ausgewählten Daten bestimmt.

$$ln \frac{Y_t}{Y_t^d} = \alpha + \beta_1 \bullet s + \beta_2 \bullet e + \beta_3 \bullet e^2 + v_i + \varepsilon_{it}$$ [578] **Gleichung 5-8**

Y_t Einkommen in der Periode t [DM bzw. EUR]
Y^d_t Durchschnittseinkommen aller Sozialversicherungspflichtiger [DM bzw. EUR]
s schulische Ausbildungszeit [Jahren][579] (s: bilzeit)
e Berufserfahrung [Jahren] (e: erf; e^2: erfq)
α Konstante (_cons)
β_n Koeffizient
$v_i; \varepsilon_{it}$ personenspezifischer bzw. allgemeiner Fehlerterm

Der personenspezifische Fehlerterm v_i tritt nur bei Panelschätzungen auf. Die Berufserfahrung wird nach dem Alter, der Ausbildungsdauer und dem Lebensalter im ersten Berufsjahr gemäß der Gleichung 5-9 ermittelt. Es wird von einem Ausbildungsbeginn im 7. Lebensjahre ausgegangen.

$$e = KJ - gebjahr - max\{agefjob; bilzeit + 6\}$$ **Gleichung 5-9**

KJ Kalenderjahr der Beobachtung
gebjahr Geburtsjahr der Person
agefjob Lebensalter bei Start der ersten Berufstätigkeit
bilzeit schulische Ausbildungszeit [Jahren] (vgl. s in Gleichung 5-8)

---

576 Vgl. Helberger, Christof (1982) insbesondere S. 11; Müller, Franz Matthias (1992), S. 75 f.
577 Müller, Franz Matthias (1992), S. 59.
578 Vgl. Müller, Franz Matthias (1992), S. 64 und insbesondere 66.
579 Es wird die formale Ausbildungsdauer verwendet, wie sie auch den SOEP-Daten zu Grunde liegt. Vgl. Helberger, Christof (1988), Tabelle 1, Spalte 2, S. 155.

Durch die Berücksichtigung des Berufseintrittsalters (agefjob) wird die indirekt ermittelte Berufserfahrung immer dann korrigiert, wenn die tatsächliche Ausbildungsdauer von der theoretisch formal notwendigen nach oben abweicht.

5.4.2.3 Schätzergebnis

Um die Ergebnisse bewerten zu können, wird zunächst die Regression für jede der 17 Befragungswellen (A bis Q bzw. 1984 bis 2000) getrennt durchgeführt. Abbildung 5-7 zeigt, dass die erklärte Varianz für die einzelnen Wellen ungefähr zwischen 35% und 39% schwankt. Da für die erste Welle die Arbeitslosigkeit der Jahre 1974 bis 1984 nur insgesamt kontrolliert werden konnte, ist die Erklärungskraft des Modells hier höher als bei den nachfolgenden Wellen.

Abbildung 5-7: Erklärte Varianz der Schätzung einzelner Panelwellen

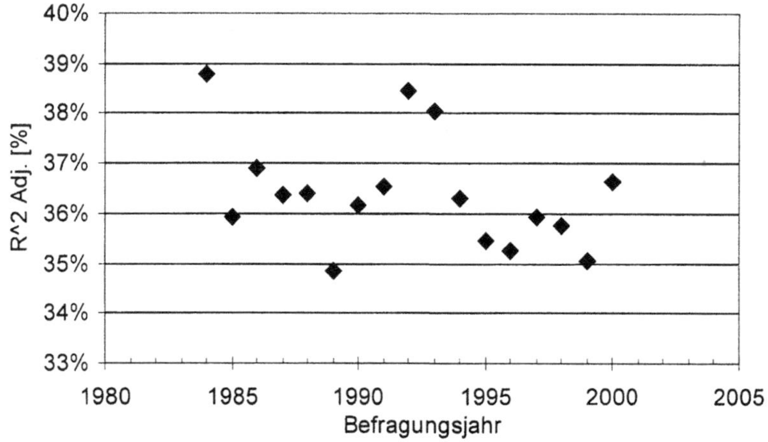

Quelle: Daten SOEP (2000) d. DIW Berlin, eigene Berechnungen und Darstellung

Als nächster Schritt werden die Koeffizienten der Funktion mit den gepoolten Daten geschätzt (vgl. Tabelle 5-3). Bei dieser Schätzung werden die einzelnen Beobachtungswerte so behandelt, als wären sie von unterschiedlichen Personen, d.h. der Informationsgehalt, welcher darin liegt, dass für bestimmte Personen mehrere Beobachtungspunkte über der Zeit vorliegen, wird bei dieser Art der Schätzung nicht verwendet.

Für diese Schätzung werden 15.578 Beobachtungswerte verwendet. Der F-Test wird deutlich abgelehnt. Damit kann ausgeschlossen werden, dass alle Koeffizienten des geschätzten Modells Null sind; eine völlige Fehlspezifikation liegt nicht vor. Die erklärte Varianz (Adj R-squared) liegt mit ca. 36% in gleicher Größenordnung, wie dies bei den einzelnen Wellen der Fall war. Der geschätzte Koeffizient für die quadrierte Berufserfahrung ist wie erwartet negativ. Dies führt dazu, dass das Einkommen mit zunehmender Berufserfahrung nicht über alle

Grenzen steigt. Da mit dem statistischen Modell das logarithmierte Relativeinkommen geschätzt wird, ist der Koeffizient der Konstanten negativ. Die Größe der Koeffizienten sowie die Erklärungskraft stimmen mit anderen Untersuchungen überein.[580] Der t-Test zeigt, dass alle geschätzten Koeffizienten jeweils signifikant von Null verschieden sind.

Tabelle 5-3: Regressionsergebnisse der gepoolten Daten

Source	SS	df	MS		
Model	863.806456	3	287.935485	Number of obs =	15578
Residual	1525.30434	15574	.097939151	F(3, 15574) =	2939.94
Total	2389.11079	15577	.153374256	Prob > F =	0.0000
				R-squared =	0.3616
				Adj R-squared =	0.3614
				Root MSE =	.31295

lnrelek	Coef.	Std. Err.	t	P>|t|	[99% Conf.	Interval]
bilzeit	.0888388	.0010887	81.60	0.000	.0860343	.0916433
erf	.0374174	.0008569	43.67	0.000	.03521	.0396249
erfq	-.0006693	.00002	-33.43	0.000	-.0007209	-.0006177
_cons	-1.258369	.015408	-81.67	0.000	-1.298062	-1.218676

Quelle: Daten SOEP (2000) d. DIW Berlin, eigene Berechnung und Darstellung

Um festzustellen, ob die gepoolten Daten individuelle Komponenten enthalten, welche für eine Panelschätzung notwendig sind, wurde der Lagrange Multiplikator Test von Breusch und Pagan durchgeführt (vgl. Tabelle 5-4).

Tabelle 5-4 Lagrange Multiplikator Test von Breusch und Pagan

lnrelek[persnr,t] = Xb + u[persnr] + e[persnr,t]

Estimated results:

	Var	sd = sqrt(Var)
lnrelek	.1533743	.3916303
e	.0277843	.1666861
u	.1013362	.3183335

Test: Var(u) = 0
chi2(1) = 24719.12
Prob > chi2 = 0.0000

Quelle: Daten SOEP (2000) d. DIW Berlin, eigene Berechnung und Darstellung

Die Nullhypothese wird deutlich abgelehnt, damit liegt in den Daten individuelle Komponenten vor, welche eine Panelschätzung rechtfertigen. Die Varianz des individuellen Fehlerterms ist signifikant von Null verschieden.

Nachdem überprüft wurde, dass die Daten einen individuellen Fehlerterm enthalten, ist als nächstes zu prüfen, welche Art der Panelschätzung sich für den vorliegenden Fehlerterm eignet. Das random-effect-Panelschätzverfahren ist dann anzuwenden, wenn der individuelle Fehlerterm unkorreliert mit den unab-

580 Vgl. statt vieler Helberger, Christof (1988), S. 167; Dworschak, Franz (1986), S. 213.

hängigen Variablen ist, d.h. die Abweichungen der persönlichen Beobachtungswerte zufällig sind. Bei systematischen Abweichungen, kann das random-effect-Modell dagegen nicht angewandt werden. In diesem Fall wird das fixed-effect-Modell gewählt.
Gemäß den Ergebnissen des Hausman-Tests ist die Differenz zwischen den Koeffizienten systematisch. Damit ist der individuelle Fehlerterm mit den unabhängigen Variablen korreliert, das random-effekt-Schätzverfahren kann nicht angewandt werden (vgl. Tabelle 5-5).
Müller nimmt in seiner Arbeit an, dass die unbeobachtete individuelle Heterogenität unkorreliert mit den Regressoren ist, weshalb er eine Random-effekt-Schätzung durchführt.[581] Das obige Ergebnis spricht gegen ein entsprechendes Vorgehen, wobei das Schätzmodell von Müller eine außerordentlich große Anzahl an erklärenden Variablen im Vergleich zu dem hier vorgestellten Modell hat und deshalb die Datenauswahl deutlich weniger Beobachtungseinheiten enthält. Ein weiterer Grund dürfte darin liegen, dass Müller als erklärende Variable auch die logarithmierten Überstunden verwendet, was bei Überstunden von Null automatisch zum Ausschluss dieses Beobachtungswertes führt. Selbst wenn man wie Müller nur die ersten fünf Panelwellen verwendet, wird der Hausman-Test für die hier verwendete Datenauswahl sowie die vorgestellte Funktion mit einer Fehlerwahrscheinlichkeit von 0,03% weiterhin robust abgelehnt.

Tabelle 5-5: Ergebnis Hausman Test

Hausman specification test			
	---- Coefficients ----		
lnrelek	Fixed Effects	Random Effects	Difference
bilzeit	.0948357	.0885506	.0062851
erf	.0364072	.0368992	-.000492
erfq	-.0005829	-.0006094	.0000265
Test: Ho: difference in coefficients not systematic			
	chi2(3) = (b-B)'[S^(-1)](b-B), S = (S_fe - S_re)		
	= 18.24		
	Prob>chi2 = 0.0004		

Quelle: Daten SOEP (2000) d. DIW Berlin, eigene Berechnung und Darstellung

Tabelle 5-6 gibt die Ergebnisse der Panelschätzung an. Der Schätzung liegen 15.578 Beobachtungswerte von 2.656 Personen zu Grunde. Im Durchschnitt gibt es 5,9 Beobachtungswerte pro Person, das Minimum liegt bei einem das Maximum bei 17.
Der F-Test wird auch bei dieser Schätzung deutlich abgelehnt, es liegt folglich keine Fehlspezifikation vor. Ebenso wird der F-Test abgelehnt, welcher überprüft, ob die Varianz jedes individuellen Fehlers gleich Null ist. Die Erklärungskraft des

581 Vgl. Müller, Franz Matthias (1992), S. 82.

Modells liegt mit knapp unter 36% in der gleichen Größenordnung wie bei den vorhergehenden wellenspezifischen und gepoolten Schätzungen (R-sq overall). Die geschätzte Funktion wird als Input für die weiteren Modellberechnungen verwendet. Dafür werden fünf Ausbildungsgruppen ausgewählt, für welche die Einkommensverläufe ermittelt werden. Mit diesen wird das Einkommensspektrum zwischen Eck- und Maximalrentner abgedeckt.

Tabelle 5-6: Ergebnis des Fixed-effect-Panelschätzverfahren

<table>
<tr><td colspan="4">Fixed-effects (within) regression</td><td colspan="2">Number of obs =</td><td>15578</td></tr>
<tr><td colspan="4">Group variable (i) : persnr</td><td colspan="2">Number of groups =</td><td>2656</td></tr>
<tr><td colspan="7"></td></tr>
<tr><td colspan="4">R-sq: within = 0.1635</td><td colspan="2">Obs per group: min =</td><td>1</td></tr>
<tr><td colspan="4">between = 0.3485</td><td colspan="2">avg =</td><td>5.9</td></tr>
<tr><td colspan="4">overall = 0.3574</td><td colspan="2">max =</td><td>17</td></tr>
<tr><td colspan="7"></td></tr>
<tr><td colspan="4"></td><td colspan="2">F(3,12919) =</td><td>842.00</td></tr>
<tr><td colspan="4">corr(u_i, Xb) = -0.0676</td><td colspan="2">Prob > F =</td><td>0.0000</td></tr>
<tr><td colspan="7"></td></tr>
<tr><td>lnrelek</td><td>Coef.</td><td>Std. Err.</td><td>t</td><td>P>|t|</td><td colspan="2">[99% Conf. Interval]</td></tr>
<tr><td>bilzeit</td><td>.0948357</td><td>.0056974</td><td>16.65</td><td>0.000</td><td>.080158</td><td>.1095134</td></tr>
<tr><td>erf</td><td>.0364072</td><td>.000915</td><td>39.79</td><td>0.000</td><td>.0340501</td><td>.0387644</td></tr>
<tr><td>erfq</td><td>-.0005829</td><td>.0000206</td><td>-28.23</td><td>0.000</td><td>-.0006361</td><td>-.0005297</td></tr>
<tr><td>_cons</td><td>-1.351531</td><td>.0660309</td><td>-20.47</td><td>0.000</td><td>-1.52164</td><td>-1.181421</td></tr>
<tr><td>sigma_u</td><td>.33648078</td><td colspan="5"></td></tr>
<tr><td>sigma_e</td><td>.16668614</td><td colspan="5"></td></tr>
<tr><td>rho</td><td>.80295346</td><td colspan="5">(fraction of variance due to u_i)</td></tr>
<tr><td colspan="2">F test that all u_i=0:</td><td colspan="2">F(2655, 12919) = 15.81</td><td colspan="3">Prob > F = 0.0000</td></tr>
</table>

Quelle: Daten SOEP (2000) d. DIW Berlin, eigene Berechnung und Darstellung

Abbildung 5-8: Relative Häufigkeit nach Ausbildungszeiten

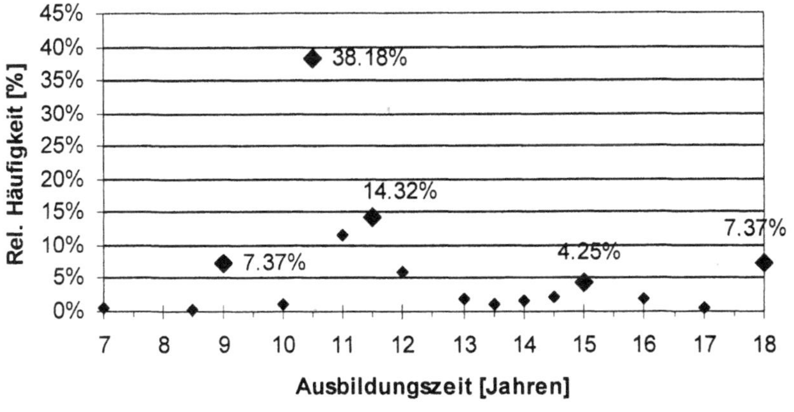

Quelle: Daten SOEP (2000) d. DIW Berlin, eigene Darstellung

Die Auswahl der Ausbildungsgruppen erfolgt anhand der relativen Häufigkeit unter Berücksichtigung einer möglichst umfassenden Abdeckung des gesamten Ausbildungsspektrums (vgl. Abbildung 5-8).
Tabelle 5-7 gibt für die ausgewählten Ausbildungsgruppen die entsprechenden formalen Ausbildungszeiten an. Diese Ausbildungsgruppen werden für die weiteren Untersuchungen neben dem Eck- und dem Maximalrentner betrachtet. Die relativen Häufigkeiten für alle unterschiedlichen Ausbildungsgruppen können aus Abbildung 5-8 ersehen werden.

Tabelle 5-7: Ausbildungsgruppen und formale Ausbildungsdauer

Ausbildung	Ausbildungsdauer [Jahren]
Hauptschulabschluss	9[582]
Hauptschulabschluss zzgl. Lehre	10,5
Realschulabschluss zzgl. Lehre	11,5
Fachhochschulreife zzgl. FH-Studium	15
Allgemeine Hochschulreife zzgl. Univ.-Studium	18

Quelle: Haisken-DeNew, John P./ Frick, Joachim R. (Hrsg.) (2000), S. 47.

Abbildung 5-9: Geschätzte Relativeinkommensverläufe verschiedener Ausbildungsgruppen im Vergleich mit Eck- und Maximalrentner

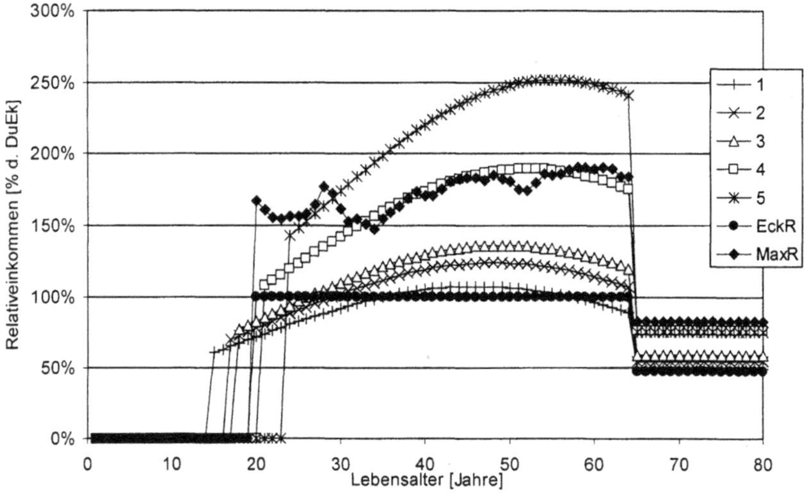

Einkommensgr. 1:= 9 | 2:= 10,5 | 3:= 11,5 | 4:= 15 | 5:= 18 Jahre Ausbildungszeit;
EckR: Eckrentner | MaxR: Maximalrentner

Quelle: Daten SOEP (2000) d. DIW Berlin, eigene Berechnungen und Darstellung

582 Helberger verwendete für Personen mit Hauptschulabschluss 8 Jahre, vgl. Helberger, Christof (1988), S. 155; in den SOEP-Daten wird hierfür 9 Jahre verwendet, vgl. Haisken-DeNew, John P./ Frick, Joachim R. (Hrsg.) (2000), S. 47.

Aus Abbildung 5-9 kann der funktionale Zusammenhang der unterschiedlichen Ausbildungsgruppen ersehen werden. Der Verlauf für den Maximalrentner spiegelt die historischen Werte der Beitragsbemessungsgrenze für eine 1940 geborene Person wider, welche im Alter von 20 Jahren ins Berufsleben eintritt. Auf der Abszisse wird das Lebensalter in Jahren auf der Ordinate das Relativeinkommen bezogen auf das jeweilige Durchschnittseinkommen aller Sozialversicherten dargestellt. Es wird von einem Renteneintrittsalter von 65 Jahren ausgegangen.
Aus der Darstellung ist ebenfalls zu erkennen, dass das Berufseintrittsalter mit zunehmender Ausbildungszeit ansteigt, der Verlauf sich gleichzeitig auf höherem Niveau befindet und einer ähnlichen Funktion folgt. Im weiteren Verlauf der Arbeit wird der Begriff Ausbildungsgruppe synonym zum Begriff Einkommensgruppe verwendet, da mit der Annahme über die Ausbildung auch der Relativeinkommensverlauf festgelegt wird.
Für die Ausbildungsgruppe 4 verläuft das Relativeinkommen ungefähr ab dem 30. Lebensjahr für die Geburtsjahrgänge 1940 nahe der Beitragsbemessungsgrenze, d.h. dem Verlauf des Maximalrentners. Aufgrund der geringeren Beiträge zwischen dem 20. und 30. Lebensjahr fällt die Rente jedoch kleiner als beim Maximalrentner aus. Bei Ausbildungsgruppe 5 liegt das Einkommen fast von Anfang an über der Beitragsbemessungsgrenze, wegen des deutlich späteren Berufsstartes kann diese Personengruppe allerdings die Maximalrente nicht erreichen, da Einkommen über der Beitragsbemessungsgrenze in der gesetzlichen Rentenversicherung nicht versichert wird. Das Rentenniveau liegt damit auch bei Einkommensgruppe 5 unter derjenigen des Maximalrentners.[583]
Insgesamt wird deutlich, dass die geschätzten Einkommensverläufe sich deutlich von denjenigen unterscheiden, welche den vereinfachten Eck- bzw. dem Maximalrentnerkonzepten zu Grunde liegen.

5.4.3 Rentenberechnung

Zur Ermittlung der relativen Rentenhöhe werden die Entgeltpunkte über das gesamte Erwerbsleben aufsummiert und dann relativ zum Bruttorentenniveau für die unterschiedlichen Einkommensverläufe bestimmt. Für die zukünftige Rentenentwicklung wird von einem konstanten Bruttorentenniveau ausgegangen, das Modell ermöglicht eine Variation dieser Annahme. Um die Auswirkung der Besteuerung betrachten zu können, ist es notwendig das Bruttorentenniveau zu betrachten.
Verwendet man die zuvor geschätzten Einkommensfunktionen und schreibt diese mit der Durchschnittseinkommensentwicklung in Höhe von 1% Lohnentwicklung fort, ergibt sich bei einer Lebenserwartung (lerw) von 80 Jahren und einem Renteneintrittsalter (rea) von 65 Jahren für unterschiedliche Geburtsjahrgänge die in Abbildung 5-10 dargestellte interne nominelle Rendite. Diese Berechnungen beruhen auf einem für die Zukunft konstant angenommenen

583 Von der Möglichkeit einer Nachversicherung wird an dieser Stelle abstrahiert.

Bruttorentenniveau. Die Ergebnisse decken sich mit Berechnungen anderer Arbeiten und unterstreichen die Kohärenz des hier verwendeten Modells.[584]

Abbildung 5-10: Interne Rendite gemäß der modellimmanenten Rentenberechnung

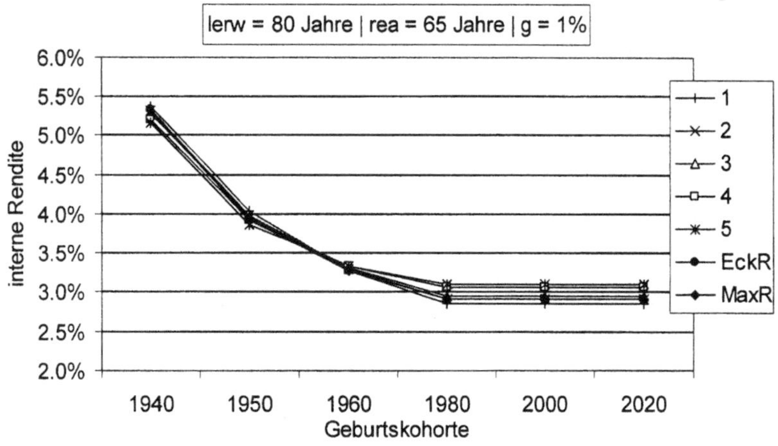

Einkommensgruppen 1:= 9 | 2:= 10,5 | 3:= 11,5 | 4:= 15 | 5:= 18 Jahre Ausbildungszeit; EckR: Eckrentner | MaxR: Maximalrentner
lerw: Lebenserwartung | rea: Renteneintrittsalter | g: Lohnwachstum | i: Diskontsatz;
Quelle: eigene Berechnungen

5.4.4 Ermittlung von Absoluteinkommensverläufen aus Relativeinkommensverläufen

Zur Vereinfachung der Modellberechnungen wird angenommen, dass bei allen Geburtskohorten die gleichen Relativeinkommensverläufe verwendet werden können. Damit wird unterstellt, dass der zeitlich funktionale Zusammenhang der Einkommensentwicklung für die jeweilige Ausbildungsgruppe relativ bezogen auf das Durchschnittseinkommen aller Versicherten identisch verläuft. Durch diese Annahme wird sichergestellt, dass bei der Ermittlung der Steuerlast ein Vergleich zwischen Generationen möglich ist, ohne auf Unterschiede in den Einkommensverläufen Rücksicht nehmen zu müssen.

---

584 Vgl. Schnabel, Reinhold (1998b), insbesondere Abb. 4 S. 24.; Schnabel, Reinhold (1998a), Abbildung 5, S. 15; Börsch-Supan, Axel (2000), Tabelle 4, S. 13; Börsch-Supan, Axel/ Heiß, Florian/ Winter, Joachim (2000). Schnabel errechnet für Ledige der Geburtskohorten ab 1960 ein interne Rendite von unter 0%; Hirte weist dies bereits für die Jahrgänge ab ca. 1940 aus, da er größere Abschläge für Frührentner annimmt; vgl. Schnabel, Reinhold (1998c), S. 397. S. Hirte, Georg (1999), S. 8. wird von nominalen Renditen ausgegangen, Schnabel weißt hingegen Realrenditen aus.

Abbildung 5-11 verdeutlicht, wie durch Multiplikation des Relativeinkommens mit dem Durchschnittseinkommen für jede Einkommensgruppe jeder Geburtskohorte der Absoluteinkommensverlauf über dem Lebensalter bestimmt wird. Hierbei kann es dazu kommen, dass die Abnahme des Relativeinkommens gegen Ende der Erwerbsphase durch die Durchschnittseinkommensentwicklung überkompensiert wird. Dies ist ab einem Lohnzuwachs von ca. 1% der Fall. Das Einkommen in der Nacherwerbsphase ergibt sich durch Multiplikation des Relativeinkommens, d.h. der individuellen Entgeltpunkte, mit dem Durchschnittseinkommen und dem Bruttorentenniveau, in der Erwerbsphase bleibt bei der Multiplikation das Bruttorentenniveau unberücksichtigt.

Abbildung 5-11: Übergang von Relativ- auf Absoluteinkommensverläufe

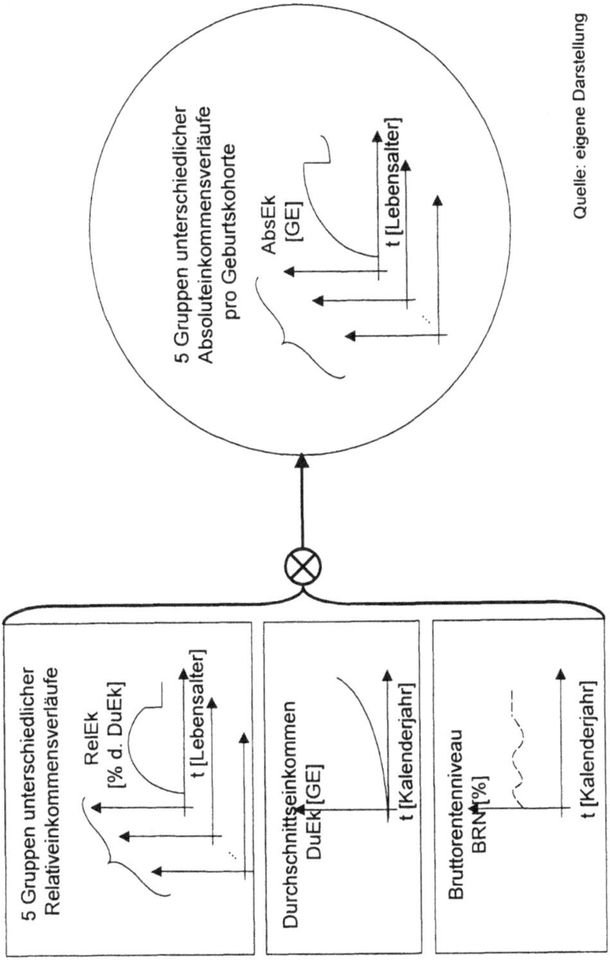

Quelle: eigene Darstellung

5.5 Einkommensbesteuerung

Die nach Abschnitt 5.4.4 ermittelten Absoluteinkommensverläufe werden jährlich besteuert. Dabei kommen die historischen Einkommensteuertarife ab 1955 zum Tragen. Da die Reform der Rentenbesteuerung ab dem Jahr 2005 einsetzen muss, ist es erforderlich Annahmen über die ab dem Jahr 2005 anzuwendenden Tarife zu treffen. Entscheidend ist es, diese Annahmen so zu treffen, dass sich die zeitliche Entwicklung der Steuertarife „neutral" zwischen den Generationen verhält, damit intergenerative Lastverschiebungen, welche durch die Reform der Rentenbesteuerung ausgelöst werden, überhaupt isoliert sichtbar werden und nicht durch die angenommene, zukünftige Steuertarifentwicklung überdeckt werden.

Abbildung 5-12: Durchschnittssteuerbelastung konstanter Relativeinkommen

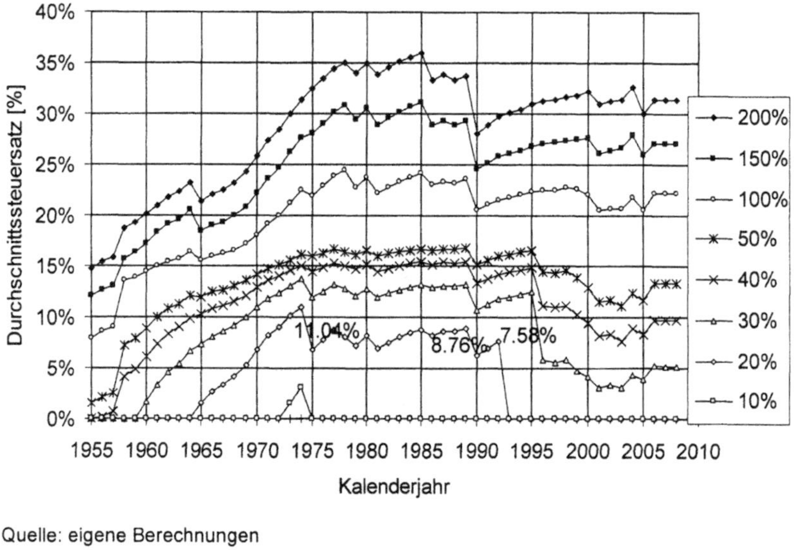

Quelle: eigene Berechnungen

Abbildung 5-12 veranschaulicht wie sich die Durchschnittssteuerbelastung bei konstanten Relativeinkommen für unterschiedliche Einkommensniveaus über die letzten knapp 50 Jahre entwickelte. Eine ledige Person die 20% bezogen auf das Durchschnittseinkommen aller Sozialversicherungspflichtigen verdiente, musste 1974 ca. 11% dieses Einkommen als Steuer abführen, 1992 waren es immerhin noch ca. 7,6%. Nach 1992 blieb das Einkommen aufgrund des deutlich erhöhten Grundfreibetrags steuerfrei. Von diesem erhöhten Freibetrag konnten niedrige Einkommensklassen durch die Ausgestaltung der Übergangsregelung schon früher profitieren, als dies bei Einkommensklassen zwischen 30% und 50% des Durchschnittseinkommens der Fall war, welche erst ab 1996 in den Genuss die-

ser Entlastung kamen. Für Einkommensklassen ab 100% des jeweiligen Durchschnittseinkommens wirkte sich der 1996 veränderte Grundfreibetrag praktisch kaum mehr aus.
Für die vorliegende Arbeit wird die Steuerbelastung welche zwischen 1996 und 2001 vorlag auf die Jahre ab 2005 fortgeschrieben. Dabei wird davon ausgegangen, dass bei konstantem Relativeinkommen bezogen auf das Durchschnittseinkommen aller Sozialversicherungspflichtiger die Durchschnittsteuerbelastung konstant bleibt. Eine ansteigende Steuerbelastung erfährt danach nur derjenige, welcher eine Zunahme seines Relativeinkommens zu verzeichnen hat. Die Einkommensteuerprogression wird gemäß dem Durchschnitt der Tariffunktionen der Jahre 1996 bis 2001 konstant gehalten.
Durch dieses Vorgehen verändert sich die relative Steuerbelastung nicht, wenn sich nur das Durchschnittseinkommen, nicht aber das persönliche Relativeinkommen verändert. Der Steuertarif ist damit direkt an das Durchschnittseinkommen und dessen Entwicklung gekoppelt. Der Grundfreibetrag wird auf 24,24% des Durchschnittseinkommens festgesetzt. Diese Kopplung des Tarifs an die Einkommensentwicklung ist notwendig, um ein Hineinwachsen in die Einkommensteuerprogression in Abhängigkeit von den zu Grunde gelegten Annahmen zu vermeiden.

5.6 Zwischenfazit

Das im Rahmen dieser Arbeit entwickelte Modell schließt die Lücke bei längsschnittorientierten Inzidenzanalysen durch ein deterministisches, mikroökonomisches Gruppensimulationsmodell. Mit diesem ist es möglich die persönliche Steuerbelastung unterschiedlicher Vergleichsgruppen über das gesamte Leben für unterschiedliche Generationen zu analysieren und damit die Steuerbelastung der Erwerbs- mit derjenigen der Nacherwerbsphase ein und derselben Person als Ganzes zu beurteilen.[585]
Mit dem Lebensdurchschnittssteuersatz und dem durchschnittlichen unversteuerten Beitragsanteil werden Maßzahlen definiert, welche zur Beurteilung der Verteilungswirkung und zur Abgrenzung von Doppelbesteuerung erforderlich sind.[586]
Das Schon-Immer-Szenario simuliert eine beamtenähnliche, Steuerbelastung, d.h. eine Steuerbelastung als ob der Steuerpflichtige während seines gesamten Lebens nachgelagert besteuert worden wäre. Dieser neutraler Vergleichspunkt, der gleichzeitig das Ziel der Reform darstellt, ermöglicht es, nicht nur die aktuelle Steuerbelastung von Beamten und Angestellten vergleichend gegenüber zu stellen, sondern auch die Zielerreichung verschiedener Reformvarianten zu beurteilen.[587]
In den Abschnitten 5.3 bis 5.5 wird die Herleitung der Modellstruktur diskutiert und die Konstruktion der Teilkomponenten erläutert. Ziel ist dabei, die historischen Gegebenheiten möglichst genau zu modellieren und gleichzeitig plausibel in die Zukunft fortzuschreiben. Die zukünftige Entwicklung der gruppenspezifi-

585 Vgl. Abschnitt 5.1.
586 Vgl. die Abschnitte 5.2.1 bzw. 5.2.2.
587 Vgl. Abschnitt 5.2.3.

schen Einkommensverläufe, der Einkommensteuertarife sowie des Rentenniveaus gilt es so zu gestalten, dass beim Übergang vom historischen zum zukunftsorientierten Teil des Modells keine Sprungstellen bei den verschiedenen Maßzahlen entstehen.
In Abschnitt 5.3 wird ein Gesamtüberblick über das Modell gegeben. Abschnitt 5.4 verdeutlicht die Herleitung von realitätsnahen geschätzten Lebenseinkommensverläufen vom Mincer-Typ für fünf Personengruppen unterschiedlicher Ausbildungszeiten auf Basis der Daten des Sozio-oekonomischen Panels. Abschnitt 5.5 zeigt, wie die Steuertarife der Veranlagungszeiträume von 1955 bis 2004 „neutral" auf die Zukunft übertragen werden.

Abbildung 5-13: Übersicht Kapitel 5

5.1 **Forschungsbedarf**

Längsschnittorientierte Inzidenzanalysen

5.2 **Bewertungsmöglichkeiten**

1. Verteilungswirkung:
   Lebensdurchschnittsteuersatz

$$LDStS = \frac{\sum_{i=1}^{i=n_1+n_2} T_i}{\sum_{i=1}^{i=n_1+n_2} Y_i}$$

2. Abgrenzung der Doppelbesteuerung:
   durchschnittlicher unversteuerter Beitragsanteil

$$A_B^u = \frac{1}{n_1}\sum_{i=1}^{i=n_1} \frac{B_i^u}{B_i}$$

3. Vergleichsszenarien:

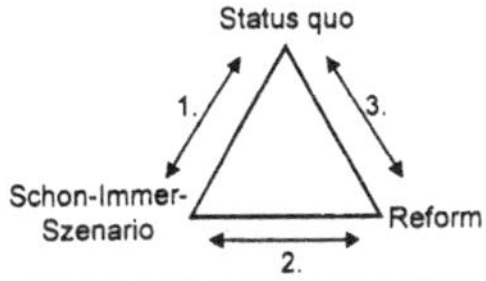

5.3 – 5.5 **Umsetzung in Modellstruktur**

Geschätzter Relativeinkommensverlauf:

$$\ln \frac{Y_t}{Y_t^d} = \alpha + \beta_1 \bullet s + \beta_2 \bullet e + \beta_3 \bullet e^2 + v_i + \varepsilon_{it}$$

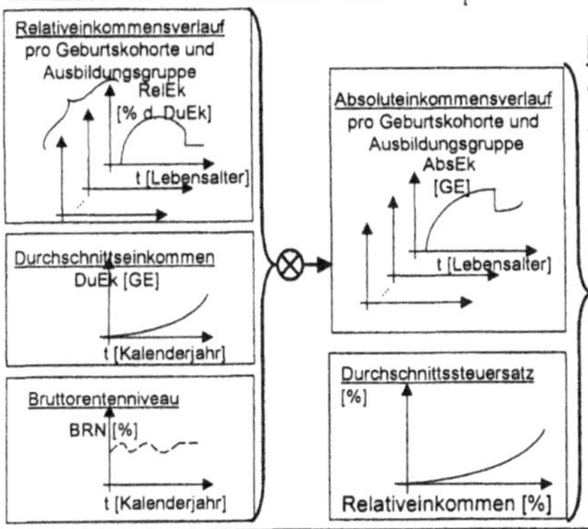

Maßzahlen:

- Lebensdurchschnittsteuersatz
- Anteil unversteuerter RV-Beiträge

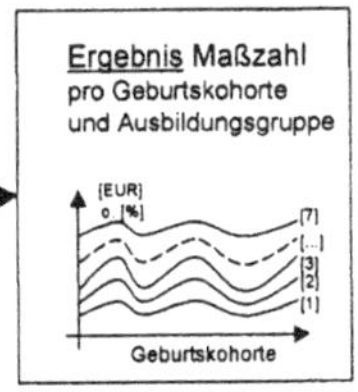

Vgl. Abbildung 5-6 u. 5-11

Quelle: eigene Darstellung

6 Auswertung und Diskussion

Das folgende Kapitel diskutiert die Modellergebnisse und stellt sie in den Zusammenhang mit den bisherigen Erkenntnissen. Dabei werden nur ausgewählte Szenarien dargestellt. Hierzu zählen zum einen solche, deren Parameter als realitätsnah eingestuft werden, zum anderen solche, welche von diesen als realitätsnah bezeichneten Szenarien deutlich abweichen. Eine umfassende Darstellung aller 108 Varianten für vier Vergleichsszenarien würde den Rahmen dieser Arbeit sprengen.[588] Der Erkenntnisgewinn der Sensitivitätsanalyse[589] liegt hauptsächlich darin, dass das Modell konsistente Ergebnisse bei verschiedenen Annahmen liefert, sich folglich stabil verhält. In den ersten drei Abschnitten werden die Ergebnisse der folgenden drei Vergleiche dargestellt:[590]

1. Status quo versus Schon-Immer-Szenario
2. Reform versus Schon-Immer-Szenario
3. Status quo versus Reform

Für alle drei wird auf die Maßzahl des Lebensdurchschnittsteuersatzes abgestellt. Für den dritten Vergleich zwischen Status quo und Reform wird zusätzlich der Aspekt der Doppelbesteuerung thematisiert, da diese Frage entscheidend für die Beurteilung von Reformvarianten ist. Hierbei wird auf den Reformvorschlag der Sachverständigenkommission zur Neuordnung der steuerrechtlichen Behandlung von Altersvorsorgeaufwendungen und Altersbezügen abgestellt.[591] Im vierten Abschnitt wird diesem Vorschlag ein Alternativvorschlag gegenübergestellt.

6.1 Status quo versus Schon-Immer-Szenario

Der Vergleich zwischen der Steuerbelastung im Status quo und dem Schon-Immer-Szenario kann als Erweiterung des Modells von Meindel gesehen werden. Meindel kommt zu dem Ergebnis, dass gesetzlich Rentenversicherungspflichtige immer eine geringere Steuerlast zu tragen hätten, wenn sie in gleicher Weise wie Beamte nachgelagert besteuert würden.[592]

Diese Aussage kann im Grundsatz für das erweiterte Modell (vgl. Kapitel 5), bestätigt werden. Abbildung 6-1 zeigt die Veränderung des Lebensdurchschnittsteuersatzes eines Angestellten, wenn dieser statt gemäß dem Status quo der Rentenbesteuerung gemäß dem Schon-Immer-Szenario versteuert worden wäre. Auf der Ordinate wird die Differenz des Lebensdurchschnittsteuersatzes in Prozentpunkten dargestellt, auf der Abszisse werden die Geburtskohorten zwischen 1940 und 2025 dargestellt. Die Nulllinie des Diagramms stellt die Steuerbelastung im Status quo dar. Die Datenpunkte zeigen, um wie viele Prozent-

---

588 Neben dem Status quo und dem Schon-Immer-Szenario werden zwei Reformvorschläge diskutiert.

589 Vgl. Tabelle 5-2.

590 Vgl. Abschnitt 5.2.3.1 Abbildung 5-2.

591 Vgl. BMF (Hrsg.) (2003).

592 Vgl. Meindel, Alexander (2002), sowie die Abschnitt 2.2 und 5.2.3.2 der vorliegenden Arbeit.

punkte der Lebensdurchschnittsteuersatz bei nachgelagerter Besteuerung höher bzw. geringer ausgefallen wäre. Alle Einkommensklassen aller untersuchten Geburtsjahrgänge hätten bei nachgelagerter Besteuerung eine geringere Einkommensteuerbelastung als im Status quo. Eine Benachteiligung von Beamten durch die unterschiedliche Besteuerung kann unter diesen Annahmen folglich ausgeschlossen werden.

Abbildung 6-1: Differenz des Lebensdurchschnittsteuersatzes, Schon-Immer-Szenario – Status quo

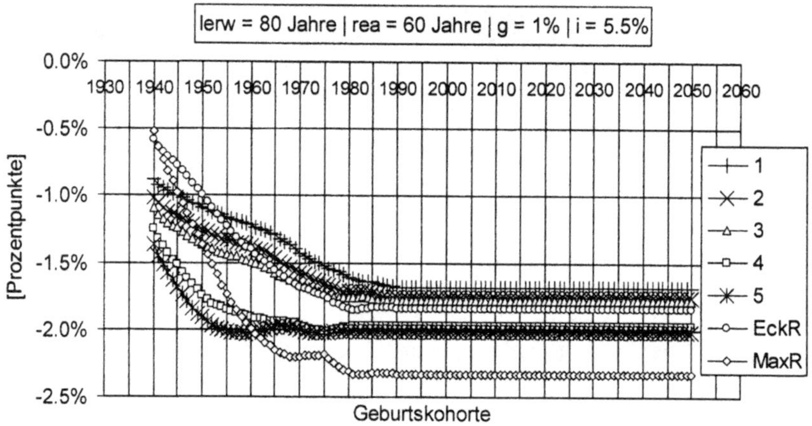

Einkommensgruppen 1:= 9 | 2:= 10,5 | 3:= 11,5 | 4:= 15 | 5:= 18 Jahre Ausbildungszeit;
EckR: Eckrentner | MaxR: Maximalrentner
lerw: Lebenserwartung | rea: Renteneintrittsalter | g: Lohnwachstum | i: Diskontsatz;
Quelle: eigene Berechnungen

Bei einem Renteneintrittsalter von 60 Jahren, wie es hier angenommen wurde, zeigt sich die relativ hohe Lebenseinkommensteuerbelastung des Eck- bzw. des Maximalrentners. Diese führen in der Darstellung dazu, dass für beide Vergleichsgruppen der Vorteil einer nachgelagerten Besteuerung für die Geburtskohorten von 1940 bis ca. 1945 bzw. 1950 geringer ausfallen, als bei den Vergleichsgruppen mit geschätzten Einkommensverläufen (Einkommensgruppe 1 bis 5). Da die Benachteiligung durch die nur teilweise Abzugsfähigkeit der Sozialversicherungsbeiträge über die Jahre zunahm, stellt die nachgelagerte Besteuerung für spätere Generationen dagegen einen größeren Vorteil dar. Die Datenpunkte späterer Generationen liegen tiefer als diejenigen früherer Generationen. Der Maximalrentner erfährt dabei über die unterschiedlichen Generationen betrachtet die größten Änderungen. Liegt für einen 1940 Geborenen der Durchschnittsteuersatz bei nachgelagerter Besteuerung lediglich um 0,62 Prozentpunkte unter derjenigen bei Besteuerung gemäß dem Status quo, so liegt der Unterschied ab dem Jahrgang 1980 bei ca. 2,5 Prozentpunkten. Diese extremen Unterschiede bei der Personengruppe des Maximalrentners tritt jedoch nur bei einem Renteneintrittsalter von 60 Jahren in dieser Größe auf, da von einem Berufseintrittsalter von 15 Jahren ausgegangen werden muss, um bis zum 60. Lebensjahr auf 45 Berufsjahre zu kommen. Dieses Szenario dürfte in der Realität nur sehr selten auftreten. Des Weiteren zeigt sich, dass der Vorteil der nachgelagerte Besteuerung mit zunehmendem Einkommen steigt. Dies ist eine unmittelbare Folge des progressiven Einkommensteuertarifs.

Nimmt man an, dass die Nominalverzinsung über dem Lohnwachstum liegt und die Dauer der Nacherwerbsphase nicht die Grenze von 25 Jahren überschreitet, so kann davon ausgegangen werden, dass für alle Einkommensgruppen aller Geburtskohorten die nachgelagerte Besteuerung mit einer geringeren Steuerbelastung verbunden wäre, als die Besteuerung nach geltendem Steuerrecht.

Für bestimmte Parameterkonstellationen muss diese Aussage jedoch relativiert werden. So ist die nachgelagerte Besteuerung für die obersten Einkommensgruppen (Ausbildungsgruppe 4 und 5, sowie den Maximalrentner) dann mit einer höheren Steuerbelastung verbunden als im Status quo, wenn das Lohnwachstum während des gesamten Erwerbslebens deutlich über der Nominalverzinsung liegt. Dieser Effekt tritt bspw. bei einem Lohnwachstum von 3% und einem Diskontsatz von 0% auf. Da diese Konstellation in der Vergangenheit nicht über die Dauer eines gesamten Erwerbslebens zu beobachten war, wird dieser Effekt hier nur zur Verdeutlichung der beschränkten Aussagefähigkeit des Modells erwähnt. Für den Maximalrentner tritt dieser Effekt allerdings noch für ein Lohnwachstum von 1% und einem Diskontsatz von 0% auf.

Ebenso tritt eine höhere Steuerbelastung für frühe Kohorten auf, wenn die Nacherwerbsphase vergleichsweise lange ist und der für die Barwertberechnung verwendete Nominalzinssatz nur geringfügig über dem Lohnwachstum liegt, wie das Beispiel in Abbildung 6-2 zeigt. Hält man sich vor Augen, dass die nachgelagerte Besteuerung zu einer geringeren Steuerlast in der Erwerbsphase und zu einer höheren in der Nacherwerbsphase führt, ist dieser Zusammenhang unmittelbar verständlich. Die lange Nacherwerbsphase mit der höheren Steuerbelastung überkompensiert die geringere Belastung der vergleichsweise kurzen Erwerbsphase. Dieser Effekt tritt umso deutlicher zu Tage, je geringer der Diskontsatz ist, mit dem Steuerzahlungen der frühen Erwerbsjahre auf den Renteneintrittszeitpunkt aufgezinst werden.

Der deutliche Unterschied zwischen den geschätzten Einkommensgruppen zu den „synthetischen" Vergleichsgruppen des Eck- und des Maximalrentners verdeutlichen, dass die Letztgenannten nur bedingt für Vergleichszwecke herangezogen werden könne. Im oben dargestellten Beispiel erfährt von den geschätzten Ausbildungsgruppen lediglich die Einkommensgruppe 4 bis zur Geburtskohorte 1945 einen Nachteil.

Bei den bisher dargestellten Ergebnissen wurde davon ausgegangen, dass auch der Versorgungsfreibetrag im Rahmen des SI-Szenarios auf rentenversicherungspflichtige Angestellte übernommen wird. Dieser Freibetrag, der als Ausgleich für die angebliche Benachteiligung durch die nachgelagerte Besteuerung eingeführt wurde,[593] wäre jedoch gemäß diesem Ergebnis nicht notwendig.

Abbildung 6-2: Differenz des Lebensdurchschnittsteuersatzes, Schon-Immer-Szenario – Status quo

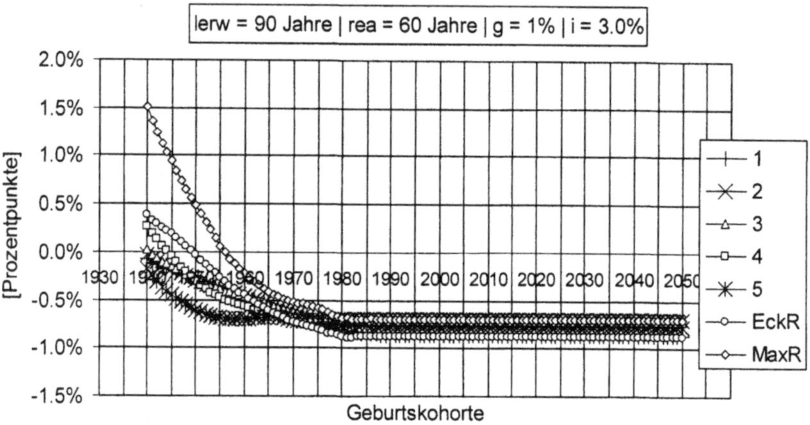

Einkommensgruppen 1:= 9 | 2:= 10,5 | 3:= 11,5 | 4:= 15 | 5:= 18 Jahre Ausbildungszeit;
EckR: Eckrentner | MaxR: Maximalrentner
lerw: Lebenserwartung | rea: Renteneintrittsalter | g: Lohnwachstum | i: Diskontsatz;
Quelle: eigene Berechnungen

Abbildung 6-3 zeigt das Ergebnis der Modellrechnung unter Vernachlässigung des Versorgungsfreibetrags. Es zeigt sich, dass die nachgelagerte Besteuerung wie sie bei Beamten vorliegt selbst ohne diesen Freibetrag einen Vorteil darstellt. Der Vollständigkeit halber sei darauf hingewiesen, dass der Werbungskostenpauschbetrag, der Beamten in der Nacherwerbsphase in gleicher Höhe wie in der Erwerbsphase zusteht, bei der Vergleichsrechnung nach dem Schon-Immer-Szenario nicht berücksichtigt wurde.

Damit wird der Steuervorteil dieses Szenarios im Vergleich zur Steuerbelastung von Beamten unterschätzt. Akzeptiert man die Lebenseinkommensteuerbelastung als Maß zur vergleichenden Beurteilung der Steuerbelastung von Beamten zu gesetzlich rentenversicherten Angestellten, so muss von einer Benachteiligung von Sozialversicherungspflichtigen gegenüber Beamten ausgegangen werden.[594] Der Versorgungsfreibetrag ist für einen Ausgleich der angeblichen, steuerlichen Ungleichbehandlungen folglich nicht erforderlich.

593 Vgl. StÄndG 1965 v. 14.05.1965, BGBl. I (1965), S. 377 ff.

594 Zur Vergleichstrategie des SI-Szenarios siehe Abschnitt 5.2.3.2.

Abbildung 6-3: Differenz des Lebensdurchschnittsteuersatzes, Schon-Immer-Szenario ohne Versorgungsfreibetrag – Status quo

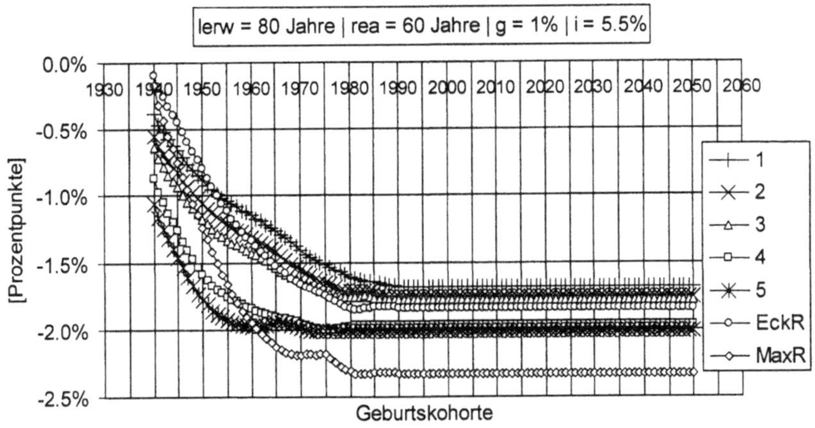

Einkommensgruppen 1:= 9 | 2:= 10,5 | 3:= 11,5 | 4:= 15 | 5:= 18 Jahre Ausbildungszeit;
EckR: Eckrentner | MaxR: Maximalrentner
lerw: Lebenserwartung | rea: Renteneintrittsalter | g: Lohnwachstum | i: Diskontsatz;
Quelle: eigene Berechnungen

6.2 Reform versus Schon-Immer-Szenario

Nachfolgend wird untersucht, wie die Reform, welche von der Sachverständigenkommission zur Neuordnung der steuerrechtlichen Behandlung von Altersvorsorgeaufwendungen und Altersbezügen vorgeschlagen wurde, das Ziel der nachgelagerten Besteuerung erreicht. Die Beurteilung stützt sich auf die Überlegungen, welche im Zusammenhang mit Abbildung 5-1 bereits diskutiert wurden. Danach darf ab dem Reformbeginn der Lebensdurchschnittsteuersatz nicht mehr ansteigen. Bei einem Renteneintrittsalter von 60 Jahren, müsste dies für die Geburtskohorten ab 1945 der Fall sein.[595]
Abbildung 6-4 zeigt die Differenz zwischen dem Lebensdurchschnittsteuersatz (LDStS) für die Reform und derjenigen für das Schon-Immer-Szenario. Für die Einkommensgruppen 1 bis 3 wird der Lebensdurchschnittsteuersatz der Geburtskohorte 1945 erst wieder von den Kohorten ab ca. 1977 unterschritten. Für die Kohorten zwischen 1945 und ca. 1977 stellt die Reform damit einen Umweg bzgl. des Reformziels einer nachgelagerten Besteuerung dar. Für die Einkommensgruppe 4 und 5 sind lediglich die Geburtskohorten zwischen 1945 und 1968 betroffen, für den Eck- bzw. den Maximalrentner hingegen diejenigen zwischen 1945 und 1988 bzw. 1986.

---

595 Bei einem Renteneintrittsalter von 65 Jahren entspräche dies den Geburtskohorten ab 1940.

Die maximale Überhöhung des Durchschnittsteuersatzes reicht bei den geschätzten Einkommensverläufen von 0,24 Prozentpunkten bei Einkommensgruppe 1 bis 0,43 Prozentpunkten bei Einkommensgruppe 5. Bei niedrigem Einkommen ist die Überhöhung kleiner, dafür sind mehr Generationen betroffen, umgekehrt steigt bei hohen Einkommen der Lebensdurchschnittsteuersatz durch den progressiven Tarif steiler an, wobei von der Überhöhung weniger Generationen betroffen sind. Eck- bzw. Maximalrentner nehmen hier Sonderstellungen ein. Für sie erreicht die Überhöhung ein Maximum von 0,78 bzw. 1,12 Prozentpunkten. Diese Vergleichsgruppen übertreffen damit nicht nur bzgl. des Umfangs der Überhöhung alle anderen Einkommensgruppen sondern es sind bei diesen synthetischen Vergleichsgruppen auch deutlich mehr Generationen von einer Überhöhung betroffen.

Abbildung 6-4: Differenz des Lebensdurchschnittsteuersatzes, Reform – Schon-Immer-Szenario

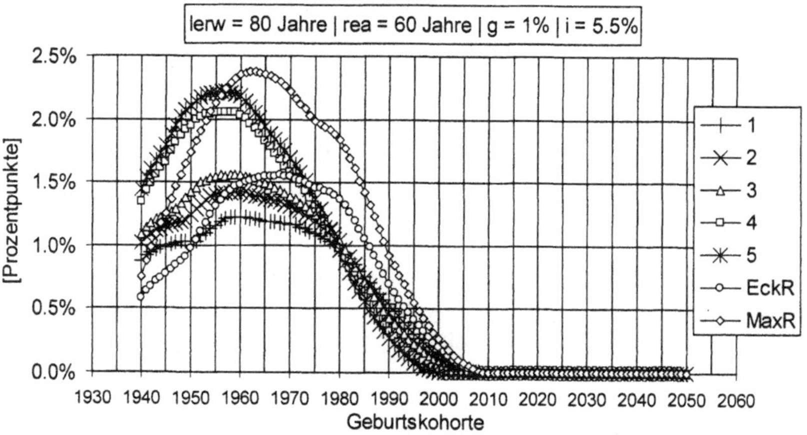

Einkommensgruppen 1:= 9 | 2:= 10,5 | 3:= 11,5 | 4:= 15 | 5:= 18 Jahre Ausbildungszeit; EckR: Eckrentner | MaxR: Maximalrentner
lerw: Lebenserwartung | rea: Renteneintrittsalter | g: Lohnwachstum | i: Diskontsatz;
Quelle: eigene Berechnungen

Tabelle 6-1 zeigt die Zusammenfassung der Eckwerte der Simulationen für unterschiedliche Parameterkonstellationen. Der Kreis der betroffenen Geburtskohorten verändert sich für die geschätzten Einkommensgruppen 1 bis 5 in Abhängigkeit des Renteneintrittsalters bzw. des Diskontsatzes nur geringfügig. Bei Eck- und Maximalrentner verkleinert sich der Kreis betroffener Kohorten mit Verkürzung der Nacherwerbsphase. Die Verringerung der maximalen Überhöhung bei höherem Diskontsatz ergibt sich durch die Barwertberechnung der periodischen Einkommensteuerzahlungen bezogen auf das Renteneintrittsalter. Die Wirkung der Mehrbelastung in der Nacherwerbsphase

wird durch einen höheren Diskontsatz kleiner, die Entlastung der Erwerbsphase größer und entsprechend umgekehrt.
Grundsätzlich überlagern sich bei der Differenzbildung gem. Abbildung 6-4 zwei Effekte, die Veränderung der Steuerbelastung im Reformszenario mit derjenigen im Schon-Immer-Szenario. Bei den geschätzten Einkommensverläufen der Gruppen 1 bis 5 führt ein höheres Renteneintrittsalter (Tabelle 6-1 oberer im Vergleich zu unterem Block) zu einer verlängerten Erwerbsphase und damit bei konstanter Lebenserwartung zu einer Verkürzung der Nacherwerbsphase. Im Schon-Immer-Szenario verringert sich die Lebenssteuerbelastung dadurch in zweifacher Weise. In der Erwerbsphase kommt die Person länger in den Genuss eines abzugsfähigen Rentenversicherungsbeitrages, in der Nacherwerbsphase fallen weniger Jahre mit Steuerpflicht an.

Tabelle 6-1: Überhöhung des Lebensdurchschnittsteuersatzes durch die Reform bei unterschiedlichen Parameterkonstellationen

	Max. Überhöhung des LDStS bzgl. SI-Szenario [Prozentpunkte]	Letzte Geburtskohorte, welche eine Überhöhung erfährt [Kalenderjahr]	Max. Überhöhung des LDStS bzgl. SI-Szenario [Prozentpunkte]	Letzte Geburtskohorte, welche eine Überhöhung erfährt [Kalenderjahr]
Einkommens-gruppe	lerw = 80; rea = 60			
	i = 3%		i = 5,5%	
1	0.38	1983	0.24	1979
2	0.46	1981	0.28	1976
3	0.54	1981	0.32	1975
4	0.66	1974	0.40	1968
5	0.50	1970	0.43	1968
EckR	0.91	1993	0.78	1988
MaxR	1.44	1992	1.12	1986
	lerw = 80; rea = 65			
	i = 3%		i = 5,5%	
1	0.58	1983	0.40	1981
2	0.66	1981	0.44	1978
3	0.70	1979	0.47	1976
4	0.76	1972	0.55	1968
5	0.64	1970	0.65	1970
EckR	0.70	1982	0.68	1982
MaxR	1.14	1981	0.97	1979

Quelle: eigene Berechnung

Bei den synthetischen Vergleichsgruppen des Eck- bzw. des Maximalrentners verkürzt sich die Nacherwerbsphase durch ein höheres Renteneintrittsalter ebenfalls, wobei die Dauer der Erwerbsphase per Definition konstant ist. Im Vergleich zu den Einkommensgruppen mit geschätzten Einkommensverläufen verringert sich die Lebenseinkommensteuer deshalb in geringerem Maße, da sich nur der Entlastungseffekt durch die verkürzte Nacherwerbsphase vergrößert, nicht jedoch derjenige der Erwerbsphase. Betrachtet man nun die Differenz zwischen Lebensdurchschnittsteuersatzes gem. Reform und gem. Schon-Immer-Szenario ergibt sich für die geschätzten Einkommensverläufen eine Zunahme der Differenz beim Übergang des Renteneintrittsalters von 60 auf 65 Jahre bei den synthetischen Vergleichsgruppen des Eck- und des Maximalrentners eine Abnahme.

Bei Personen mit diesen quasi-konstanten Relativeinkommensprofilen zeigt die Sensitivitätsanalyse eine Anreizwirkung, eine Verringerung des Umweges durch einen späteren Renteneintritt zu erreichen. Dieses Ergebnis beruht darauf, dass die Erwerbsphase per Definition bei diesen beiden Vergleichsgruppen konstant gehalten wird, was zu einer Verkürzung der Nacherwerbsphase führt, wenn bei konstanter Lebenserwartung das Renteneintrittsalter steigt. Die Untersuchungen mit geschätzten Einkommensverläufen und variabler Dauer der Erwerbsphase führen gerade zum gegenteiligen Ergebnis: danach kann ein Wirtschaftssubjekt seine Lebenssteuerbelastung durch einen früheren Renteneintritt verringern. Die Untersuchungen zeigen folglich, dass die Anreizsituation unzutreffend eingeschätzt wird, wenn der Eck- und den Maximalrentner als Vergleichsgruppe verwendet wird.

Für diesen hier skizzierten „Umweg" bedürfte es eines sachlich gerechtfertigten Grundes, wenn diese Mehrbelastung von Zwischengenerationen keine gleichheitswidrige Schlechterstellung gem. des Gleichheitssatzes des Art. 3 GG darstellen soll. Ob sich aus juristischer Sicht eine Grenze ermitteln lässt, ab der der Gleichheitssatz als verletzt gilt, kann an dieser Stelle nicht beantwortet werden.

6.3 Reform versus Status quo

6.3.1 Doppelbesteuerung

In Abschnitt 5.2.2 wurde als Maßzahl zur Abgrenzung des Tatbestandes der Doppelbesteuerung der unversteuerte Anteil der Rentenversicherungsbeiträge hergeleitet. Nachfolgend wird für den Kommissionsvorschlag die Quantifizierung dieser Maßzahl dargestellt und die Ergebnisse, welche sich daraus ergeben, diskutiert.

Abbildung 6-5 verdeutlicht das Ansteigen des Zusatzfreibetragssatzes (zfbs), der die Freistellung der Rentenversicherungsbeiträge in der Erwerbsphase sicherstellt (hier nur bzgl. des Arbeitnehmeranteils)[596], des Ertragsanteils der Reform, der die Steuerbelastung der Rentenleistungen bestimmt, sowie den Verlauf des minimalen, unversteuerten Anteils der Rentenversicherungsbeiträge über alle sieben Einkommensgruppen für eine Parameterkonstellation. Übersteigt der Ertragsanteil der Reform den unversteuerten Anteil der

596 Durch den Zusatzfreibetragssatz werden die Pflichtversicherungsbeiträge des Arbeitnehmers von der Besteuerung befreit. Im Kommissionsvorschlag (BMF (Hrsg.) (2003)) wird von einer Freistellung von 60% bezogen auf Arbeitgeber- und Arbeitnehmeranteil ausgegangen. Die Arbeitgeberbeiträge sind z.Z. vollständig von der Besteuerung befreit. Sie stellen damit von den 60% bereits 50 Prozentpunkte. Bezieht man die restlichen 10 Prozentpunkte lediglich auf die Arbeitnehmerbeiträge, entspricht dies den hier angegebenen 20%. Die Steigung ist durch diese Darstellung damit auch doppelt so hoch.

Rentenversicherungsbeiträge, so liegt gemäß den Ausführungen des Abschnitt 5.2.2 Doppelbesteuerung vor.

Abbildung 6-5: Reform gem. Kommissionsvorschlag (vgl. Tabelle 5-1)

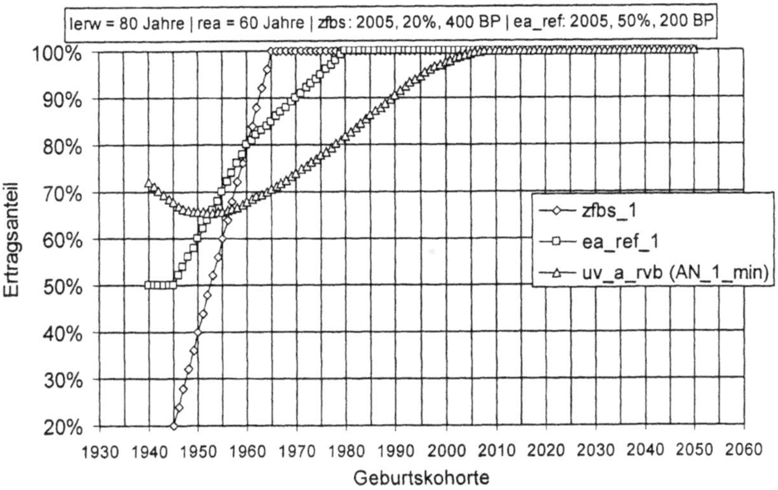

lerw: Lebenserwartung | rea: Renteneintrittsalter | zfbs: Zusatzfreibetragssatz | ea_ref: Ertragsanteil Reform; Quelle: eigene Berechnungen

In Abbildung 6-6 liegt in diesem Fall der Datenpunkt im negativen Bereich. Die Abbildung zeigt die Differenz zwischen dem unversteuerten Anteil der Rentenversicherungsbeiträge der verschiedenen Einkommensgruppen und dem Ertragsanteil der Reform. Für die 1980 Geborenen werden bspw. von der Sozialversicherungsrente über 10 Prozentpunkte mehr besteuert, als in der Erwerbsphase Beiträge unversteuert geblieben sind.

Durch die Konstruktion der Maßzahl bleibt das in Abbildung 6-6 dargestellte Ergebnis bei Variation der Lebenserwartung, des Lohnwachstums und des Diskontsatzes konstant. Lediglich ein höheres Renteneintrittsalter verschiebt den Zeitpunkt der erstmaligen Doppelbesteuerung hin zu früheren Kohorten. So erfährt bei einem Renteneintrittsalter von 65 Jahren der Geburtsjahrgang der 1949 Geborenen mit einem Einkommensverlauf gemäß der Vergleichsgruppe 5 oder des Maximalrentners eine Doppelbesteuerung, während dies bei einem Renteneintrittsalter von 60 Jahren die entsprechenden Einkommensgruppen erst des Jahrgangs 1954 trifft. Das Maximum der Doppelbesteuerung verschiebt sich ebenfalls hin zu früheren Generationen. 2010 und später geborene Kohorten bleiben von einer Doppelbesteuerung verschont. Dies ist unabhängig vom angenommenen Renteneintrittsalter. Die Höhe der Doppelbesteuerung steigt für die Vergleichsgruppen mit geschätztem Einkommensverlauf mit Zunahme des Renteneintrittsalters an, da dadurch auch die Erwerbsphase länger andauert und der versteuerte Anteil der Rentenversicherungsbeiträge im historischen Verlauf stetig anstieg. Damit geht von der Reform der Anreiz aus, möglichst früh in den Ruhestand zu gehen. Da die Dauer der Erwerbsphase für die Vergleichsgruppe des Eck- und des Maximalrentners unabhängig vom Renteneintrittsalter konstant bleibt, ändert sich für diese Gruppen auch das Ausmaß der Doppelbesteuerung mit steigendem Renteneintrittsalter nicht.

Abbildung 6-6: Differenz des unversteuerten Anteils der Rentenversicherungsbeiträge und dem Ertragsanteil der Reform

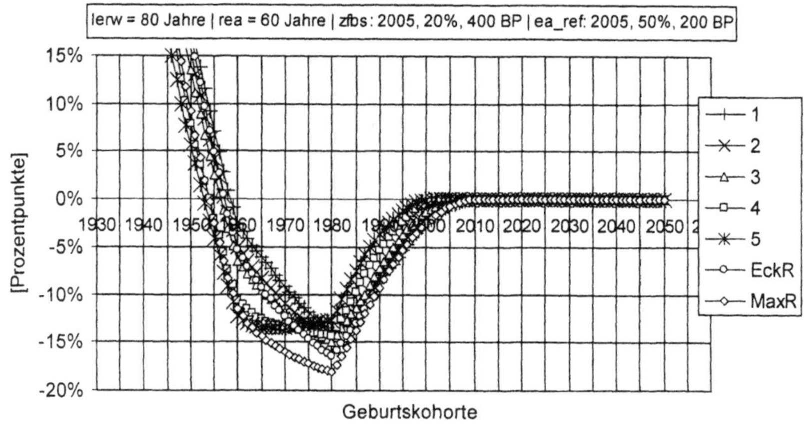

Einkommensgr. 1:= 9 | 2:= 10,5 | 3:= 11,5 | 4:= 15 | 5:= 18 Jahre Ausbildungszeit;
EckR: Eckrentner | MaxR: Maximalrentner
lerw: Lebenserwartung | rea: Renteneintrittsalter | zfbs: Zusatzfreibetragssatz |
ea_ref: Ertragsanteil Reform; Quelle: eigene Ber.

Die Sensitivitätsrechnung offenbart zwei wichtige Aspekte. Zum einen kommt es zu der soeben geschilderten negativen Anreizwirkung, die zum anderen nicht erkannt wird, wenn statt der realitätsnahen Einkommensgruppen mit geschätztem Einkommensverlauf lediglich der Eck- und der Maximalrentner als Vergleichsgruppe herangezogen wird.
Bis zur Kohorte der 1975 Geborenen nimmt das Ausmaß der Doppelbesteuerung mit dem Einkommen zu, ab der Geburtskohorte 1985 verringert sich die Doppelbesteuerung mit steigendem Einkommen (s. Abbildung 6-7). Darüber hinaus zeigt sich, dass der Eckrentner teilweise, der Maximalrentner stets gegenüber den Vergleichsgruppen mit geschätzten Einkommensverläufen im intragenerativen Vergleich eine Extremposition einnimmt. Insbesondere mit dem Maximalrentnerkonzept wird das Ausmaß der Doppelbesteuerung für einzelne Kohorten im Verhältnis zu vergleichbaren, realitätsnahen Einkommensverläufen (Einkommensgruppe 4 oder 5) überschätzt. Andererseits entspricht das Ausmaß der Doppelbesteuerung des Maximalrentners bspw. der 1995 Geborenen demjenigen der Einkommensgruppe 1 dieser Kohorte.

Abbildung 6-7: Doppelbesteuerung verschiedener Einkommensgruppen

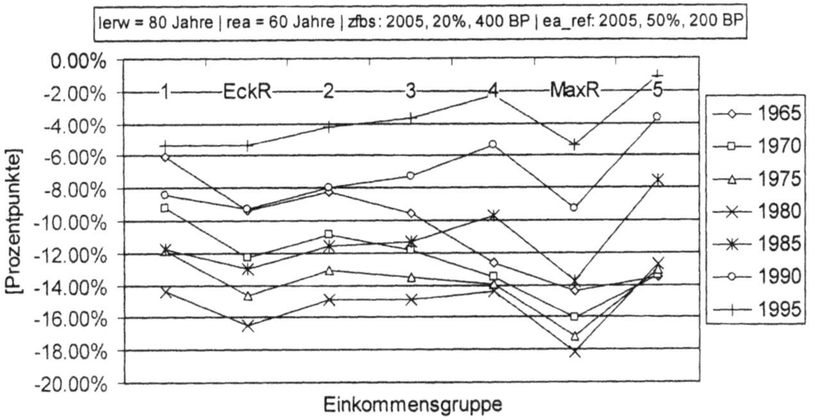

Einkommensgr. 1:= 9 | 2:= 10,5 | 3:= 11,5 | 4:= 15 | 5:= 18 Jahre
Ausbildungszeit; EckR: Eckrentner | MaxR: Maximalrentner
lerw: Lebenserwartung | rea: Renteneintrittsalter | zfbs: Zusatzfreibetragssatz |
ea_ref: Ertragsanteil Reform; Quelle: eigene Ber.

6.3.2 Verteilungswirkung

Zur Beurteilung der Verteilungswirkung des Reformvorschlages der Sachverständigenkommission wird auf die Veränderung des Lebensdurchschnittsteuersatzes durch die Reform im Vergleich zum Status quo abgestellt.
Für die unteren Einkommensklassen (Gruppe 1 bis 3 und den Eckrentner) ergibt sich für die Kohorten der bis 1950 Geborenen keine Veränderung im Vergleich zum Status quo. Für die Geburtsjahrgänge um 1950 sinkt die Steuerbelastung unter diejenige des Status quo, steigt dann bis ca. 1955 darüber, um anschließend erneut abzusinken (vgl. Abbildung 6-8 und Abbildung 6-9). Für die restlichen Einkommensklassen steigt die Steuerbelastung im Vergleich zum Status quo bis zur Kohorte der 1955 Geborenen direkt an, um anschließend abzusinken. Geburtsjahrgänge ab der Kohorte der 1965 Geborenen erfahren eine Steuerbelastung, welche unter derjenigen des Status quo liegt, mit Ausnahme der Vergleichsgruppe des Maximalrentners. Für diesen unterschreitet die Steuerbelastung erst ab dem Jahrgang 1971 die Steuerlast des Status quo.

Die Sensitivitätsanalyse zeigt, dass mit steigendem Renteneintrittsalter zunehmend frühere Generationen in den Genuss einer geringeren Lebenssteuerlast im Vergleich zum Status quo kommen. Ausschlaggebend hierfür ist die Entlastung durch Freistellen der Versicherungsbeiträge in der Erwerbsphase. Dieser Entlastungseffekt wird umso stärker, je größer die Erwerbsphase gegenüber der

Nacherwerbsphase ist, in welcher die Steuerbelastung höher als im Status quo ist.

Abbildung 6-8: Differenz des Lebensdurchschnittsteuersatzes, Reform – Status quo

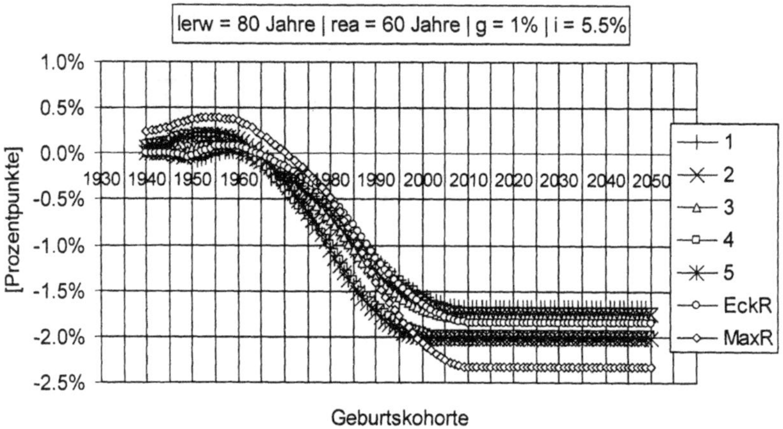

Einkommensgruppen 1:= 9 | 2:= 10,5 | 3:= 11,5 | 4:= 15 | 5:= 18 Jahre Ausbildungszeit;
EckR: Eckrentner | MaxR: Maximalrentner
lerw: Lebenserwartung | rea: Renteneintrittsalter | g: Lohnwachstum | i: Diskontsatz;
Quelle: eigene Berechnungen

Erfahren bei einem Renteneintrittsalter von 60 Jahren Geburtsjahrgänge ab ca. 1970 eine Entlastung durch die Reform so sind es bei einem Renteneintrittsalter von 65 bzw. 70 Jahren die Kohorten der ab ca. 1965 bzw. der ab ca. 1960 Geborenen.[597] Die Wirkungsrichtung gilt für die Vergleichsgruppen mit geschätzten (Gruppe 1 bis 5) und denjenigen mit synthetischen Einkommensverläufen (Eck- und Maximalrentner) gleichermaßen.
Je größer der Unterschied zwischen dem angenommenen Diskontsatz und dem Lohnwachstum ist, desto früher unterschreitet die Steuerbelastung der Reform diejenige der Ausgangssituation. Bei einer Lebenserwartung von 80 Jahren, einem Renteneintrittsalter von 60 Jahren und einem Lohnwachstum von 1% stellt die Reform bei einem Diskontsatz von 3% erstmals für 1980 Geborene, bei einem Diskontsatz von 5,5% erstmals für 1975 Geborene und bei 7% erstmals für 1970 Geborene einen Vorteil im Vergleich zum Status quo dar. Umgekehrt erfahren alle früheren Kohorten durch die Reform eine höhere Lebenssteuerbelastung, als dies nach aktuellem Steuerrecht der Fall wäre.

597 Die Angaben beziehen sich auf Berechnungen mit einer angenommenen Lebenserwartung von 80 Jahren, einem Lohnwachstum von 1% und einem Diskontsatz von 5,5%.

Abbildung 6-9: Steuerbelastung kurz vor und nach Beginn der Reform im Vergleich zum Status quo (Teilvergrößerung aus Abbildung 6-8)

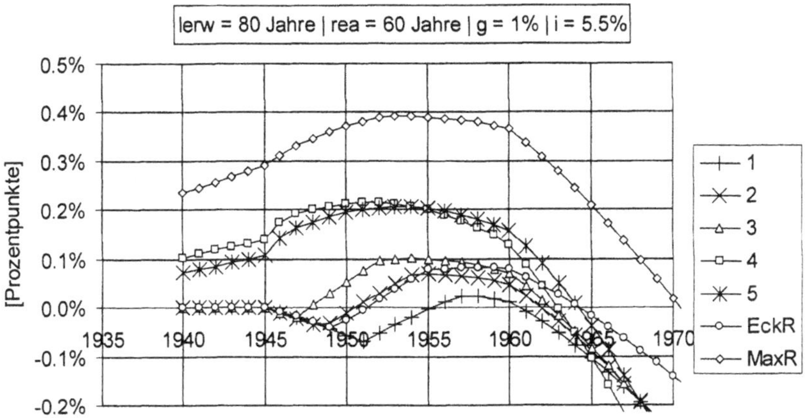

Einkommensgruppen 1:= 9 | 2:= 10,5 | 3:= 11,5 | 4:= 15 | 5:= 18 Jahre Ausbildungszeit;
EckR: Eckrentner | MaxR: Maximalrentner
lerw: Lebenserwartung | rea: Renteneintrittsalter | g: Lohnwachstum | i: Diskontsatz;
Quelle: eigene Berechnungen

Der Anstieg der Steuerbelastung nach Reformbeginn fällt für die unteren Einkommensgruppen deutlich geringer aus als für die oberen. Deshalb kann dieser Umweg im Gegensatz zur gleichheitsrechtlichen Problematik aus sozialpolitischer Sicht als weniger kritisch bezeichnet werden.[598]

Die Sensitivitätsanalyse zeigt folglich eine positive Anreizwirkung für die Rentennahen Jahrgänge, den Renteneintritt hinauszuzögern, um so die Lebenssteuerbelastung zu verringern. Sie steht der Anreizwirkung der Verringerung der Doppelbesteuerung direkt entgegen, welche eine Verkürzung der Erwerbsphase nahe legt. Welche der beiden Anreizwirkungen überwiegt, hängt von den individuellen Präferenzen und Annahmen des einzelnen Wirtschaftssubjektes ab. Geht es von einer geringen Lebenserwartung aus, wird der Anreiz dominieren, die Doppelbesteuerung zu minimieren. Die Person wird einen möglichst frühen Renteneintrittszeitpunkt wählen. Nimmt die Person eine lange Lebenserwartung an, wird der Anreiz dominieren, die Lebenssteuerbelastung zu minimieren. Das Wirtschaftssubjekt wird einen möglichst späten Renteneintrittszeitpunkt wählen.

6.4 Reformvorschlag

Die vorangehenden Ausführungen haben die Schwachpunkte des Reformvorschlages der Sachverständigenkommission zur Neuordnung der steuerrechtli-

598 Vgl. Abbildung 6-9; auf die gleichheitsrechtliche Problematik wurde insbesondere im Rahmen der Frage der Abgrenzung des Tatbestandes der Doppelbesteuerung bereits verschiedentlich eingegangen. S. insbes. die Abschnitte 3.4, 5.2.2 und 6.3.1.

chen Behandlung von Altersvorsorgeaufwendungen und Altersbezügen aufgezeigt. Nachfolgend soll diesem ein Alternativvorschlag gegenübergestellt werden, der explizit den kritischen Punkten der Doppelbesteuerung sowie der Vermeidung eines Umwegs bei der Ausgestaltung der Reform Rechnung trägt.

6.4.1 Ausgestaltung der Reform

Es wird davon ausgegangen, dass ein Zusatzfreibetragssatz eingeführt wird, der einen relativen Anteil der Rentenversicherungsbeiträge des Arbeitnehmers freistellt. Dieser freigestellte Anteil beginnt 2005 bei zfbs_beginn und erhöht sich jährlich für alle Generationen um einen bestimmten Wert (zfbs_stg) bis er 100% erreicht hat. Umgekehrt wird der Ertragsanteil zu Beginn der Reform festgelegt (ea_beginn) und dieser jeweils für Zugangsrentner ebenfalls jährlich mit ea_stg angehoben bis auch dieser 100% erreicht. Tabelle 6-2 gibt an, welche Varianten untersucht wurden.

Da ab dem Zeitpunkt in dem eine Person das Renteneintrittsalter erreicht der versteuerte Anteil der Rentenversicherungsbeiträge determiniert ist, darf sich folgerichtig der persönliche Ertragsanteil ab diesem Zeitpunkt nicht mehr verändern.

Die untersuchten Reformvarianten werden nach den nachfolgenden drei Kriterien beurteilt.

Tabelle 6-2: Untersuchte Reformvarianten

Variable	Bezeichnung	Werte bzw. Wertebereich
lerw [Jahren]	Lebenserwartung	80; 85
rea [Jahren]	Renteneintrittsalter	60; 65
zfbs_beginn [%]	Zusatzfreibetragssatzes für die Freistellung der Rentenversicherungsbeiträge zu Beginn der Reform im Jahr 2005	20; 40; 50; 60
zfbs_stg [BP][599]	jährliche Zunahme des Zusatzfreibetragssatzes	50; 100; 200; 400
ea_beginn [%]	Ertragsanteil zu Beginn der Reform (konstant für die jeweilige Generation, für Bestandsrentner gilt der Anfangswert)	50; 60
ea_stg [BP]	jährliche Zunahme des Ertragsanteils für spätere Renteneintrittsjahrgänge	50; 100; 200; 400

Summe der Variante: 512

Quelle: eigene Darstellung

1. Verworfen werden Varianten, bei welchen der Ertragsanteil der Reform den unversteuerten Beitragsanteil um mehr als 1,5 Prozentpunkte übersteigt und

599 100 Basispunte [BP] = 1 Prozentpunkt [PP].

dies für mehr als 10 Geburtsjahrgänge. Gemäß den Ausführungen des Abschnitts 5.2.2 läge hierbei Doppelbesteuerung vor.[600]

2. Der Lebensdurchschnittsteuersatz nach Reformbeginn darf im Vergleich zum Schon-Immer-Szenario nicht wesentlich ansteigen. Als nicht wesentlich werden Zunahmen von bis maximal 0,3 Prozentpunkte angesehen. Diese Einschränkung geht auf die Argumentation von Abschnitt 5.2.3.3 (insbesondere Abbildung 5-1) zurück, wonach ein Ansteigen der Steuerbelastung nach Beginn der Reform ihrer Zielrichtung entgegenläuft, da die nachgelagerte Besteuerung mit einer geringeren Steuerlast einhergeht und einer Erhöhung der Steuerlast damit einen Umweg darstellt.
3. Es wird darauf geachtet, dass der Ertragsanteil der Reform für alle Generationen möglichst knapp unterhalb der unversteuerten Beitragsanteile liegt. Je größer der Abstand ist, desto stärker belastet die Reform die öffentlichen Haushalte.

In einem ersten Durchlauf wurden die Alternativen mit den Annahmen über Lebenserwartung und Renteneintrittsalter bei einem Diskontsatz von 5,5% und einem Lohnwachstum von 1% durchgeführt, bevor die Ausgewählte Variante dann einer umfangreichen Sensitivitätsanalyse gemäß den Angaben der Tabelle 5-2 unterzogen wurden. Der Vorschlag in Tabelle 6-3 ist das Ergebnis dieser umfangreichen Variantenanalyse.

Tabelle 6-3: Reformvorschlag

Jahr	**Beitragsabzug** Anteil der Rentenversicherungsbeiträge, der von der Besteuerung freigestellt wird. (Bezieht sich nur auf AN-Anteil)	**Rentenbesteuerung** Anteil der Rentenleistung, die als Einkünfte der Besteuerung unterliegen.
2005	50 %	60 %
	+ 1 Prozentpunkte p.a. (d.h. 100 Basispunkte – BP)	+ 0.5 Prozentpunkte p.a. (d.h. 50 Basispunkte – BP)
	⋮	⋮
2055	100 %	85 %
	⋮	⋮
2085	100 %	100 %

Quelle: eigene Berechnungen

Im Kalenderjahr 2005 wird 50% des Arbeitnehmeranteils der Rentenversicherungsbeiträge zum Abzug zugelassen. Ebenso wie im Kommissionsvorschlag wird eine Günstigerprüfung durchgeführt. Diese stellt sicher, dass Bezieher ge-

600 Eine geringe Doppelbesteuerung wird aus Gründen der Praktikabilität und der Finanzierbarkeit der Reform akzeptiert. Auf die Möglichkeit ihrer vollständigen Vermeidung wird später hingewiesen.

ringer Einkommen mindestens in gleichem Umfang Beiträge abziehen können, wie im Status quo. Bei einer jährlichen Zunahme dieses Anteils um einen Prozentpunkt (100 Basispunkte – BP) werden Rentenversicherungsbeiträge ab 2055 vollständig von der Besteuerung befreit. Bei den Rentenleistungen setzt der Ertragsanteil bei 60% ein und steigt für jede Zugangsgeneration um 0,5 Prozentpunkte (50 Basispunkte – BP) Dadurch werden für Geburtskohorten ab 2085 die Renten vollständig versteuert.
Die Steigerung des Zusatzfreibetragssatzes muss deutlich über derjenigen des Ertragsanteils liegen (ca. doppelt so hoch), da die Beitragsphase - von Ausnahmen abgesehen - auch deutlich länger als die Leistungsphase ist.

6.4.2 Reform versus Schon-Immer-Szenario

Berufstätige Generationen haben bereits gemäß den historischen Sonderausgaberegelungen Steuern auf ihre Rentenversicherungsbeiträge entrichtet. Insbesondere für rentennahe Jahrgänge, welche fast ausschließlich das Steuerregime des Status quo erfahren haben, fällt der Vorteil einer nachgelagerten Besteuerung über wenige Berufsjahre kaum noch ins Gewicht. Verwendet man als Vergleichspunkt das Schon-Immer-Szenario, so ergibt sich für die Differenz das Bild gemäß Abbildung 6-10.

Abbildung 6-10: Differenz des Lebensdurchschnittsteuersatzes, Reform – Schon-Immer-Szeanrio

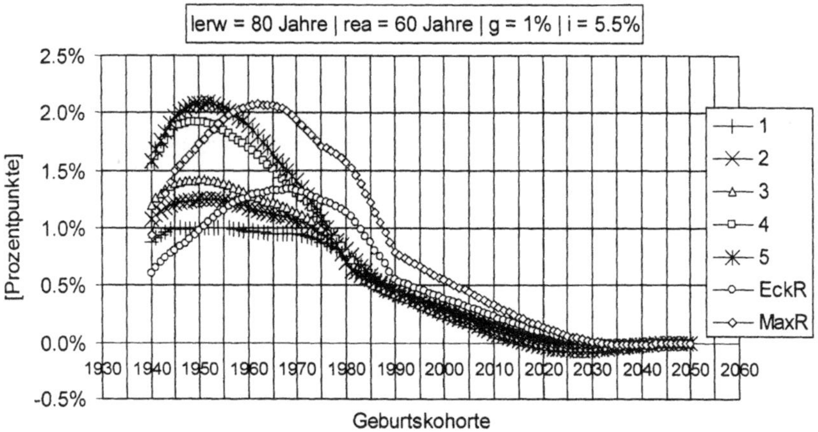

Einkommensgruppen 1:= 9 | 2:= 10,5 | 3:= 11,5 | 4:= 15 | 5:= 18 Jahre Ausbildungszeit; EckR: Eckrentner | MaxR: Maximalrentner
lerw: Lebenserwartung | rea: Renteneintrittsalter | g: Lohnwachstum | i: Diskontsatz;
Quelle: eigene Berechnungen

Es veranschaulicht, dass die Reform für die unteren Einkommensgruppen 1 bis 4 zielführend ist; die Überhöhung steigt für diese nie über 0,04 Prozentpunkte an. Bei der Einkommensgruppen 5 kommt es zu einer etwas größeren Überhöhung,

die Differenz des Lebensdurchschnittsteuersatzes steigt nach 1945 0,11 Prozentpunkte an.
Ein anderes Bild ergibt sich beim Eck- bzw. beim Maximalrentner. Bei diesen steigt der Lebensdurchschnittsteuersatz gegenüber der nachgelagerten Besteuerung noch ca. 20 Jahre nach Reformbeginn an und unterschreitet das Ursprungsniveau von 1945 erst wieder für die Geburtskohorten der ab 1985 bzw. der ab 1980 geborenen. Diese Beobachtung unterstreicht die Realitätsferne dieser beiden Einkommensszenarien, da bei ähnlich langen realitätsnahen Einkommensverläufen (Einkommensgruppe 1 und 2) dieses Phänomen nicht auftritt.

Tabelle 6-4 zeigt die Überhöhung für unterschiedliche Parameterkonstellationen. Im Vergleich zum Kommissionsvorschlag (vgl. Tabelle 6-1) treten hier grundsätzlich die gleichen Anreizwirkungen auf, mit dem Unterschied, dass nur für die Vergleichsgruppe der Eck- und der Maximalrentner eine nennenswerte Überhöhung auftritt.

Tabelle 6-4: Überhöhung des Lebensdurchschnittsteuersatzes durch die Reform bei unterschiedlichen Parameterkonstellationen

	Max. Überhöhung des LDStS bzgl. SI-Szenario [Prozentpunkte]	Letzte Geburtskohorte, welche eine Überhöhung erfährt [Kalenderjahr]	Max. Überhöhung des LDStS bzgl. SI-Szenario [Prozentpunkte]	Letzte Geburtskohorte, welche eine Überhöhung erfährt [Kalenderjahr]
Einkommens-gruppe	lerw = 80; rea = 60			
	i = 3%		i = 5,5%	
1	0.00	-	0.02	1956
2	0.01	1950	0.04	1956
3	0.01	1950	0.04	1954
4	0.01	1948	0.04	1953
5	0.01	1948	0.11	1957
EckR	0.43	1985	0.53	1985
MaxR	0.45	1980	0.58	1980
	lerw = 80; rea = 65			
	i = 3%		i = 5,5%	
1	0.11	1963	0.15	1972
2	0.05	1952	0.09	1959
3	0.02	1949	0.08	1956
4	0.07	1953	0.15	1957
5	0.09	1954	0.30	1962
EckR	0.31	1976	0.46	1979
MaxR	0.31	1968	0.50	1973

Quelle: eigene Berechnung

Die Sensitivitätsbetrachtung zeigt, dass die Veränderung der Überhöhung beim Übergang von einem Renteneintrittsalter von 60 auf 65 Jahre bei dem hier vorgestellten Reformvorschlag heterogener als beim Kommissionsvorschlag ist, dies allerdings auch auf niedrigerem Niveau. So variiert die Zunahme bei den Einkommensgruppen 1 bis 5 zwischen 0,04 und 0,19 Prozentpunkten, gegenüber 0,16 bis 0,22 Prozentpunkten beim Kommissionsvorschlag.[601] Da praktisch nur die Einkommensgruppen 5 an die zuvor definierte Grenze stößt, kann der Umweg der Reform aus sozialpolitischer Sicht in Kauf genommen werden. Damit kann die hier vorgestellte Reformalternative als zielführend bezeichnet werden. Aus juristischer Sicht dürfte dies von besonderer Bedeutung sein. Ein Umweg auf dem Weg der Reform hin zur nachgelagerten Besteuerung geht mit einer Schlechterstellung von Zwischengenerationen einher. Diese Ungleichbehandlung bedürfte eines sachlich gerechtfertigten Grundes, wenn sie nicht gem. Art. 3 GG gleichheitswidrig sein sollen. Wo die Grenze aus juristischer Sicht zu ziehen ist, bedürfte allerdings einer gesonderten, juristischen Prüfung.

6.4.3 Reform versus Status quo

6.4.3.1 Doppelbesteuerung

Abbildung 6-11 zeigt den zeitlichen Verlauf der Reform, wobei aus Gründen der Vereinfachung nur das Minimum der unversteuerten Anteile der Rentenversicherungsbeiträge über alle sieben Einkommensgruppen angezeigt wird (uv_a_rvb (AN_1_min)).

Abbildung 6-11: Reform gemäß Tabelle 6-3

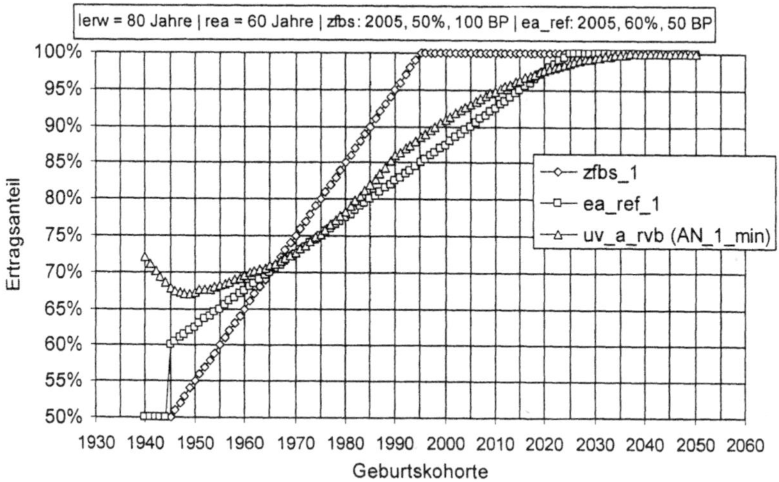

lerw: Lebenserwartung | rea: Renteneintrittsalter | zfbs: Zusatzfreibetragssatz | ea_ref: Ertragsanteil Reform; Quelle: eigene Berechnungen

601 Vgl. Ergebnisse für einen Diskontsatz von 5,5% in Tabelle 6-1 bzw. beim Übergang von einem Renteneintrittsalter von 60 auf 65 Jahre.

Es wird ersichtlich, dass der unversteuerte Anteil ab Beginn der Reform nicht weiter absinkt und sich nahezu immer oberhalb des Ertragsanteils der Reform befindet.[602] Um den Aspekt der Doppelbesteuerung näher zu betrachten ist in Abbildung 6-12 die Differenz des unversteuerten Anteils aller Einkommensgruppen bezüglich des Ertragsanteils der Reform dargestellt.
Lediglich für die Geburtsjahrgänge zwischen 2020 und ca. 2030 muss eine geringe Doppelbesteuerung hingenommen werden.[603] Aufgrund der längeren Erwerbsphase trifft dies die unteren Einkommensgruppen 1 bis 3 sowie den Eck- und den Maximalrentner stärker, als die oberen Einkommensgruppen 4 bzw. 5. In der Geburtskohorte 2025 liegt das Maß der Doppelbesteuerung am höchsten, mit –1,33 bis – 0,93 Prozentpunkten bei den Einkommensgruppen 1 bis 3 und mit –0,58 bzw. –0,29 Prozentpunkten bei den Einkommensgruppen 4 bzw. 5. Der Eck- und der Maximalrentner erfahren jeweils eine Doppelbesteuerung von –1,33 Prozentpunkten.

Abbildung 6-12: Differenz des unversteuerten Anteils der Rentenversicherungsbeiträge und dem Ertragsanteil der Reform

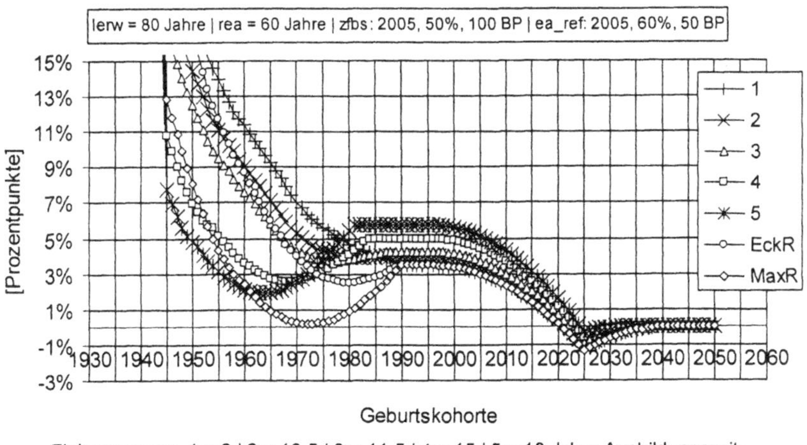

Einkommensgr. 1:= 9 | 2:= 10,5 | 3:= 11,5 | 4:= 15 | 5:= 18 Jahre Ausbildungszeit;
EckR: Eckrentner | MaxR: Maximalrentner
lerw: Lebenserwartung | rea: Renteneintrittsalter | zfbs: Zusatzfreibetragssatz |
ea_ref: Ertragsanteil Reform; Quelle: eigene Ber.

Die Sensitivitätsanalyse zeigt, dass die maximale Doppelbesteuerung den Geburtsjahrgang betrifft, dessen Renteneintritt bei einem Renteneintrittsalter von 70 Jahren im Jahr 2085 liegt. Bei dieser Kohorte liegt der Ertragsanteil der Reform

602 Bei einem Renteneintrittsalter von 60 Jahren und einem Reformbeginn im Jahr 2005 ist die Geburtskohorte des Kalenderjahres 1946 als erste von einem ansteigenden Ertragsanteil betroffen.

603 Hier liegen die Datenpunkte knapp unter Null.

um 2,95 Prozentpunkte über dem unversteuerten Anteil der Rentenversicherungsbeiträge.
Einerseits wird dieses Maß an Doppelbesteuerung gemäß den zuvor spezifizierten Kriterien als zu hoch angesehen. Andererseits liegt der Renteneintritt der betroffenen Generationen so weit in der Zukunft, dass die Genauigkeit der hier vorgestellten Berechnungen wohl an ihre Grenzen stößt. Wollte man dennoch diesen Effekt von vorne herein gänzlich ausschließen, so ist dies durch Halbieren der Zunahme des Ertragsanteils bspw. ab 2065 möglich.[604] Abbildung 6-13 verdeutlicht die Wirkung einer entsprechenden Veränderung.

Abbildung 6-13: Differenz des unversteuerter Anteils der Rentenversicherungsbeiträge und dem Ertragsanteil der Reform (korrigiert)

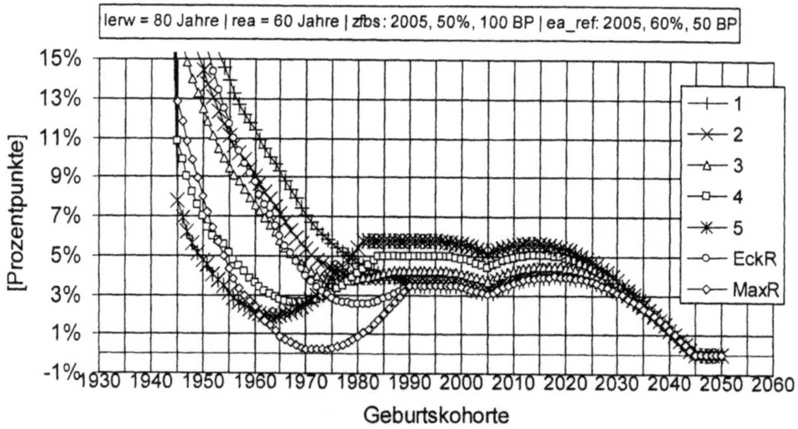

Einkommensgr. 1:= 9 | 2:= 10,5 | 3:= 11,5 | 4:= 15 | 5:= 18 Jahre Ausbildungszeit;
EckR: Eckrentner | MaxR: Maximalrentner
lerw: Lebenserwartung | rea: Renteneintrittsalter | zfbs: Zusatzfreibetragssatz |
ea_ref: Ertragsanteil Reform; Quelle: eigene Ber.

6.4.3.2 Verteilungswirkung

Abbildung 6-14 zeigt, dass ein Teil der Geburtskohorten von 1940 bis ca. 1950 im Vergleich zum Status quo (Abszisse) durch die Reform einem höheren Lebensdurchschnittsteuersatz ausgesetzt sind.
Dies ergibt sich durch den höheren Ertragsanteil in der Nacherwerbsphase, der bei diesen Generationen nicht durch die Abzugsfähigkeit der Versicherungsbeiträge in der Erwerbsphase kompensiert werden kann. Dieser Effekt wäre nur vermeidbar, wenn für Bestandsrentner wie für rentennahe Jahrgänge der Ertragsanteil nicht angehoben würde. Da die finanziellen Folgen für den Staat bei der Ausgestaltung der Reform vom Bundesverfassungsgericht als einschrän-

604 D.h. stg_ea = 25 BP ab 2065.

kende Nebenbedingung im Interesse einer verlässlichen Finanz- und Haushaltsplanung akzeptiert wurde,[605] dürfte dieser begrenzte Ausschlag nach oben nicht zu beanstanden sein, zumal in der Hauptsache Personen mit überdurchschnittlichem Einkommen betroffen sind.[606] Betrachtet man die Anreizwirkung, die sich aus dem Vergleich der Reform mit dem Status quo ergibt, zeigt sich, dass alle Generationen, welche die Wahlmöglichkeit haben, noch vor in Kraft treten der Reform in Rente zu gehen, dies auch tun werden - rationales Handeln vorausgesetzt. Für alle anderen Generationen besteht partialanalytisch gesehen der Anreiz, den Renteneintritt möglichst hinauszuzögern.

Abbildung 6-14: Differenz des Lebensdurchschnittsteuersatzes, Reform – Status quo

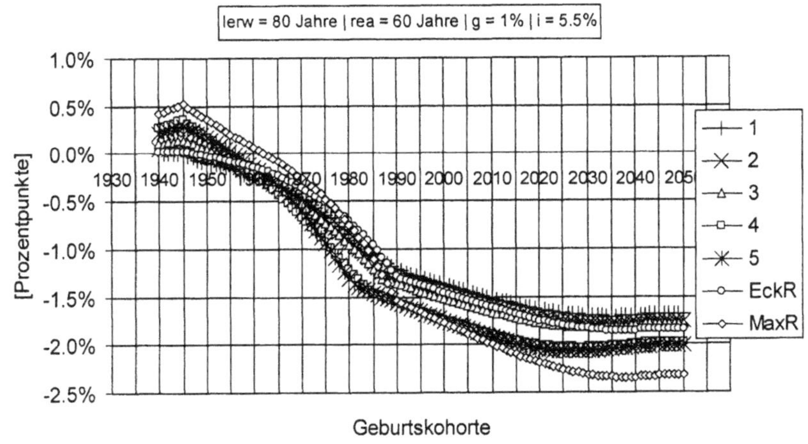

Einkommensgruppen 1:= 9 | 2:= 10,5 | 3:= 11,5 | 4:= 15 | 5:= 18 Jahre Ausbildungszeit;
EckR: Eckrentner | MaxR: Maximalrentner
lerw: Lebenserwartung | rea: Renteneintrittsalter | g: Lohnwachstum | i: Diskontsatz;
Quelle: eigene Berechnungen

Der hier vorgestellte Reformvorschlag wird mit höheren Steuerausfällen verbunden sein, als der in Abschnitt 5.2.3.3 dargestellte Kommissionsvorschlag. Gegenfinanzierungsmöglichkeiten ergeben sich im Rahmen der Rentenbesteuerung wie folgt:

- durch kontinuierliches Abschmelzen des ungerechtfertigten Versorgungsfreibetrages von Beamten,
- durch einkommensabhängige Reduktion der Sonderausgabenfreibeträge auch bei Beamten, wie dies bei Sozialversicherungspflichtigen seit dem Veranlagungszeitraum 1961 der Fall ist,[607]

605 S. BVerfGE 105, 73, S. 134.
606 Einkommensgruppe 4 und 5 sowie Maximalrentner vgl. Abbildung 6-15.
607 Vgl. StÄndG v. 13.7.1961, BGBl. I S. 981ff.

- durch Kürzung der Werbungskostenpauschale bei Beamten in der Nacherwerbsphase, in gleicher Weise, wie dies für Sozialversicherungsrentner gilt,
- durch Nachversteuerung der gewährten Sonderausgabenfreibeträge bei Beamten in gleicher Weise wie dies bei Sozialversicherungsrentnern durch die Reform der Fall ist,
- durch (sozialverträgliche) Besteuerung des Transferanteils insbesondere im Rahmen der Hinterbliebenenrente und bzw. oder
- durch Begrenzung der steuerlichen Berücksichtigung von Zwangsbeiträgen auf die Höhe der Mindestvorsorge.[608]

Abbildung 6-15: Steuerbelastung kurz vor und nach Beginn der Reform im Vergleich zum Status quo (Teilvergrößerung aus Abbildung 6-14)

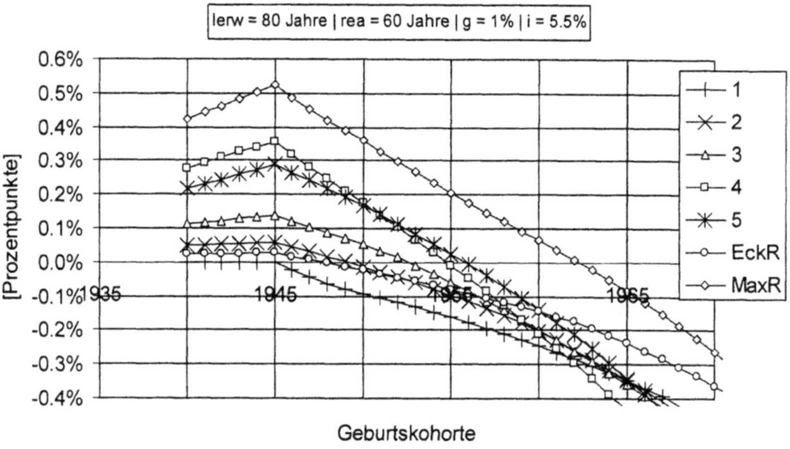

Einkommensgruppen 1:= 9 | 2:= 10,5 | 3:= 11,5 | 4:= 15 | 5:= 18 Jahre Ausbildungszeit;
EckR: Eckrentner | MaxR: Maximalrentner
lerw: Lebenserwartung | rea: Renteneintrittsalter | g: Lohnwachstum | i: Diskontsatz;
Quelle: eigene Berechnungen

6.5 Zwischenfazit

Unter realitätsnahen Annahmen kann eine Benachteiligung von Beamten durch die nachgelagerte Besteuerung ausgeschlossen werden, wenn man als Maßstab den Lebensdurchschnittsteuersatz auf Basis der Barwerte der periodischen Steuerzahlungen akzeptiert. Der Versorgungsfreibetrag ist für einen Ausgleich unterschiedlicher Steuerbelastungen nicht erforderlich. Der im Vergleich zu Sozi-

608 Dabei kommt es jedoch zu dem Problem, dass diese Teilbesteuerung in der Erwerbsphase eine entsprechende Berücksichtigung in der Nacherwerbsphase erfordert. Deshalb wird empfohlen, dass dieser lediglich als ultima ratio und Übergangslösung gesehen wird.

alversicherungsrentner höhere Werbungskostenpauschbetrag bei Pensionären kann damit ebenfalls nicht gerechtfertigt werden.[609]
Die Reform wird für Sozialversicherungspflichtige auf lange Sicht grundsätzlich zu einer Absenkung der Steuerbelastung führen. Der Reformvorschlag der Sachverständigenkommission zur Neuordnung der steuerrechtlichen Behandlung von Altersvorsorgeaufwendungen und Altersbezügen stellt für Generation der bis 1980 Geborenen einen Umweg bezüglich des Ziels einer nachgelagerten Besteuerung dar. Die Schlechterstellung von Zwischengenerationen in diesem Umfang dürfte nur schwer mit dem Gleichheitssatz (Art. 3 GG) vereinbar sein.[610]
Verwendet man den durchschnittlichen unversteuerten Beitragsanteil als Maß zur Abgrenzung von Doppelbesteuerung, so übersteigt der Ertragsanteil der Reform den unversteuerten Anteil um bis zu 18 Prozentpunkte. Die Kohorten der zwischen 1955 und 2000 Geborenen werden von einer Doppelbesteuerung erfasst.
Eine Überhöhung der Steuerbelastung, d.h. eine höhere Steuerbelastung als zu Beginn der Reform, trifft insbesondere Bezieher geringer Einkommen bis zu den Kohorten der 1980 Geborenen. Das Ausmaß der Überhöhung steigt mit dem Einkommen.[611]
Die Sensitivitätsanalyse ergibt, dass bzgl. der Doppelbesteuerung der Anreiz besteht, einen möglichst späten Renteneintrittszeitpunkt zu wählen, bzgl. der Lebenssteuerlast besteht ein entgegengesetzter Anreiz, diese durch einen möglichst frühen Renteneintrittszeitpunkt zu minimieren. Die Annahmen über die eigene Lebenserwartung sowie die Zeitpräferenzrate wird bei einem rational handelnden Wirtschaftssubjekt darüber entscheiden, welche der beiden Anreizwirkungen sein Handeln bestimmen. Diese Anreizwirkungen können z.T. nicht oder in umgekehrter Richtung beobachtet werden, wenn statt geschätzter Einkommensverläufe die synthetischen Vergleichsgruppen des Eck- und des Maximalrentners verwendet werden. Deshalb gebietet die Vorsicht, diesen Vergleichsgruppen stets solche mit realitätsnahen Einkommensverläufen gegenüber zu stellen.
Um die gegenüber des Kommissionsvorschlag vorgebrachten Kritikpunkte zu entschärfen, wird eine Modifikation der Reform vorgeschlagen. Danach werden die Arbeitnehmerbeiträge zur Sozialversicherungsrente ab 2005 zu 50% zum Abzug zugelassen. Dieser Anteil steigt um jährlich ein Prozentpunkt. In der Nacherwerbsphase wird der Ertragsanteil auf 60% angehoben und steigt für jede neue Zugangskohorte um 0,5 Prozentpunkte. Durch eine solche Reformgestaltung kann sowohl Doppelbesteuerung vermieden werden,[612] als auch die Überhöhung der Steuerbelastung für Zwischengenerationen insbesondere mit geringem Einkommen deutlich verringert werden.[613]

609 Vgl. Abschnitt 6.1.
610 Vgl. Abschnitt 6.2.
611 Vgl. Abschnitt 6.3.
612 Vgl. Abschnitt 6.4.3.1.
613 Vgl. Abschnitte 6.4.2 sowie 6.4.3.2.

Abbildung 6-16: Übersicht Kapitel 6

6.1 **Status quo versus Schon-Immer-Szenario**

1. Lebenssteuerbelastung verringert sich durch nachgelagerte (beamten-ähnliche) Besteuerung.
2. Beamte werden hinsichtlich ihrer Lebenssteuerbelastung nicht benachteiligt, der Versorgungsfreibetrag könnte sofort entfallen.

6.2 **Reform versus Schon-Immer-Szenario (Kommissionsvorschlag)**

1. Für Generationen der bis ca. 1980 Geborenen stellt Reform einen Umweg bzgl. des Reformziels dar.
2. Schlechterstellung von Zwischengenerationen mit dem Gleichheitssatz (Art. 3 GG) nur schwer vereinbar.

6.3 **Reform versus Status quo (Kommissionsvorschlag)**

1. Doppelbesteuerung für Generationen der zwischen 1955 bis 2000 Geborenen:
   Ertragsanteil d. Ref. größer unversteuerter Anteil der RV-Beiträge
2. Bis 1980 geborene Kohorten mit niedrigem Einkommen erfahren höhere Steuerbelastung als zu Beginn der Reform (Überhöhung).
3. Maximale Überhöhung steigt mit zunehmendem Einkommen.

6.4 **Alternativvorschlag**

1. AN-Beiträge ab 2005 zu 50% steuerlich abziehbar, jährlich um 1 Prozentpunkt steigend.
2. Ertragsanteil ab 2005 60%, jährlich um 0,5 Prozentpunkte steigend.

Ergebnis:

1. Doppelbesteuerung tritt nicht auf.
2. Größe und Umfang der Überhöhung fällt deutlich geringer als beim Kommissionsvorschlag aus (insbes. bei niedrigen Einkommen).

Quelle: eigene Darstellung

7 Zusammenfassung

Die intergenerative Verteilungswirkung beim Übergang zu einer nachgelagerten Besteuerung stellt den Untersuchungsgegenstand der vorliegenden Arbeit dar. Dazu wurde in Kapitel 2 zunächst der Ausgangspunkt eingehend dargelegt. Es wurde deutlich, dass der stärkeren steuerlichen Belastung von Versorgungsleistungen bei Beamten gegenüber Sozialversicherungsrentnern in der Nacherwerbsphase eine umgekehrt wirkende **Mehrbelastung von Sozialversicherten in der Erwerbsphase** voraus geht. Diese Mehrbelastung von Sozialversicherungspflichtigen in der Erwerbsphase blieb bisher stets unberücksichtigt, wenn zwischen Pensionären und Sozialversicherungsrentner ein Belastungsvergleich angestellt wurde.

Bedient man sich bei Beamten der Annahme fiktiver Beiträge, so bleiben diese in der Erwerbsphase vollständig unversteuert, die Arbeitnehmerbeiträge des gesetzlich rentenversicherten Arbeitnehmers stellen grundsätzlich steuerbares Einkommen dar, welches im Rahmen der Sonderausgabenregelung des § 10 Abs. 3 EStG von der Bemessungsgrundlage abgezogen werden kann. Aufgrund der Abhängigkeit der Höhe der Sonderausgabenfreibeträge von der Höhe des Einkommens kann nur im Einzelfall ermittelt werden, wie groß der Anteil unversteuerter Beiträge an den Gesamtbeiträgen ist. Alle Arbeitnehmerbeiträge zur Sozialversicherung, welche auf Einkommen größer als 15.651 EUR entrichtet werden, müssen vollständig besteuert werden (Einkommensteuergesetzt für den Veranlagungszeitraum 2002). Damit muss ein großer Teil der Arbeitnehmerpflichtbeiträge zu den Sozialversicherungen versteuert werden. Der durchschnittlich verdienende Angestellte musste 2002 ca. ein Drittel seiner gesamten Beiträge aus Arbeitnehmer- und Arbeitgeberanteil versteuern, weshalb er ca. 900 EUR mehr Steuern zahlen musste, als wenn er in gleicher Weise wie ein Beamter besteuert worden wäre.

Umgekehrt erfährt der Beamte in der **Nacherwerbsphase** durch die nahezu vollständige steuerliche Erfassung seiner Beamtenpension eine höhere steuerliche Belastung als ein Rentner mit nominell gleich hohen Bezügen aus der gesetzlichen Rentenversicherung. Liegen die Bezüge in Höhe der Eckrente, so muss ein Beamter 477 EUR mehr als ein Sozialversicherungsrentner zahlen.

Da der Unterschied in der Steuerbelastung in der Nacherwerbsphase durch einen relativen Freibetrag (den sog. Ertragsanteil) in Kombination mit einem progressiven Steuertarif verursacht wird, führt dies mit steigendem Einkommen zu einem schnellen auseinanderdriften der Steuerbelastung zwischen Pensionären und Rentner. Dieser Unterschied stellte den Ausgangspunkt und „Casus Belli" der juristischen Auseinandersetzung dar, welche auf den Veranlagungszeitraum 1969 zurückgeht.

Die Konstruktion der Ertragsanteilsbesteuerung ist, wenn auch für private Veräußerungsrenten korrekt, mit der umlagefinanzierten Sozialversicherungsrente nicht kompatibel. Sie geht davon aus, dass ein aus versteuertem Einkommen gebildetes Vermögen gegen Rentenzahlung über eine vorgegebene Rentenlauf-

zeit aufgelöst wird. Deshalb stellen nur die Zinserträge auf dieses sich in Auflösung befindliche Vermögen steuerbare Einkünfte dar. Der Unterschied dieser Konstruktion mit den Gegebenheiten bei der gesetzlichen Rentenversicherung sind mannigfaltig. Darüber hinaus lässt sich ein einkommensabhängiger, absoluter Freibetrag in der Erwerbsphase, wie ihn die Sonderausgabenfreibeträge darstellen, nicht auf einfache Weise mit einem relativen Freibetrag – dem Ertragsanteil – in der Nacherwerbsphase abstimmen.
Aufgrund der komplexen Ausgangslage schließt Kapitel 2 mit der Schlussfolgerung, dass ein **einfacher Vergleich** der Steuerbelastung von Beamten und gesetzlich Rentenversicherten **gehaltlos** ist. Erst wenn die **Unterschiede über den Lebensverlauf** insgesamt quantifiziert werden, lassen sich gehaltvolle Aussagen darüber treffen.
Die Besteuerung von Beiträgen zu sowie Leistungen aus Alterssicherungssystemen berührt zwei wissenschaftliche Disziplinen: die Rechtswissenschaft und die Volkswirtschaftslehre. Deshalb wird der Status quo aus der Sicht dieser beiden Disziplinen in Kapitel 3 bzw. Kapitel 4 analysiert und nach Feststellung des Reformbedarfes theoretische Vorgaben für das Reformziel abgeleitet.
Am 06.03.2002 entschied das Bundesverfassungsgericht zum dritten Mal über die ungleiche Besteuerung von Beamtenpensionen und Sozialversicherungsrenten. Das Gericht erkannte den **Status quo für unvereinbar mit dem Gleichheitssatz des Art. 3 GG**. Hauptkritikpunkt an der aktuellen Regelung lag darin, dass ein Zusammenhang zwischen der steuerlichen Belastung der Erwerbs- mit derjenigen der Nacherwerbsphase über die Konstruktion des Ertragsanteils nicht hergestellt ist. „Sollen nichtfiskalische Förderungs- und Lenkungsziele den rechtfertigenden Grund für steuerliche Vergünstigungen bilden, so ist neben einer erkennbaren Entscheidung des Gesetzgebers auch ein Mindestmaß an zweckgerechter Ausgestaltung des Vergünstigungstatbestands erforderlich."[614]
Akzeptiert man das Leistungsfähigkeitsprinzip als verfassungsrechtlichen Maßstab muss die nachgelagerte Besteuerung aus juristischer Sicht gefordert werden. Bei dieser Besteuerungsvariante mindern die Vorsorgeaufwendungen in der Erwerbsphase die steuerliche Bemessungsgrundlage, dafür werden die Rentenleistungen in der Nacherwerbsphase vollständig versteuert. Nach eingehender Prüfung in Kapitel 3 werden Rentenversicherungsbeiträge als vorwegentstandene Werbungskosten interpretiert, die Aufwendungen zur Erwerbung späterer Rentenleistungen darstellen. Als solche müssen sie unbeschränkt von der Bemessungsgrundlage abgezogen werden können. Selbst wenn die Beiträge nur nach Maßgabe des subjektiven Nettoprinzips von der Bemessungsgrundlage abgezogen werden könnten, würde dies zur nachgelagerten Besteuerung der gesetzlichen Rentenversicherung führen, da die entsprechenden Beiträge in der Erwerbsphase zwangsläufig indisponibel sind, die subjektive Leistungsfähigkeit folglich um sie gemindert ist.
Als zweiter wichtiger Aspekt wurde die Frage der Abgrenzung des Tatbestandes der **Doppelbesteuerung** in Kapitel 3 untersucht. Die Grenzen ergeben sich aus

614 BVerfGE 105, 73, S. 73 f. 2. Leitsatz.

der Eigentumsgarantie nach Art. 14 GG und aus dem Gleichheitssatz nach Art. 3 GG. Durch die erstmalige Besteuerung wird aus Einkommen sog. konsolidiertes Vermögen, welches vor einer erneuten Besteuerung durch die Eigentumsgarantie geschützt wird. Auf der Finanzierungsseite kann hier grundsätzlich zwischen den Arbeitgeber-, den Arbeitnehmerbeiträgen und dem Transferanteil unterschieden werden.

Entsprechend den Überlegungen zum konsolidierten Vermögen dürfen die versteuerten Beiträge zur gesetzlichen Rentenversicherung nicht erneut besteuert werden. Sie sind aus der Bemessungsgrundlage auszuscheiden. Umgekehrt können die unversteuerten Beiträge nachversteuert werden, wenn sie bewusst und gewollt aufgeschoben wurden. Der Arbeitgeberanteil der Rentenversicherungsbeiträge wird durch § 3 Nr. 62 EStG von der Einkommensteuer freigestellt. Da dies nach h.M. deklaratorisch erfolgt, ist die damit erworbene Rechtsposition noch nicht zu Privatvermögen erstarkt. Deshalb ist sie auch nicht von einem steuerlichen Zugriff geschützt. Beim Arbeitnehmeranteil der Versicherungsbeiträge könnte die Sonderausgabenregelung als eine Regelung der bewussten und gewollten Aufschiebung des steuerlichen Zugriffs interpretiert werden. Da diese Regelung aber in ungekürzter Weise auch bei Beamten angewandt wird, obwohl diese keine ausgewiesenen Altersvorsorgebeiträge entrichten müssen, kann eine teilweise, zeitliche Aufschiebung der Steuerbelastung nicht die Absicht des Gesetzgebers gewesen sein. Nach dieser Interpretation stellen die Arbeitnehmerbeiträge insgesamt konsolidiertes Vermögen dar und dürfen nicht erneut besteuert werden. Wäre die teilweise, einkommensabhängige Berücksichtigung der Rentenversicherungsbeiträge im Rahmen der Sonderausgabenregelung dagegen eine bewusste und gewollte Freistellung, so könnte sich eine Nachversteuerung bei den Zahlungen der Rentenleistungen auch auf die unversteuert gebliebenen Arbeitnehmerbeiträge erstrecken. Um das Maximum der Nachversteuerung abstecken zu können, wurde diese Interpretation für die späteren Quantifizierungen gewählt. Der Transferanteil muss nicht grundsätzlich von der Besteuerung verschont werden.

Das **Hauptproblem** bei der Abgrenzung des konsolidierten Vermögens im Rahmen der Rentenbesteuerung stellt die Frage nach der steuerlichen Behandlung des **Wertzuwachses** dar. Wird lediglich die Summe der nominellen Beiträge bei der Auszahlung der Leistung von der Besteuerung verschont, wird der Wertzuwachs, den die Beiträge während der Erwerbsphase erfahren, versteuert. Er wird damit als Vermögenserträge interpretiert. Diese Interpretation liegt dem Vorschlag der Sachverständigenkommission zur Neuordnung der steuerrechtlichen Behandlung von Altersvorsorgeaufwendungen und Altersbezügen zu Grunde.[615] Im ersten Rentenbesteuerungsurteil lehnte das Bundesverfassungsgericht diese Sichtweise ab. Bei der Bewertung des Umfangs der versteuerten Beiträge sei der entsprechende Zeitwert der Zahlung zu berücksichtigen.[616] Nachversteuert dürfen Rentenleistungen nur dann werden, so das Bundesverfassungsgericht in seinem dritten Rentenbesteuerungsurteil, wenn die Vermögensmehrung zu einem frühe-

615 Vgl. BMF (Hrsg.) (2003), S. 49 und 56 ff.
616 BVerfGE 54, 11, 26 ff.

ren Zeitpunkt möglich war und unterblieben ist oder wenn sie aufgeschoben wurde.[617] Da die **Rentenanwartschaft** als Vermögenswert der gesetzlichen Rentenversicherung nicht beleihbar, nicht vererblich, nicht veräußerbar, nicht übertragbar und nicht kapitalisierbar ist, **kann** sie **weder mit herkömmlicher Ersparnis noch mit marktgängigem Vermögen** (bspw. Zero-Bonds) **verglichen werden**.[618] Wertsteigerungen, welche sich aus dem Versicherungsverhältnis ergeben, können damit nicht als Vermögenserträge betrachtet werden.

Aus diesem Grund wurde die steuerliche Belastung der Wertsteigerung in der Rentenversicherungsleistung gemäß den Beitragsanteilen getrennt. Die Wertsteigerung, welche auf unversteuerte Beiträge entfällt, kann wie diese selbst nachversteuert werden, diejenige, welche auf versteuerte Beiträge zurückgeht, muss unversteuert bleiben, da sie eine **Wertsteigerung in der privaten Vermögenssphäre** darstellt. Darüber hinaus übersteigen die Kapitalbindungszeiten bei der gesetzlichen Rentenversicherung die in § 23 EStG vorgegebenen Spekulationsfristen deutlich.

In Kapitel 4 wurden die zentralen, volkswirtschaftlichen Beurteilungskriterien der Effizienz und der Gerechtigkeit, die den Kern der 18 Steuergrundsätze Neumarks darstellen, allgemein und bzgl. des Themengebietes der Rentenbesteuerung diskutiert. Grundsätzlich kann festgehalten werden, dass die **nachgelagerte Rentenbesteuerung sich sowohl in ein konsumorientiertes wie ein einkommensorientiertes Steuersystem eingliedern lässt**. Dem konsumorientierten Steuersystem liegt die gesellschaftliche Wertvorstellung zu Grunde, dass ein effizienter Markt auch eine „gerechte" Verteilung herbeiführt. Dem einkommensorientierten Steuersystem entspricht die gesellschaftliche Überzeugung von – zumindest teilweisem – Marktversagen.

Hauptkritikpunkt der klassischen wohlfahrtsökonomischen Effizienzbetrachtung stellt die Feststellung dar, dass durch eine einkommensorientierte Besteuerung die Entscheidung zwischen Konsum und Ersparnis verzerrt wird, was bei konsumorientierter Besteuerung nicht der Fall ist. Will man die Gesamtwirkung aller Verzerrungen für unterschiedliche Steuervarianten quantifizieren, erfordert dies umfangreiche Modelle die ohne eine Vielzahl an vereinfachenden Annahmen nicht handhabbar sind. Dadurch leidet die Allgemeingültigkeit der Ergebnisse solcher Modelle. Zwar lassen sich grundsätzliche Wirkungszusammenhänge aufzeigen, ein direktes Übertragen der Ergebnisse auf die Realität kann jedoch nur bedingt erfolgen. Dies wurde in Abschnitt 4.2 deutlich. Je realitätsnäher die Situation der Rentenbesteuerung in wohlfahrtsökonomischen Modellansätzen abgebildet wurde, desto schwerer wurde es, eindeutige Aussagen zu treffen. Wenn die Rentenversicherung als Versicherung und nicht als Ersparnis interpretiert wird, vereiteln bereits die komplexen Zusammenhänge und die umfangreich notwendigen Annahmen die Ermittlung allgemeingültiger Ergebnisse. Untersuchun-

---

617 BVerfGE 105, 73, S. 122 f.

618 A.A. dagegen BMF (Hrsg.) (2003), S. 106. Diese Merkmale ermöglichen es zwischen Vorsorgeaufwendungen und Ersparnis zu differenzieren.

gen welche die Summe von mehreren Verzerrungen zu quantifizieren versuchen, liefern noch keine eindeutigen Ergebnisse.[619]

Nach der **Effizienz** wurde der Aspekt der **Gerechtigkeit** von Steuern betrachtet. Ausgangspunkt der Entscheidung im Rahmen der späteren Modellanalyse ein einkommensorientiertes Steuersystem beizubehalten, stellt die Regelgerechtigkeit dar. Sie entspricht einer endogenen Gerechtigkeitsvorstellung, wonach Gerechtigkeit Konformität mit vorgegebenen Regeln bedeutet. Sollen Regeln selbst beurteilt werden, erfordert dies exogen vorgegebene Gerechtigkeitskriterien. Diese stützen sich im Bereich der Steuerwirkungslehre auf gesellschaftliche Wertvorstellungen über das Maß der für die Herstellung von Gerechtigkeit notwendigen Umverteilung. Diese Entscheidung kann nicht objektiv getroffen werden.

Die **Regelgerechtigkeit** wurde in der vorliegenden Arbeit am **Leistungsfähigkeitsprinzip** ausgerichtet. Danach sind Personen in der gleichen wirtschaftlichen Lage gleich, in unterschiedlicher wirtschaftlicher Lage unterschiedlich zu besteuern. Die wirtschaftliche Lage orientiert sich in der Volkswirtschaftslehre am Nutzen des Wirtschaftssubjektes. Als Indikator zur Messung des abstrakten Nutzenbegriffs wurde der verwirklichte Mittelerwerb, d.h. das Einkommen gewählt. Vernachlässigt man die schwer umsetzbaren Varianten der Potentialbesteuerung, so kann neben dem realisierten Einkommen auch die verwirklichte Bedürfnisbefriedigung (d.h. der Konsum) näherungsweise als Indikator des Nutzens, verwendet werden. Diese Wahl wurde abgelehnt, da eine Steuer das Ziel des Wirtschaftens treffen soll.[620] Arbeitet der Steuerpflichtige um zu leben, dann sind Einkommen und Konsum äquivalente Indikatoren zur Messung des Nutzens. Lebt er dagegen um zu arbeiten, erfasst der Konsum den Nutzen des Steuerpflichtigen nicht, welcher sich aus der Selbstverwirklichung durch die Arbeit ergibt. Wird das Einkommen als Indikator der Leistungsfähigkeit verwendet, wird folglich derjenige **Nutzen** zumindest teilweise von der Besteuerung erfasst, der sich **aus** der **Selbstverwirklichung** monetär im Einkommen niederschlägt. Verwendet man den Konsum als Leistungsfähigkeitsindikator bleibt dieser Teil des Nutzens völlig unberücksichtigt. Deshalb wurde das Einkommen als Indikator zur Erfassung der wirtschaftlichen Leistungsfähigkeit gewählt, da es den gesamten, monetär messbaren Nutzen des Wirtschaftens erfasst.

Fehr und Wiegard quantifizieren die Wohlfahrtseffekte von Steuern in einem makroökonomischen Gleichgewichtsmodell und trennen diese nach Effizienz- und Verteilungswirkung.[621] Die Ergebnisse dieser Untersuchungen zeigen, dass zwischen 60 und 80% der Wohlfahrtswirkung einer Steuer auf die Verteilungswirkung entfällt. Für mikroökonomische Aussagen zur Verteilungswirkungen sind ihre Modelluntersuchungen nicht detailliert genug. Die vorliegende Arbeit schließt

---

619 Vgl. Richter, Wolfram F. (2001), S. 1002 m.w.N.

620 So Schneider, Dieter (1979), S. 46 f, der allerdings zu einem anderen Schluss kommt.

621 Vgl. Fehr, Hans/ Wiegard, Wolfgang (1996), S. 199 ff.; Fehr, Hans (1999) sowie Fehr, Hans/ Jess, Heinrich (2001a), S. 561-580.

deshalb die Lücke bei **längsschnittorientierten Inzidenzanalysen durch ein deterministisches, mikroökonomische Gruppensimulationsmodell**.

In Kapitel 5 wurden **Maßzahlen und Vergleichsszenarien** definiert die zur Beurteilung sowohl des Status quo als auch verschiedener Reformalternativen verwendet werden können. Über den Lebensdurchschnittsteuersatz als Quotient aus der Summe der Barwerte der periodischen Einkommensteuerbeträge und der Summe der Barwerte der periodischen Jahreseinkünfte wird die Verteilungswirkung beurteilt. Da insbesondere aus juristischer Sicht die Frage der **Abgrenzung des Tatbestandes der Doppelbesteuerung** von entscheidender Wichtigkeit ist, wurde hierfür mit dem durchschnittlichen unversteuerten Beitragsanteil eine Maßzahl entwickelt, die eine präzise Abgrenzung ermöglicht.
Zur Interpretation dieser Kennzahlen war es erforderlich einen neutralen Vergleichspunkt zu definieren. Dieser als **„Schon-Immer-Szenario"** bezeichnete, künstliche **Vergleichspunkt** simuliert die Steuerbelastung, welche ein gesetzlich Rentenversicherter erfahren würde, wenn er während seines gesamten Lebens hinsichtlich der Beiträge zu sowie Leistungen aus der gesetzlichen Rentenversicherung genau so behandelt werden würde, wie dies bei einem Beamten der Fall ist. Da diese Art der Besteuerung bis auf den unsystematischen Versorgungsfreibetrag für Beamte auch dem Ziel der Reform für Angestellte entspricht, kann nicht nur die ursprüngliche Streitfrage der juristischen Auseinandersetzung beurteilt werden, sondern auch Reformvarianten hinsichtlich der Zielerreichung ihrer Übergangsszenarien beurteilt werden.
Im zweiten Teil des Kapitel 5 wurde die Konstruktion des Modells erläutert. Um auch intragenerative Verteilungswirkungen beobachten zu können wurden für fünf verschiedene Ausbildungsgruppen auf Basis der Daten des Sozio-oekonomischen Panels **Individualeinkommensverläufe vom Mincer-Typ** geschätzt. Als erklärte Variable wurde das Relativeinkommen verwendet. Es setzt das persönliche Jahreseinkommen ins Verhältnis zum durchschnittlichen Einkommen aller Sozialversicherungspflichtiger des jeweiligen Jahres. Diese Quasi-Indexierung ermöglicht es, für alle Geburtskohorten der jeweiligen Einkommensgruppe den gleichen funktionalen Einkommensverlauf zu verwenden, aus dem sich der Nominaleinkommensverlauf durch Multiplikation mit dem jeweiligen Durchschnittseinkommen ergibt. Die Lohnfortschreibung bezieht sich deshalb lediglich auf die Fortschreibung des Durchschnittseinkommens. Mit diesen Nominaleinkommensverläufen konnten dann die periodischen Einkommensteuerzahlungen im Lebensverlauf ermittelt werden. Durch die gleiche Grundfunktion des Einkommensverlaufes und die Verwendung von relativen Maßzahlen in Zusammenhang mit Barwertberechnungen könne die Ergebnisse unterschiedlicher Geburtskohorten verglichen werden.
Es wurden die Einkommensteuertarife entsprechend den gesetzlichen Regelungen für die Veranlagungszeiträume von 1955 bis 2004 verwendet. Die zukünftigen Tarifbelastungen wurden bezogen auf die Relativeinkommensposition konstant gehalten. Damit konnte sichergestellt werden, dass sich die Steuerprogres-

sion bei beliebigem Lohnwachstum neutral in die historische Belastung einfügt. Die individuellen Entgeltpunkte wurden durch Summieren der Relativeinkommenspositionen ermittelt, woraus über das jeweilige Bruttorentenniveau die Höhe der gesetzlichen Rente berechnet wurde. Das Bruttorentenniveau wurde zur Vereinfachung als konstant angenommen. Neben den Einkommensgruppen mit geschätzten Einkommensverläufen wurden sowohl der **Eck- als auch der Maximalrentner zusätzlich als Kontrollgruppen** betrachtet. Untersucht wurden die Kohorten der von 1940 bis 2050 Geborenen. Damit reicht der maximale Zeitrahmen der Einkommensteuerberechnungen von 1955 (1940 zuzüglich dem geringsten Berufseintrittsalter) bis 2150 (2050 zuzüglich der maximal angenommenen Lebenserwartung).
Die Modellberechnungen wurden mittels Sensitivitätsanalysen auf ihre Stabilität getestet. Insgesamt wurden pro Durchlauf 108 Parametervarianten für den Status quo, für das Schon-Immer-Szenario und für zwei Reformvarianten berechnet. Dabei wurden die Lebenserwartung, das Renteneintrittsalter, das Lohnwachstum und der Diskontsatz verändert.
In Kapitel 6 wurden die Ergebnisse der Modellberechnungen diskutiert. Durch die Differentialanalyse zwischen Status quo und Schon-Immer-Szenario konnten die Modellergebnisse von Meindel[622] mit einem deutlich erweiterten Modell bestätigt werden. **Danach führt die nachgelagerte (beamten-ähnliche) Besteuerung zu einer Abnahme der Lebenssteuerbelastung für gesetzlich Rentenversicherte.** Daraus kann gefolgert werden, dass **Beamte keinen Nachteil** durch die aktuelle Besteuerung erfahren, wenn man die Lebenssteuerbelastung als Vergleichsmaßstab akzeptiert. Diese Aussage gilt für realitätsnahe Parameter **selbst** dann, **wenn** Beamten **nie ein Versorgungsfreibetrag** zugestanden hätte. Dieser wurde zum Veranlagungszeitraum 1969 eingeführt, um ihre angebliche Schlechterstellung zu mildern.
Die zweite **Differentialanalyse** stellt den **Reformvorschlag der Sachverständigenkommission** zur Neuordnung der steuerlichen Behandlung von Altersvorsorgeaufwendungen und Altersbezügen dem Schon-Immer-Szenario gegenüber. Diese Gegenüberstellung verdeutlicht, dass für die Generationen der bis 1980 Geborenen dieser Reformvorschlag einen Umweg bzgl. des Ziels der nachgelagerten Besteuerung darstellt. D.h. dass die Steuerbelastung für diese Generationen bezogen auf den Zeitpunkt vor Reformbeginn ansteigt und sich damit vom Ziel entfernt. Diese Überhöhung stellt eine Ungleichbehandlung verschiedener Reformgenerationen dar und erfordert bei der Umsetzung aus Sicht des Gleichheitssatzes des Art. 3 GG einen sachlich gerechtfertigten Grund. Erst für Generationen der nach 1980 Geborenen unterschreitet die Steuerbelastung das Ausgangsniveau der ersten Reformgeneration und stellt damit einen Schritt hin zur nachgelagerten Besteuerung dar.
Die dritte Differenzialanalyse betrachtet den Unterschied der Steuerbelastung zwischen dem Reformvorschlag der Sachverständigenkommission und dem Status quo. Auch hier kann, wie bei der vorangehenden Analyse die Überhöhung

---

622 Vgl. Meindel, Alexander (2002).

beobachtet werden. Darüber hinaus ergaben die Modellergebnisse, dass für die Generationen der 1955 bis 2000 Geborenen mit Doppelbesteuerung gerechnet werden muss. Der Ertragsanteil der Reform überstieg für diese Generationen den durchschnittlichen, unversteuerten Beitragsanteil. Das Maximum der Doppelbesteuerung lag bei 18 Prozentpunkten.
Diese Kritikpunkte führten zu einem **Alternativvorschlag**, welcher keine Doppelbesteuerung zur Folge hat und bei dem die höhere Steuerbelastung durch die Reform im Vergleich zum Status quo ab Beginn der Reform abgebaut wird. Generationen der nach 1950 Geborenen sind durch diese Überhöhung im Gegensatz zum Kommissionsvorschlag nur bei überdurchschnittlich hohem Einkommen betroffen.
Dieses Ergebnis wurde dadurch erreicht, dass Arbeitnehmerbeiträge zur Rentenversicherung ab 2005 zu 50% von der Bemessungsgrundlage abgezogen werden können, mit einer jährlichen Steigerung um ein Prozentpunkt und dass der Ertragsanteil ab 2005 für alle Bestandsrentner auf 60% angehoben wird und für jeden späteren Rentenzugangsjahrgang um 0,5 Prozentpunkt angehoben wird.
Die vorangehenden Ausführungen haben gezeigt, dass eine Verteilungsanalyse des komplexen Reformvorhabens der Rentenbesteuerung für die wissenschaftliche wie politische Diskussion einen wichtigen Beitrag leisten kann. Auch wenn versucht wurde, die vorliegende Arbeit theoretisch wie empirisch breit abzustützen, mussten manche theoretischen Dilemmata ungelöst bleiben.

8 Literatur- und Quellenverzeichnis

2. HaushStrG 1981 v. 22.12.1981 (1981): Zweites Haushaltsstrukturgesetz, in: Bundesgesetzblatt, BGBl I, S. 1523.

Aaron, Henry (1966): The Social Insurance Paradox, in: Canadian Journal of Economics and Political Science, August 1966, Jg. 32, S. 371-374.

Abel, Andrew B. (1986): Capital Accumulation and Uncertain Lifetimes with Adverse Selection, in: Econometrica, vol. 54, S. 1079-1097.

Ahlheim, Michael/ Rose, Manfred (1984): Alte und neue Maße individueller Steuerlasten, in: Finanzarchiv, S. 274-349.

Ahlheim, Michael/ Rose, Manfred (1989): Messung individueller Wohlfahrt, Berlin, 336 S.

Ahrend, Peter (1984a): Aktuelle steuerliche Fragen zur betrieblichen Altersversorgung: unter bes. Berücks. d. Empfehlungen d. Komm. zur Neuregelung d. Besteuerung von Alterseinkommen, Herne, Berlin, 35 S.

Ahrend, Peter (1984b): Die Vorschläge der Kommission Alterssicherungssysteme zur Neuregelung der Besteuerung der Alterseinkünfte, in: Betriebs-Berater (BB), Heft 25, S. 1565-1570.

Albrecht, Gerhard (Hrsg.) (1952): Die Berliner Wirtschaft zwischen Ost und West; Schriften des Vereins für Sozialpolitik.

Altig, David/ Carlstrom, Charles T. (1996): Marginal Tax Rates and Income Inequality in a Life-cycle Model; Federal Reserve Bank of Cleveland, Working Paper, 42 S.

Andel, Norbert (1970): Die einkommensteuerliche Behandlung der Beiträge an und der Leistungen von Altersversicherungen, in: Haller, Heinz u.a. (Hrsg.), Theorie und Praxis des finanzpolitischen Interventionismus, Fritz Neumark zum 70. Geburtstag, Tübingen, S. 327-344.

Andel, Norbert (1997a): Die einkommensteuerliche Behandlung der Beiträge und der Rentenzahlungen in der Rentenversicherung, Frankfurter volkswirtschaftliche Diskussionsbeiträge, Joh. Wolf. Goethe-Univ., Fachb. Wirtschaftswissenschaften, 77, 14 S.

Andel, Norbert (1997b): Die Reform der Rentenbesteuerung ist schon lange überfällig!, in: Wirtschaftsdienst, Heft 1, 21-28.

Arndt, Hans-Wolfgang (2001a): Die Besteuerung der Alterssicherung - Eine Bestandsaufnahme -, in: VDR (Hrsg.) (2001a), Besteuerung von Beiträgen und Leistungen in der Altersvorsorge - Wissenschaftliches Kolloquium des VDR am 22./23.03.2001 in Würzburg, Band 29, Frankfurt a.M., S. 6-17.

Arndt, Hans-Wolfgang (2001b): Stellungnahme für den Deutschen Beamtenbund für die Verhandlung vor dem Bundesverfassungsgericht am 09.10.2001.

Atkinson, A. B. (1983): Intergenerational Earnings Mobility in Britain, in: Schmähl, Winfried (Hrsg.), Ansätze der Lebenseinkommensanalyse, S. 56-72.

Atkinson, A. B./ Stiglitz, J. E. (1976): The Design of Tax Structure: Direct versus Indirect Taxation, in: Journal of Public Economics, S. 55 ff.

Auerbach, Alan J./ Kotlikoff, Laurence J. (1987): Dynamic fiscal policy, Cambridge, 196 S.

AVmG v. 26.06.2001 (2001): Altersvermögensgesetz, in: Bundesgesetzblatt, BGBl. I, S. 1320 ff.

Bach, Stefan/ Bartholmai, Bernd (2000): Möglichkeiten zur Modellierung hoher Einkommen auf Grundlage der Einkommensteuerstatistik - DIW Diskussionspapier, Mai 2000, Deutsches Institut für Wirtschaftsforschung, Berlin, 21 S.

Bader, Franz-Josef/ Lammfuß, Franz/ Rinne Ulf (1984): Die Besteuerung der Rente, 206 S.

Baltagi, Badi H. (1995): Econometric Analysis of Panel Data, Chichester, 257 S.

Bareis, Peter (1999): Leistungsfähigkeit, Existenzminimum, Progression und Staatshaushalt - Diskussion des Beitrags von Michael Wosnitza und Corinna Treisch, in: Der Betriebswirt (DBW), S. 555-558.

Bareis, Peter (2002): Zur Kritik am "Karlsruher Entwurf zur Reform des EStG", in: Steuer und Wirtschaft (StuW), S. 135-147.

Barro, Robert J./ Friedman, James W. (1977): On Uncertain Lifetimes, in: Journal of Political Economy, vol 85, S. 843-849.

Barry, B. M. (1995): Ist soziale Gerechtigkeit eine Illusion?, in: Prokla, Heft 99, 25. Jg. Nr. 2, S. 235-243.

Bartmann, Hermann (1981): Verteilungstheorie, 394 S.

Becker, G. S. (1975): Human Capital. A Theoretical and Empirical Analysis with Special References to Education, 2nd Ed., Chicago, London.

Becker, Henning (1990): Finanzwissenschaftliche Steuerlehre: Steuerwirkung, Steuerfinanzierung, Steuerfinanzierung, Steuerpolitik, München.

Becker, Irenen/ Hauser, Richard (1994): Die Entwicklung der Einkommensverteilung in der Bundesrepublik Deutschland in den siebziger und achtziger Jahren, Arbeitspapier Nr. 3, Univ. Frankfurt a.M., August 1994, 22 S.

Beckmann, Klaus B. (2000): A Note on the Tax Rate Implicit in Contributions to Pay-as-you-go Public Pension Systems, in: Finanzarchiv, Bd. 57, S. 63-76.

Beiser, Reinhold (2002): Die Gleicheit in der Pensionsbesteuerung, in: Der Betrieb (DB), S. 703-707.

Bernhard, Winfried (2001): Harmonisierung der steuerlichen Erfassung von Zinserträgen in Europa, in: Der Betrieb (DB), S. 664-667.

Bernheim, B. Douglas (1996): Rethinking Saving Incentives, Working Paper, Stanford University, Department of Economics in its series, swp96-009, http://www-econ.stanford.edu/faculty/workp/, 65 S.

Bernheim, B. Douglas (1999): Taxation and Saving, NBER Working Paper Series (National Bureau of Economic Research), 7061, 107 S.

Bertuleit, Achim/ Binne Wolfgang (1996a): Handlungsbedarf wegen verfassungswidriger Ungleichbehandlung von Pensionären gegenüber Rentnern bei der Besteuerung - Nettorenten und Nettopensionen im Vergleich, in: Deutsche Rentenversicherung (DRV), Heft 7, S. 416-452.

Bertuleit, Achim/ Binne, Wolfgang (1996b): Zunehmende Diskrepanz zwischen Renten- und Pensionsbesteuerung? - Nicht nur eine Erwiderung auf G. Schröder, DStZ 1995, S 231 ff., in: Deutsche Steuerzeitung (DStZ), S. 537-550.

BFH, Bundesfinanzhof (1952): BFH-Urteil vom 18.09.1952, in: Bundessteuerblatt, BStB. III, 290 ff.

BFH, Bundesfinanzhof (1992): BFH-Beschluß vom 15.07.1991, in: Bundessteuerblatt, BStBl II, S. 78.

BFH, Bundesfinanzhof (1995): Mehrbedarfsrente, in: Bundessteuerblatt, BStBl II, S. 121-127.

Biergans, Enno (1993): Renten und Raten in der Einkommensteuer, München; Wien; Oldenburg, 383 S.

Birk, Dieter (1983): Das Leistungsfähigkeitsprinzip als Maßstab der Steuernormen: ein Beitrag zu der Grundfrage des Verhältnisses Steuerrecht und Verfassungsrecht, Habil-Schr. Univ. München, Köln, München, 308 S.

Birk, Dieter (1986a): Steuergerechtigkeit und Rentenbesteuerung - Überlegungen zu verfassungsrechtlichen Grundfragen der Neuordnung der Rentenbesteuerung, in:

Deutsche Rentenversicherung (DRV), Heft 3-4, S. 129-142.
Birk, Dieter (1986b): Notwendigkeit und Grenzen einer Neuregelung der Besteuerung von Renten aus verfassungsrechtlicher Sicht: Gutachten erstattet im Auftrag des Verbandes Deutscher Rentenversicherungsträger, Münster, 45 S.
Birk, Dieter (1987): Altersvorsorge und Alterseinkünfte im Einkommensteuerrecht: verfassungsrechtliche Vorgaben, gesetzliche Regelungen, Neuordnungsmodelle; Serie: Rechtsordnung und Steuerwesen Bd. 8, Köln, 119 S.
Birk, Dieter (1990): Rentenversicherung und Steuerrecht, in: Ruland, Franz (Hrsg.), Handbuch der gesetzlichen Rentenversicherung (HDR), Neuwied, 347-356.
Birk, Dieter (1991): Die Reform der Besteuerung der Alterseinkünfte, Steuerberaterkongress-Report 1990, München, S. 39-52.
Birk, Dieter (1999): Nachgelagerte Besteuerung in der betrieblichen Altersversorgung - Eine verfassungskonforme Alternative für den Gesetzgeber ?, in: Steuer und Wirtschaft (StuW), Heft 4, S. 321-327.
Birk, Dieter/ Wernsmann, Rainer (1998): Die Besteuerung der Alterssicherung in ihren verschiedenen Formen, in: Cramer, Jörg-E.; Förster, Wolfgang; Ruland, Franz (Hrsg.), Handbuch zur Altersversorgung - Gesetzliche, betriebliche und private Vorsorge in Deutschland, S. 833-853.
Birk, Dieter/ Wernsmann, Rainer (1999): Die Besteuerung der betrieblichen Altersversorgung - Reformbedarf und Gestaltungsmöglichkeiten des Gesetzgebers, in: Der Betrieb (DB), 29.01.1999, S. 165-172.
Bizer, Kilian u.a. (2002): Steuern - einfach gemacht; Darmstädter Entwurf für eine pragmatische Politik der Steuervereinfachung, Juni 2002, Darmstadt, 25 S.
Bizer, Kilian/ Lyding, Jürgen (2002): Für eine pragmatische Politik der Steuervereinfachung - ein Darmstädter Entwurf, in: Wirtschaftsdienst, S. 471-477.
Blankart, Charles Beat (1998): Öffentliche Finanzen in der Demokratie, 3. Aufl., München.
Bleymüller, Josef/ Gehlert, Günther/ Gülicher, Herbert (1998): Statistik für Wirtschaftswissenschaftler, 11. Aufl., 245 S.
Blümlich, Walter (1977): Einkommensteuergesetz: Kommentar, begr. von Blümlich, W. fortgef. von Falk, L., 11. Aufl., Losebl. Slg., München.
BMA, Bundesministerium für Arbeit und Sozialordnung (Hrsg.) (1981): Gutachten des Sozialbeirats über langfristige Probleme der Alterssicherung in der Bundesrepublik Deutschland; Gutachten der Wissenschaftlergruppe des Sozialbeirats zu längerfristigen Entwicklungsperspektiven der Rentenversicherung, in: BMA (Hrsg.), Langfristige Probleme der Alterssicherung in der Bundesrepublik Deutschland - Sozialbeirat des Bundesministeriums für Arbeit und Sozialordnung, 1981, Band 1, Bonn.
BMA, Bundesministerium für Arbeit und Sozialordnung (Hrsg.) (1983a): Vergleich der Alterssicherungssysteme und Empfehlungen der Kommission, Gutachten der Sachverständigenkommission Alterssicherungssysteme, Berichtsband 1, Bonn.
BMA, Bundesministerium für Arbeit und Sozialordnung (Hrsg.) (1983b): Darstellung der Alterssicherungssysteme und der Besteuerung von Alterseinkommen, Gutachten der Sachverständigenkommission Alterssicherungssysteme, Berichtsband 2, Bonn, 538 S.
BMA, Bundesministerium für Arbeit und Sozialordnung (Hrsg.) (1983c): Unterlagen zum empirischen und rechtlichen Vergleich der Alterssicherungssysteme, Gutachten der Sachverständigenkommission Alterssicherungssysteme, Anlageband A, Bonn.
BMA, Bundesministerium für Arbeit und Sozialordnung (Hrsg.) (1983d): Möglichkeiten und Grenzen einer Annäherung der Beamtenversorgung an die

gesetzliche Rentenversicherung, Gutachten der Sachverständigenkommission Alterssicherungssysteme, Anlageband B, Bonn.

BMA, Bundesministerium für Arbeit und Sozialordnung (Hrsg.) (1983e): Empfehlungen der Kommission - Auszug aus dem Gutachten, Gutachten der Sachverständigenkommission Alterssicherungssysteme, Bonn.

BMA, Bundesministerium für Arbeit und Sozialordnung (Hrsg.) (1988): Erhebung und Analyse der Alterseinkommen in der Bundesrepublik Deutschland, Workshop 9./10.04.1986 zu ausgewählten Methodenfragen u. zur Aussagekraft unterschiedl. Datenquellen, Infratest Sozialforschung, Bonn, Referat für Öffentlichkeitsarbeit, 430 S.

BMA, Bundesministerium für Arbeit und Sozialordnung (Hrsg.) (1992): Alterssicherung in Deutschland (ASID 1986); Zusammenfassender Bericht, Bonn, S. 265.

BMA, Bundesministerium für Arbeit und Sozialordnung (Hrsg.) (1997a): Eckpunkte für die Rentenreform '99: Vorschläge der Kommission "Fortentwicklung der Rentenversicherung", 55 S.

BMA, Bundesministerium für Arbeit und Sozialordnung (Hrsg.) (1997b): Alterssicherung in Deutschland (ASID 1995), Schnellbericht, Bonn.

BMA, Bundesministerium für Arbeit und Sozialordnung (Hrsg.) (1997c): Alterssicherungsbericht, Bonn, 163 S.

BMA, Bundesministerium für Arbeit und Sozialordnung (Hrsg.) (1997f): Alterssicherung in Deutschland (ASID 1995), Methodenbericht, Forschungsbericht Bd. 264-M, Bonn.

BMA, Bundesministerium für Arbeit und Sozialordnung (Hrsg.) (1998): Bericht der Bundesregierung über die gesetzliche Rentenversicherung, insbesondere über die Entwicklung der Einnahmen und Ausgaben, der Schwankungsreserve sowie des jeweils erforderlichen Beitragssatzes in den künftigen 15 Kalenderjahren gemäß § 154 SGB VI, Rentenversicherungsbericht 1998, 17.07.1998, Bonn, 251 S.

BMA, Bundesministerium für Arbeit und Sozialordnung (Hrsg.) (1999): Informationen zur geplanten Rentenstrukturreform, September 1999, Bonn, 21 S.

BMA, Bundesministerium für Arbeit und Sozialordnung (Hrsg.) (2001a): Alterssicherung in Deutschland (ASID 1999); Zusammenfassung wichtiger Untersuchungsergebnisse, Juli 2001, 106 S.

BMA, Bundesministerium für Arbeit und Sozialordnung (Hrsg.) (2001b): Alterssicherung in Deutschland (ASID 1999); Tabellenband, Juli 2001.

BMF, Bundesministerium der Finanzen (Hrsg.) (1967): Gutachten zur Reform der direkten Steuern in der Bundesrepublik Deutschland des Wissenschafltichen Beirats beim Bundesminiserium der Finanzen, Schriftenreihe des BMF, Heft 9, Bonn.

BMF, Bundesministerium der Finanzen (Hrsg.) (1971): Gutachten der Steuerreformkommission, Schriftenreihe des BMF, Heft 17, Bonn.

BMF, Bundesministerium der Finanzen (Hrsg.) (1974): Der Wissenschaftliche Beirat beim Bundesministerium der Finanzen: Entschließungen, Stellungnahmen und Gutachten; 1949-1973, 581 S.

BMF, Bundesministerium der Finanzen (Hrsg.) (1986): Gutachten zur einkommensteuerlichen Behandlung von Alterseinkünften, erstattet vom Wissenschaftlichen Beirat beim Bundesministerium der Finanzen, Schriftenreihe des BMF, Heft 38, Bonn.

BMF, Bundesministerium der Finanzen (Hrsg.) (1995): Thesen der Einkommensteuer-Kommission zur Steuerfreistellung des Existenzminimum ab 1996 und zur Reform der Einkommensteuer, Schriftenreihe des BMF, Heft 55.

Bonn.
BMF, Bundesministerium der Finanzen (Hrsg.) (1997): Reform der Einkommensbesteuerung - Vorschläge der Steuerreform-Kommission vom 22. Januar 1997 - "Petersberger Steuervorschläge", Schriftenreihe des BMF, Heft 61, Bonn.
BMF, Bundesministerium der Finanzen (Hrsg.) (1998): Bericht des Arbeitskreises "Betriebliche Pensionsfonds" im Auftrag des "Forums Finanzplatz beim Bundesministerium der Finanzen", Schriftenreihe des BMF, Heft 64, Bonn, S. 74.
BMF, Bundesministerium der Finanzen (Hrsg.) (2003): Abschlussbericht - Sachverständigenkommission zur Neuordnung der steuerrechtlichen Behandlung von Altersvorsorgeaufwendungen und Altersbezügen, 11.03.2003, Berlin, 136 S.
Bock, Klaus-Dieter (2000): Altersruhegelder im Niveauvergleich - eine methodenkritische Durchsicht der "empirischen" Argumente für und wider eine Rentenbesteuerung -, in: Deutsche Rentenversicherung (DRV), Heft 12, S. 758-785.
Bock, Klaus-Dieter (2001): Die Urteile des BVerfG von 1980 und 1992 zur Rentenbesteuerung im Argumentationshaushalt der Experten, in: Sozialer Fortschritt, Jg. 50, Heft 1, S. 12-20.
Boll, Stephan (1994): Intergenerationale Umverteilungswirkung der Fiskalpolitik in der Bundesrepublik Deutschland: ein Ansatz mit Hilfe des generational accounting; Diss. Univ. Kiel, 241 S.
Bomsdorf, Eckart (2002): Ansätze zur zukünftigen Besteuerung der Renten aus der gesetzlichen Rentenversicherung, in: ifo-Schnelldienst, S. 15-21.
Bomsdorf, Eckart (2000): Eine generationengerechte, rentenstabilisierende und steuerfeste Rentenformel, in: Wirtschaftsdienst, 80. Jg. H.11, Baden-Baden, S. 657-661.
Bomsdorf, Eckart (2001): Nach der Rentenreform ist vor der Rentenreform - auch die jüngsten Maßnahmen lösen die Probleme der GRV nicht dauerhaft, in: Zeitschrift für Wirtschaftspolitik, Stuttgart, S. 142-158.
Bond, Stephen (2002): Dynamic Panel Data Models: A Guide to Micro Data Methods and Practice, Inst. for Fiscal Studies, Dep. Of Economics, cemmap working paper CWP09/02, 34 S.
Bork, Christhart (1997): Ein einfaches mikroökonomisches Gruppensimulationsmodell zur Einkommensbesteuerung, Finanzwissenschaftliche Diskussionsbeiträge, Universität Potsdam, Nr. 13, Potsdam, 27 S.
Bork, Christhart (2000): Steuern, Transfers und private Haushalte : eine mikroanalytische Simulationsstudie der Aufkommens- und Verteilungswirkungen; Diss. Univ. Potsdam, 2000, Frankfurt a.M. u.a., 261 S.
Bork, Christhart/ Müller, Klaus (1997): Reformvorschläge zur Rentenbesteuerung und ihre Verteilungswirkungen, in: Wirtschaftsdienst, Heft 5, S. 268-275.
Bork, Christhart/ Müller, Klaus/ Weikard, Hans-Peter (1997): Aufkommens- und Verteilungswirkung einer Reform der Rentenbesteuerung, Finanzwissenschaftliche Diskussionsbeiträge, Universität Potsdam, Nr. 12, Potsdam, 34 S.
Born, Jürgen (1989): Langfristige intertemporale und interpersonelle Umverteilungswirkungen der Gesetzlichen Rentenversicherung; Diss. TH Darmstadt, 412 S.
Börsch-Supan, Axel (2000): Rentabilitätsvergleich im Umlage- und Kapitaldeckungsverfahren: Konzepte; empirische Ergebnisse, sozialpolitische Konsequenzen, in: Beiträge zur angewandten Wirtschaftsforschung, No. 585-00, Mannheim, 30 S.

Börsch-Supan, Axel (2001a): Ohne Kinder funktioniert es nicht - Eine Entlastung der Familien bei den Sozialbeiträgen ist ökonomisch geboten, in: Handelsblatt, 10.04.2001, S. 9.

Börsch-Supan, Axel (2001b): Nach der Reform ist vor der Reform: Weitere Schritte für eine nachhaltige Reform der Altersvorsorge in Deutschland, in: Zeitschrift für Wirtschaftspolitik, Stuttgart, S. 159-168.

Börsch-Supan, Axel u.a. (1999a): Gesetzliche Alterssicherung - Reformerfahrungen im Ausland : ein systematischer Vergleich aus sechs Ländern / Deutsches Institut für Altersvorsorge GmbH. [Autoren: Axel Börsch-Supan..], Köln, 205 S.

Börsch-Supan, Axel u.a. (1999b): Ersparnisbildung in Deutschland: Meßkonzepte und Ergebnisse auf Basis der EVS; SFB 504 Univ. Mannheim, 62 S.

Börsch-Supan, Axel/ Heiß, Florian/ Winter, Joachim (2000): Pension reform, capital markets, and the rate of return, in: Beiträge zur angewandten Wirtschaftsforschung, No. 589-00, Mannheim, 38 S.

Börsch-Supan, Axel/ Lührmann, Melanie (2000): Prinzipien der Renten- und Pensionsbesteuerung, 25 S.

Bösch, Martin (1987): Umverteilung, Effizienz und demographische Abhängigkeit von Rentenversicherungssystemen - Eine modelltheoretische Betrachtung mit ergänzenden Modellrechnungen, München, 209 S.

Boss, Alfred/ Ente, Werner (1988): Die Einkommensteuertarife 1965, 1986 und 1990: Wo liegen die Unterschiede!, in: Finanzarchiv, Bd. 46, S. 85-97.

Bossert, Albrecht/ Merk, Hans-Joachim (1981): Die Systeme sozialer Sicherung in den OECD-Ländern - ein Vergleich ihrer Gestaltungsprinzipien, in: Vierteljahresschrift für Sozialrecht, Bd. 9, S. 149-164.

Brall, Natalie/ Bruno-Latocha, Gesa/ Lohmann, Albert (2002): Steuerliche Behandlung von Beiträgen zur und Leistungen der gesetzlichen Rentenversicherung - Konsequenzen aus dem Urteil des BVerfG, in: Deutsche Rentenversicherung (DRV), Heft 7/8, S. 420-437.

Brandt, W. (1991): Steuerrechtliche Erfordernisse im Rahmen der Harmonisierung gesetzlicher Alterssicherungssysteme; Diss. Techn. Hochsch. Darmstadt.

Bräuninger, Dieter/ Wolgast, Michael (1999): Besteuerung der Altersvorsorge: Dringender Reformbedarf, in: Aktuelle Themen; Deutsche Bank Research, Nr. 140, 8.12.1999, 14 S.

Bräuninger, Michael (1998): Rentenversicherung bei unsicherer Lebenszeit, in: Jahrbücher f. Nationalökonomie u. Statistik, Bd. 217, Stuttgart, S. 701-717.

Brennan, G./ Buchanan, J.M. (1980): Besteuerung und Staatsgewalt: analytische Grundlagen einer Finanzverfassung (The Power to Tax, dt.), übers. von Cay Folkers, Hamburg (1988), Cambridge.

Breyer, Friedrich (1990): Ökonomische Theorie der Alterssicherung.

Breyer, Friedrich (2001): Hinterbliebenensicherung und Ehegattensplitting in der Sozialversicherung, in: Zeitschrift für Wirtschaftspolitik, Stuttgart, S. 169-178.

Brinkmann, Gerhard (1997): Analytische Wissenschaftstheorie, 3. Auflage, München, 310 S.

Brown, J. R. u.a. (1999): Taxing retirement income: Nonqualified annuities and distributions from qualified accounts, NBER Working Paper Series (National Bureau of Economic Research), 7268, http://www.nber.org/papers/w7268, 47 S.

Brumbaugh, David L. (1997): The Taxpayer Relief Act of 1997: An Overview, CRS Report for Congress, 17.10.1997, S. 5-6.

Brümmerhoff, Dieter (1977): Zur Beeinflussung der Verteilung der Jahres- und der Lebenseinkommen durch die Finanzpolitik, Tübingen, 127 S.

Brümmerhoff, Dieter (1979): Die Einkommensbesteuerung der

Sozialversicherungsrenten, in: Steuer und Wirtschaft (StuW), S. 219-227.
Brümmerhoff, Dieter (1987): Scheil, Xenia B.: Besteuerung von Alterseinkünften, in: Finanzarchiv, Bd. 45 Heft 1, S. 170-171.
Brümmerhoff, Dieter (1996): Finanzwissenschaft, 7. völlig überarb. Aufl., München.
BT-Drucks. (4/3189): Zweiter Schriftlicher Bericht des Finanzausschusses, Bundestag-Drucksache, 1965, S. 1, 4, 8.
BT-Drucks. (6/581): Rentenanpassungsbericht der Bundesregierung, Bundestag-Drucksache, 1970, S. 21-23.
BT-Drucks. (7/5569): Vergleich des beamtenrechtlichen Versorgungssystems mit den Versorgungssystemen für Arbeitnehmer im öffentlichen Dienst und in der privaten Wirtschaft, Gutachten der "Treuarbeit", Bundestag-Drucksache, 06.07.1976, 156 S.
BT-Drucks. (12/4401): Gesetzentwurf der Fraktion der CDU/CSU und F.D.P., Bundestag-Drucksache, 04.03.1993, Bonn, S. 99-100.
BT-Drucks. (13/381): Bericht über die Höhe des Existenzminimums von Kindern und Familien vom Jahr 1996, Bundestag-Drucksache, 02.02.1995.
BT-Drucks. (13/841): Antwort des Parlamentarischen Staatssekretärs Dr. Kurt Falthauser auf die Frage des Abgeordneten Jörg-Otto Spiller (SPD), Bundestag-Drucksache, 1995, Bonn, S. 20-21.
BT-Drucks. (13/1558): Erste Beschlußempfehlung und erster Bericht des Finanzausschusses - Entw. JStG 1996, Bundestag-Drucksache, 31.05.1995, S. 6.
BT-Drucks. (13/2645): Antwort des Parlamentarischen Staatssekretärs Dr. Kurt Faltlhauser vom 9. Oktober 1995; Fragender: Abgeordneter Eckart Kuhlwein (SPD), Bundestag-Drucksache, 13.10.1995.
BT-Drucks. (13/5685): Antwort der Bundesregierung auf die kleine Anfrage der SPD-Fraktion, Drucksache 13/4957, Bundestag-Drucksache, 02.10.1996, S. 1-10.
BT-Drucks. (13/8300): Unterrichtung durch die Bundesregierung - Bericht der Bundesregierung über die gesetzliche Rentenversicherung, Gutachten des Sozialbeirats, Bundestag-Drucksache, 24.07.1997, S. 224-226.
BT-Drucks. (13/9561): Zweiter Bericht über die Höhe des Existenzminimums von Kindern und Familien, Bundestag-Drucksache.
BT-Drucks. (14/1926): Dritter Bericht über die Höhe des Existenminimums von Kindern und Familien für das Jahr 2001, Bundestag-Drucksache, 04.01.2000.
BT-Drucks. (14/5130): Dritter Bericht zur Lage der älteren Generation, Bundestag-Drucksache, Berlin, S. 209 f.
BT-Drucks. (14/7640): Alterssicherungsbericht 2001, Bundestag-Drucksache, 23.11.2001, 240 S.
BT-Drucks. (15/2150): Entwurf eines Gesetzes zur Neuordnung der einkommensteuerrechtlichen Behandlung von Altersvorsorgeaufwendungen und Altersbezügen (Alterseinkünftegesetz – AltEinkG), Bundestag-Drucksache, 09.12.2003, 56 S.
Burbank, Carsten (1991): Die Besteuerung von Alterseinkünften aus verfassungsrechtlicher Sicht; Diss. Univ. Münster.
Burkhauser, Richard V./ Smeeding, Timothy M. (2001): The Role of Micro-level Panel Data in Policy Research, in: Schmollers Jahrbuch, 121. Jg. H. 4, Berlin, S. 469-500.
Büser, Wolfgang (2000): Fiskus belastet Altersbezüge auch heute schon, in: Süddeutsche Zeitung (SZ), 13.05.2000, S. 26.
BVerfG, Bundesverfassungsgericht (1980a): Entscheidung vom 07.10.1980, Bundesverfassungsgericht, 1981, **BVerfGE 55, 72, S. 72 ff.**
BVerfG, Bundesverfassungsgericht (1980b): Beschluß vom 28.02.1980,

Bundesverfassungsgericht, **BVerfGE 53, 257, S. 257 ff.**
BVerfG, Bundesverfassungsgericht (1980c): Beschluß des 1. Senats vom 26. März 1980 zur unterschiedlichen Besteuerung der Beamtenpensionen (§19 EStG) und der Renten aus der gesetzlichen Rentenversicherung sowie der Zusatzversorgung (§22 Nr. 1 Buchst. a EStG), Bundesverfassungsgericht, Nr. 18, **BVerfGE 54, 11, S. 11 ff.** = BStBl. II 1980, 545, S. 545 ff.
BVerfG, Bundesverfassungsgericht (1985): Urteil vom 16. Juli 1985, Bundesverfassungsgericht, 69, **BVerfGE 69, 272, S. 272 ff.**
BVerfG, Bundesverfassungsgericht (1987): Bundesverfassungsgericht, **BVerfGE 75, 78, S. 78 ff.**
BVerfG, Bundesverfassungsgericht (1992): Beschluß des Ersten Senats vom 24. Juni 1992, Bundesverfassungsgericht, Nr. 15, **BVerfGE 86, 369, S. 369 ff.** = BStBl II 1992, 774, S. 774 ff.
BVerfG, Bundesverfassungsgericht (1995): Beschluß vom 22.06.1995, Bundesverfassungsgericht, **BVerfGE 93, 121, S. 121 ff.**
BVerfG, Bundesverfassungsgericht (2002a): Urteilsverkündung im Verfahren "Rentenbesteuerung", Pressemitteilung des Bundesverfassungsgerichtes, Nr. 14/2002, Karlsruhe.
BVerfG, Bundesverfassungsgericht (2002b): Urteil in dem Verfahren über den Aussetzungs- und Vorlagebeschluß des Finanzgerichts Münster vom 18.10.1999 - 4 K 7821/97 E - zur verfassungsrechtlichen Prüfung des § 19 Absatz 1 Nr. 2 und Absatz 2 Satz 1 des Einkommensteuergesetzes, Bundesverfassungsgericht, BVerfG, 2 BvL 17/99 vom 06.03.2002, BVerfGE 105, 73, S. 73 ff.
Cansier, Dieter/ Kath, Dietmar (Hrsg.) (1985): Öffentliche Finanzen, Kredit und Kapital, Festschrift für Werner Ehrlicher, Berlin.
Carroll, Christopher D. (1990): Buffer-Stock Saving and the Life Cycle/Permanent Income Hypothesis, Forthcoming in the Quarterly Journal of Economics, 13. August 1996, 64 S.
Cramer, Jörg-E./ Förster, Wolfgang/ Ruland, Franz (Hrsg.) (1998): Handbuch zur Altersversorgung - Gesetzliche, betriebliche und private Vorsorge in Deutschland.
Creutzburg, D./ Keuchel, J./ Thelen, P. (2001): Vor der Wahl bahnt sich neuer Rentenstreit an, in: Handelsblatt, 23.08.2001, S. 4.
Davies, James B. (1981): Uncertain Lifetime, Consumption and Dissaving in Retirement, in: Journal of Political Economy, vol. 89, Chicago, S. 561-577.
Dieckmann, E. (1984): Die steuerliche Förderung der Vorsorgeaufwendungen, in: Versicherungswirtschaft, 39. JG. Heft 12, S. 752-758.
Dietz, Richard (2001): Sonderausgabenabzug der Vorsorgeaufwendungen erneut auf dem Prüfstand - Erörterung des BFH-Beschlusses vom 20. Dezember 2000 - XI R 41/99 -, in: Stbg 2001, Nr. 5, S. 219-224.
Dilnot, Andrew (1992): Taxation and private pensions: costs and consequences, in: OECD (1992), Private Pensions and Public Policy, OECD Social Policy Studies No. 9, S. 63-76.
Djanani, Christiana/ Brähler, Gernot/ Lösel, Christian (2002): Deferred Taxation für Jedermann?, in: Betriebs-Berater (BB), S. 965-969.
Dorenkamp, Christian (2000): Unternehmensteuerreform und partiell nachgelagerte Besteuerung von Einkommen, in: Steuer und Wirtschaft (StuW), S. 121-132.
Dorenkamp, Christian (2001b): Stellungnahme zu den Anmerkungen von Leonhard Knoll, in: Steuer und Wirtschaft (StuW), S. 365.
Dörfel, Hans-Jürgen (1970): Möglichkeiten zur Schätzung von Lebenseinkommensverläufen aus Querschnittsanalysen; Diss. TH Darmstadt, 217 S.

Döring, Diether (1994): Gerechtigkeit im Wohlfahrtsstaat, Marburg, 166 S.
Drescher, Jochen (2001): Kürzung des Vorwegabzugs bei Arbeitnehmern rechtswidrig? - Folgerungen aus der Rechtssprechung des BSG, in: Deutsches Steuerrecht (DStR), S. 1693-1694.
Drescher, Jochen (2002): Doppelte Diskriminierung von pflichtversicherten Arbeitnehmern bei der Geltendmachung von Vorsorgeaufwendungen, in: StB, S. 2-4.
Dworschak, Franz (1986): Struktur von Arbeitseinkommen: Methodische u. inhaltl. Probleme v. Regressionsanalysen mit Querschnittsdaten für Mikrosimulationsmodelle, 408 S.
Dziadkowski, Dieter (2001): Karlsruher Grundfreibetrag - ein Rechenfehler?, in: Betriebs-Berater (BB), S. 1765-1768.
Ebling, Iris (Hrsg.) (2001): Besteuerung von Einkommen, hrsg. im Auftrag der Deutschen Steuerjuristischen Gesellschaft e.V., Köln.
Ehrlich, Peter (2002): Kommentar: Kein Privileg für Pensionäre, in: Financial Times Deutschland, 06.03.2002, http://www.ftd.de.
Eichborn, Wolfgang von (2000): Zur (steuerlichen) Berücksichtigung von Vorsorgeaufwendungen am Beispiel Selbständiger, in: Der Betrieb (DB), Heft 19, 944, 945.
Eitenmüller, Stefan (2001): Reformoptionen für die gesetzliche Rentenversicherung, Düsseldorf, 139 S.
Elschen, Rainer (Hrsg.) (1995): Unternehmenstheorie und Besteuerung, Wiesbaden.
Elschen, Rainer/ Hüchtebrock, Michael (1983): Steuerneutralität in Finanzwissenschaft und Betriebswirtschaftslehre - Diskrepanzen und Konsequenzen, in: Finanzarchiv, S. 253-280.
Engel, Berndhard (1988): Die Transferumfrage des Sonderforschungsbereichs 3, Erhebung und Analyse der Alterseinkommen in der Bundesrepublik Deutschland, Workshop 9./10.04.1986 zu ausgewählten Methodenfragen u. zur Aussagekraft unterschiedl. Datenquellen, Infratest Sozialforschung, S. 237-273.
Entw. 3. StRefG (1974): Begründung zur großen Steuerreform 1975, Bundestag-Drucksache, 7/1470, 09.01.1974, S. 219.
Entw. EStÄndG (1965): Entwurf eines Gesetzes zur Änderung des Einkommensteuergesetzes, Bundestag-Drucksache, 4/2342, 1965, Bonn, 2 S.
Entw. JStG (1995): Gesetzentwurf der Fraktionen der CDU/CSU und F.D.P., Entwurf eines Jahressteuergesetzes (JStG) 1996, Bundestag-Drucksache, 13/901; 27. 03. 1995.
Entw. StNOG (1954): Entwurf eines Gesetzes zur Neuordnung von Steuern, Bundestag-Drucksache, 2/481; 29.04.1954, Bonn, 104 S.
Erlenbach, Erich (2000): Zusätzlich zwischen drei und sechs Prozent des Bruttoeinkommens, in: Frankfurter Allgemeine Zeitung (FAZ), 15.06.2000, S. 18.
Essen, Ulrich van (1992): Simulation der Besteuerung von Alterseinkommen - Informationsbedarf und Datenquellen für die Schätzung der finanziellen Auswirkungen von Steuerrechtsänderungen im Bundesministerium der Finanzen, in: Alterssicherung in Deutschland (ASID 1986), S. 149-170.
Essen, Ulrich van (1994): Alterssicherung und direkte Besteuerung - Europäische Hochschulschriften : Reihe 5, Volks- u. Betriebswirtschaft ; Bd. 1556; Diss. Univ. Frankfurt a.M. 1993, Frankfurt a.M, 419 S.
Essen, Ulrich van/ Kaiser, Helmut/ Spahn, P. Bernd (1988a): Verteilungswirkungen der Einkommensteuerreform: 1986-1990, eine Simulationsstudie für die Bundesrepublik Deutschland auf der Basis des sozio-ökonomischen Panels, SFB 3 Univ. Frankfurt a.M. u. Mannheim, Arbeitspapier Nr. 262, Frankfurt a.M., 31 S.

Essen, Ulrich van/ Kaiser, Helmut/ Spahn, P. Bernd (1988b): Verteilungswirkungen der Einkommensteuerreform 1986-1990 - Eine Simulationsstudie für die Bundesrepublik Deutschland auf Basis des Sozio-ökonomischen Panels, in: Finanzarchiv, S. 56-84.

Esser, Clemens (1997): Lässt sich das Korrespondenzprinzip halbieren? Zur Rentenbesteuerung nach den Petersberger Steuervorschlägen, in: Steuer und Wirtschaft (StuW), S. 244-256.

EStG, Einkommensteuergesetz (2001): Einkommensteuergesetz idF vom 16.04.1997 (BGBl I, S. 821) zuletzt geändert durch das Gesetz zur Regelung der Bemessungsgrundlage für Zuschlagsteuern vom 21.12.2000 (BGBl. I S. 1978), 27. Aufl., 1. Januar 2001, München: Beck.

EStG 1975, v. 05.09.1974 (1974): Bekanntmachung der Neufassung des Einkommensteuergesetzes, in: Bundesgesetzblatt, BGBl I, S. 2165 ff.

EStG Neuf. v. 16.04.1997 (1997): Bekanntmachun der Neufassung des Einkommensteuergesetzes, in: Bundesgesetzblatt, BGBl I, S. 821 ff.

Fachinger, Uwe (2001a): Wechselwirkungen zwischen Besteuerungselementen und der Anpassungsformel sowie dem Rentenniveau der GRV, in: VDR (Hrsg.) (2001a), Besteuerung von Beiträgen und Leistungen in der Altersvorsorge - Wissenschaftliches Kolloquium des VDR am 22./23.03.2001 in Würzburg, Band 29, Frankfurt a.M., S. 48-64.

Fachinger, Uwe (2001b): Erwerbsbiographien und materielle Lebenssituation im Alter, Expertisen zum 3. Altenbericht der Bundesregierung, Band 2, S. 323 ff.

Färber, Gisela (1988): Private Altersvorsorge bei schrumpfender Bevölkerung, in: WSI-Mitteilungen, Heft 5, S. 286-294.

Färber, Gisela (1997): Besteuerung von Alterseinkünften - ein überfälliger Regimewechsel !, in: Hamburger Jahrbuch für Wirtschafts- und Gesellschaftspolitik, Vol. 42, 183-207.

Färber, Gisela/ Renn, Sandra M. (2001): Auswirkungen der unterschiedlichen Besteuerung von Alterseinkünften, in: VDR (Hrsg.) (2001a), Besteuerung von Beiträgen und Leistungen in der Altersvorsorge - Wissenschaftliches Kolloquium des VDR am 22./23.03.2001 in Würzburg, Band 29, Frankfurt a.M., S. 18-47.

Fehr, Hans (1999): Welfare Effects of Dynamic Tax Reforms, Habil.-Schr. 1998, Beiträge zur Finanzwissenschaft; 5, Tübingen.

Fehr, Hans/ Jess, Heinrich (2001a): Effizienz- und Verteilungswirkungen einer nachgelagerten Besteuerung von Renten, in: Schmollers Jahrbuch, 121. Jg. H. 4, Berlin, S. 561-580.

Fehr, Hans/ Jess, Heinrich (2001b): Gewinner und Verlierer der aktuellen Rentenreform, in: Die Angestelltenversicherung, Mai/Juni 2001, Berlin, S. 1-12.

Fehr, Hans/ Wiegard, Wolfgang (1996): Effizienzorientierte Steuerreformen - läßt sich die Verteilungsfrage vernachlässigen?, in: Krause-Junk, Gerold (Hrsg), Steuersysteme der Zukunft (zugl. Zeitschrift für Wirtschafts- und Sozialwissenschaften: Beiheft 6; Schriften des Vereins für Socialpolitik, Gesellschaft für Wirtschafts- und Sozialwissenschaften; N.F., Bd. 256), S. 199-246.

Feldstein, Martin/ Slemrod Joel (1978): The Lock-in Effect of the Capital Gains Tax: Some Time-Series Evidence, NBER Working Paper Series (National Bureau of Economic Research), 257, 8 S.

FG Niedersachsen vom 04.09.85 (1986): Einkommensteuer - Private Versorgungsleistungen als Renten, in: Deutsches Steuerrecht (DStR), Heft 11, S. 374, Nr. 195.

Fischer, Peter (1988): Über Renten und Rentenbesteuerung; zugleich Besprechung von Reinhard Welter, Wiederkehrende Leistungen im Zivilrecht und im Steuerrecht (1984), in: Steuer und Wirtschaft (StuW), 65, Jg. 18, Heft 4, S. 335-341.

Fischer, Peter (2000): Steuerrechtlicher Typus und rechtsstaatliche Bestimmtheit des Steuergesetzes, in: Deutsche Steuerzeitung (DStZ), S. 885-893.

Fischer, Peter (2001a): Abschied von der Vermögensübergabe gegen Versorgungsleistungen - Erwiderung zu Manfred Groh (FR 2001, 277), in: Finanz-Rundschau für Ertragsteuerrecht (FR), S. 397-399.

Fischer, Peter (2001b): Missverständnisse zur nachgelagerten Besteuerung von Altersbezügen am Beispiel der sog. Riester-Rente, in: Finanz-Rundschau für Ertragsteuerrecht (FR), S. 613-620.

Fischer, Peter (2001c): Gleichheitsrechtliche Überlegungen zur nachgelagerten Besteuerung von Alterseinkünften, in: VDR (Hrsg.) (2001a), Besteuerung von Beiträgen und Leistungen in der Altersvorsorge - Wissenschaftliches Kolloquium des VDR am 22./23.03.2001 in Würzburg, Band 29, Frankfurt a.M., S. 128-142.

Fischer, Peter (2002a): Gleichheitsgerechte Besteuerung von Pensionen und Renten, in: nwb, S. 11985-11996.

Fischer, Peter (2002b): Rentenbesteuerung ab 1996 verfassungswidrig, Kommentar, in: Finanz-Rundschau für Ertragsteuerrecht (FR), S. 410-412.

Fitsch, Joachim (1992): § 32a EStG, in: Lademann, Fritz/ Lenski, Edgar/ Brockhoff, Hedin (Hrsg.) (1992), Kommentar zum Einkommensteuergesetz, Nachtrag 95, Stuttgart, Losebl. Slg.

Fitzenberger, Bernd (1999): International Trade and the Skill Structure of Wages and Employment in West Germany, in: Jahrbücher f. Nationalökonomie u. Statistik, Bd. 218, Stuttgart, S. 67-89.

Fitzenberger, Bernd u.a. (2001): Testing uniform wage trends in West-Germany: A cohort analysis using quantile regressions for censored data, in: Empirical Economics, 26, S. 41-86.

FKPG 1993 v. 23.06.1993 (1993): Gesetz zur Umsetzung des Föderalen Konsolidierungsprogramms, in: Bundesgesetzblatt, BGBl I, S. 944.

Fleck, Claudia (1996): Konzeption eines Mikrosimulationsmodells für die Bereiche 'Demographie' und 'Erwerbsbeteiligung' auf der Grundlage des Sozio-ökonomischen Panels; Diss. TH Darmstadt, Darmstadt, 743 S.

Forndran, Hartmut (1986): Zur Besteuerung von Alterseinkommen, in: Sparkasse, Heft 7, Juli 1986, S. 310-313.

Förster, Wolfgang (2001): Auswirkungen einer nachgelagerten Besteuerung, in: VDR (Hrsg.) (2001a), Besteuerung von Beiträgen und Leistungen in der Altersvorsorge - Wissenschaftliches Kolloquium des VDR am 22./23.03.2001 in Würzburg, Band 29, Frankfurt a.M., S. 107-117.

Friedrich, W. (1950): Zur einkommensteuerlichen Behandlung der Renten, in: Betriebs-Berater (BB), Heft 35/36, S. 936-937.

Fuchs, Gerhard (1976): Verteilungswirkungen des Bildungssystems unter Berücksichtigung von Lebenseinkommen und Transfer-Steuer-Salden für alternative Bildungsabschlüsse; Diss. Univ. Augsburg, 319 S.

Fuest, Winfried (2001): Schlussfolgerungen aus ökonomischer Sicht, in: Kirchhof, Paul/ Neumann, Manfred J. M. (Hrsg.) (2001), Freiheit, Gleichheit, Effizienz - ökonomische und verfassungsrechtliche Grundlagen der Besteuerung -, S. 129-134.

Fuest, Winfried/ Kroker, Rolf (2000): Rentenbesteuerung - eine Reform ist überfällig, in: ifo-Schnelldienst, H. 21, Berlin u.a., S. 6-8.

Fuest, Winfried/ Kroker, Rolf (2001): Nachgelagerte Rentenbesteuerung - eine

unpopuläre jedoch systemgerechte Reformlösung, in: Sozialer Fortschritt, Heft 4, S. 82-84.
Gabriel, Christian (2002): Nochmals: Zur Entscheidung des BVerfG über die Rentenbesteuerung - Anmerkungen zum Beitrag von Knoll, StuB 2002 S. 19 -, in: StuB, S. 388-391.
Gahlen, Bernhard u.a. (Hrsg.) (1998): Verteilungsprobleme der Gegenwart: Diagnose und Therapie, Tübingen.
Gale William G./ Scholz, John Karl (1994): IRAs and Houshold Saving, in: American Economic Review, Papers and Proceedings, S. 1233-1260.
Gale, William G./ Holtzblatt, Janet (1999): The Role of Administrative Factors in Tax Reform: Simplicity, Compliance and Enforcement.
Gersbach, Hans (1999): Fiscal Constitutions, Working Paper, Alfred-Weber-Institut, University of Heidelberg, November 1999, 25 S.
Giloy, Jörg (1995): Zur Neuregelung der Besteuerung von Alterseinkünften, in: Deutsche Steuerzeitung (DStZ), Heft 10, S. 289-292.
Glismann, Hans H./ Horn, Ernst-Jürgen (1998): Renditen in der deutschen gesetzlichen Alterssicherung, in: Wirtschaftsdienst, S. 474-482.
Göbel, Dieter (1983): Lebenseinkommen und Erwerbsbiographie: e. Längsschnittuntersuchung mit Daten der gesetzlichen Rentenversicherung; Diss. Univ. Frankfurt a.M., 364 S.
Göbel, Dieter (1984): Der Verlauf der individuellen Einkommensposition im Lebenszyklus in Abhängigkeit von unterschiedlichen Durchschnittseinkommen; SFB 3 Univ. Frankfurt u. Mannheim, Arbeitspapier Nr. 159, 63 S.
Göbel, Heik (2000): Ohne private Vorsorg sind Rentner künftig schlechter dran, in: Frankfurter Allgemeine Zeitung (FAZ), 15.06.2000, S. 18.
Gobrecht, Horst/ Ammann, Gunter/ Fuhrmann, Ingo (1989): Besteuerung der Unternehmen, Besteuerung der Alterseinkünfte: Anstöße zur Neuordnung, Hamburg, 197 S.
Gödde, Isabel/ Schnabel, Reinhold (1998): Does Family Background Matter? - Returns to Education and Family Characteristics in Germany, SFB 504 Diskussionspapier Nr. 98-60, 22 S.
Gosling, Amanda/ Machin, Steve/ Meghir, Costas (1999): The Changing Distribution of Male Wages in the UK, The Institute for Fiscal Studies, Working paper, W98/9, 67 S.
Gravel, Hugh/ Rees, Ray (1992): Microeconomics, 2nd Ed., London.
Gravelle, Jane G. (1991): Do Individual Retirement Accounts Increase Savings?, in: Journal of Economic Perspectives, S. 133-148.
Greber, Wolfgang (1997): Zur Neuordnung der Rentenbesteuerung, in: Deutsche Steuerzeitung (DStZ), S. 465-473.
Greiner, Alfred/ Hanusch, Horst (1998): Steuerpolitik und endogenes Wachstum, in: Oberhauser, Alois (Hrsg.), Probleme der Besteuerung I, Berlin, S. 57-98.
Gröpl, Christoph (2001a): Nachgelagerte Besteuerung (juristische Aspekte), in: VDR (Hrsg.) (2001a), Besteuerung von Beiträgen und Leistungen in der Altersvorsorge - Wissenschaftliches Kolloquium des VDR am 22./23.03.2001 in Würzburg, Band 29, Frankfurt a.M., S. 85-106.
Gröpl, Christoph (2001b): Intertemporale Korrespondenz und konsumorientierte Betrachtungsweise im System des geltenden Einkommensteuerrechts, in: Finanz-Rundschau für Ertragsteuerrecht (FR), S. 568-576.
Gröpl, Christoph (2001c): Verfassungsrechtliche Vorgaben für intertemporale Korrespondenz und konsumorientierte Betrachtungsweise im Einkommensteuerrecht, in: Finanz-Rundschau für Ertragsteuerrecht (FR), S. 620-

628.
Groß, Jürgen (1988): Die Besteuerung der Renten: unter besonderer Berücksichtigung einer Reform des Systems der sozialen Sicherung; Diss. Gesamthochsch. Kassel, FB Wirtschaftswiss., Kassel.
Gustman, Alan L./ Steinmeier, Thomas L. (1998): Effects of pensions on savings: analysis with data from the health and retirement study, NBER Working Paper Series (National Bureau of Economic Research), 6681, 71 S.
Gyarfas, Gabor (1990): Ein Simulationsmodell der Einkommensbesteuerung auf der Grundlage synthetischer Mikrodaten; Diss. Univ. Bonn, 140 S.
Hackmann, Johannes (1972): Zur wohlfahrtstheoretischen Behandlung von Verteilungsproblemen; Volkswirtschaftliche Schriften, Heft 194, Berlin, 222 S.
Hackmann, Johannes (1979): Die Besteuerung des Lebenseinkommens : e. Vergleich von Besteuerungsverfahren; Habil-Schr. FU Berlin.
Haegert, Lutz (1995) (1995): Zu einer verfassungsgemäßen Besteuerung von Beamtenpensionen und Sozialrenten im Lichte nachweisbarer, als Beiträge zu ihrer Altersversorgung zu wertender Besoldungsrückstände von Beamten, in: Elscher, Rainer (1998), Unternehmenstheorie und Besteuerung, Wiesbaden, S. 267-313.
Haisken-DeNew, John P./ Frick, Joachim R. (Hrsg.) (2000): DTC - Desktop Companion to the German Socio-Economic Panel Study (GSOEP), Version 3.0 März 2000.
Haller, Heinz (1981): Die Steuern, Tübingen.
Haller, Heinz u.a. (Hrsg.) (1970): Theorie und Praxis des finanzpolitischen Interventionismus, Fritz Neumark zum 70. Geburtstag, Tübingen.
Handschuch, Konrad/ Kessler, Martin/ Sauga, Michael (1997): Steuern und Renten - Doppelte Belastung, in: Wirtschaftswoche, Heft 7, S. 16-18.
Hans R. Großkord (1987): Beamtenversorgung und gesetzliche Rentenversicherung : wechselseitige Beziehungen unter bes. Berücks. d. § 55 Beamtenversorgungsgesetz; Diss. Univ. Göttingen 1986, Göttingen, 199 S.
Hartmann, Philipp (1998): Grenzen der Versicherbarkeit - Private Arbeitslosenversicherung, Frankfurt a. M., 230 S.
Hartung, Joachim/ Elpelt, Bärbel/ Klösener, Karl-Heinz (1998): Statistik: Lehr- und Handbuch der angewandten Statistik, 11. durchges. Aufl., 975 S.
Hauser, Hansgeorg (1998): Zwischen höherer Mathematik und Verteilungspolitik: Der Tarif im deutschen Einkommensteuerrecht, in: Deutsche Steuerzeitung (DStZ), S. 202-.
Hauser, Richard (Hrsg.) (1994a): Ausgewählte Probleme und Lösungsansätze, Mikroanalytische Grundlagen der Gesellschaftspolitik: Ergebnisse aus dem gleichnamigen Sonderforschungsbereich an den Univ. Frankfurt & Mannheim, Bd. 1.
Hauser, Richard (Hrsg.) (1994b): Erhebungsverfahren, Analysemethoden und Mikrosimulation, Mikroanalytische Grundlagen der Gesellschaftspolitik: Ergebnisse aus dem gleichnamigen Sonderforschungsbereich an den Univ. Frankfurt & Mannheim, Bd. 2.
Hauser, Richard/ Becker, Irene (2000): Der Einfluss des Steuer- und Transfersystems auf die Einkommensverteilung in den neuen und alten Bundesländern. Analysen auf der Basis der EVS 1993, in: Noll, Heinz-Herbert; Habich, Roland (Hrsg.) (2000), Vom Zusammenwachsen einer Gesellschaft - Analysen zur Angleichung der Lebensverhältnisse in Deutschland, Frankfurt a.M., S. 63-82.
Hax, Herbert/ Kern, Werner/ Schröder, Hans-Horst (Hrsg.) (1989): Zeitaspekte in betriebswirtschaftlicher Theorie und Praxis, Stuttgart.

Hayek, F. A. (1981): Die Illusion der sozialen Gerechtigkeit, Recht, Gesetzgebung und Freiheit, Bd. 2, Landsberg a. L.

Hedtkamp, Günter (1968): Lehrbuch der Finanzwissenschaft, Neuwied, Berlin, 485 S.

Heine, Wolfgang (1988): Ertragsanteil- oder Teilbesteuerung gesetzlicher Renten? Zum Verhältnis von Besteuerung und Eigentum, in: Deutsche Rentenversicherung (DRV), Heft 6-8, S. 401-435.

Heine, Wolfgang (2000a): Zur gegenwärtigen Diskussion der Besteuerung von Alterseinkommen, Vortrag vor dem Ausschuss "Alterssicherung" der Gesellschaft für Versicherungswissenschaft und -gestaltung e.V., 23.08.2000, Berlin, 16 S.

Heine, Wolfgang (2000b): Veräußerungs-, Versicherungs-, Versorgungsrenten. Gleichbehandlungswidrige Effekte einer korrespondenzgeleiteten Teil- oder Vollbesteuerung privater Alterseinkünfte, in: Deutsche Rentenversicherung (DRV), Heft 6, S. 305-339.

Heine, Wolfgang (2001): Besteuerung der Alterssicherung in der Europäischen Union, in: Deutsche Rentenversicherung (DRV), Heft 1-2, S. 54-66.

Heine, Wolfgang/ Rische, Herbert (1984): Zur unterschiedlichen Besteuerung der Beamtenpensionen und der Renten aus der gesetzlichen Rentenversicherung (BVerfGE 54, 11ff) - Besteht ein aktueller verfassungsrechtlicher Handlungsbedarf? -, in: Deutsche Rentenversicherung (DRV), Heft 3, S. 101-129.

Heinike, Wolfgang (1998): Kommentar zu §10 EStG (Sonderausgabenregelung), in: Schmidt, Ludwig (Hrsg.), Einkommensteuergesetz : Kommentar, 17., völlig neubearb. Aufl., S. 850 ff.

Helberger, Christof (1982): Veränderungen der bildungsspezifischen Einkommensunterschiede zwischen 1969/71 und 1978: Referat 04.04.1980 in Bremen; SFB 3 d. Univ. Frankfurt a.M. u. Mannheim, 38 S.

Helberger, Christof (1983): Der Einfluß der Berufsbiographie auf den Lebenseinkommensverlauf von Erwerbstätigen, in: Schmähl, Winfried (Hrsg.), Ansätze der Lebenseinkommensanalyse, S. 76 - 98.

Helberger, Christof (1988): Eine Überprüfung der Linearitätsannahme der Humankapitaltheorie, in: Bodenhöfer, Hans-Joachim, Bildung, Beruf, Arbeitsmarkt - Schriften des Vereins für Socialpolitik, Bd. 174, Berlin, S. 151-170.

Helberger, Christof/ Wagner, Gert (1981): Beitragsaequivalenz oder interpersonelle Umverteilung in der gesetzlichen Rentenversicherung? : eine Analyse auf der Grundlage von Lebenseinkommen ; Beitrag zur Tagung des Sozialpolitischen Ausschusses, Tagung, 25./26. Sept. 1980 in Wien, 96 S.

Henry, Andreas (1998): Rentenbesteuerung, Keine breite Front, in: Wirtschaftswoche, Heft 10, S. 170-172.

Hernandez, Almudena (1998): Altersversorgung aus internationaler Sicht - Spanien, in: Cramer, Jörg-E.; Förster, Wolfgang; Ruland, Franz (Hrsg.), Handbuch zur Altersversorgung - Gesetzliche, betriebliche und private Vorsorge in Deutschland, S. 1143-1151.

Herrmann, Carl/ Heuer, Gerhard/ Raupach, Arndt (Hrsg.) (1984): Einkommensteuer- und Körperschaftsteuergesetz mit Nebengesetzen: Kommentar, 20. Aufl., Köln, Losebl. Slg. 21 Ordner.

Heubeck (1964): Steuerliche Gerechtigkeit für die Ruhegehaltsempfänger, in: Der Betrieb (DB), S. 1669, 1670.

Heydt, Volker (2001): Die Besteuerung von Alterssicherung im Ausland, in: VDR (Hrsg.) (2001a), Besteuerung von Beiträgen und Leistungen in der Altersvorsorge - Wissenschaftliches Kolloquium des VDR am 22./23.03.2001 in Würzburg, Band 29, Frankfurt a.M., S. 118-127.

Hinterberger, F./ Müller M. und Petersen, H.-G. (1989): Simulation eines

Ausgabensteuersystems für die Bundesrepublik Deutschland, Finanzwissenschaftliche Arbeitspapiere, Nr. 22, Gießen, Justus-Liebig-Univ., Fb. Wirtschaftswiss., 27 S.

Hirte, Georg (1999): Renditen in der Gesetzlichen Rentenversicherung und ihr Aussagegehalt, in: Konjunkturpolitik, Heft 1, Berlin, S. 1-23.

Hirvonen, Petri (1989): Rentenreform und Einkommensverteilung - gegen eine zu pauschale Argumentation, in: Sozialer Fortschritt, Jg. 38, Heft 1, Berlin, S. 2-10.

Hirvonen, Petri (1993): Alterssicherung und Alterseinkommensverteilung: eine empirische Analyse der Einkommenslage der älteren Bevölkerung in der Bundesrepublik Deutschland; Diss. Univ. Frankfurt a.M., 1991, Frankfurt a. M., 266 S.

Höfer, Reinhold/ Collerius, Rolf-Dieter (1996): Zur Entwicklung der Abgabenlast bei Beamtenpensionen und Renten des öffentlichen Dienstes, in: Der Betrieb (DB), Heft 18, Düsseldorf, S. 904-906.

Hoffmann, Elke (1995): Das Alterssicherungssystem in der DDR: Zur Geschichte der Rentengesetzgebung 1946-1990, in: Deutsches Zentrum für Altersfragen (DZA) e.V. (Hrsg.), Beiträge zur Gerontologie und Altenarbeit, Bd. 93, Berlin, 242 S.

Holzmann, Robert (1984): Lebenseinkommen und Verteilungsanalyse, Berlin, Heidelberg, 175 S.

Homburg, Stefan (1997a): Soll die klassische Einkommensteuer wiederbelebt werden?, in: Rose, Manfred (Hrsg.), Standpunkte zur aktuellen Steuerreform, Heidelberg, S. 107-114.

Homburg, Stefan (1997b): Allgemeine Steuerlehre, München.

Horlemann, Heinz-Gerd (1997): Besteuerung von Renten und Lebensversicherungen nach den Vorschlägen zur Steuerreform 1999, in: Betriebs-Berater (BB), 52., Heft 32, S. 1609-1618.

Horlemann, Heinz-Gerd (2001): Gesetzgebung der 14. Legislaturperiode zur Besteuerung von Altersbezügen, in: Steuer und Wirtschaft (StuW), S. 101-112.

Horlemann, Heinz-Gerd (2002): Das BVerfG-Urteil zur Rentenbesteuerung, in: StB, S. 210-213.

Hussein, Khaled A./ Thirlwall, A. P. (1999): Explaining differences in the domestic savings ratio across countries: a panel data study, February 1999, 33 S.

Hutter, Ulrich (1999): §10 EStG Sonderausgaben, in: Blümlich, Walter (1977), Einkommensteuergesetz: Kommentar, begr. von Blümlich, W. fortgef. von Falk, L., Stand: März 1999, München.

Ippolito, R. A. (1987): Why Federal Workers Don't Quit, in: Journal of Human Resources, Vol. XXII, S. 281-299.

Jachmann, Monika (1999): Gleichmäßige Besteuerung nach der wirtschafltichen Leistungsfähigkeit und Umverteilung, Stellungnahme zum Beitrag von Michael Wosnitza und Corinna Treisch, in: Der Betriebswirt (DBW), S. 553-555.

Jacobs, Klaus (1991): Einkommensbezug im Lebensverlauf - positive und normative Aspekte aus verteilungspolitischer Sicht; Diss. Freie Univ. Berlin, 229 S.

Jansen, Rudolf (2000): § 22 EStG Arten der sonstigen Einkünfte, in: Herrmann, Carl; Heuer, Gerhard; Raupach, Arndt (Hrsg.) (1984), Einkommensteuer- und Körperschaftsteuergesetz mit Nebengesetzen: Kommentar, Stand: März 2000, Lfg. 198, Köln.

Jappelli, Tullio/ Modigliani, Franco (1998): The Age-Saving Profile and the Life-Cycle Hypothesis, Working paper no. 9, Centre for studies in economics and finance, Univ. Salerno, Italy, November 1998, 30 S.

Jess, Heinrich (1998): Das Prognos-Gutachten 1998 - Ausgewählte Ergebnisse und Erläuterungen -, in: Die Angestelltenversicherung, September 1998, Berlin.

JStG 1996 v. 11.10.1995 (1995): Jahressteuergesetz 1996, in: Bundesgesetzblatt, BGBl I, S. 1249 ff.

Katz, Eliakim (1979): A Note on Uncertain Lifetime, in: Journal of Political Economy, vol. 87, Chicago, S. 193-195.

Keuchel, Jan (2001): Eichel prüft begrenzten Steuerabzug für Vorsorgekosten, in: Handelsblatt, 29.11.2001, S. 5.

Keuchel, Jan (2002): Richter gewähren Schonfrist - Eine Reform der Rentenbesteuerung ist erst 2005 fällig, in: Handelsblatt, 07.03.2002, S. 2.

Kieselbach, Kurt (1996): "Verlustgeschäft für den Fiskus" - Neue Studie des VDR: Volle Rentenbesteuerung macht keinen Sinn, in: Die Welt, 20.11.1996, o.S.

Kiesewetter, Dirk (2001): Zur steuerlichen Vorteilhaftigkeit der Riester-Rente, Tübinger Diskussionsbeiträge, Univ. Tübingen, Nr. 224, http://www.uni-tuebingen.de/uni/w04/bibliothek/Disk-Beitraege.htm, 27 S.

Kiesewetter, Dirk/ Niemann, Rainer (2001): Beiträge und Rentenzahlungen in einer entscheidungsneutralen Einkommensteuer, Tübinger Diskussionsbeiträge, Univ. Tübingen, Nr. 212, http://www.uni-tuebingen.de/uni/w04/bibliothek/Disk-Beitraege.htm, 24 S.

Kiesewetter, Dirk/ Niemann, Rainer (2002a): Zur Entscheidungsneutralität der Ertragsanteilsbesteuerung von Renten, in: Steuer und Wirtschaft (StuW), S. 48-54.

Kiesewetter, Dirk/ Niemann, Rainer (2002b): Eine Erhöhung der Ertragsanteile bei der Rentenbesteuerung ist ökonomisch geboten, in: Betriebs-Berater (BB), S. 857-860.

Killinger, Wolfgang (1997): Gedanken zur Reform der Rentenbesteuerung, in: Betriebs-Berater (BB), Heft 34, S. 1713-1716.

Kirchhof, Paul (1998): Steuern / Halbteilungsgrundsatz bezieht sich auf Gesamtbelastung / Kirchhof: In Kürze neues Urteil zur Rentenbesteuerung, in: Handelsblatt, 18.06.1998, S. 5.

Kirchhof, Paul (Hrsg.) (1999): Steuerrechtsprechung, Steuergesetz, Steuerreform: Festschrift für Klaus Offerhaus zum 65. Geburtstag, Köln.

Kirchhof, Paul u.a. (2001): Karlsruher Entwurf zur Reform des Einkommensteuergesetzes, 65 S.

Kirchhof, Paul/ Neumann, Manfred J. M. (Hrsg.) (2001): Freiheit, Gleichheit, Effizienz - ökonomische und verfassungsrechtliche Grundlagen der Besteuerung -, Bad Homburg.

Kirchhoff, Paul (2001): Standortbestimmung aus verfassungsrechtlicher Sicht, in: Kirchhof, Paul/ Neumann, Manfred J. M. (Hrsg.) (2001), Freiheit, Gleichheit, Effizienz - ökonomische und verfassungsrechtliche Grundlagen der Besteuerung -, S. 13-21.

Kirchhoff, Paul (2002): Der Karlsruher Entwurf und seine Fortentwicklung zu einer Vereinheitlichten Ertragsteuer, in: Steuer und Wirtschaft (StuW), S. 3-22.

Kirchhoff, Paul/ Söhn, Hartmut (Hrsg.) (2001): Einkommensteuergesetz: Kommentar, Heidelberg.

Klanberg, Frank (1982): Die Besteuerung von Renten als Problem der Sozialpolitik: einige empirische Befunde, in: Zeitschrift für Wirtschafts- und Sozialwissenschaften, Heft 4, S. 409-431.

Klanberg, Frank (1989): Die Besteuerung von Renten und Pensionen, Teil I: Empirische Befunde auf der Grundlage von Querschnittsdaten, in: Deutsche Rentenversicherung (DRV), Heft 4, S. 209-222.

Klanberg, Frank (1992): Besteuerungspolitik und Alterseinkommen, in: Alterssicherung in Deutschland (ASID 1986), S. 171-198.

Klanberg, Frank/ Prinz, Aloys (1989): Die Besteuerung der Alterseinkommen, in: Wirtschaftsdienst, Heft 6, 295-299.

Klebula, Detlef/ Semran, Peter (1997): Meist aus mehreren Quellen: Alterseinkommen, in: Bundesarbeitsblatt, H.2, S. 5-10.

Klein, Franz (1999): Verfassungsrechtliche Probleme der Renten- und Pensionsbesteuerung, in: Kirchhof, Paul (Hrsg.) (1999), Steuerrechtsprechung, Steuergesetz, Steuerreform: Festschrift für Klaus Offerhaus zum 65. Geburtstag, Köln, S. 35-45.

Kleinewefers, Henner/ Jans, Armin (1983): Einführung in die volkswirtschaftliche und wirtschaftspolitische Modellbildung, München, 261 S.

Knief, Peter (1968): Steuerfreibeträge als Instrumente der Finanzpolitik; Diss. Univ. Köln, 206 S.

Knoll, Leonhard (2002c): Zinsbesteuerung und Einkommenschancen: Das Trugbild fiskalischer Diskriminierung, in: Wirtschaftsdienst.

Knoll, Leonhard (2002a): Zwischen allen Stühlen - Zur bevorstehenden Entscheidung des BVerfG über die Rentenbesteuerung -, in: StuB, S. 19-22.

Knoll, Leonhard (2002b): Zur BVerfG-Entscheidung über die Rentenbesteuerung: Entsteht Recht aus Unrecht? - Entgegnung auf die Stellungnahme von Gabriel, StuB 2002 S. 388 -, in: StuB, S. 391-393.

Knospe, Dieter (1995): Ökonomische Probleme der Besteuerung von Alterseinkünften, Institut "Finanzen und Steuern" e.V., in: IFSt-Schrift, Nr. 340, Bonn, 72 S.

Koenig, Evan F./ Huffman, Gregory W. (1998a): The Dynamic Impact of Fundamental Tax Reform, Part 1: The Basic Model, Economic Review, Federal Reserve Bank of Dallas, 1. Quartal, S. 26-39.

Koenig, Evan F./ Huffman, Gregory W. (1998b): The Dynamic Impact of Fundamental Tax Reform, Part 2: Extensions, Economic Review, Federal Reserve Bank of Dallas, 2. Quartal, S. 21-33.

Kolb, Rudolf (1987): Besteuerung der Renten? : d. Vorschläge d. Wissenschaftl. Beirats zur Besteuerung von Alterseinkommen, in: Betriebliche Altersversorgung, 42, 1, S. 1-5; 7.

Konegen, Norbert/ Sondergeld, Klaus (1985): Wissenschaftstheorie für Sozialwissenschaftler, Opladen, 175 S.

Korn, Klaus (1997): Beratungspraktische Erkenntnisse und Konsequenzen aus dem Renten-Erlaß der Finanzverwaltung vom 23.12.1996, in: Deutsches Steuerrecht (DStR), Heft 5, S. 137-143.

Körner, Josef (1988): Quantitative Auswirkungen der Einbeziehung von Transfers in die Bemessungsgrundlage der Einkommensteuer, Umverteilung in der Bundesrepublik Deutschland - Das Zusammenwirken von Steuern und Sozialtransfers, Gutachten im Auftrag des Bundesministers für Wirtschaft, Band 3, München, Ifo-Institut für Wirtschaftsforschung, 88 S.

Kortmann, K. (1978): Die Generierung einer geschlossenen Mikrodatenbasis für die Bundesrepublik Deutschland, in: Krupp, H.-J.; Glatzer W. (Hrsg.), Umverteilung im Sozialstaat - Empirische Einkommensanalysen für die Bundesrepublik, Frankfurt a.M., New York, S. 193 f.

Kortmann, Klaus (1988a): Vorbemerkungen, Erhebung und Analyse der Alterseinkommen in der Bundesrepublik Deutschland, Workshop 9./10.04.1986 zu ausgewählten Methodenfragen u. zur Aussagekraft unterschiedl. Datenquellen, Infratest Sozialforschung, Bonn, Referat für Öffentlichkeitsarbeit, S. 5-12.

Kortmann, Klaus (1988b): Schlußfolgerungen für die Konzeption einer künftigen Alterseinkommenserhebung, Erhebung und Analyse der Alterseinkommen in der Bundesrepublik Deutschland, Workshop 9./10.04.1986 zu ausgewählten

Methodenfragen u. zur Aussagekraft unterschiedl. Datenquellen, Infratest Sozialforschung, S. 413-425.

Kowalski, Matthias (1999): Ein Abschied auf Raten, Der Boom in der privaten Vorsorge geht an der klassischen Kapitalpolice vorbei. Auch das Steuerprivileg soll fallen, in: Focus, Nr. 23, S. 226-229.

Krätzschmar, Alfred (1995): Alterssicherung und Besteuerung: eine modellgestützte Analyse für Leibrente; Diss. Univ. Bayreuth, Bayreuth, 219 S.

Krause-Junk, Gerold (Hrsg) (1996): Steuersysteme der Zukunft (zugl. Zeitschrift für Wirtschafts- und Sozialwissenschaften: Beiheft 6; Schriften des Vereins für Socialpolitik, Gesellschaft für Wirtschafts- und Sozialwissenschaften; N.F., Bd. 256), 381 S.

Krause-Junk, Gerold/ Müller, Regina (1999a): Nachgelagertes Verfahren bei der Besteuerung der Alterseinkünfte - Erwiderung zu dem Beitrag von Birk / Wernsmann, DB 1999, S.166, in: Der Betrieb (DB), 12.11.1999, S. 2282 - 2285.

Krause-Junk, Gerold/ Müller, Regina (1999b): Einkommensteuer, Konsumsteuer und die ausgelassenen Chancen der Einkommenserzielung, in: Wirtschaftsdienst, S. 545-547.

Krupp, Hans-Jürgen (1983): Randbemerkung zur Lebenseinkommensanalyse, in: Schmähl, Winfried (Hrsg.), Ansätze der Lebenseinkommensanalyse, S. 176-179.

Lademann, Fritz/ Lenski, Edgar/ Brockhoff, Hedin (Hrsg.) (1992): Kommentar zum Einkommensteuergesetz, 4 Aufl., Stuttgart, Losebl. Slg.

Lang, Joachim (1981): Die Bemessungsgrundlage der Einkommensteuer, Köln.

Lang, Joachim (2001a): Die Einkommensteuer aus juristischer Sicht, in: Kirchhof, Paul/ Neumann, Manfred J. M. (Hrsg.) (2001), Freiheit, Gleichheit, Effizienz - ökonomische und verfassungsrechtliche Grundlagen der Besteuerung -, S. 37-47.

Lang, Joachim (2001b): Prinzipien und Systeme der Besteuerung von Einkommen, in: Ebling, Iris (Hrsg.), Besteuerung von Einkommen, hrsg. im Auftrag der Deutschen Steuerjuristischen Gesellschaft e.V., Köln, S. 49-133.

Lantau, Karl-Heinz (1954): Die Bemessung des Teilwertes einer unverzinslichen, befristeten Forderung oder Schuld nach ihrem Barwert, in: Betriebs-Berater (BB), Heft 25, Bonn, S. 769-772.

Lantau, Karl-Heinz (1955): Die Neuregelung der Besteuerung privater Leibrenten nach dem Einkommensteuergesetz 1955, in: Betriebs-Berater (BB), Heft 22, 10. August 1955, Bonn, S. 695-698.

Laux, H. (1996): Vorsorgeaufwendungen 1996 - Beilage -, in: Betriebs-Berater (BB), Heft 10, S. 16 ff.

Leibfritz, Willi/ Parsche, Rüdiger/ Nierhaus, Wolfgang u.a. (1988): Status quo und Reformalternativen, Umverteilung in der Bundesrepublik Deutschland - Das Zusammenwirken von Steuern und Sozialtransfers, Gutachten im Auftrag des Bundesministers für Wirtschaft, Band 1, München, Ifo-Institut für Wirtschaftsforschung.

Leienbach, Volker/ Wussow, Peter (Red.) (1987): Steuerliche Behandlung der Alterseinkünfte, Schriftenreihe der Gesellschaft für Versicherungswissenschaft und Gestaltung e.V., Köln, Bergisch Gladbach, 74 S.

Levhari, David/ Mirman, Leonard J. (1977): Savings and Consumption with an Uncertain Horizon, in: Journal of Political Economy, vol. 85, Chicago, S. 265-281.

Lietmeyer, Volker (1984): Aufbau des deutschen Einkommensteuertarifs, in: Steuer und Wirtschaft (StuW), Heft 2, S. 133-140.

Lietmeyer, Volker (1999): Neuregelung der Rentenbesteuerung : eine längst überfällige Reform, in: Deutsche Steuerzeitung (DStZ), Heft 1/2, S. 1-5; 9.

Littmann, Eberhard (1959): Das Einkommensteuerrecht - Kommentar zum

Einkommensteuergesetz, 6. Neubearb. Aufl., Stuttgart, 1398 S.
Littmann, Konrad (1983): Besteuerung von Alterseinkommen, in: BMA (Hrsg.), Gutachten der Sachverständigenkommission Alterssicherungssysteme, Berichtsband 2 / 8. Teil, Bonn, S. 425-518.
Littmann, Konrad (1985): Marginalien zur Besteuerung von Alterseinkommen, in: Cansier, Dieter; Kath, Dietmar (Hrsg.) (1985), Öffentliche Finanzen, Kredit und Kapital, Festschrift für Werner Ehrlicher, Berlin, S. 215-236.
Long, J. E. (1982): Are Government Workers Overpaid? Alternative Evidence, in: Journal of Human Resources, Vol. XVII, S. 123-131.
Loritz, Karl-Georg (2001): Die Verfassungsmäßigkeit der unterschiedlichen Formen der Besteuerung der Renten, in: VDR (Hrsg.) (2001a), Besteuerung von Beiträgen und Leistungen in der Altersvorsorge - Wissenschaftliches Kolloquium des VDR am 22./23.03.2001 in Würzburg, Band 29, Frankfurt a.M., S. 65-84.
Mackenroth, Gerhard (1952): Die Reform der Sozialpolitik durch einen deutschen Sozialplan, in: Albrecht, Gerhard (Hrsg.), Die Berliner Wirtschaft zwischen Ost und West; Schriften des Vereins für Sozialpolitik, Neue Folge Band 4, Berlin, S. 39-76.
Mackscheidt, K. (1984): Grundsätzliche Überlegungen zur Gestaltung von Harmonisierungsschritten, in: Finanzarchiv, Bd. 42, S. 237-251.
Maddala, G.S. (2001): Introduction to Econometrics, 3. Aufl., Chichester.
Mann, Hugo (1987): Theorie und Politik der Steuerreform in der Demokratie, Univ. Hohenheim; Diss. 1986, Frankfurt a.M., 264 S.
Markefski, Dieter (1985): Steht die unterschiedliche Besteuerung der Sozialversicherungsrenten und Beamtenpensionen in Einklang mit dem Gleichheitssatz?, in: Der Betrieb (DB), Heft 7, S. 358-360.
Maselli, Anke (1999): Die steuerliche Behandlung von Vorsorgeaufwendungen und Alterseinkünften, in: Sparkasse, Heft 10, Stuttgart, S. 454-464.
Maydell, Bernd (1981): Rechtliche Probleme einer Harmonisierung der Alterssicherungssysteme, Einzelgutachten, in: BMA (Hrsg.), Langfristige Probleme der Alterssicherung in der Bundesrepublik Deutschland - Sozialbeirat des Bundesministeriums für Arbeit und Sozialordnung, 1981, Band 3, Bonn, S. 1-82.
Mayer, Karl Ulrich/ Papastefanou, Georgios (1983): Arbeitseinkommen im Lebensverlauf - Probleme der retrospektiven Erfassung und empirische Materialien, in: Schmähl, Winfried (Hrsg.), Ansätze der Lebenseinkommensanalyse, S. 101 - 122.
Meindel, Alexander (2002): Werden gesetzlich rentenversicherte Arbeitnehmer bei der Rentenbesteuerung benachteiligt?; Inst. f. Volkswirtschaftslehre, Techn. Univ. Darmstadt, Arbeitspapier Nr. 108, Darmstadt, 27 S.
Mersmann (1954): Steuerneuordnung 1954 - Grundzüge der Steuerneuordnung, in: Deutsche Steuerzeitung (DStZ), Heft 24, 42. Jg., S. 373-381.
Mincer, J. (1974): Schooling, Experience and Earnings, New York, London.
Mincer, Jacob (1991): Human Capital, Technology and the Wage Structure: What do Time Series show?, NBER Working Paper Series (National Bureau of Economic Research), 3581, 56 S.
Mincer, Jacob (1994): The Production of Human Capital and the Lifecycle of Earnings: Variations on a Theme, NBER Working Paper Series (National Bureau of Economic Research), 4838, 44 S.
Mincer, Jacob (1996): Changes in Wage Inequality, 1970 - 1990, NBER Working Paper Series (National Bureau of Economic Research), 5823, 30 S.
Molitor, Bruno (1980): Besteuerung der Renten, in: Wirtschaftsdienst, 60. Jg. Heft 9, S. 416.
Moresi, Serge (1999): Uncertain lifetime, risk aversion and intertemporal substitution, in:

Economics Letters, vol. 62, Washington, S. 207-212.
Müller, Franz Matthias (1992): Individualeinkommensverläufe in der Bundesrepublik Deutschland: eine methodische und empirische Untersuchung; Diss. Univ. Wuppertal, Ahaus, 137 S.
Müller, Horst-Wolf (1990): Mathematische Aspekte der Rentenversicherung, in: Ruland, Franz (Hrsg.), Handbuch der gesetzlichen Rentenversicherung (HDR), Neuwied, S. 1087-1110.
Müller, Klaus/ Bork, Christhart (1998): Verteilung und Fiskus: Die Auswirkungen der Einkommensbesteuerung auf die Einkommensverteilung, in: Gahlen, Bernhard u.a. (Hrsg.), Verteilungsprobleme der Gegenwart: Diagnose und Therapie, Tübingen, S. 207-245.
Müller, Regina (1999): Betriebliche und private Altersvorsorge aus steuersystematischer Sicht, in: Konjunkturpolitik, Heft 4, Berlin, S. 290-315.
Mundorf, Hans (2000): Rentenbesteuerung birgt noch viel Zündstoff, in: Handelsblatt, 29.11.2000, S. 10.
Musgrave, Richard A./ Musgrave, Peggy B. (1989): Public Finance in Theory an Practice, 5. Aufl., New York u.a.
Nahrendorf, Rainer/ Neukirch, Ralf (2000): Merz sieht Chancen für Rentenkonsens verbessert, in: Handelsblatt, 06.09.2000, S. 5.
Neumann, Manfred J.M. (2001): Standortbestimmung aus ökonomischer Sicht, in: Kirchhof, Paul/ Neumann, Manfred J. M. (Hrsg.) (2001), Freiheit, Gleichheit, Effizienz - ökonomische und verfassungsrechtliche Grundlagen der Besteuerung - , S. 23-33.
Neumark, Fritz (1970): Grundsätze gerechter und ökonomisch rationaler Steuerpolitik, Tübingen, 428 S.
Niemann, Rainer/ Kiesewetter, Dirk (2002): Zur steuerlichen Vorteilhaftigkeit von Kapitallebensversicherungen, Tübinger Diskussionsbeiträge, Univ. Tübingen, Nr. 239, http://www.uni-tuebingen.de/uni/w04/bibliothek/Disk-Beitraege.htm, 48 S.
Nierhaus, Wolfgang (1988): Modellanalyse des gegenwärtigen Systems, Umverteilung in der Bundesrepublik Deutschland - Das Zusammenwirken von Steuern und Sozialtransfers, Gutachten im Auftrag des Bundesministers für Wirtschaft, Band 2, München, Ifo-Institut für Wirtschaftsforschung.
Nierhaus, Wolfgang (1989): Rentenreform: Lasten ausgewogen verteilt?, in: ifo-Schnelldienst, 42, H. 7, Berlin u.a., S. 3-8.
Nolde, Gernot (1997): § 10 EStG Sonderausgaben, in: Herrmann, Carl; Heuer, Gerhard; Raupach, Arndt (Hrsg.) (1984), Einkommensteuer- und Körperschaftsteuergesetz mit Nebengesetzen: Kommentar, Stand April 1997, Lfg. 188, Köln.
Noll, Heinz-Herbert/ Habich, Roland (Hrsg.) (2000): Vom Zusammenwachsen einer Gesellschaft - Analysen zur Angleichung der Lebensverhältnisse in Deutschland, Frankfurt a.M., 342 S.
Nozick, Robert (1980): Anarchy, state, and utopia, Oxford, 366 S.
o.V. (1995a): Alternde Gesellschaften belasten die Staatshaushalte, in: Frankfurter Allgemeine Zeitung (FAZ), 21.06.1995, S. 15, 3. Sp.
o.V. (1995b): Unangenehme Steuerüberraschung für viele Rentner, in: Süddeutsche Zeitung (SZ), 15.03.1995, S. 30, 3. Sp.
o.V. (1996a): Berücksichtigung von Renten aus der gesetzlichen Rentenversicherung bei der Bewertung von Pensionsrückstellungen und bei der Ermittlung als bei Betriebsausgaben abzugsfähigen Zuwendungen an Unterstützungskassen, in: Der Betrieb (DB), Heft 46, S. 2306-2308.
o.V. (1996b): Bundesbank: Sozialleistungen dürfen bei Kürzungen nicht tabu sein -

Strikte Finanzdisziplin gefordert - Abgabenlast senken - Finanzierbarkeit der Renten dauerhaft sichern, in: Frankfurter Allgemeine Zeitung (FAZ), 25.04.1996, S. 15.

o.V. (1996c): Die Koalition will sich an die Reform der Rentenbesteuerung wagen "Zum Stopfen von Haushaltslöchern ungeeignet" / Wie der Fiskus Alterseinkommen besteuert, in: Frankfurter Allgemeine Zeitung (FAZ), 10.05.1996, S. 19.

o.V. (1996e): Ifo empfiehlt volle Besteuerung der Renten, in: Süddeutsche Zeitung (SZ), 17.05.1996, München, S. 29.

o.V. (1996f): Ifo plädiert für volle Besteuerung der Renten, in: Frankfurter Allgemeine Zeitung (FAZ), 17.5.1996, S. 15.

o.V. (1996h): Steuer kann Beitragsleistungen nicht ersetzen - Gesundheitsminister Seehofer gegen Umfinanzierung - Einschnitte im sozialen Netz nötig, in: Süddeutsche Zeitung (SZ), 30.01.1996, S. 21.

o.V. (1996i): Renten sollen steuerfrei bleiben - SPD-Fraktionschef Scharping hält Debatte für "Quatsch", in: Die Welt, 10.09.1996, Die Welt online http://www.welt.de/daten/1996/09/10/0910wi106343.htx, o.S.

o.V. (1996j): Diskussion um Rentenbesteuerung birgt Zündstoff - Ruheständler fürchten höhere Belastung - Rentenversicherer sehen keine Benachteiligung von Pensionären, in: Die Welt, 11.05.1996, o.S.

o.V. (1996k): Finanzen - Ruhe im Hühnerstall, in: Spiegel, 14.10.1996, S. 36-37.

o.V. (1997a): Übersicht über steuerlich bedeutsame Verfahren vor dem BVerfG, in: Deutsche Steuerzeitung (DStZ), Heft 6, S. 185-194.

o.V. (1997b): Steuern und Renten - Ihre persönliche Rentenrechnung nach der Reform, in: Wirtschaftswoche, Heft 7, S. 28- 30.

o.V. (2000a): Rürup: Förderung der Altersvorsorge erhöht nicht die Sparquote - Wirtschaftsweiser warnt vor möglichen Haushaltsrisiken, in: Handelsblatt, 07.09.2000, S. 7.

o.V. (2000b): CDU fordert Konzept für Rentensteuer - Union bietet Eichel Zusammenarbeit bei der Besteuerung der Alterseinkünfte an., in: Handelsblatt, 07.09.2000, S. 7.

o.V. (2000c): Grüne wollen raschen Rentensteuer-Beschluss, in: Handelsblatt, 22.09.2000, S. 3.

o.V. (2000d): Eichel-Pläne für Renten-Besteuerung auf Eis geleget, in: Handelsblatt, 21.09.2000.

o.V. (2000e): Eichel prüft Übergang zur Rentenbesteuerung, in: Handelsblatt, 18.09.2000.

o.V. (2000f): Bundesregierung erwägt Besteuerung der Renten, in: Handelsblatt, 17.09.2000.

o.V. (2000g): "Ein sozialpolitischer Amoklauf" - Länger Arbeiten, weniger Rente, in: Spiegel, 13/2000, 01.04.2000, Spiegel Online http://www.spiegel.de/politik/deutschland/0,1518,71453,00.html.

o.V. (2000h): Merz-Konzept scharf kritisiert, in: Focus, 01.04.2000, Focus Online: http://www.focus.de/G/GP/GPA/gpa.htm?snr=69884&streamsnr=7.

o.V. (2000i): Rürup fordert eine zusätzliche kapitalgedeckte Zwangsvorsorge, in: Frankfurter Allgemeine Zeitung (FAZ), 07.02.2000, S. 19.

o.V. (2000j): Schröder: Rentenkonsens rasch ausarbeiten - Einladung an Merkel und Stoiber SPD und FDP kritisieren unionsinternen Machtkampf - Solms: Eichel muss Rentenbesteuerung klären, in: Handelsblatt, 06.07.2000, S. 6.

o.V. (2000k): Fiskus drohen Milliardenlasten, in: iwd, S. 4-5.

o.V. (2001a): Schily will Rentenreform auf Beamte übertragen, in: Handelsblatt, 21.06.2001, S. 1.

o.V. (2001b): Kritik an Schilys Vorsorge-Plan für die Beamten, in: Handelsblatt, 21.06.2001, S. 4.
o.V. (2001c): Mallorca-Rentner müssen Zuschüsse für die Privatrente zurückzahlen, in: Handelsblatt, 17.05.2001, S. 4.
o.V. (2001d): Tauziehen um Rente geht in eine neue Runde, in: Handelsblatt, 19.02.2001, S. 6.
o.V. (2001e): Urteil zur Rentensteuer erst 2002, in: Handelsblatt, 10.10.2001, S. 7.
o.V. (2001f): Thüringen hält Kirchhof-Modell für finanzierbar, in: Handelsblatt, 22.10.2001, S. 6.
o.V. (2001g): Rentenversicherer warnen vor Doppelbesteuerung, in: Handelsblatt, 14.11.2001, S. 5.
o.V. (2002a): Grundsatzurteil zu Renteneinkünften, in: Handelsblatt, 09.01.2002.
o.V. (2002b): Zinsen zur Finanzierung von Rente nicht abziehbar, in: Handelsblatt, 09.01.2002, S. R1.
o.V. (2002c): Eichel benennt Komission zu Rentensteuer - Rürup übernimmt Vorsitz, in: Handelsblatt, 06.04.2002, S. 4.
o.V. (2002d): Noch kein Eichel-Modell zu Rentenbesteuerung, in: Handelsblatt, 11.03.2002, S. 4.
o.V. (2002e): Koalition streitet über Verkauf des Goldschatzes der Bundesbank, in: Handelsblatt, 05.03.2002, S. 4.
o.V. (2002f): Karlsruhe: Eichel muss Renten höher besteuern - Verfassungsrichter erklärt derzeitige Regelung für verfassungswidrig - Großzügige Übergangsregeln wahrscheinlich, in: Handelsblatt, 07.03.2002, S. 1.
o.V. (2002g): "Die Rentner sollten sich nicht verrückt machen lassen", in: Süddeutsche Zeitung (SZ), 04.03.2002, http://www.sueddeutsche.de/aktuell/sz/artikel128774.php.
o.V. (2002h): Bundesregierung will Rentenurteil rasch umsetzen, in: Financial Times Deutschland, 06.03.2002, http://www.ftd.de.
o.V. (2002i): Eichel will Rentenbeiträge steuerfrei stellen, in: Spiegel, 06.03.2002, http://www.spiegel.de/politik/deutschland/0,1518,185720,00.html.
o.V. (2002j): Regierung will Mehrzahl der Renten steuerfrei lassen, in: Handelsblatt, 06.03.2002, http://www.handelsblatt.com.
o.V. (2002k): Rentenbesteuerung ist verfassungswidrig, in: Handelsblatt, 06.03.2002, http://www.handelsblatt.com.
o.V. (2002l): Bundesregierung zieht Konsequenzen aus Rentenurteil, in: Süddeutsche Zeitung (SZ), 06.03.2002, http://www.sueddeutsche.de.
Oberhauser, Alois (Hrsg.) (1998): Probleme der Besteuerung I, Berlin.
OECD (1992): Private Pensions and Public Policy, OECD Social Policy Studies No. 9, Paris.
Okun, A. M. (1975): Equality and Efficiency, The Big Tradeoff, Washington.
Papier, Hans-Jürgen (1998): Verfassungsrechtliche Vorgaben für die Alterssicherung, Handbuch zur Altersversorgung - Gesetzliche, betriebliche und private Vorsorge in Deutschland, S. 855-890.
Parsche Rüdiger (1996): Derzeitige Besteuerung der Renten nicht systemgerecht, in: ifo-Schnelldienst, 49, H. 14, 15.05.1996, Berlin u.a., S. 9-10.
Parsche, Rüdiger (1986): Steuerliche Neuregelung der Altersvorsorge erforderlich, in: ifo-Schnelldienst, H. 9, Berlin u.a., S. 3-10.
Pätzold, Jürgen (1993): Stabilisierungspolitik, 5. Aufl., Bern, Stuttgart, Wien, 414 S.
Pauly, Ralf (1983): Ökonometrische Analyse der Einkommensbesteuerung: zur Auswirkung d. Einkommensbesteuerung auf Allokation, Distribution u. Stabilität, Frankfurt a.M., 282 S.

Paus, B. (1992): Besteuerung der Renten und dauernden Lasten: Sind die Entscheidungen des Großen Senats sachgerecht?, in: Finanz-Rundschau für Ertragsteuerrecht (FR), Heft 2, S. 33-39.

Peffekoven, Rolf (2000): Rentenbesteuerung - ein Weg aus der Finanzkrise?, in: ifo-Schnelldienst, H. 21, Berlin u.a., S. 3-5.

Petersen, Hans-Georg (1977): Personelle Einkommensbesteuerung und Inflation: Eine theoretisch-empirische Analyse der Lohn- und veranlagten Einkommensteuer; Diss. Univ. Kiel, 1. Aufl., Frankfurt a.M. - Finanzwissenschaftliche Schriften Bd. 5 - 1, 304 S.

Petersen, Hans-Georg (1979): Finanzwirtschaftliche Folgen einer Harmonisierung der Belastung von Arbeits- und Alterseinkommen mit öffentlichen Abgaben - Kieler Arbeitspapier Nr. 93, Kiel: Institut für Weltwirtschaft an d. Univ., 105 S.

Petersen, Hans-Georg (1982): Aufkommens- und Verteilungswirkungen alternativer Rentenanpassungs- und besteuerungsverfahren, in: Finanzarchiv, N. F. Bd. 40, S. 385-417.

Petersen, Hans-Georg (1984): Besteuerung von Alterseinkommen - Kritische Anmerkungen zu Vorschlägen des Sozialbeirats und der Sachverständigenkommission Alterssicherungssysteme, in: Finanzarchiv, Bd. 42, Heft 1, S. 126-142.

Petersen, Hans-Georg (1988a): Finanzwissenschaft II: Spezielle Steuerlehre - Staatsverschuldung - Finanzausgleich Makroökonomische Finanzwissenschaft und Finanzpolitik, Stuttgart (u.a.), 278 S.

Petersen, Hans-Georg (1988b): Wer trägt die Einkommensteuerlast? : Aufkommensentwicklung u. Verteilungswirkungen der Lohn- u. Einkommensteuer 1965-1990, Stuttgart (u.a.), 117 S.

Petersen, Hans-Georg (1990): Finanzwissenschaft I: Grundlegung - Haushalt - Aufgaben und Ausgaben - Allgemeine Steuerlehre, 2. Aufl., Stuttgart (u.a.), 343 S.

Pfeiffer, Friedhelm/ Reize, Frank (2000): Formelle und informelle berufliche Weiterbildung und Verdienst bei Arbeitnehmern und Selbständigen, Zentrum für Europäische Wirtschaftsforschung (ZEW), Discussion Paper No. 00-01, 58 S.

Pollak, Helga (1988): Die Neuordnung der Hinterbliebenenrenten unter steuerlichen Aspekten, in: Finanzarchiv, N. F. Bd. 46, S. 283-298.

Pollak, Helga (2001): Die Besteuerung des Einkommens aus ökonomischer Sicht, in: Kirchhof, Paul/ Neumann, Manfred J. M. (Hrsg.) (2001), Freiheit, Gleichheit, Effizienz - ökonomische und verfassungsrechtliche Grundlagen der Besteuerung - , S. 49-58.

Poterba, James M./ Venti, Steven F./ Wise, David A. (1994): 401(k) Plans and Tax-Deferred Saving, in: Wise, David A. (Hrsg.) (1994), Studies in the Economics of Aging, S. 105-142.

Prinz, Aloys (1990): Die Besteuerung von Renten und Pensionen, Teil II: Grundlagen der Besteuerung des Lebenseinkommens von Angestellten und Beamten, in: Deutsche Rentenversicherung (DRV), Heft 1, S. 29-41.

Prinz, Alois (1991): Besteuerung von Renten und Pensionen - Eine Erwiderung, in: Deutsche Rentenversicherung (DRV), Heft 4-5, S. 360-362.

Rappel, Hans-Peter/ Kortmann, Klaus/ Schneekloth, Ulrich (1992): Quellendokumentation zur Alterssicherung, Forschungsprojekt im Auftrag des Bundesministeriums für Arbeit und Sozialordnung von Infratest Sozialforschung, München, Bonn, Bundesministerium für Arbeit und Sozialordnung (Hrsg.).

Rechmann, Susanne (1994a): Zu Umverteilungswirkungen in staatlichen Alterssicherungssystemen - Das Beitrags-Leistungsverhältnis in ausgewählten Alterssicherungssystemen der Europäischen Union, Alterssicherung in der EG,

ASEG-Projekt, Univ. Frankfurt a.M., Diskussionspapier Nr. 28, 20 S.
Recht, Georg (1997a): Kommission "Fortentwicklung der Rentenversicherung", Vorschläge vom 27. Januar 1997, Bonn, 47 S.
Recht, Georg (1997b): Rentenreform 1999 - Die Vorschläge der Regierungskommission "Fortentwicklung der Rentenversicherung", in: Soziale Sicherheit, 46 - Heft 4, S. 135-141.
Rehfeld, Uwe (1990): 100 Jahre Rentenversicherung im Spiegel der Statistik, in: Ruland, Franz (Hrsg.), Handbuch der gesetzlichen Rentenversicherung (HDR), Neuwied, S. 1111-1158.
Reiermann, Christian (2000): Rente - Mut zum Systemwechsel, in: Spiegel, 04.09.2000, S. 29.
Reiermann, Christian/ Sauga, Michael (2000): Rente - Systemwechsel in vier Stufen, in: Spiegel, 22.05.2000, S. 86.
Richter, Heinz (1995): Von Renten und Raten, in: Der Betrieb (DB), 48., H. 22, Düsseldorf, S 1098-1102.
Richter, Wolfram F. (1987): Neutrale Ertragsanteilsbesteuerung von Renten, in: Deutsche Rentenversicherung (DRV), Heft 10, S. 662-685.
Richter, Wolfram F. (1995): Einkommensteuerliche Freistellung unvermeidbarer Privatausgaben, Unternehmenstheorie und Besteuerung, S. 456-477.
Richter, Wolfram (2001): Die Besteuerung der Altersvorsorge aus wirkungsanalytischer Perspektive, in: Finanz-Rundschau für Ertragsteuerrecht (FR), S. 1000-1004.
Richter, Wolfram F./ Wiegard, Wolfgang (2001): Die Besteuerung deutscher Renten im Ausland - Effizienzorientierte Besteuerung von Renten bei Freizügigkeit -, in: VDR (Hrsg.) (2001a), Besteuerung von Beiträgen und Leistungen in der Altersvorsorge - Wissenschaftliches Kolloquium des VDR am 22./23.03.2001 in Würzburg, Band 29, Frankfurt a.M., S. 143-155.
Riebsamen, Hans (2000): Merz beharrt auf Besteuerung der Rente - CSU: Ärgerliches Vorpreschen - "Verunsicherung der Alten", in: Frankfurter Allgemeine Zeitung (FAZ), 02.04.2000, S. 1-2.
Rompe, F. (1954): Innere und äußere Gesetzmäßigkeit des neuen Einkommensteuertarifes, in: Deutsche Steuerzeitung (DStZ), Heft 24, 42. Jg., S. 381-385.
Röncke, F. (1950): Zur einkommensteuerlichen Behandlung der Rente, in: Betriebs-Berater (BB), Heft 23, S. 586-588.
Rose, Manfred (1988): Allokations- und Verteilungseffekte der Reform des deutschen Einkommensteuertarifs nach sozio-ökonomischen Gruppen - Simulationsergebnisse mit einem empirischen allgemeinen Gleichgewichtsmodell für die BRD, in: Seidel, Christian (Hrsg.), Steuern, Steuerreform und Einkommensverteilung, Studies in Contemporary Economics, Berlin u.a.O., S. 29-47.
Rose, Manfred (1991): Plädoyer für ein konsumbasiertes Steuersystem, in: Rose, Manfred (Hrsg.), Konsumorientierte Neuordnung des Steuersystems, S. 7-34.
Rose, Manfred (1996): Konsumorientierung des Steuersystems - theoretische Konzepte im Lichte empirischer Erfahrungen, in: Krause-Junk, Gerold (Hrsg), Steuersysteme der Zukunft (zugl. Zeitschrift für Wirtschafts- und Sozialwissenschaften: Beiheft 6; Schriften des Vereins für Socialpolitik, Gesellschaft für Wirtschafts- und Sozialwissenschaften; N.F., Bd. 256), S. 247-278.
Ruland, Franz (1997a): Die Besteuerung der Renten - Vortrag anläßlich des aktuellen Presseseminars des VDR, 1996 in Würzburg, in: Soziale Sicherheit, Heft 2, S. 49-56.

Ruland, Franz (1997b): Die Sparmaßnahmen im Rentenrecht und der Eigentumsschutz von Renten, in: Deutsche Rentenversicherung (DRV), S. 94 ff.

Ruland, Franz (2000): Rentenbesteuerung und Rentenreform; Vortrag auf der 6. Münsterischen Sozialrechtstagung, 10.11.2000, in: Neue Zeitschrift für Sozialrecht (NZS), 23 S.

Ruland, Franz (2001): Vor der Entscheidung des Bundesverfassungsgerichts: die unterschiedliche Besteuerung von Renten und Pensionen, DRV-Schriften, Band 31, S. 32-39.

Ruland, Franz (2002): VDR-Geschäftsführer Ruland zum Urteil des Bundesverfassungsgerichts zur Rentenbesteuerung, in: VDR aktuell, 06.03.2002.

Ruland, Franz (Hrsg.) (1990): Handbuch der gesetzlichen Rentenversicherung (HDR), Neuwied.

Ruland, Franz/ Rürup, Bert (2001): Pflegeversicherungsurteile des Bundesverfassungsgerichts nach Auffassung von VDR und Sozialbeirat ohne Auswirkungen auf die Rentenversicherung, in: VDR aktuell, 05.04.2001, 2 S.

Rürup, Bert (1999): Eine Stärkung der Betriebsrente ist keine Alternative zum Riester-Modell - Sozialpolitische Erwägungen und Sparzwänge sprechen für eine obligatorische Privatvorsorge der Arbeitnehmer, in: Handelsblatt, 01.09.1999, S. 2.

Rürup, Bert (2000a): Die Besteuerung von Alterseinkommen, mimio.

Rürup, Bert (2000b): Das Rentenreformkonzept der Bundesregierung, in: Wirtschaftsdienst, 80. Jg. Heft 8, S. 455-459.

Rürup, Bert (2000c): "Steuerausfälle von 15 Milliarden", in: Handelsblatt, 08.05.2000, S. 5.

Rürup, Bert (2001): Stellungnahme zur mündlichen Verhandlung vor dem Bundesverfassungsgericht am 09.10.2001 - Aussetzungs- und Vorlagebeschluss des 4. Senats des Finanzgerichts Münster vom 18. Oktober 1999- 4 K 7821/97 E-2 BvL 17/99 von Bert Rürup.

Sachverständigenrat (1993): Jahresgutachten 1993/94, Sachverständigenrat zur Begutachtung der gesamtwirtschaftlichen Entwicklung.

Sachverständigenrat (1995): Jahresgutachten 1995/96, Sachverständigenrat zur Begutachtung der gesamtwirtschaftlichen Entwicklung.

Sachverständigenrat (1996): Jahresgutachten 1996/97, Sachverständigenrat zur Begutachtung der gesamtwirtschaftlichen Entwicklung.

Sachverständigenrat (1999): Jahresgutachten 1999/2000, Sachverständigenrat zur Begutachtung der gesamtwirtschaftlichen Entwicklung.

Sachverständigenrat (2000): Jahresgutachten 2000/01, Sachverständigenrat zur Begutachtung der gesamtwirtschaftlichen Entwicklung.

Sachverständigenrat (2001): Jahresgutachten 2001/02, Sachverständigenrat zur Begutachtung der gesamtwirtschaftlichen Entwicklung.

Sachverständigenrat (2002): Jahresgutachten 2002/03, Sachverständigenrat zur Begutachtung der gesamtwirtschaftlichen Entwicklung.

Samuelson, Paul A. (1964): Tax Deductibility of Economic Depreciation to Insure Invariant Valuations, in: Journal of Political Economy, S. 604-606.

Samwick, Andrew A. (1998): Tax Reform and Target Saving, NBER Working Paper Series (National Bureau of Economic Research), 6640, 27 S.

Saß, B. (1993): Überlegungen zur Neuregelung der Besteuerung von im Alter bezogenen Einkünften, in: Finanz-Rundschau für Ertragsteuerrecht (FR), S. 217-.

Schäfers, Manfred (2000): Union droht Eichel mit Scheitern der Steuerpläne, in: Frankfurter Allgemeine Zeitung (FAZ), 22.01.2000.

Schäfers, Manfred (2000): Merz: Alterseinkünfte aus unbelasteten Beiträgen versteuern

- "Einem Urteil des Verfassungsgerichts zuvorkommen" - Widerspruch aus CSU und FDP, in: Frankfurter Allgemeine Zeitung (FAZ), 01.04.2000, S. 1.
Scheer, Christian (1996): Steuerpolitische Ideale - gestern und morgen, in: Krause-Junk, Gerold (Hrsg), Steuersysteme der Zukunft (zugl. Zeitschrift für Wirtschafts- und Sozialwissenschaften: Beiheft 6; Schriften des Vereins für Socialpolitik, Gesellschaft für Wirtschafts- und Sozialwissenschaften; N.F., Bd. 256), S. 155-198.
Scheil, Xenia (1983): Besteuerung von Alterseinkünften: Verteilungswirkung der steuerlichen Behandlung im internationalen Vergleich; Diss. FU Berlin, Berlin, 1983.
Scheipers, Thomas (1997): Zur Kompensation beamtenrechtlicher Versorgungsprivilegien durch Gehaltsnachteile: ein Vergleich der Lebenseinkommen von Angestellten und Beamten; Diss. Univ. Augsburg, 209 S.
Schitz, Heinz (2000): Scheel: Steuern um 40 Milliarden senken, in: Handelsblatt, 31.08.2000.
Schlomann, Heinrich (1992): Vermögensverteilung und private Altersvorsorge; Diss. Univ. Frankfurt a. M., Frankfurt a. M., New York.
Schmähl, Winfried (1980): Besteuerung Nettoanpassung und Beitragsbelastung von Renten, in: Wirtschaftsdienst, 60. Jg. Heft 1, S. 28 ff.
Schmähl, Winfried (1981): Elemente einer künftigen Rentenreform: Veränderungen der Anpassung und der Besteuerung von Renten - Analysen und Vorschläge - Einzelgutachten, in: BMA (Hrsg.), Langfristige Probleme der Alterssicherung in der Bundesrepublik Deutschland - Sozialbeirat des Bundesministeriums für Arbeit und Sozialordnung, 1981, Band 3, Bonn, S. 83-357.
Schmähl, Winfried (1983a): Lebenseinkommensanalysen - Einige methodische und empirische Fragen im Überblick, in: Schmähl, Winfried (Hrsg.), Ansätze der Lebenseinkommensanalyse, S. 1 - 55.
Schmähl, Winfried (1983b): Elemente einer künftigen Rentenreform: Veränderungen der Anpassung und der Besteuerung von Renten, Einzelgutachten für den Sozialbeirat, in: BMA (Hrsg.), Langfristige Probleme der Alterssicherung in der Bundesrepublik Deutschland - Sozialbeirat des Bundesministeriums für Arbeit und Sozialordnung, 1983, Band 3, Bonn, S. 83-357.
Schmähl, Winfried (1984): Ziele der Altersicherungspolitik und Alternativen der Besteuerung von Alterseinkünften, in: Finanzarchiv, Bd. 42, Heft 2, S. 252-273.
Schmähl, Winfried (1986): Teilbesteuerung versus Vollbesteuerung von Renten, in: Deutsche Rentenversicherung (DRV), Heft 3-4, S. 101-128.
Schmähl, Winfried (1990): Gesetzliche Rentenversicherung und Volkswirtschaft, in: Ruland, Franz (Hrsg.), Handbuch der gesetzlichen Rentenversicherung (HDR), Neuwied, S. 357-387.
Schmähl, Winfried (2002): Die Politik wird sich nicht mehr vornehm zurückhalten können, in: Handelsblatt, 06.03.2002, S. 8.
Schmähl, Winfried (Hrsg.) (1983): Ansätze der Lebenseinkommensanalyse.
Schmähl, Winfried u.a. (1980): Quantitative Auswirkungen einer veränderten Besteuerung von Renten, in: Die Angestelltenversicherung, 27. Jg., S. 348-357; S. 413-420.
Schmähl, Winfried/ Göbel, Dieter (1983): Lebenseinkommensverläufe aus Längsschnittsdaten der Rentenversicherungsträger, in: Schmähl, Winfried (Hrsg.), Ansätze der Lebenseinkommensanalyse, S. 126 - 172.
Schmekal, Christian/ Sendlhofer, Rupert/ Winner, Hannes (Hrsg.) (1999): Einkommen versus Konsum - Ansatzpunkte zur Steuerreformdiskussion.
Schmid, Andreas (1998): Altersversorgung aus internationaler Sicht - Schweiz, in:

Cramer, Jörg-E.; Förster, Wolfgang; Ruland, Franz (Hrsg.), Handbuch zur Altersversorgung - Gesetzliche, betriebliche und private Vorsorge in Deutschland, S. 1153-1172.

Schmidt, Eberhard (1996): Das Dilemma der Besteuerung der Altersbezüge, in: Betriebs-Berater (BB), Heft 38, S. 1969-1971.

Schmidt, K. (1980): Grundprobleme der Besteuerung, in: HdF (Handbuch der Finanzwissenschaft), Bd. II, 3. Aufl, Tübingen, S. 119-171.

Schmidt, Ludwig (Hrsg.) (1998): Einkommensteuergesetz : Kommentar, 17., völlig neubearb. Aufl.

Schmitter, Miriam (2001): Besteuerungsoptionen der betrieblichen Altersversorgung; Diss. Techn. Univ. Darmstadt, Frankfurt, 224 S.

Schmitz, Heinz (2000a): Grüne: Rentenbesteuerung schnell ändern - Karlsruhe verschiebt Entscheidung - Eichel will Vorsorgeaufwändungen schrittweise von der Steuer freistellen, in: Handelsblatt, 10.05.2001, S. 5.

Schmitz, Heinz (2000b): Gerhard Schröders Kraft zur Reform des Standorts Deutschland ist am Ende, in: Handelsblatt, 22.09.2000, S. 2.

Schmitz, Heinz (2001a): Schilys mutige Pensionspläne bringen Stoiber in Verlegenheit, in: Handelsblatt, 21.06.2001, S. 11.

Schmitz, Heinz (2001b): Merz will Steuersystem stark vereinfachen, in: Handelsblatt, 07.05.2001, S. 4.

Schmitz, Heinz (2002a): Eichel nutzt Limbachs Vorlage zur Offensive - Opposition wärmt alte Renten-Schlachten auf, in: Handelsblatt, 07.03.2002, S. 2.

Schmitz, Heinz (2002b): Richtiger Weg - Eichel kündigt neue Rentenbesteuerung an -, in: Handelsblatt, 07.03.2002, S. 9.

Schmitz, Heinz (2002c): Kommentar: Richtiger Weg, in: Handelsblatt, 06.03.2002, http://www.handelsblatt.com.

Schnabel, Reinhold (1998a): Rates of Return of the German Pay-As-You-Go Pension System, Univ. Mannheim, Working Paper, dp98-56, Mannheim, 25 S.

Schnabel, Reinhold (1998b): Interne Renditen in der gesetzlichen Rentenversicherung, in: Schnabel, Reinhold/ Raffelhüschen, Bernd/ Miegel, Meinhard (1998), Renditen der gesetzlichen Rentenversicherung im Vergleich zu alternativen Anlageformen - Effizienzvergleich; Deutsches Institut für Altersvorsorge, S. 15-35.

Schnabel, Reinhold (1998c): Rates of Return of the German Pay-As-You-Go Pension System, in: Finanzarchiv, Bd. 55, S. 374-399.

Schnabel, Reinhold/ Raffelhüschen, Bernd/ Miegel, Meinhard (1998): Renditen der gesetzlichen Rentenversicherung im Vergleich zu alternativen Anlageformen - Effizienzvergleich; Deutsches Institut für Altersvorsorge, Frankfurt a.M.

Schneider, Dieter (1979): Bezugsgrößen steuerlicher Leistungsfähigkeit und Vermögensbesteuerung, in: Finanzarchiv, S. 26-49.

Schneider, Dieter (1992): Maß und Ausmaß der Steuervergünstigung, in: Der Betrieb (DB), S. 1737-1742.

Schneider, Dieter (1999a): Das einkommensteuerliche Existenzminimum: Kein Problem alternativer Leistungsfähigkeitkonzeptionen, sondern ein Tarif- und Transferproblem - Diskussion des Beitrags von Michael Wosnitza und Corinna Treisch -, in: Der Betriebswirt (DBW), S. 660-663.

Schneider, Dieter (1999b): Ist die Einkommensteuer überholt? Kritik und Reformvorschläge, in: Schmekal, Christian/ Sendlhofer, Rupert/ Winner, Hannes (Hrsg.), Einkommen versus Konsum - Ansatzpunkte zur Steuerreformdiskussion, S. 1-14.

Schneider, Dieter (2000): Mängel in der ökonomischen Begründung einer Steuerfreiheit für Kapitaleinkünfte, in: Steuer und Wirtschaft (StuW), S. 421-430.

Schneider, Dieter (2001a): Eine Philippika gegen die methodologische Unbedarftheit der Anhänger einer Nichtbesteuerung von Kapitaleinkünften, Vortrag zur Tagung in Mannheim 16.03.2001.

Schneider, Dieter (2001b): Peter Bareis, Theodor Siegel, 60 Jahre - und kein bißchen weise für interdisziplinäre Steuerwissenschaft?, in: Steuer und Wirtschaft (StuW), S. 84-86.

Schneider, Hans-Peter; Hoffmann, Peter (2002): Anmerkungen zum BVerfG-Beschluss zur Besteuerung von Beamtenpensionen und Renten aus der gesetzlichen Rentenversicherung, in: INF, Die Information über Steuer und Wirtschaft, S. 289-291.

Schober, Heinz-Ludwig (1964): Die einkommensteuerliche Behandlung der Renten; Diss. Univ. Münster, Münster.

Schöberle (2001): § 32a EStG Einkommensteuertarif, in: Kirchhoff, Paul; Söhn, Hartmut (Hrsg.) (2001), Einkommensteuergesetz: Kommentar, Stand: Mai 2001, Lfg. 109, Heidelberg.

Schölkopf, Martin/ Sacher, Matthias (2000): Konvergenz oder Divergenz? Seniorenpolitik und soziale Lage älterer Menschen in Ost- und Westdeutschland, in: Noll, Heinz-Herbert; Habich, Roland (Hrsg.) (2000), Vom Zusammenwachsen einer Gesellschaft - Analysen zur Angleichung der Lebensverhältnisse in Deutschland.

Scholz, Helmut (1990): Besteuerung von Renten und Pensionen - Eine Entgegnung, in: Deutsche Rentenversicherung (DRV), Heft 12, S. 761-775.

Schön, Wolfgang (2001): Schlussfolgerungen aus juristischer Sicht, in: Kirchhof, Paul/ Neumann, Manfred J. M. (Hrsg.) (2001), Freiheit, Gleichheit, Effizienz - ökonomische und verfassungsrechtliche Grundlagen der Besteuerung -, S. 121-127.

Schreiber, Ulrich; Stellpflug, Thomas (1999): Einkommen versus Konsum als Steuerbasis?, in: WiSt, S. 186-192.

Schrinner, Axel (1998): Die Besteuerung von Alterseinkünften und des Altersvorsorgesparens, in: Wirtschaftsdienst, Heft 8, S. 468-482.

Schrinner, Axel (2000): Mallorca - attraktives Steuerparadies für Rentner - Nachgelagerte Rentenbesteuerung schafft Anreiz zur Abwanderung ins Ausland - Dem Fiskus drohen Einnahmeausfälle, in: Handelsblatt, 11.08.2000, S. 6.

Schrinner, Axel (2002a): Der 22-jährige Streit um die Rentenbesteuerung geht in die Endrunde, in: Handelsblatt, 05.03.2002, S. 9.

Schrinner, Axel (2002b): "Das ist zu verkraften", in: Handelsblatt, 07.03.2002, S. 2.

Schrinner, Axel (2002c): Nachgefrag: Bert Rürup "Das ist zu verkraften", in: Handelsblatt, 07.03.2002, http://www.handelsblatt.com.

Schröder, Gerhard (1995): Die Diskrepanz zwischen Renten- und Pensionsbesteuerung wird immer größer, in: Deutsche Steuerzeitung (DStZ), Heft 8, S. 231-239.

Schröder, Gerhard (1997): Zur Diskrepanz zwischen Renten- und Pensionsbesteuerung - Eine Replik zu dem Aufsatz von Bertuleit/Binne in DStZ 17-18/96, in: Deutsche Steuerzeitung (DStZ), S. 32-36.

Schroeter, Ingo (1999): Analyse und Bewertung der intergenarativen Verteilungswirkungen einer Substitution des Umlage- durch das Kapitalstocksverfahren zur Rentenfinanzierung; Diss. Techn. Univ. Darmstadt 1998, Frankfurt a. M., 278 S.

Schwarze, Johannes (1991): Ausbildung und Einkommen von Männern - Einkommensfunktionsschätzungen für die ehemalige DDR und die Bundesrepublik Deutschland, in: Mitteilungen aus der Arbeitsmarkt- und

Berufsforschung (MittAB), S. 63-69.
Schwarze, Johannes (1995): Simulating German Income and Social Security Tax Payments Using the GSOEP, Cross-National Studies in Aging, Syracuse University, Syracuse, New York, Nr. 19, Syracuse, New York, 38 S.
Schwenn, Kerstin (2000): Gewerkschaften: Bündnis soll nicht an "Rente mit 60" scheitern - Grüne: Rentenbeiträge später besteuern, in: Frankfurter Allgemeine Zeitung (FAZ), 03.01.2000, S. 13 f.
Schwinger, Reiner (1994): Konsum oder Einkommen als Bemessungsgrundlagen direkter Steuern?, in: Steuer und Wirtschaft (StuW), S. 39-50.
Seer, Roman (1996): Die Besteuerung der Alterseinkünfte und das Gleichheitsgebot (Art. 3 Abs. 1 GG), in: Steuer und Wirtschaft (StuW), Heft 4, S. 323-336.
Seidl, Christian (Hrsg.) (1988): Steuern, Steuerreform und Einkommensverteilung, Studies in Contemporary Economics, Berlin u.a.O.
SGB VI, 6. Sozialgesetzbuch (2000): 6. Sozialgesetzbuch idF vom 18.12.1989 (BGBl. I S. 2261, ber. 1990 I S. 1337) zuletzt geändert durch das Gesetz zur Sanierung des Bundeshaushalts (HSanG) vom 22.12.1999 (BGBl. I S. 2534), 26. Aufl., 15.03.2000, München: Beck.
Shoven, John B./ Sialm, Clemens (1999): Asset Location in tax-deferred and conventional savings accounts, NBER Working Paper Series (National Bureau of Economic Research), 7192, 34 S.
Shoven, John B./ Wise, David A. (1996): The taxation of pensions: a shelter can become a trap, NBER Working Paper Series (National Bureau of Economic Research), 5815, 63 S.
Siebert, Horst (Hrsg.) (1996b): Volkswirtschaftslehre.
Siegel, Theo (1999): Existenzminimum und Leistungsfähigkeit - Diskussion des Beitrags von Michael Wosnitza und Corinna Treisch, in: Der Betriebswirt (DBW), S. 558-560.
Sinn, Hans-Werner/ Thum, Marcel (1999): Gesetzliche Rentenversicherung : Prognosen im Vergleich, in: Finanzarchiv, Bd. 56, S. 104-135.
Snelting, Martin (1997): Steuerreform und Vertrauensschutz, in: Wirtschaftsdienst, S. 58 ff.
SOEP Group (2001): The German Socio-Economic Panel (GSOEP) after more than 15 years - Overview. In: Holst, Elke/ Lillard, Dean R./ DiPrete, Thomas A. (Hrsg.), in: Vierteljahreshefte zur Wirtschaftsforschung, Jg. 70, Nr. 1, S. 7-14.
Söffing, Günter (1998): Das leidige Problem der Besteuerung von Altersbezügen, in: Deutsche Steuerzeitung (DStZ).
Söhn, Hartmut (1985): Sonderausgaben (§ 10 EStG) und Besteuerung nach der Leistungsfähigkeit, in: Steuer und Wirtschaft (StuW), S. 395-407.
Söhn, Hartmut (1986): Abzug von Rentenversicherungsbeiträgen als Sonderausgaben (§10 Abs. 1 Nr. 2 EStG) und Ertragsanteilsbesteuerung von Leibrenten (§22 Nr. 1 Satz 3 Buchstabe a EStG), in: Steuer und Wirtschaft (StuW), Heft 4, S. 324-334.
Söhn, Hartmut (1990): Verfassungsrechtliche Bindungen bei der Beschränkung der Abzugsfähigkeit von Vorsorgeaufwendungen durch Höchstbeträge, in: Steuer und Wirtschaft (StuW), Heft 4, S. 356-363.
Söhn, Hartmut/ Müller-Franken, Sebastian (2000): Vorgelagerte und/ oder nachgelagerte Besteuerung von Altersbezügen?, in: Steuer und Wirtschaft (StuW), Heft 4, S. 442-451.
Sonntag, Klaus-Peter (1982): Umverteilung durch ein integriertes System von Transfers und Steuern, 221 S.
Spahn, Paul Bernd u.a. (1992): Mikrosimulation in der Steuerpolitik, 279 S.
Speckbacher, Gerhard (1992): Ein Konzept zur gerechtigkeitsorientierten Bewertung

von Alterssicherungssystemen; Diss. Univ. Ulm, 167 S.
Speckbacher, Gerhard (1994): Alterssicherung und intergenerationale Gerechtigkeit: eine modellorientierte Analyse, 155 S.
StÄndG 1958 v. 18.07.1958 (1958): Gesetz zur Änderung steuerlicher Vorschriften auf dem Gebiet der Steuern vom Einkommen und Ertrag und des Verfahrensrechts (Steueränderungsgesetz 1958), in: Bundesgesetzblatt, BGBl I, S. 473 ff.
StÄndG 1964 v. 16.11.1964 (1964): Gesetz zur Änderung des Einkommensteuergesetzes, des Spar-Prämiengesetzes und anderer Gesetze (Steueränderungsgesetz 1964), in: Bundesgesetzblatt, BGBl I, S. 885 ff.
StÄndG 1979 v. 30.11.1978 (1978): Gesetz zur Änderung des Einkommensteuergesetzes, des Gewerbesteuergesetzes, des Umsatzsteuergesetzes und anderer Gesetze (Steueränderungsgesetz 1979), in: Bundesgesetzblatt, BGBl I, S. 1849.
StÄndG v. 14.05.1965 (1965): Steueränderungsgesetzt, in: Bundesgesetzblatt, BGBl. I, S. 377 ff.
StatJahrb. (2000): Statistisches Jahrbuch für die Bundesrepublik Deutschland und für das Ausland, Statistisches Bundesamt Wiesbaden (Hrsg.), Stuttgart.
Steinmeyer, Heinz-Dietrich (2000): Deutsche Steuerregelungen im internationalen Kontext, Thesenpapier anläßlich der 6. Münsterischen Sozialrechtstagung, 10.11.2000, mimio, 3 S.
StEntG 1999 v. 19.12.1998 (1998): Steuerentlastungsgesetz 1999, in: Bundesgesetzblatt, BGBl I, S. 3779 ff.
StEntlG 1978 v. 04.11.1977 (1977): Gesetz zur Steuerentlastung und Investitionsförderung (Steuerentlastungsgesetz), in: Bundesgesetzblatt, BGBl. I, S. 1965 ff.
StEntlG 1981 v. 16.08.1980 (1980): Gesetz zur Steuerentlastung und Familienförderung (Steuerentlastungsgesetz 1981), in: Bundesgesetzblatt, BGBl I, S. 1381 ff.
StEntlG 1999/2000/2002 v. 24.03.1999 (1999): Steuerentlastungsgesetz 1999/2000/2002, in: Bundesgesetzblatt, BGBl I, S. 402 ff.
Stern, N. H. (1976): On the Specification of Models of Optimum Income Taxation, in: Journal of Public Economics, Vol. 6, No. 1, 2, S. 123-162.
StNeurordG (1954) v. 16.12.1954 (1954): Gesetz zur Neuordnung von Steuern (Steuerneuordnungsgesetz), in: Bundessteuerblatt, BStBl. I, S. 575-594.
Stobbe, Alfred (1962): Untersuchungen zur makroökonomischen Theorie der Einkommensverteilung; Forschungsbericht des Instituts für Weltwirtschaft an der Universität Kiel, Kiel, Tübingen, 168 S.
Stöhr, Thomas (1998a): Reform der einkommensteuerlichen Behandlung von Alterseinkünften; Diss. Univ. Frankfurt a.M. 1997, Frankfurt a. M., 267 S.
Stöhr, Thomas (1998b): Die Petersberger Steuervorschläge - ein Modell zur systemgerechten Besteuerung von Alterseinkünften?, in: Deutsche Rentenversicherung (DRV), Heft 3/4, S. 166-178.
Storey, James R. (1998): Individual Retirement Accounts (IRAs): Legislative Issues in the 105th Congress, CRS Report for Congress, 08.06.1998.
Stork, Hans-Rainer (1984): Zur datenanalytischen Problematik von Alters-, Kohorten- und Periodeneffekten; SFB 3 Univ. Frankfurt u. Mannheim, Arbeitspapier 143, 39 S.
Störtzbach, Bernd/ Lengsfeld, Wolfgang (1984): Soziodemographische Differenzierung der Bildungsbeteiligung und ihr Einfluss auf die Einkommens- und Berufschancen. Berichtssystem Mikrozensus; Wolfgang Lengsfeld. Bundesinstitut für Bevölkerungsforschung, Wiesbaden, 33 S.
Strengmann-Kuhn, Wolfgang (1999) (1999): Erwerbsverläufe in Deutschland,

Großbritannien und Schweden - Ähnlichkeiten, Unterschiede und Veränderungen über die Zeit, Frankfurt a.M., 34 S.

StRG 1990 v. 25.07.1988 (1988): Steuerreformgesetz 1990, in: Bundesgesetzblatt, BGBl I, S. 1093 ff.

StSenkErgG 2000 v. 19.12.2000 (2000): Gesetz zur Ergänzung des Steuersenkungsgesetzes (Steuersenkungsergänzungsgesetz), in: Bundesgesetzblatt, BGBl I, S. 1812 ff.

StSenkErwG 1988 v. 14.07.1987 (1987): Gesetz zur Änderung des Einkommensteuergesetzes (Steuersenkungs-Erweiterungsgesetz 1988), in: Bundesgesetzblatt, BGBl I, S. 1629 ff.

StSenkG 1986/1988 v. 26.06.1985 (1985): Gesetz zur leistungsfördernden Steuersenkung und zur Entlastung der Familie (Steuersenkungsgesetz 1986/1988), in: Bundesgesetzblatt, BGBl I, S. 1153 ff.

Stuhrmann, Gerd (1998): § 22 EStG Arten der sonstigen Einkünfte, in: Blümlich, Walter (1977), Einkommensteuergesetz: Kommentar, begr. von Blümlich, W. fortgef. von Falk, L., Stand: April 1998, München.

Take, Michael (1999): Berücksichtigung der Grundrechte in streitigen Steuerrechtsfragen, in: Betriebs-Berater (BB), Heft 35, Jg. 54, S. 1790-1798.

Tartler, Jens (2002) (2002): Kommentar: Schonfrist für die Bundesregierung, in: Financial Times Deutschland, 06.03.2002, http://www.ftd.de.

Taylor, Ph. (1948): The Economics of Public Finance, New York.

Tipke, Klaus/ Lang, Joachim (1998): Steuerrecht / begr. von Klaus Tipke, fortgef. von Joachim Lang, 16. völlig überarbeitete Aufl., Köln, 1057 S.

Transfer-Enquête-Kommission (1979): Zur Einkommenslage der Rentner - Zwischenbericht der Sachverständigenkommission zur Ermittlung des Einflusses staatlicher Transfereinkommen auf das verfügbare Einkommen der privaten Haushalte (Transfer-Enquête-Kommission), Februar 1979, Bonn, 215 S.

Treisch, Corinna (1995): Die private Rentenversicherung im Einkommensteuerrecht, in: Steuer und Wirtschaft (StuW), 28-38.

Treisch, Corinna (2001): Einkommensmessung und Steuerbelastung bei Renditen oberhalb des Kapitalmarktzinssatzes, in: Der Betriebswirt (DBW), S. 306-318.

Varian, Hal R. (1991): Grundzüge der Mikroökonomik, 2. überarb. u. erw. Aufl.

VDR, Verband Deutscher Rentenversicherungsträger (2001): Stellungnahme des Verbandes Deutscher Rentenversicherungsträger (VDR) zu dem Aussetzungs- und Vorlagebeschluss des 4. Senats des Finanzgerichts Münster vom 18. Oktober 1999- 4 K 7821/97 E- 2 BvL 17/99, in: Deutsche Rentenversicherung (DRV), Heft 10-11, S. 663-698.

VDR, Verband Deutscher Rentenversicherungsträger (Hrsg.) (1987): Zur langfristigen Entwicklung der gesetzlichen Rentenversicherung, Gutachten der Kommission des Verbandes der gesetzlichen Rentenversicherung; Schriften des Verbandes Deutscher Rentenversicherungsträger, Frankfurt a. M., 257 S.

VDR, Verband Deutscher Rentenversicherungsträger (Hrsg.) (1998): Auswirkungen veränderter ökonomischer und rechtlicher Rahmenbedingungen auf die gesetzliche Rentenversicherung in Deutschland, Prognos-Gutachten 1998, DRV-Schriften, Band 9, Frankfurt a.M., 140 S.

VDR, Verband Deutscher Rentenversicherungsträger (Hrsg.) (2000a): Rentenversicherung in Zeitreihen Ausgabe 2000, Juli 2000, Frankfurt a. M., 298 S.

VDR, Verband Deutscher Rentenversicherungsträger (Hrsg.) (2000b): Rentenversicherung in Zahlen 2000, 30.04.1999, Frankfurt a. M., 73 S.

VDR, Verband Deutscher Rentenversicherungsträger (Hrsg.) (2001a): Besteuerung von Beiträgen und Leistungen in der Altersvorsorge - Wissenschaftliches Kolloquium des VDR am 22./23.03.2001 in Würzburg, Band 29, Frankfurt a.M., 155 S.

VDR, Verband Deutscher Rentenversicherungsträger (Hrsg.) (2001b): Aktuelles Presseseminar des VDR vom 12.-13. November 2001 in Würzburg, DRV-Schriften, Band 31.

Veall, M. R. (1986): Public Pensions as Optimal Social Contracts, in: Journal of Public Economics, 32, S. 237-251.

Veall, Michael R. (1999): Did Tax Flattening Affect RRSP Contributions?, QSEP Research Report (Research Institute for Quantitative Studies in Economics and Population Faculty of Social Sciences, McMaster Univ. Hamilton, Ontario, Canada), Nr. 342, http, 15 S.

Vetterle, Helmut (1986): Konstruktion und Simulation mikroanalytischer Modelle: d. Methode d. Mirkosimulation u. ihre Anwendung, 236 S.

Wagner, Adolph (1890): Finanzwissenschaft, 2. Theil: Theorie der Besteuerung, Gebührenlehre und allgemeine Steuerlehre, Leipzig.

Wagner, Franz (1992): Neutralität und Gleichmäßigkeit als ökonomische und rechtliche Kriterien steuerlicher Normkritik, in: Steuer und Wirtschaft (StuW), S. 2-12.

Wagner, Franz (2002): Nachgelagerte Rentenbesteuerung - Bruch oder Vervollkommnung der Steuersystematik?, in: Betriebs-Berater (BB), S. 1.

Wagner, Franz W. (1989): Die zeitliche Erfassung steuerlicher Leistungsfähigkeit, Zeitaspekte in betriebswirschaftlicher Theorie und Praxis, Stuttgart, S. 261-277.

Wagner, Franz W. (1999): Eine Einkommensteuer muß eine konsumorientierte Steuer sein, in: Schmekal, Christian/ Sendlhofer, Rupert/ Winner, Hannes (Hrsg.), Einkommen versus Konsum - Ansatzpunkte zur Steuerreformdiskussion, S. 15 ff.

Wagner, Franz W. (2001): "Karlsruher Entwurf zur Reform des Einkommensteuergesetzes" - Anmerkungen aus der Perspektive ökonomischer Vernunft, in: Steuer und Wirtschaft (StuW), Heft 4, S. 354-362.

Wagner, Franz W./ Wiegard, Wolfgang (2001): Vorsicht bei der Rentenbesteuerung, in: Handelsblatt, 02.01.2001, S. 46.

Wagner, Gert (1984): Umverteilung in der Gesetzlichen Rentenversicherung - Eine theoretische und empirische Analyse zum Versicherungsprinzip in der gesetzlichen Rentenversicherung; Überarbeitung der Diss. TU Berlin 1983.

Wagner, Joachim/ Lorenz, Wilhelm (1989): Einkommensfunktionsschätzungen mit Längsschnittdaten für vollzeiterwerbstätige deutsche Männer, in: Konjunkturpolitik, Heft 1-2, S. 99-109.

Wagner, Michael (1981): Umverteilung und Lohnstruktur, 194 S.

Walzer, Klaus (1987): Steuergerechtigkeit - Eine entscheidungstheoretische Interpretation, Berlin, 184 S.

Weise, Herbert (1979): Rentenfinanzierung und Rentenbesteuerung. Das Besteuerungspotential der Renteneinkommen in der Bundesrepublik Deutschland, in: Finanzarchiv, Bd. 37, Heft 3, S. 396.

Weiss, Karl-Heinz (1990): Steuerreform in einer sektoral strukturierten Ökonomie mit Über- und Unterbeschäftigung; Diss. Univ. Augsburg 1987, Frankfurt a.M., 375 S.

Weizsäcker, Robert K. von (1987a): Theorie der Verteilung der Arbeitseinkommen, Tübingen, 265 S.

Weizsäcker, Robert K. von (1987b): Umverteilungsbesteuerung, Rentenfinanzierung und demographischer Wandel: eine Inzidenzanalyse, Diskussionspapier Nr. A 145, Univ. Bonn, Dezember 1987, 31 S.

Weizsäcker, Robert K. von (1992): Bildung und Theorie der Lebenseinkommensverteilung - Diskussionspapier Nr. A-364,

Sonderforschungsbereich "Information und die Koordination wirtschaftlicher Aktivitäten", April 1992, Bonn, Halle (Saale), 26 S.

Weizsäcker, Robert K. von (1993): Bevölkerungsentwicklung, Rentenfinanzierung und Einkommensverteilung, Berlin, Heidelberg, 186 S.

Wellisch, Dietmar (2001): Steuerliche Förderung der privaten und betrieblichen Altersvorsorge und Rentenbesteuerung - Ein Reformvorschlag vor dem Hintergrund eines internationalen Vergleichs - unveröffentlichtes Manuskript, Magdeburg, 39 S.

Welter, Reinhard (1980): Die Besteuerung von Renten aus der gesetzlichen Rentenversicherung (§22 Nr. 1 Buchst. a EStG) und das Gleichbehandlungsgebot (Art. 3 Abs. 1 GG), in: Steuer und Wirtschaft (StuW), S. 332-341.

Welter, Reinhard (1984): Wiederkehrende Leistungen im Zivilrecht und im Steuerrecht.

Wenger, Ekkehard (1983): Gleichmäßigkeit der Besteuerung von Arbeits- und Vermögenseinkünften, in: Finanzarchiv, S. 207 ff.

Wenger, Ekkehard (1999): Warum die Finanzwissenschaft bei der Suche nach einer theoretischen Basis für die Einkommensteuer erfolglos bleiben mußte, in: Schmekal, Christian/ Sendlhofer, Rupert/ Winner, Hannes (Hrsg.), Einkommen versus Konsum - Ansatzpunkte zur Steuerreformdiskussion, S. 37-63.

Wernsmann, Rainer (1998): Die verfassungsrechtliche Rechtfertigung der Abzugsfähigkeit von Vorsorgeaufwendungen - Zugleich zum Unterschied zwischen existenznotwendigem und indisponiblem Einkommen, in: Steuer und Wirtschaft (StuW), S. 317-333.

Wernsmann, Rainer (2000): Steuerrecht und Beamtenversorgung, in: Neue Zeitschrift für Sozialrecht (NZS), 29 S.

Whitehouse, Edward R. (1998): The tax treatment of funded pensions, Whitehouse, E.R. (1998), 'Tax treatment of funded pensions', Social Protection Discussion Paper no. 9812, World Bank, 42 S.

Wied, Edgar (1999): § 32a Einkommensteuertarif, in: Blümlich, Walter (1977), Einkommensteuergesetz: Kommentar, begr. von Blümlich, W. fortgef. von Falk, L., Stand: Juni 1999, Münche.

Wiegard, Wolfgang (2000): Nachgelagerte Besteuerung von Alterseinkünften: das trojanische Pferd der Befürworter einer Konsumsteuer, in: ifo-Schnelldienst, H. 21, Berlin u.a., S. 8-12.

WIÖD, Wissenschaftliches Institut Öffentlicher Dienst e.V. Bonn (1988): Alterssicherungssysteme im Vergleich / mit Beiträgen von Ulrich Battis u.a., Schriften des WIÖD, Bonn, 315 S.

Wise, David A. (Hrsg.) (1994): Studies in the Economics of Aging.

Woll, Artur (Hrsg.) (1992): Wirtschaftslexikon, 6., überarb. und erw. Aufl., München, Wien, 770 S.

Wosnitza, Michael/ Treisch, Corinna (1999a): Leistungsfähigkeitskonzeptionen und steuerliche Behandlung des Existenzminimums, in: Der Betriebswirt (DBW), S. 351-368.

Wosnitza, Michael/ Treisch, Corinna (1999b): Existenzminimum und Maßgröße der steuerlichen Leistungsfähigkeit - Replik zu den Stellungnahmen von Bareis, Jachmann, Schneider und Siegel, in: Der Betriebswirt (DBW), S. 563-564.

Wynne, Mark A. (1997): Taxation, Growth, and Welfare: A Framework for Analysis and Some Preliminary Results", Economic Review, Federal Reserve Bank of Dallas, 1. Quartal, S. 1-15.

Yaari, Menahem E. (1965): Uncertain Lifetime, Life Insurance, and the Theory of the Consumer, in: Review of Economic Studies, 32, S. 137-150.

Zeidler, Wolfgang (1985): Verfassungsrechtliche Fragen zur Besteuerung von Familien- und Alterseinkommen, in: Steuer und Wirtschaft (StuW), Heft 1, S. 1-9.

Zeppernick, Ralf (1987): Transfereinkommen - keine quantité négligeable, in: Genossenschaftsforum, 14. Heft 11, Wiesbaden - Bierstadt, S. 491-495.

Zimmermann, Horst/ Henke, Klaus-Dieter (1994): Finanzwissenschaft: eine Einführung in die Lehre von der öffentlichen Finanzwirtschaft, 7., völlig überarbeitete und erweiterte Aufl., München, 499 S.

Zitzelsberger, Heribert (1984): Reformüberlegungen zur Besteuerung der Alterseinkommen - Anmerkungen zum Gutachten der Sachverständigenkommission Alterssicherungssysteme, in: Deutsche Steuerzeitung (DStZ), Heft 19, S. 467 - 475.

Zweifel, Peter/ Eisen, Roland (2000): Versicherungsökonomie, Berlin, 486 S.

9 Anhang

9.1 Einkommensteuertarife

Im Modell wurden die historischen Einkommensteuertarife des deutschen Einkommensteuerrechtes verwendet. Die nachfolgende Tabelle gibt die jeweiligen Fundstellen an.

Tabelle 9-1: Fundstellen der Einkommensteuertarife

Veranlagungs-zeitraum		Fundort
1955-1957	:	StNeurordG (1954) v. 16.12.1954, BGBl I (1954), S. 373 ff. = BStBl I (1954) S. 575 ff.
1958-1964	:	StÄndG 1958 v. 18.07.1958, BGBl I (1958), S. 473 ff. = BStBl I (1958), S. 431 ff.
1965-1974	:	StÄndG 1964 v. 16.11.1964, BGBl I (1964), S. 885 ff. = BStBl I (1964), S. 562 ff.
1975-1977	:	EStG (1975), v. 05.09.1974, BGBl I (1974), S. 2165 ff. = BStBl I (1974), S. 733
1978	:	StEntlG 1978 v. 04.11.1977, BGBl I (1977), S. 1965 ff. = BStBl I (1977), S. 498 ff.
1979-1980	:	StÄndG 1979 v. 30.11.1978, BGBl I (1978), S. 1849 ff. = BStBl I (1978), S. 491 ff.
1981-1985	:	StEntlG 1981 v. 16.08.1980, BGBl I (1980), S. 1381 ff. = BStBl I (1980), S. 541 ff
1986-1987	:	StSenkG 1986/1988 v. 26.06.1985, BGBl I (1985), S. 1153 = BStBl. I (1985), S. 441
1988-1989	:	StSenkErwG 1988 v. 14.07.1987, BGBl I (1987), S. 1629 ff. = BStBl. I (1987), S. 272 ff.
1990-1995	:	StRG 1990 v. 25.07.1988, BGBl I (1988), S. 1093 ff. = BStBl I (1988), 272
1993-1995	:	FKPG (1993) v. 23.06.1993, BGBl I (1993), S. 944 ff. (für Geringverdiener bereits vor 1996 Existenzminimum freigestellt.)
1996-1997	:	JStG (1996), BGBl I (1995), S. 1249 ff. = BStBl I (1995), S. 500 ff.
1998	:	EStG (1997) Neuf. v. 16.04.1997, BGBl I (1997), S. 821 ff. = BStBl I (1997), S. 415 ff.
1999	:	StEntG (1999) v. 19.12.1998, BGBl I (1998), S.3779 ff. = BStBl I (1999), S. 82 ff.
2000-2001	:	StEntlG (1999/2000/2002) v. 24.03.1999, BGBl I (1999), S. 402 ff. = BStBl I (1999), S. 323 ff.
2002/2003-2004/2005	:	StSenkErgG (2000) v. 19.12.2000, BGBl I (2000), S. 1812 ff. = BStBl I (2001), S. 25 ff.

Quelle: eigene Darstellung

9.2 Modellparameter

Tabelle 9-2: Modellparameter 1

		Beitragsbemessungsgrenze		Beitragssätze zur Sozialversicherung (aBL)				
	Durchschnitts-entgelt	Renten- & Arbeitslosen-versicherung	Kranken-versicherung	Rentenver-sicherung ArV+AnV	Arbeits-losenversi-cherung	Kranken-versicherung 1)	Pflegever-sicherung	Insge-samt
	[DM p.a.]	[DM p.a.]	[DM p.a.]	[%]	[%]	[%]	[%]	[%]
1	2	3	4	5	6	7	8	9
kj	duek	bbg_rv	bbg_kv	rv	av	kv	pfv	ban
1955	4'548	9'000	7'920	5.38%	0.00%	0.00%	0.00%	5.38%
1956	4'844	9'000	7'920	5.50%	0.00%	0.00%	0.00%	5.50%
1957	5'043	9'000	7'920	6.75%	1.00%	3.90%	0.00%	11.65%
1958	5'330	9'000	7'920	7.00%	1.00%	4.20%	0.00%	12.20%
1959	5'602	9'600	7'920	7.00%	1.00%	4.20%	0.00%	12.20%
1960	6'101	10'200	7'920	7.00%	1.00%	4.20%	0.00%	12.20%
1961	6'723	10'800	7'920	7.00%	1.00%	4.70%	0.00%	12.70%
1962	7'328	11'400	7'920	7.00%	0.70%	4.80%	0.00%	12.50%
1963	7'775	12'000	7'920	7.00%	0.70%	4.80%	0.00%	12.50%
1964	8'467	13'200	7'920	7.00%	0.65%	4.85%	0.00%	12.50%
1965	9'229	14'400	10'800	7.00%	0.65%	4.90%	0.00%	12.55%
1966	9'893	15'600	10'800	7.00%	0.65%	5.00%	0.00%	12.65%
1967	10'219	16'800	10'800	7.00%	0.65%	5.05%	0.00%	12.70%
1968	10'842	19'200	10'800	7.50%	0.65%	5.10%	0.00%	13.25%
1969	11'839	20'400	11'880	8.00%	0.65%	5.25%	0.00%	13.90%
1970	13'343	21'600	14'400	8.50%	0.65%	4.10%	0.00%	13.25%
1971	14'931	22'800	17'100	8.50%	0.65%	4.10%	0.00%	13.25%
1972	16'335	25'200	18'900	8.50%	0.85%	4.20%	0.00%	13.55%
1973	18'295	27'600	20'700	9.00%	0.85%	4.60%	0.00%	14.45%
1974	20'381	30'000	22'500	9.00%	0.85%	4.75%	0.00%	14.60%
1975	21'808	33'600	25'200	9.00%	1.00%	5.25%	0.00%	15.25%
1976	23'335	37'200	27'900	9.00%	1.50%	5.65%	0.00%	16.15%
1977	24'945	40'800	30'600	9.00%	1.50%	5.70%	0.00%	16.20%
1978	26'242	44'400	33'300	9.00%	1.50%	5.70%	0.00%	16.20%
1979	27'685	48'000	36'000	9.00%	1.50%	5.60%	0.00%	16.10%
1980	29'485	50'400	37'800	9.00%	1.50%	5.70%	0.00%	16.20%
1981	30'900	52'800	39'600	9.25%	1.50%	5.90%	0.00%	16.65%
1982	32'198	56'400	42'300	9.00%	2.00%	6.00%	0.00%	17.00%
1983	33'293	60'000	45'000	9.08%	2.30%	5.90%	0.00%	17.28%
1984	34'292	62'400	46'800	9.25%	2.30%	5.70%	0.00%	17.25%
1985	35'286	64'800	48'600	9.50%	2.11%	5.90%	0.00%	17.51%
1986	36'627	67'200	50'400	9.60%	2.00%	6.10%	0.00%	17.70%
1987	37'726	68'400	51'300	9.35%	2.15%	6.30%	0.00%	17.80%
1988	38'896	72'000	54'000	9.35%	2.15%	6.45%	0.00%	17.95%
1989	40'063	73'200	54'900	9.35%	2.15%	6.45%	0.00%	17.95%
1990	41'946	75'600	56'700	9.35%	2.15%	6.39%	0.00%	17.89%
1991	44'421	78'000	58'500	8.98%	3.09%	6.11%	0.00%	18.17%
1992	46'820	81'600	61'200	8.85%	3.15%	6.23%	0.00%	18.23%
1993	48'178	86'400	64'800	8.75%	3.25%	6.71%	0.00%	18.71%
1994	49'142	91'200	68'400	9.60%	3.25%	6.68%	0.00%	19.53%
1995	50'665	93'600	70'200	9.30%	3.25%	6.59%	0.50%	19.64%
1996	51'678	96'000	72'000	9.60%	3.25%	6.72%	0.68%	20.24%
1997	52'143	98'400	73'800	10.15%	3.25%	6.65%	0.85%	20.90%
1998	52'925	100'800	75'600	10.15%	3.25%	6.78%	0.85%	21.03%
1999	53'507	102'000	76'500	9.85%	3.25%	6.77%	0.85%	20.72%
2000	54'513	103'200	77'400	9.65%	3.25%	6.76%	0.85%	20.51%
2001	54'956	104'400	78'300	9.55%	3.25%	6.75%	0.85%	20.40%
2002	55'776	105'615	79'211	9.55%	3.25%	7.00%	0.85%	20.65%
2003	57'450	105'558	79'168	9.55%	3.25%	7.00%	0.85%	20.65%

Quelle vgl. Tabelle 9-5

Tabelle 9-3: Modellparameter 2

	Freibetragsgrenzen (§10 EStG)			Ertragsanteilsberechnung (§22 EStG)			
	Vorwegabzug	Grundhöchstbetrag	Pauschale für AG-Beitrag	Ertragsanteil Rentenzugang z. 65. Lebensj.	Zinssatz	Lebenserwartung im Alter v. 65 J. (Männer)	Sterbetafel
	[DM]	[DM]	[%]	[%]	[%]	[Jahren]	[]
1	10	11	12	13	14	15	16
kj	v	g	bagp	ea	i_ea	rlerw	Sterbetafel
1955	0	800	0.00%	20%	4.0%	12.84	1949/51
1956	0	1'000	0.00%	20%	4.0%	12.84	1949/51
1957	0	1'000	0.00%	20%	4.0%	12.84	1949/51
1958	0	1'000	0.00%	20%	4.0%	12.84	1949/51
1959	0	1'100	0.00%	20%	4.0%	12.84	1949/51
1960	0	1'100	0.00%	20%	4.0%	12.84	1949/51
1961	500	1'100	7.00%	20%	4.0%	12.84	1949/51
1962	500	1'100	7.00%	20%	4.0%	12.84	1949/51
1963	500	1'100	7.00%	20%	4.0%	12.84	1949/51
1964	500	1'100	7.00%	20%	4.0%	12.84	1949/51
1965	1'000	1'100	7.00%	20%	4.0%	12.84	1949/51
1966	1'000	1'100	7.00%	20%	4.0%	12.84	1949/51
1967	1'000	1'100	7.00%	20%	4.0%	12.84	1949/51
1968	1'000	1'100	7.50%	20%	4.0%	12.84	1949/51
1969	1'000	1'100	8.00%	20%	4.0%	12.84	1949/51
1970	1'000	1'100	8.50%	20%	4.0%	12.84	1949/51
1971	1'000	1'100	8.50%	20%	4.0%	12.84	1949/51
1972	1'000	1'100	8.50%	20%	4.0%	12.84	1949/51
1973	1'000	1'100	9.00%	20%	4.0%	12.84	1949/51
1974	1'000	1'100	9.00%	20%	4.0%	12.84	1949/51
1975	1'500	1'800	9.00%	20%	4.0%	12.84	1949/51
1976	1'500	1'800	9.00%	20%	4.0%	12.84	1949/51
1977	1'500	1'800	9.00%	20%	4.0%	12.84	1949/51
1978	1'500	2'100	9.00%	20%	4.0%	12.84	1949/51
1979	1'500	2'100	9.00%	20%	4.0%	12.84	1949/51
1980	2'500	2'100	9.00%	20%	4.0%	12.84	1949/51
1981	2'500	2'100	9.25%	20%	4.0%	12.84	1949/51
1982	3'000	2'340	9.00%	24%	5.5%	12.06	1970/72
1983	3'000	2'340	9.08%	24%	5.5%	12.06	1970/72
1984	3'000	2'340	9.25%	24%	5.5%	12.06	1970/72
1985	3'000	2'340	9.50%	24%	5.5%	12.06	1970/72
1986	3'000	2'340	9.60%	24%	5.5%	12.06	1970/72
1987	3'000	2'340	9.35%	24%	5.5%	12.06	1970/72
1988	3'000	2'340	9.35%	24%	5.5%	12.06	1970/72
1989	3'000	2'340	9.35%	24%	5.5%	12.06	1970/72
1990	4'000	2'340	12.35%	24%	5.5%	12.06	1970/72
1991	4'000	2'340	11.98%	24%	5.5%	12.06	1970/72
1992	4'000	2'340	11.85%	24%	5.5%	12.06	1970/72
1993	6'000	2'610	15.75%	24%	5.5%	12.06	1970/72
1994	6'000	2'610	16.00%	27%	5.5%	13.77	1986/88
1995	6'000	2'610	16.00%	27%	5.5%	13.77	1986/88
1996	6'000	2'610	16.00%	27%	5.5%	13.77	1986/88
1997	6'000	2'610	16.00%	27%	5.5%	13.77	1986/88
1998	6'000	2'610	16.00%	27%	5.5%	13.77	1986/88
1999	6'000	2'610	16.00%	27%	5.5%	13.77	1986/88
2000	6'000	2'610	16.00%	27%	5.5%	13.77	1986/88
2001	6'000	2'610	16.00%	27%	5.5%	13.77	1986/88
2002	6'000	2'609	16.00%	27%	5.5%	13.77	1986/88
2003	6'182	2'689	16.00%	27%	5.5%	13.77	1986/88

Quelle vgl. Tabelle 9-5

Tabelle 9-4: Modellparameter 3

	Versorgungsfreibetrag (§19 EStG		Rentenberechnung
	Maximaler Versorgungs-freibetrag	Versorgungs-freibetragssatz	Bruttorenten-niveau
	[DM]	[%]	[%]
1	17	18	19
kj	mvfb	vfbs	brn
1955	0	0%	57.33%
1956	0	0%	57.33%
1957	0	0%	57.33%
1958	0	0%	54.24%
1959	0	0%	54.73%
1960	0	0%	53.24%
1961	0	0%	50.93%
1962	0	0%	49.06%
1963	0	0%	49.30%
1964	0	0%	48.97%
1965	0	0%	49.14%
1966	0	0%	49.65%
1967	0	0%	51.90%
1968	0	0%	52.86%
1969	2'400	25%	52.44%
1970	2'400	25%	49.48%
1971	2'400	25%	46.65%
1972	2'400	25%	47.47%
1973	2'400	25%	46.82%
1974	2'400	25%	46.77%
1975	2'400	25%	48.58%
1976	2'400	25%	50.42%
1977	2'400	25%	52.09%
1978	2'400	25%	51.86%
1979	4'800	40%	51.37%
1980	4'800	40%	50.16%
1981	4'800	40%	49.78%
1982	4'800	40%	50.52%
1983	4'800	40%	50.22%
1984	4'800	40%	50.94%
1985	4'800	40%	51.09%
1986	4'800	40%	50.67%
1987	4'800	40%	50.84%
1988	4'800	40%	50.99%
1989	4'800	40%	50.99%
1990	4'800	40%	50.18%
1991	4'800	40%	49.24%
1992	4'800	40%	48.48%
1993	6'000	40%	48.82%
1994	6'000	40%	49.72%
1995	6'000	40%	49.15%
1996	6'000	40%	48.54%
1997	6'000	40%	48.73%
1998	6'000	40%	48.51%
1999	6'000	40%	48.41%
2000	6'000	40%	48.21%
2001	6'000	40%	47.73%
2002	6'008	40%	47.73%
2003	6'008	40%	47.73%

Quelle vgl. Tabelle 9-5

Tabelle 9-5: Quellen für Modellparameter

Spaltennr.	Quelle
2	VDR (Hrsg.) (2000a), S. 237
3-4	VDR (Hrsg.) (2000a), S. 243
5-9	VDR (Hrsg.) (2000a), S. 241
10-12	Nolde, Gernot (1997), S. E24-E32
13	bis 1981: EStG 1975, v. 05.09.1974, BGBl. I (1974), S. 2165 ff. = BStBl. I (1974), S. 733; Stuhrmann, Gerd (1998)
15	VDR (Hrsg.) (2000a), S. 258
14, 16-18	Jansen, Rudolf (2000), S. E18; Stöhr, Thomas (1998a), S. 48 Fn. 175, 176
19	VDR (Hrsg.) (2000a), S. 236

Vgl. Tabelle 9-2, Tabelle 9-3, Tabelle 9-4

Quelle: eigene Darstellung

Tabelle 9-6: Quellen für historischen Ertragsanteil

Veranlagungs-zeitraum	Quelle
1955-1981:	StNeurordG (1954) v. 16.12.1954, BGBl I (1954), S. 373 ff. = BStBl I (1954) S. 575 ff. [336]
1982-1993:	2. HaushStrG (1981) BGBl I, S. 1538 [571]
1994- 2002/04:	FKPG (1993) v. 23.06.1993, BGBl I (1993), S. 944 ff.

Quelle: eigene Darstellung

Tabelle 9-7: Annahmen und Fortschreibungsparameter für Zeit ab 2003

Spalte	Bezeichnung	Fortschreibung/ Annahme für Zukunft
2	duek	Mit Lohnwachstum fortgeschrieben.
3	bbg_rv	Verhältnis von bbg_rv zu duek wird konstant gehalten (1,8374 = Durchschnittswert von 1982-2002).
4	bbg_kv	Entspricht immer 75% des bbg_rv.
5	rv	Wird für die Zukunft als konstant angenommen.
6	av	Wird für die Zukunft als konstant angenommen.
7	kv	Wird für die Zukunft als konstant angenommen.
8	pfv	Wird für die Zukunft als konstant angenommen.
9	ban	Wird für die Zukunft als konstant angenommen.
10	v	Konstantes Verhältnis v/duek: 10,76%.
11	g	Konstantes Verhältnis g/duek: 4,68%.
12	bagp	Konstant; beinhaltet pauschal AG-Anteile 9%-Pkt RV 4%-Pkt kv 3%-Pkt av bei nachgelagerter Besteuerung dürfte 9%-Pkt wegfallen d.h. 7% übrigbleiben.
13	ea	konstant, wird ab 2005 für Bestandsrentner angehoben und für Zugangsrentner schrittweise erhöht.
14	i_ea	Wird für die Zukunft als konstant angenommen.
15	rlerw	Wird für die Zukunft als konstant angenommen.
17	mvfb	Gem. Reform BMF (Hrsg.) (2003), S. 72: 2005 - 2020: -120 EUR p.a. 2021 - 2041: -60 EUR p.a. Werbungskostenpauschbetrag wird ebenfalls abgeschmolzen. Wird im Modell nicht berücksichtigt.
18	vfbs	Gem. Reform BMF (Hrsg.) (2003), S. 72 2005 - 2020: -1,6 %-Pkt. p.a. 2021 - 2041: -0,8 %-Pkt. p.a.
19	brn	Wird für die Zukunft als konstant angenommen.

Quelle: eigene Darstellung

9.3 *Weitere exemplarische Modellergebnisse*

Nachfolgend sind exemplarisch zwei weitere Alternativen aus der Menge der Szenarien dargestellt, welche insgesamt berechnet wurden. Sie verdeutlichen, dass auch bei Gleichheit des Diskontsatzes mit dem Lohnwachstum die Grundaussagen, welche im Hauptteil getroffen wurden, Bestand haben. Diese Varianten entsprechen – unter Vernachlässigung einer Größenänderung der Versichertengemeinschaft – dem Fall, dass für die Barwertberechnung die gleiche Verzinsung verwendet wird, wie dies für die Wertänderung des Rentenvermögens gilt. Auch bei diesen Varianten zeigt sich auch nach einsetzen der Reform eine deutliches Ansteigen der Steuerbelastung (Überhöhung für Reformjahrgänge der 1945 und später Geborenen).

9.3.1 Variante g = 1%, i = 1%

Der Verlauf der Differenz des unversteuerten Anteils der Rentenversicherungsbeiträge und dem Ertragsanteil der Reform ist sowohl vom Lohnwachstum als auch vom Diskontsatz unabhängig. Auf eine erneute Darstellung für die zwei Varianten mit einem Lohnwachstum und einem Diskontsatz von 1 bzw. 3% wird deshalb verzichtet.[623]

Abbildung 9-1: Differenz des Lebensdurchschnittsteuersatzes, Reform – Schon-Immer_Szenario (vgl. Kapitel 6.3)

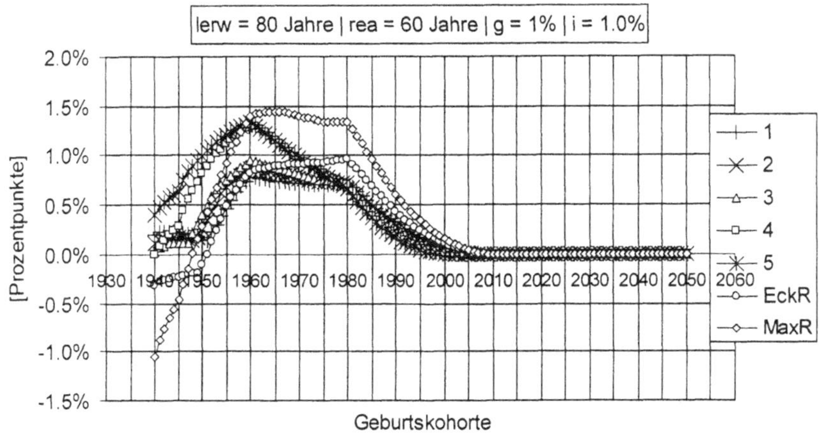

Einkommensgruppen 1:= 9 | 2:= 10,5 | 3:= 11,5 | 4:= 15 | 5:= 18 Jahre Ausbildungszeit; EckR: Eckrentner | MaxR: Maximalrentner
lerw: Lebenserwartung | rea: Renteneintrittsalter | g: Lohnwachstum | i: Diskontsatz;
Quelle: eigene Berechnungen

623 Vgl. Abbildung 6-6.

9.3.2 Variante g = 3%, i = 3%

Abbildung 9-2: Differenz des Lebensdurchschnittsteuersatzes, Reform – Schon-Immer-Szenario (vgl. Kapitel 6.3)

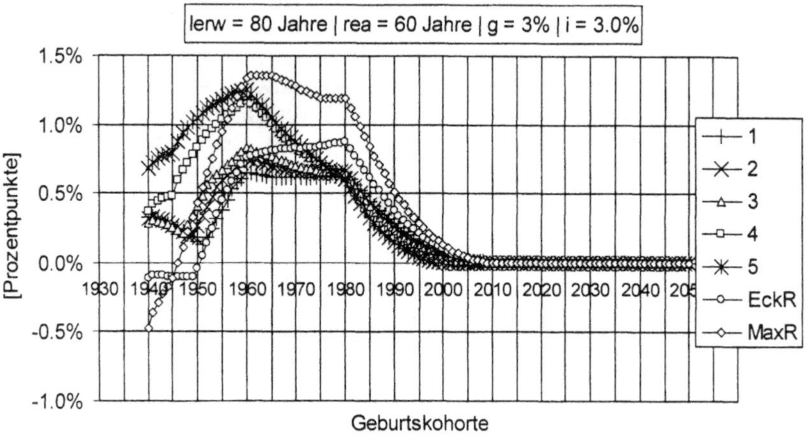

Einkommensgruppen 1:= 9 | 2:= 10,5 | 3:= 11,5 | 4:= 15 | 5:= 18 Jahre Ausbildungszeit; EckR: Eckrentner | MaxR: Maximalrentner
lerw: Lebenserwartung | rea: Renteneintrittsalter | g: Lohnwachstum | i: Diskontsatz;
Quelle: eigene Berechnungen

SOZIALÖKONOMISCHE SCHRIFTEN

Herausgegeben von Professor Dr. Dr. h.c. Bert Rürup

Band 1 Marietta Jass: Erfolgskontrolle des Abwasserabgabengesetzes. Ein Konzept zur Erfassung der Gesetzeswirkungen verbunden mit einer empirischen Untersuchung in der Papierindustrie. 1990.

Band 2 Frank Schulz-Nieswandt: Stationäre Altenpflege und "Pflegenotstand" in der Bundesrepublik Deutschland. 1990.

Band 3 Helmut Böhme, Alois Peressin (Hrsg.): Sozialraum Europa. Die soziale Dimension des Europäischen Binnenmarktes. 1990.

Band 4 Stephan Ruß: Telekommunikation als Standortfaktor für Klein- und Mittelbetriebe. Telekommunikative Entwicklungstendenzen und regionale Wirtschaftspolitik am Beispiel Hessen. 1991.

Band 5 Reinhard Grünewald: Tertiärisierungsdefizite im Industrieland Bundesrepublik Deutschland. Nachweis und politische Konsequenzen. 1992.

Band 6 Bert Rürup, Uwe H. Schneider (Hrsg.): Umwelt und Technik in den Europäischen Gemeinschaften. Teil I: Die grenzüberschreitende Entsorgung von Abfällen. Bearbeitet von: Thomas Kemmler, Thomas Steinbacher. 1993.

Band 7 Mihai Nedelea: Erfordernisse und Möglichkeiten einer wachstumsorientierten Steuerpolitik in Rumänien. Dargestellt am Beispiel der Textil- und Bekleidungsindustrie. 1995.

Band 8 Andreas Schade: Ganzjährige Beschäftigung in der Bauwirtschaft – Eine Wirkungsanalyse. Analyse und Ansätze für eine Reform der Winterbauförderung. 1995.

Band 9 Frank Schulz-Nieswandt: Ökonomik der Transformation als wirtschafts- und gesellschaftspolitisches Problem. Eine Einführung aus wirtschaftsanthropologischer Sicht. 1996.

Band 10 Werner Sesselmeier, Roland Klopfleisch, Martin Setzer: Mehr Beschäftigung durch eine Negative Einkommensteuer. Zur beschäftigungspolitischen Effektivität und Effizienz eines integrierten Steuer- und Transfersystems. 1996.

Band 11 Sylvia Liebler: Der Einfluß der Unabhängigkeit von Notenbanken auf die Stabilität des Geldwertes. 1996.

Band 12 Werner Sesselmeier: Einkommenstransfers als Instrumente der Beschäftigungspolitik. Negative Einkommensteuer und Lohnsubventionen im Lichte moderner Arbeitsmarkttheorien und der Neuen Institutionenökonomik. 1997.

Band 13 Stefan Lorenz: Der Zusammenhang von Arbeitsgestaltung und Erwerbsleben unter besonderer Berücksichtigung der Erwerbstätigkeiten von Frauen und Älteren. 1997.

Band 14 Volker Ehrlich: Arbeitslosigkeit und zweiter Arbeitsmarkt. Theoretische Grundlagen, Probleme und Erfahrungen. 1997.

Band 15 Philipp Hartmann: Grenzen der Versicherbarkeit. Private Arbeitslosenversicherung. 1998.

Band 16 Martin Setzer, Roland Klopfleisch, Werner Sesselmeier: Langzeitarbeitslose und Erster Arbeitsmarkt. Eine kombinierte Strategie zur Erhöhung der Wiederbeschäftigungschancen. 1999.

Band 17 Dorothea Wenzel: Finanzierung des Gesundheitswesens und Interpersonelle Umverteilung. Mikrosimulationsuntersuchung der Einkommenswirkung von Reformvorschlägen zur GKV-Finanzierung. 1999.

Band 18 Ingo Schroeter: Analyse und Bewertung der intergenerativen Verteilungswirkungen einer Substitution des Umlage- durch das Kapitalstocksverfahren zur Rentenfinanzierung. 1999.

Band 19 Roland Klopfleisch: Fiskalische Konsequenzen der Europäischen Währungsunion. Die Veränderung des Seigniorage und dessen Bedeutung für die nationalen EWU-11 Haushalte. 2000.

Band 20 Klaus Heubeck, Bert Rürup: Finanzierung der Altersversorgung des öffentlichen Dienstes. Probleme und Optionen. 2000.

Band 21 Manon Pigeau: Der Einfluß der Arbeitszeit auf die Erwerbsbeteiligung von Frauen. Empirische Befunde, mikroökonomische Modellierung und politische Konsequenzen. 2002.

Band 22 Carsten Müller: Existenzgründungshilfen als Instrument der Struktur- und Beschäftigungspolitik. 2002.

Band 23 Stefan Lewe: Wachstumseffiziente Unternehmensbesteuerung. 2003.

Band 24 wird vor Drucklegung nachgetragen

Band 25 Alexander Meindel: Intergenerative Verteilungswirkung beim Übergang zu einer nachgelagerten Rentenbesteuerung. 2004.

www.peterlang.de

Kolibri 360 GmbH
Ferdinand-Jühlke-Straße 7
99095 Erfurt, Deutschland
produktsicherheit@kolibri360.de

Druck:
CPI Druckdienstleistungen GmbH
im Auftrag der
Kolibri 360 GmbH
Ferdinand-Jühlke-Str. 7
99095 Erfurt